雁行型経済発展論

〔第1巻〕

日本経済・アジア経済・世界経済

小島　清 著

文眞堂

台湾というNIEsに，ついでタイなどASEANに，そして最後に中国へと伝播していったというこの局面についてである。

そこで，雁行型国際的発展伝播の理論が第2部第5章で提供される。基本的には，第2章で行った一つの国民経済における最適資源配分を二つの国に拡張適用することである。ただ，動態的に，国際的伝播は多国籍企業の行動，特にその海外直接投資によって担われている部分が多い。その理論として，「順貿易志向的直接投資：PROT–FDI」なる「雁行型経済発展論の小島第2モデル」が追加された。すなわち「受資国の比較優位産業，或いは一押しすれば比較優位を獲得できる産業に直接投資を行いその生産性を改善すれば，お互により大きな利益の得られる貿易を拡大することができる」。この命題が後に（特に第2巻で）問題とする合意的国際分業の基礎理論にもなるのである。

第6章では，日本の1972～92年にわたる東アジア9ヵ国への直接投資進出の雁行型発展が統計的に分析される（1994年論文）。この実証分析から第5章の結論たる「直接投資前線の拡延」なる概念図（図5・6，p.214）が導びき出された。

海外直接投資（FDI）は，日本からだけでなく，アジア諸国相互間でも進展し，地域経済の雁行型発展は重層化してきた。PROT（順貿易志向）の方向にこれら直接投資が急速に推進されたが故に貿易を補完的に拡大することになった。アジア地域経済のミラクルとも言われる好循環発展を導びき出した。このことの諸研究者による実証的跡づけが第7章にレビューされている。国連レポート（1995）や通商白書（2001）などによって，われわれの雁行型経済発展論が公的にもサポートされるようになったのである。

リーダー雁たる日本経済は，キャッチアプ工業化プロセスを卒業した。それが雁行型国民経済発展（本書第1部）であり，雁行形態論の第1の主要課題であった。だが今やリーダー国は，先進経済に前進し，雁行型経済発展を国際的（或いは地域的）に伝播し，地域経済発展のニュー・フロンティアを拡延しなければならない。貿易を自由化し，市場を開放し，貿易志向的直接投資を拡延しなければならない。つまり一国的雁行型経済発展のglobalization の先頭を切らねばならない。したがって雁行型経済発展論も，post–

catchup 段階の究明をカバーしなければならなくなった。それが本書第 2 部の「雁行型発展の国際的伝播」の課題である。

最後に，上記英論文を summary として収録した。本書全体の格好な要約を與えているからである。ストレートな表現の英文のほうが理解し易いとの好評も得ている。また，「雁行形態論」への海外での高い関心にいささか応えうるかと期待している。

半世紀余にわたる研究を背景においているため，各章（第 2 巻を含め）の間に繰返しや重複が残っている。また「雁行型」，「雁行型」といかにもわずらわしい。章を追って私の思考が進化・累積してきた軌跡だと，諒承されたい。

かくの如く本書『雁行型経済発展論　第 1 巻』によって，雁行形態論のオリジンとプロパーな課題・理論は解明できた。いわば人口に膾炙した“雁行”とは何ぞやという謎ときは一応完了した。だが，「これからどうなるのか」，「どうすべきか」という政策課題が残っている。

第 1 に，アジア地域経済はどうなるのか。実は雁行型経済発展の国際的伝播が成功するほど，また中国経済の躍進もあって，日本と周辺諸国や後者の相互間で産業・貿易構造は同質化し，相剋的競争が激化してきた。このアジア地域経済を活性化し再飛躍させる妙薬はないものであろうか。

第 2 に，世界経済全体も，Pax Britannica から Pax Americana への変遷に見られるように super global leaders の雁行型発展のシーソー・ゲームである。1971 年のブレトン・ウッヅ体制の崩壊以来，同質化の矛盾に陥り，三極体制（Triad）が待望されている。

一方，地域統合経済，他方，それを包攝する世界経済の同質化の矛盾・困難を打解し，再活性化する秘策として「合意的国際分業」の推進を打出そうというのが，次書『雁行型経済発展論　第 2 巻』の課題である。その副題を「グローバリゼーションと世界経済新秩序」としたい。それは「雁行型経済発展論」の第 3 部を成すものである。その執筆構想の大枠は出来上っている。だがアジアや米州での自由貿易協定の動きや WTO の新ミレニアム・ラウンドの行方，国際通貨・為替制度の再建などの見通しが余りにも混沌としている。この昏迷を打破しうるような，魅力的ガイドラインを打出したい。日本経済・アジア経済・世界経済の雁行型発展の活路を見出したいものである。

思えば，60年以上の私の学究生活は，恩師赤松要博士から受け継いだ「雁行型経済発展論」の理論化と拡充，それを基礎とした「アジア経済統合」の形成に向けての活動とに集中されてきた。長く後世に生き，大きく拡充・発展されるごときライフワークを遺したいものと精進している。

わが赤松　要先生の英知を讃えたい。その学恩に深謝したい。「雁行形態論」は見事に開花し，ここまで充実してきた。本書を，心をこめて，恩師に捧げる次第である。

2003年元旦

83翁　小　島　　　清
一橋大学名誉教授

目　次

総　　論

第1章
雁行型経済発展論
——再吟味・再評価——

I 開　　題

わが恩師赤松要博士が1930年代央に創唱された「雁行型経済発展論」或いは略して「雁行形態論」が，過去20年の間に，日本のみならずアジア太平洋諸国において，学会，政府，ビジネスさらにマスコミを通じて，きわめて有名になり，高く評価され，ポピュラーに活用されるようになった。いわば「雁行型発展」，flying geese pattern of development，或いはflying geese modelという言葉が一人歩きするようになった。これは故赤松要博士（1896～1974）とその弟子どもにとって光栄でありまことに嬉しいことである。

だがかかる言葉の一人歩きは，雁行形態論の赤松オリジナルはどんなものか，その中核的理論は何であるか，またかくもポピュラーになったのは何故であるか，などの疑問を素通りしている。これらの問題を再検討しようというのが，本章の最初のねらいであった。

赤松オリジナルの力点は，後発工業国がいかにして先進国に追いつくかのcatching-up processを，製品の輸入—生産—輸出という生産の能率化（雁行基本型）と産業構造を多様化し高度化すること（雁行変型）によって明らかにすることにおかれていた。この追いつき過程を理論的に精密化する必要がある。さらに一つ一つの産業が追いつきに成功した後は，経済全体は貿易拡大，海外直接投資進出など対外経済活動を宏めるのがよい。それが雁行型発展の国際的伝播をひきおこし，地域的経済統合を促進する。こういった赤松オリジナルでは残された雁行形態論の重要な側面をモデル化し，できれば世界一流の経済発展論にまで仕立て上げたい。それは赤松博士の遺された意志でもある。これをねらって博士の弟子ども，ことに私（小島清）がいくたの努力を重ねてきた。その諸成果の整理・体系化が本章で試みられている。それ故，潜越であるが，「雁行型経済発展の赤松・小島理論」と敢えて称することにしたい。

そこで第Ⅱ節では，赤松オリジナルを7つの引用に要約して示している。即ち，(1) 新産業は輸入—生産—輸出という雁行基本型を経て成長する。(2) 消費財から生産財へ，或いは粗製品から精巧品へといった雁行変型（或いは副次型）が生ずる。(3) 後発工業国の catching-up process を明らかにするのが雁行形態論の特徴である。(4) 輸出が輸入を上回るようになる時期に，その産業のキャッチ・アプが一応完了したとみなしうる。(5) キャッチ・アプしてから対外進出をどうしてよいかを究明せねばならないが，それは今後の課題である。これらの命題が明言されている。また第Ⅱ節で初期雁行形態論に対する内外の多数の反響があげられている。

雁行形態論は赤松博士による2つの英語論文の発表（1961，1962）によって世界的に評価をうけるようになったが，ハーバード大学の Vernon 教授の Product Cycle 論が出現（1966）したので，両者の優劣・異同が問われ，雁行形態論の理論構築の要請が高まった。私は，雁行型産業発展論は catching-up product cycle であると特色づけた。

赤松オリジナルは明確・精密にすべき諸命題と残された課題とを多数含んでいる。第Ⅲ節では，弟子や関心者により次のような雁行形態論の第1次展開が果たされたことを明らかにする。即ち第1に赤松博士をはじめ門下生たちによって，雁行基本型と変型の実証研究が多数行われ，羊毛産業，綿工業，鉄鋼業，電産機，自動車産業などにつき産業内多様化を描き出している。また韓国やタイなど外国についても雁行型の実証検出が試みられた。

第2に，赤松オリジナルでは近代経済学の手法による雁行形態論（基本型と変型）の理論化は果たされていない。そういうモデル化の努力が小島によって試みられた。資本蓄積（ならびに学習効果）の進展につれ，一産業の能率化・輸出化が果たされ，さらに一産業からより高度な産業（大きいカテゴリーで見た産業分類での）へと発展段階的移行つまり産業構造の多様化・

高度化が達成できるとする追い上げ工業化モデルである。かかる「能率化・多様化構造変動」モデルが雁行型経済発展の第1の基礎理論になるのである。これは赤松オリジナルの雁行基本型と変型を理論化したものに他ならない。

優秀廉価な外国品が輸入され，国内需要が十分な規模に拡大すると国内生産が始められる。これが雁行型産業発展の第1段階の輸入代替期である。次いでこの新産業の能率化がはかられ輸出が始まりやがて輸入を上回るに至る。これが第2段階の輸出化期である。ここでは輸入代替と輸出化は直結している。輸出競争力を持ち得ない産業は不実幼稚産業であり放棄されるべきである。第1，第2段階によってキャッチ・アップ・プロセスつまり雁行基本型は成功裡に完了する。そして経済は輸出，直接投資といった対外進出の第3段階に前進するのである。

もとより大範疇の産業の中で，次つぎに製品の多様化が行われる。だが労働集約的軽工業から資本集約的な重化学工業へ，さらに資本知識集約的な機械産業へというように，大分類産業について産業構造の多様化・高度化が生ずること（雁行変型）が重要である。こうして国ごとの発展段階差に応じて，国（地域）別，産業別の順次的な雁行の国際的伝播が生ずることになる。この国際伝播プロセスが第Ⅳ節で吟味される。

大来佐武郎博士が1985年に，戦後日本が雁行型産業発展に成功し，それが韓国などNIESに，次いでASEAN諸国にさらに中国にと伝播したことを，アジア太平洋諸国にデビューされた。この喧伝によって，雁行型発展論は一躍世界的に有名になり，「雁行型」という言葉が一人歩きするようになった。ただその対象は雁行形態論の全容ではなく，国際的伝播の局面に限られていたことに注意したい。

第Ⅳ節では続いて，雁行型発展の国際的伝播の担い手が海外直接投資（FDI）であり，それによるホスト国での産業構造の高度化と能率化が貿易拡大と成長をもたらすメカニズムが究明される。そして「順貿易志向的海外直接投資—FROT-FDI—」なる雁行形態論の第2基礎理論が提示される。それは動態的比較優位原理に従って，先導国は比較優位を弱めてきた産業（Xとせよ—輸出化に成功したY産業ではなく—）から直接投資進出をし，ホスト国でその産業を能率化して比較優位を強めるようにするのである。ホスト国では輸出主導成長が始動拡大することになる。先導国はより高度な新産業（Y とせよ）を拡大し，原材料や資本財（一括して中間財）の生産と輸出を拡大できる。こうして双方国での貿易拡大と成長との調和的・相乗効果が生ずる。

経済発展段階差に照応して，相手国別に，また産業別に順次「順貿易志向的海外直接投資」を推進していくならば，「海外直接投資前線の拡延」が生じ，雁行型産業発展の調和的国際伝播がもたらされるのである。

ホスト国が直接投資を導入して比較優位を強め輸出できるようになった産業（X）につては，投資国とホスト国との間に，細別商品（或いは差別化商品ないし隙間需要）ごとに産業内水平分業（小島の言う合意的国際分業―第Ⅲ節で解説する―）を実現することが望ましい。

こうして東アジア地域における国際分業や地域統合の在り方が構想できるようになる。それは結局動態的比較優位原理に従った，市場の力による（market driven）多国籍企業の戦略に依存するということになる。

第Ⅴ節において，雁行型発展論が公的にもジャーナリスティックにも広い関心をよびおこし，高い評価を得るようになったことが報告される。国際的伝播の実証的支持も増えてきた。クルーグマンによるアジア経済の奇跡的発展への警告と，サックスらによる雁行型発展論に基づく反論があげられる。多国籍企業の直接投資に依存する経済発展は「見せかけの発展」しかもたらさないとの従属理論による批判も検討される。1997 年 7 月のアジア通貨・金融危機を契機に，雁行型発展論の見直しが必要になってきたが，これについては章をあらためて論ずることにする。

最後に第Ⅵ節で，理論的命題を要約するとともに，残された研究課題について触れることにする。

Ⅱ　雁行型経済発展論・赤松オリジナル

赤松要博士（1896～1974 年）が雁行形態論を創唱された第 1 論文は「吾

国羊毛工業品の貿易趨勢」名古屋高商・商業経済論叢第 13 巻上冊（1935 年 7 月）であった。詳細な実証研究の結果を踏まえて，次の結論に達している（同論文，p.210）。

赤松第①引用

かくして，すべて一国内に生産が振興しきたることは，多くの場合，当該商品の輸入増加の刺戟によるものである。最も多く輸入される完成品，半製品の生産事業に向って資本が集中し，生産活動が興りきたることは，条件のゆるす限りきわめて当然である。即ち輸入品の殺到とともに，やがて国内産業がおこってこれを防遏せんとするのである。かくしてこの産業が国内に発展しきたるときは，またやがて輸出産業に転換するにいたる。モスリンは比較的はやく，かかる輸入，生産，輸出の各段階を次ぎ次ぎに経過したのであった。かような理由によって，吾々は一産業における輸入，生産及び輸出の**雁行的発展**を定式化しうるであろう。まさに羊毛工業においては，少くともモスリン，ラシヤ・セルヂス，毛糸の 3 者は彼等の間に前後の雁行関係があるとともに，その各の輸入，生産，輸出においてまた雁行的発展をなすのである。従って 3 つの羊毛工業品は輸入，生産，輸出の各段階を雁行的に通過し，歴史的には 3 つの系列よりなる 3 つの雁行形態として現われるのである。

ここには 2 種の雁行的発展が一緒に述べられている。1 つは，後に変型或いは副次型と呼ぶようになったものであるが，輸入額が品種的に多様化し，モスリン，ラシヤ・セルヂス，毛糸というように次つぎに「雁行列をなして」変化したことが示される。もう 1 つは，同種の雁行列がタイムラグをおいて生産額に，さらに輸出額にあらわれるのである。各品種別に，或は羊毛工業全体として，「輸入→生産→輸出」という雁行的発展が見出される。これを後に基本型と名づけたのである。

同論文 p.209 の第三図は，輸入額の 3 つの雁行列を上段に，生産額のそれを中段に，さらに輸出額のそれを下段に描くという表示方法をとっている。それはいささかわかりにくい。各品種について輸入―生産―輸出の基本型雁行を描いた方が理解し易い。それはここに図 1.1 として引用する赤松第 2 論文に示された「我国綿業発展の雁行形態」である。

赤松博士の第2論文「吾国経済発展の綜合弁証法」は名古屋高商・商業経済論叢第50巻上冊（1937年7月）（pp.179-210）に発表された。その前半は「吾国の経済発展」を博士独特の「綜合弁証法」の論理によって把握すべく，その方法論の若干の解説が試みられている。この解説は未完成であるとしてカットし，後半の実証研究（図1.1としてここに転載した綿布，綿糸，それに紡織機，機械器具の4品種に関する輸入—生産—輸出の雁行形態図）だけが，博士の主著『経済新秩序の形成原理』理想社，1945の第3章「新興国産業発展の雁行形態」（pp.299-314）として取上げられている。その結論的要約を引用しておこう。

赤松第②引用

(1)（我国産業の）「発展段階を概括するときは，第1期，完成品輸入時代，第2期，自己生産の勃興と完成品輸入の減退時代，第3期，自己生産の輸出産業化時代とすることができる。これはわれわれが産業発展の雁行形態と名づけているものであって，輸入の次に生産，生産の次に輸出が時を隔ててつぎつぎに興りきたっているからである。

(2)「この発展段階について，さらに考察を進めると，第1期の完成品の輸入は主として完成消費財の輸入であり，第2期の自己生産の勃興は原料品の輸入とともに生産機械器具の輸入を伴うのである。第3期の輸出産業化の時代は——生産手段は原料を含むが，ここには主として完成生産手段たる機械等を意味する——の自己生産を確立しているのである。さらにまた輸入は完成品よりも半製品，原料品へ移行する。但し輸入完成品の減退はその内の粗製品より始まり，精製品はながく残留する。自己生産は半製品，粗製品より完成品，精製品へ，従って輸出はまた半製品，粗製品より完成品，精製品への傾向を伴うのである。」（赤松要『経済新秩序の形成原理』理想社，1945，pp.299-300）。

上の第(1)パラグラフが雁行形態の基本型を，第(2)パラグラフがその副次型を指摘しているわけである。

赤松博士は名古屋高商から東京商科大学（現一橋大学）へ移られて（1939年）から，雁行形態論に関する第3論文を発表された。「わが国産業の雁行

図1.1　我国綿業発展の雁行形態

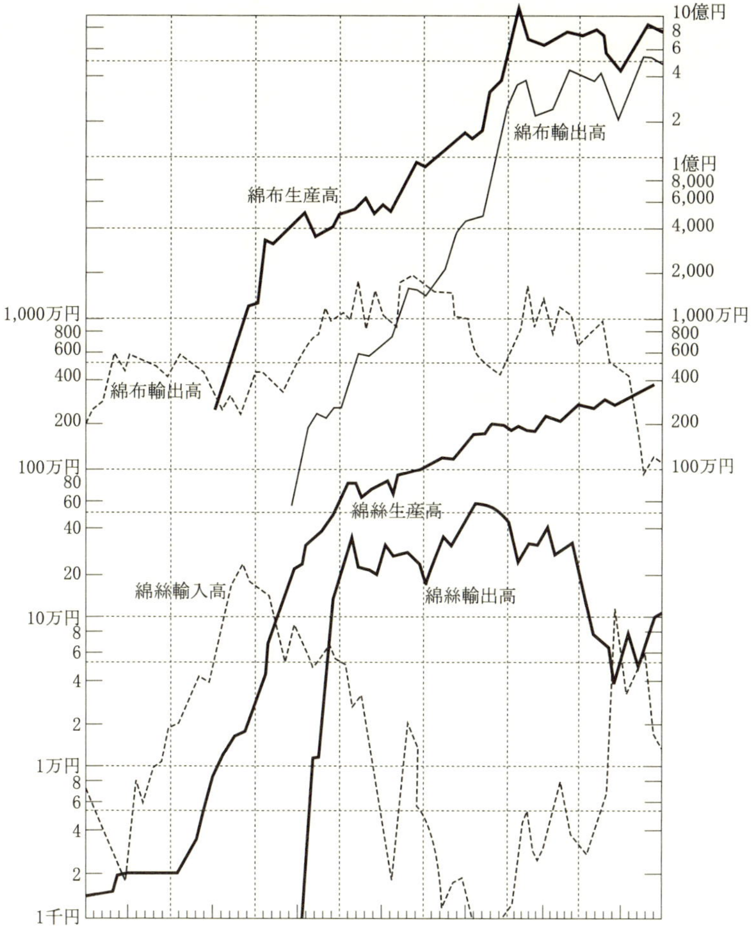

出所：赤松要「吾国経済発展の綜合弁証法」名古屋高商・商業経済論叢　第15巻上冊（1937.7），p.200。
赤松要『経済新秩序の形成原理』理想社，1945，p.303。

形態――機械器具工業について――」一橋論叢36巻5号（1956年11月）これである。機械器具工業（これは現在の分類の機械類に相当し非常に広汎な業種を含む）についての実証研究が追加されるとともに，雁行形態論についての概念規定ないし問題点がいくつか明確にされてきた。

赤松第③引用

(1)「ここに産業発展の雁行形態というのはいくつかの意味をもつのであるが，一つの共通的な意味は後進産業国あるいは新興産業国の産業が先進産業国の産業を摂取し，それを追跡しつつ成長発展するばあいに一般的に成立する発展法則を指すのである。」(p.68)。

つまり雁行形態論は catching-up（追いかけ）の理論である，と定義されている。

(2)「構造変動をともなう産業発展の段階が時期のずれにおいてつぎつぎにおこる状態を産業発展の雁行形態とよぶ。……輸入，生産，輸出の三段階が雁行形態の基本形態ともいうべきものである。……雁行形態の基本型を中核として種々の変型が考えられる。その一つは消費財と異った生産財についての雁行的発展である。……消費財についても生産財についても……雁行的発展は粗製品についてまずおこり，つぎつぎに精巧品に向って上ってゆくのである」(pp.69-70)。

ここに雁行形態の基本型と変型（後に副次型とも呼ばれるようになった）という規定が打ち出された。

(3)「さいごに，最も重要な雁行形態の一は後進諸国の発展段階がそれぞれ異なることによって一つの産業のそれぞれの国における雁行的発展が時期のずれにおいてつぎつぎに現われてくることである。たとえば日本が綿工業においてその雁行的発展を完了したとき，インドの綿工業は雁行形態の第2段階にあることが可能であるし，当時の支那においてはまだ第1段階にあったことが実証されるかも知れない。

ここにおいて比較的先進の産業国の雁行形態には第4段階として当該産業の輸出並に生産の低下並にすでにネグリジブルとなっていた輸入が再び増大することがおこりうる。例えば日本，インド，香港などからイギリスに向って粗布が輸出されるごときである。」

(4)「かくしてたとえば消費財産業が後進諸国におこりきたるときは比較的先進の諸国は消費財の輸出を後進諸国にまかせ，自からは生産財，あるいは精巧品の輸出に特化する傾向があらわれ，製造工業においても国際分業化がおこりうるのである。諸国産業の雁行形態が諸国において重なり合うことなく，時間の隔りにおいて雁行的であるときに国際分業は順調に行われうるのである。」(p.71)。

ここに雁行形態の国際的伝播とそれが生み出す国際分業の変化（赤松博士の「世界経済の異質化と同質化」という問題）が浮上してくるのである。

その後，赤松要博士は国際経済学研究の集大成たる『世界経済論』国元書房，1965を公刊され，その第10章として「低開発国経済の雁行的発展」を収録された[1)]。また次の2つの英文を発表し，雁行形態論を世界に向けて提唱された。これに対しいくつかの海外から高い評価が得られ[2)]，博士を勇気づけた。

Kaname Akamatsu, "A Theory of Unbalanced Growth in the World Economy," *Weltwirtschaftliches Archiv*, Band 86 (1961) Heft 2, pp.196-217.

Ditto, "A Historical Pattern of Economic Growth in Developing Countries," The Institute of Asian Economic Affairs（アジ研），*The Developing Economies*, Preliminary Issue No.1, March-August 1962, pp.3-25.

これからやや遅れてハーヴァド大学のRaymond Vernon (1966) によってProduct Life Cycle (PLC or PC) 論が提起され有名になった。赤松雁行形態論（それは1935年の古きに提唱されたものだが）との比較が課題となるに至った（後述）。

さらに赤松博士の還暦（1956年）や一橋大学退官（1960年）を記念して同学者や後継者による赤松体系の拡充が推進され，次の2著が出版された[3)]。

1）雁行形態論への日本での初期の評価のいくつか。
Shinohara, Miyohei (1962). 谷口重吉 (1969)。

2）外国での初期の紹介と評価。
Zimmerman, L. J. (1965). Higgins, Benjamin (1969). Sautter, Christian (1973, 1974). Rapp, William V. (1967, 1975a, 1975b).

3）『赤松要名誉教授記念号』一橋論叢，第44巻第1号 (1960.7)。

赤松要博士還暦記念論集刊行会（代表小島清）編『経済政策と国際貿易』春秋社，1958，pp.532。

世界経済研究協会編『日本貿易の構造と発展』至誠堂，1972，pp.528。

これらの経緯をふまえて赤松博士自ら雁行形態論をまとめられたのが，赤松要『金廃貨と国際経済』東洋経済新報社，1974，pp.222 の第 6 章「新興国産業発展の雁行形態」である。主要な論点は既にかかげた 3 つの引用と同じであるが，次が追加されている。

赤松第 ④ 引用

「雁行形態と名づけたのは，秋の月夜に雁が列をなして飛んでゆくとき，山形の列をなし，その列が 2 つ 3 つ交錯して飛んでゆくようなイメージが，わたくしにあったためである。英文では Wild Geese Flying Pattern と書き雁が秋に北方から飛んでくるとき V 字形の逆の形をとると説明した。」（赤松要『金廃貨と国際経済』p.74）。

Vernon の product life cycle 論は，先進国が新製品の開発に成功し，生産方法が標準化された後，開発途上国へ海外直接投資を通じて生産を移植すると言うものである。先導国の内生的技術革新に基づくもので，赤松博士の言われるように「先進国からみた雁行形態」（『金廃貨……』p.156）と言ってよい。これに対し赤松雁行形態論は後発国の輸入技術（borrowed technology）による追い上げ過程において発生する product cycle である。それ故小島は catching-up product cycle と名づけた（Kojima 1978, p.65）。それを赤松博士は「これならばプロダクト・サイクルを知っている人には理解しやすい言葉かと思われる」（『金廃貨……』p.174）と受けいれている。

赤松雁行形態的発展を成功させ，或る段階にまで到達すると catching-up を卒業し，ヴァーノンの自生的 life cycle に転換していくということになるのであろうか。とにかく追上げをなしとげた後はどうすべきかという問題[4)]

また赤松博士の逝去（1974 年）に当り次の追悼論集が出され，雁行形態論が再評価されることになった。

門下生（代表小島清）編『学問遍路―赤松要先生追悼論集―』世界経済研究協会，1975。

拓殖大学海外事情研究所『海外事情 1975・6 ―特集：赤松要博士追悼号―国際経済学の現代的課題―』。

4）　フリードリッヒ・リストが 1841 年に次のような「工業化の四発展段階」を提示した。

に当面することになる。この問題に関連し，

赤松第⑤引用

雁行形態の「第1期は輸入の増加率がもっとも急速な時期，第2期は生産，次いで輸出の増加率が輸入増加率を超ゆる時期，この時期においては輸入は増加しながらその増加率は逓減的である。第3期は生産と輸出は増加をつづけながら輸入は減少傾向をとる時期である。しかして輸

「国際貿易による諸国民の国民的経済発展には，それ故に4つの異なる時期が認められる。第1期には，国内農業は外国工業品の輸入と国内農産物および原料品の輸出とによって発展する。第2期には，外国工業品の輸入と並んで国内工業が発達する。第3期には国内工業は国内市場の大部分に供給する。第4期には国内工業品が大量的に輸出され，外国の原料および農産物が輸入される。」F. List, *Das nationale System der politischen Oekonomie*, 1841. Waentigs Ausgabe, S. 70. 谷口吉彦・正木一夫訳，『国民経済学体系』(上)，(改造文庫1940)，pp.78-79.

このリストの命題を赤松博士は雁行形態論の着想時（1935年）には関知せず，1961年の *Weltwirtschaftliches Archiv* 論文（p.207，注1）において始めて独語原文を引用し，『世界経済論』(1965)，p.172の注15）においてその邦訳文を示されている。そして「リストはこのような発展形態についての着想をもっていたことを知った。」(『金廃貨と国際経済』1974，p.169，注1）と言われている。

このことと関連して最近次のような破壊的コメントが出されている。（ユスロン・イーザー，1999，pp.23-25.）

「つまり雁行形態モデルは，日本経済の分析から発案されたというより，リストの発案を，日本の経済発展に当てはめたものなのであるまいか。」

「まったく偶然に赤松がリストと同様の結論に達したとしても，やはりその独自性には疑問を投げかけるべきであろう。」

私どもは赤松博士の独創を信じて疑わない。けだしリストの四発展段階論のねらいと雁行形態論のそれとは全く異なるからである。先ずリストの四発展段階は，農業特化段階から工業化を推進し成功した場合に当然に生ずる産業・貿易構造の変化を一般的に述べただけである。リストはこの工業化を推進するについては，自由貿易を原則とし，新工業の設立には一時的な保護育成策を認める（成功の後には自由貿易に戻る）という彼の基本理論を展開するための前書きに四発展段階を置いたにすぎない。

これに対し赤松博士の発見，つまり雁行形態の基本型（次つぎの商品（産業）について輸入―生産―輸出の波（雁行）が起る）と変型（産業構造が多様化し高度化する）という発展パターンの着想は，その実証研究から見出された全くの独創であり，リストに追随したものではないのである。

リスト研究の権威たる板垣與一博士は，『新版　政治経済学の方法』勁草書房，1963，p.433注4において，次のように明言されている。

赤松要博士はリストの段階説とは無関係に，博士の綜合弁証法の立場から，わが国の紡織工業の発展形態に関する実証的研究の成果として，ここに述べられたリストの四段階説と同巧異曲の「産業発展の雁行形態論」(三段階）を創唱された。

また板垣博士にたしかめたところ，一橋論叢1956年11月号の赤松論文「わが国産業発展の雁行形態」を契機に，当時論叢編集者であった板垣博士が赤松博士にリストの上記引用文につき示唆されたとのことである。

出が輸入を超ゆるのは第2期においてもおこることはあるが，多くのばあい第3期においておこり，この第3期において雁行形態は一応の完了に達するのである。」（一橋論叢，1956. 11, p.76）。

つまり輸出が輸入を上回り，財別出超に転ずる時期を一つの雁行形態追上げの完了（卒業）とみるのである。

赤松第⑥引用

「わが国産業はかくしてヨーロッパやアメリカにおける工業の高度化を追跡しその高度水準に接近したのである。今後，わが国が新たな産業革新を外国から導入するのでなく，国内において始発し，産業発展の始発的動因を輸入から国内における独自の産業革新に切替えうるか否かは重大な問題として残されている。いずれにしてもこの発展の道はドイツやアメリカがかつてイギリスを追跡しつつたどったのと同じ道である。」（『金廃貨……』p.173）。

或る製品についての1つの雁行形態が完了した後にどうするかについては，その自国生産を縮小し，今やより低廉になった開発途上国からの輸入に転ずるという道がある。雁行形態の第4段階として輸入が再び増大することになる（既載　赤松第③引用(3)）。かくてヴァーノンらの海外直接投資（FDI）が投資国と受資国双方の経済発展を促進するメカニズムとして登場してくることになる。

ここに赤松博士の遺稿である，世界経済評論1975年2月号p.3の巻頭言「海外投資の雁行形態論」が登場してくる。

赤松第⑦引用

雁行形態という名称は，詩的にすぎて経済理論としては難解というべきかも知れない。しかしこれは1935年に発表した私の実証的研究で，発展途上国にあった日本の経済が先進国からの輸入（M）に始発されて生産（P）をおこし，それがやがて輸出（X）にまで発展したこと，またそれが消費財産業から資本財産業へと上昇していることを証明したのである。

それから約30年後にアメリカのハーバード大学の学者たちがプロダクトサイクル論を発表した。先進国の輸出（X）が外国生産（P_f）をよびおこし，ついには逆輸入（M'）することになるというのである。これが多国籍企業の本国への逆輸出を意味するものである。この両論は後進国と先進国とからみた同一の貿易パターンのうらはらの変化である。

ところが貿易から投資への変化で，アメリカは革新的な資本集約産業を外国に投資するが，日本は初め労働集約産業を後進国に投資し，それが次第に資本集約的産業に高度化しつつあるようだ。プロダクトサイクルでは投資はその革新産業で行われ，サイクル的系列はない。やがてそれがアメリカに逆輸入される傾向にあり，現在のアメリカ不況の一原因でもある。

日本からの投資は，初め紡績業のような労働集約産業から機械類の資本集約産業に，また粗製品産業から精製品産業に上昇する傾向があり，投資の雁行形態が形成されつつある。しかし問題はアメリカと同様，日本も，繊維品について，電気器具について，後進国から追い上げられる傾向があり，日本の不況の重要な原因となっている。これは結局，技術水準は後進国でも日本とあまりかわらないが労働賃金が安いために日本に逆輸入されることになっているようだ。その点ではアメリカも日本も同じ悩みをもっている。

どうしたらよいか。日本産業がより一層の精製品に上昇し，知識産業といわれるような超重化学工業に発展し，そこに日本の雇用を吸収するべきであろう。要するに，貿易でも投資でも今や輸入からでなく，自身の創造によって雁行的発展を無限に進行せしめることだ。

これは雁行型発展に成功した産業のその後の対外活動に関する示唆多き発言であるが，精密化しなければならない問題を沢山含んでいる。

Ⅲ　雁行型発展論の第1次展開

1960年代と1970年代にかけて，赤松博士の直接・間接の弟子どもによって，赤松オリジナルの整備と発展がはかられた。雁行形態の基本型と変型（副次型）に関するものを第1次展開として本節で検討する。雁行型発展の国際的伝播の局面を第2次展開として次節で取上げたい。雁行型産業発展の実証研究はかなり進んだが，理論的モデル化は遅々としていた。

Ⅲ．1　雁行型産業発展の実証研究

赤松博士自らは次の実証研究を行われた。

(1)　羊毛工業について，モスリン，ラシヤ・セルヂス，毛糸の各品種について，輸入―生産―輸出という雁行型が見出される。と同時に時の遅れを伴って羊毛工業品種の多様化が見出される。

(2)　綿業について，綿布，綿糸と，紡績機について同様な検証がなされる。機械器具まで含めたがそれは行きすぎであったかもしれない。

そこで(3)機械器具工業について，紡績機械，自転車，電気機械の三種を取上げ同様な実証分析を果たした。

いずれも特定産業（産業の範囲を規定するのはむつかしいが割に小さいカテゴリー）のいくつかの品種について，雁行形態の基本型が見出されることが主目標であった。と同時に特定産業内の生産品種の多様化という雁行形態の変型（ないし副次型）が見出された。つまり「産業内多様化雁行形態」が検証された。生産品種の高級化というケースと，完成品から原材料さらにその生産手段たる機械の生産というような生産プロセスの高度化のケースとが含まれる。この後者が産業の自己生産回帰として赤松博士の弁証法による分析の対象になったのである。

私（小島）は，雁行形態の基本型を「生産の能率化」，変型を「生産の多様化・高度化」と定義するようになった（後述）。もっと大きな産業カテゴリー（例えば繊維産業，重化学工業，機械産業といった）について国民経済全体の産業構造の多様化・高度化が論究されねばならない。これに先の雁行形態の変型の論理がそのまま適用できるであろうか。残念ながら実証研究は「産業内多様化雁行形態」の発見に止まっていた。

雁行形態の実証研究に没頭されたのは松浦茂治博士である。その成果は次の三著にまとめられている。松浦茂治（1975，1983，1994）。赤松博士の実証は明治開国から1920年代央までの日本近代産業の創成期についてのパイオニア的分析として意義があった。松浦博士は最近年まで分析を延長してい

る。分析対象の産業も広汎に及んでいる。消費財産業として最も早く勃興した繊維産業を，絹，綿，毛，化繊，合繊といった順序で，各々につき糸と織物の雁行基本型を描き出している。次いで基礎生産財としての鉄鋼業の発展，その銑鉄と鋼材の雁行型が跡づれられる。さらに，1970年代から急速に成長した機械産業のうち電産機（コンピューターと集積回路 I.C.）と自動車が取上げられた。

日本についてだけでなく，先発のアメリカや欧州と，他方後発の韓国，台湾についても雁行型発展を検出している。そうして産業の catching-up process だけでなく，成熟し停滞ないし衰退過程に入った局面をも究明しようとしている。実にたんねんに統計資料の収集を行った雁行形態論による業界発展史であって，松浦博士の貢献は輝かしいものがある。

私（小島）による日本鉄鋼業の実証研究がある（小島清　1963，1972）。日本鉄鋼業がレール，形鋼，棒鋼，鋼板といった基礎的製品から，鋼管，線材，ブリキなどに，さらに特殊鋼，帯鋼といった高級品にと，産業内多様化雁行的発展を成功させてきたことが描き出される。これに対応して鉄鋼の輸出市場が近隣諸国から次第に遠隔の開発途上国に，ついには北米，オーストラリアといった先進国にまで拡延していった（輸出前線拡延）ことが検出されている。

私の博士論文『日本貿易と経済発展』（小島清，1958a）はその全篇10章を通じて「雁行形態的経済発展説」（序　p.3）による日本貿易発展の実証であった。わが弟子山澤逸平の博士論文『日本の経済発展と国際分業』（山澤逸平　1984，英文 1990）はいっそうリファインされた雁行形態論そのものであると評してよい。ことに第4章で繊維産業，第5章で鉄鋼業の雁行形態的発展を詳しく分析し，第10章で発展途上国（タイ）における雁行形態的産業発展を実証し日本モデルの適用可能性を検討している。（次も参照：山澤逸平　2001）。

雁行の基本型において，生産／内需（S/D）比率（ただし内需＝生産＋輸入－輸出）が1に達した時は，輸出／輸入（X/M）比率も1になる。それが或財について輸入代替生産を経て自給に達し，輸出入の均衡する catching-up 完了の重要な転換点である。それ以後は出超に転ずることができる。山澤はこの生産／内需比率を有効に活用する。そしてこの生産／内需比率の山型カーブがアメリカ→日本→NICS→ASEANというように国際的に伝播するという図を示している（山澤逸平　1988，p.58）。

赤松博士の一橋外での後継者に毛馬内勇士（現明治大学教授）がある。赤松経済学をめぐる多数の論稿を発表しているが「雁行形態の国際比較—韓国工業の雁行形態的発展—」（毛馬内勇士　1972）が最も充実している。韓国のような日本より一段と工業化の遅れた国において，戦前（植民地時代）と戦後とで，雁行形態がどのようにあらわれてきたか，日本の場合とどう違ってきたかを実証的に究明している。産業発展のcatching-up processとその完了後とで，輸入—生産—輸出の三曲線がいかなる位置関係にあるか，上り下りの傾向とその変化率の相違とにより，非常に多くのケースが生ずる。諸ケースの比較から何らかの法則を見出したいとしている。また（毛馬内　1998.1）のように，綜合弁証法による赤松経済政策論の全体系を解明しようと試みている[5]。

雁行形態論は赤松博士による2つの英語論文の発表（1961，1962）によって世界的に評価を受けるようになった。さらにハーヴァード大学のR. Vernon教授によってProduct Cycle論が提唱（1966）されるに及んで両者の比較・異同・優劣の検討といった世界の関心がいっそう高まった。

Ⅲ. 2　雁行形態論の理論モデル

赤松要博士は，日本や新興工業化国の産業発展を彼の独特の綜合弁証法の論理によって解明しようと努力してきた。その一番よい説明が次の引用であると思われる。

赤松第⑧引用

かかる産業発展の雁行形態は一つの弁証法的過程である。輸入完成品の増大は，ここに国民の購買力が集中するため，（在来）固有産業の低下，或は衰滅をきたす矛盾に逢着する。この矛盾を止揚せんとする力

5）このほかに多数の雁行形態の実証研究がある。たとえば，蚕糸業について，下条英男（1978，1979，1980）。紙・パルプについて『興銀調査』（1969）。機械工業について玉置正美（1971）。産業機械工業について吹田尚一（1973. 10）。

は，一つは固有産業における資本が利潤高き輸入品の製造業に自然的に流動しきたること，並にこの動向を国家の経済政策が促進することに存する。かくして輸入完成品の増大は必ずやこれを否定する自己生産の興隆に転換せざるをえないのである。しかし自己生産の勃興は生産方法が確立することなくして起りえざるものであって，ここに生産手段の輸入を必然的に増加することとなるのである。生産手段によって産業の独立化，即ち消費経済に対立する生産経済の確立が行わるるのである。生産手段が設定されない限り，生産は単に消費経済に結びついた家庭的自己生産であるか，或はこれに代る舶来品の輸入かである。かくして完成品の輸入を阻止するためには生産手段の輸入が必須的となり，これによって自己生産が確立せられる。始発的動因としての自己生産はそれが本質的動向をとる限り，国家的保護政策をよび起し，これに助長促進せられ，この始発的動因と促進的動因との綜合は輸入を否定して自己生産を確立する。産業の反省的段階であり，産業の自立化である。

次にきたるものは生産手段の自己生産であって，この段階において，我国の地盤に適応せる機械器具などの発明改良が行われ，外来的生産手段の矛盾，不適合性が除去せらるるにいたる（例えば我国の風土，職工などに適合するため，如何に機械の改良が行われたかを検せよ！）。この段階において輸出産業としての確立が完成せられる。これが自己生産にかかる生産要具によって自己生産が行わるる時代，産業の自己還帰の段階であり，我国産業の反省の反省であり理性化である。しかしただ原料品については，かような自己還帰は我国の本土だけでは行われ難い。我国としては原料国と工業国との基本的異質性を前提とせねばならず，産業の自己還帰とともに，いよいよ多くを外部より摂取せねばならない。（名高商『商業経済論叢』1937.7，pp.198-99；『経済新秩序の形成原理』pp.300-301）。

以上の引用 ⑧ は，赤松博士の綜合弁証法から見れば十分な理論化であると言えよう。しかしそれは近代経済学の観点からする理論化，数学方程式システムによるフォーマライゼイション或いはモデル化とは程遠い。新古典学派の成長論とヘクシャー＝オリーンの要素賦存比率論（theory of factor proportions）を結びつけて雁行的産業発展の基本型（生産の能率化）と変型ないし副次型（生産の多様化）とを解明しようとしたのが，小島清（1958b）の論文「資本蓄積と国際分業—赤松博士‘産業発展の雁行形態’の一展開—」である。その要約はこうである。

先ず小島は，雁行的発展の基本形態（生産の能率化）も副次的形態（生産の多様化）も，一国の資本蓄積の進展，いいかえれば資本対労働賦存比率が高まることを軸として継起するとのモデルを提出した。即ち，一産業の生産方法の改善，生産能率の向上，コストの低下は，資本蓄積が進み資本対労働比率が高まり，より資本集約的な生産方法に移ることによって可能になる。他方，所与の労働・資本価格比率の下で，X財よりもY財は，Y財よりもZ財はさらにいっそう，より資本集約的な生産方法をとるとしよう。そうであるならば資本蓄積が進み一国の資本・労働賦存比率が高まってはじめて，X財のほかにより資本集約的なY財も，さらにZ財も生産しうるに至る。つまり生産の多様化も資本蓄積の関数とみなしうる。こうして資本蓄積が進むにつれ，生産の能率化と多様化との二つが可能になる。しかし両者の間にはかなりの選択の余地が残されており，そこに興味ある国際分業の動態問題が発生する。即ち，資本蓄積が進み資本・労働賦存比率が高まるにつれ，第1に，労働・資本相対価格を低く抑えておけば，より資本集約的な財も生産できるように，生産の多様化をはかりうる。だが第2に，より資本集約的な財の国際競争力を高めるには，労働・資本相対価格を高め，生産の能率化をはからねばならない。第3に，労働・資本相対価格が高まると，より労働集約的な財の生産費は相対的に高まり，比較劣位に陥る。より有利な産業への転換か（構造調整の必要）海外直接投資進出かを求めざるをえなくなる。これらの選択に直面しつつ，生産の多様化と，多様化した各生産の能率化，さらには比較優位弱化産業の海外直接投資進出をくり返していくのが，一国産業発展の動態なのである。

小島はそこで，N（農業），X（軽工業），Y（重化学工業）なる3産業の生産関係を仮説数字例で示し，日本経済が1900年頃以降，資本蓄積の進展につれ，第1段階：農業Nだけから先ず軽工業Xをもつように多様化しその生産性の向上（能率化）をはかり輸出ができるまでに育てた。第 2 段階：次の構造変動により重化学工業 Y をもてるようにいっそう多様化・高度化し，その能率化をはかりつつあることを例示した。かかるモデルを *Economic Journal*（1960）に発表した。この資本蓄積と産業発展パターンというのが小島の重要な貢献の一つであり[6]，「雁行形態論の赤松・小島モデル」が一歩一歩構築されていくことになった。

Ⅲ．3　雁行基本型の概念図

ヴァーノンのプロダクト・サイクル（PC）論との比較も念頭におきながら，図 1.2 として特定産業（繊維産業とせよ）の雁行基本型の概念図を描いてみた。

特定商品についてまず輸入増加というカーブ（*M*）が描かれ，輸入が相当な量に達し，したがって国内に需要が植えつけられその量が国内生産に踏み

図 1.2　雁行基本型

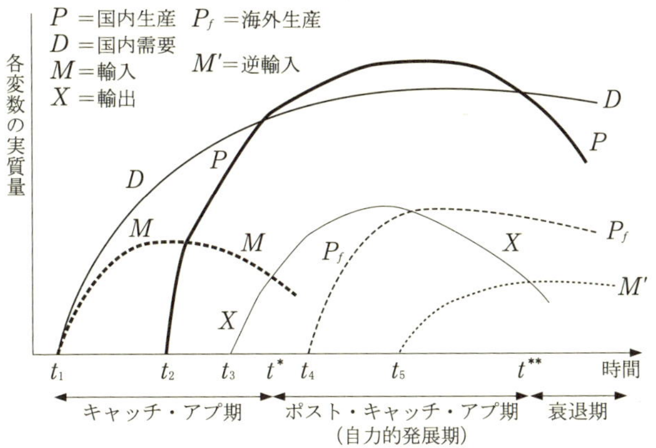

6）　私が雁行形態的発展を規定する基本的変数は資本蓄積であるとしたのに対し，山澤逸平は生産能率化・コストダウンのプロセスにつき，「生産経験の累積と生産規模の拡大につれて生ずる生産性の上昇」つまり「技術習得の過程」を導入する（山澤逸平　1972）。これは拙論に対する重要な補完ではあるが，本質的に対立・矛盾するものではない。けだし技術習得は人的資本の蓄積とみなすことができ，人的資本も含めた広義の資本蓄積の中に包摂することができるからである。この外，山澤が需要要因と政府の保護政策を陽表的に導入したことは一つの貢献である。

切っても引き合うという規模に達すると，国内生産（P）が開始される。もとより国内生産の初期段階では，一方，関税その他によって外国の競争を阻止することと，他方，補助金や政府需要の保証といった幾多の保護育成措置が必要とされる。また外国の優れた技術の導入，外国の直接投資などが必要とされる。だが外国の優れた技術の習得が進み生産規模が拡大されるにつれ，コストは逓減しやがて世界価格と同じあるいはそれ以下で生産できるようになる。そうなると輸入が減り，輸出（X）が開始されやがて急増するようになる。これが M（輸入）→ P（生産）→ X（輸出）という 3 つのカーブが次つぎに生起する雁行形態であり，輸入代替から始まり輸出にまで進出していく後発工業国での先進国へのキャッチング・アプのプロセスなのである。

t^* 時点に達すると輸出 X が輸入 M と一致し，国内生産 P と国内需要 D（それは $P+M-X$）と同一になる。それまでの入超から出超に転じうることになる。ここまでをキャッチ・アプ期と見てよい。オリジナル赤松雁行形態論はこのキャッチング・アプ・プロセスを究明することに力点がおかれていたので，私（小島）はこれを catching-up product cycle として外国にも紹介した（Kojima, 1978, p.61 and p.65）。

輸入が国内需要を開拓するという役割をもつとすることと，生産を拡大し，輸出できるように能率化するのを輸入技術（borrowed technology）に依存するとしたところに，雁行型発展即ち Catching-up P.C. の特色がある。自国企業による自生的（genuine or endogeneous）技術革新によって，生産と輸出が急増するとするのが，Vernon らの自生的プロダクト・サイクルである。オリジナル赤松雁行型発展論では，キャッチ・アプを成功裡に完成（或いは卒業）したポスト・キャッチ・アプ段階はいまだ十分な考察の範囲に入っていなかった。図 1.2 の t^* 時点を見ると生産と輸出が急増する Vernon の自生的プロダクト・サイクルの新生期＋成長期に相当することがわかる。雁行型発展でもキャッチ・アプを卒業し自力的発展に前進するためには自生的技術進歩が不可欠である。こうして雁行型発展はキャッチ・アプ段階から自生的プロダクト・サイクルの段階へ進展していく。今や前者だけでなく両段階を含んだものを，雁行形態論は考察の対象にしていると，私は拡大解釈したい。

ポスト・キャッチ・アプ期の自力的発展が進むにつれ，この X 産業の比較優位が弱まり輸出が困難に陥ると，海外直接投資（FDI）進出による海外生産 P_f が行われ，製品（中間財も含まれるが，簡単のため最終財としておく）の一部が逆輸入 M' されることになる（後に詳論する）。t^{**} 時点で $X=M'$，$P=D$ となり，それ以降入超に転ずるのである。

さいきん（1980〜1990両年代）の東アジア地域統合は，先発国（日本）が図1.2のポスト・キャッチ・アプ期にあり，後続国（NIEsついでASEAN 4）がキャッチ・アプ期にあるという状況で進展している。そして後続国のうちの一部が，またいくつかの産業について部分的に，既にポスト・キャッチ・アプ段階に入っている。そういう複雑な関係において成長（発展）の国際的伝播がうまく行われうるかどうかが，究明さるべき課題となっている。

Ⅲ．4　生産の能率化：雁行形態の基本型

既述の生産の能率化（雁行形態基本型）と多様化（雁行形態変型）を解明するには，生産関数の技術革新による構造変動を検討しなければならない。かなり混み入った展開を必要とするので，その詳細は次章にゆずり，ここでは要点のみ紹介しておこう。

次の一般的生産関数を措定する

$$Y(t)=F[K(t),\ L(t),\ A(t),] \quad \cdots\cdots(1)$$

ここで，$Y(t)$ は t 期の産出量，$K(t)$ は資本投入量，$L(t)$ は労働投入量，そして $A(t)$ は技術知識水準を示すものとする。

資本と労働の投入増加につれ産出量は増加する。資本，労働はそれぞれの限界生産物（或いは限界生産力）は正，しかし限界生産物は逓減する。規模に関して収穫はコンスタント（constant returns to scale）であるとする。生産関数(1)式のうち $A(t)$ を無視し，上の仮定を入れると，

$$y=f(k) \quad \cdots\cdots(2)$$

となる。ただし $y=Y/L$（一人当り産出量），$k=K/L$（資本労働投入比率或いは労働一人当り資本装備率）である。縦軸に y，横軸に k をとる図を描けば，$f(k)$ なる産出曲線は増加率が逓減する右上りの曲線になる。

さて問題は，何らかの原因に基づき技術水準 $A(t)$ が高まると，産出曲線

$f(k)$ が上方へ拡大する（shift up と言う）ことを究明したいのである。その一つは，各企業が行う R&D（研究開発）に基づく技術革新（innovation）である。これが技術水準 $A(t)$ を大きくし，生産関数 $f(k)$ をシフト・アプさせる。

市場（需要）の拡大に応じ，投資が増加され，より大規模生産の方式（最小最適規模 MOS のより大きい superior な生産方式）が開発，採用される。労働者は生産経験を積むほどより能率的な技能を習得し生産性を高める。これが学習効果（learning by doing）である。これは技術知識（technological knowledge）$A(t)$ の増加であり，人的資本（human capital）の蓄積である。パテントの増加もその１つの証拠である。こうして生産関数 $f(k)$ のシフト・アプが生ずる。

もう１つ，普及効果（spill-over effect）が生ずる。各企業の技術知識は公共財（public good）であって，他の企業に普及し，他の企業はゼロコストで利用できるものとする。つまり一たん開発されると技術知識はその産業の全企業に普及する。そうすると技術知識の蓄積と普及（$A(t)$ の増加）に伴って，産業全体の生産性 $f(k)$ が高まる。これを「社会的規模経済の利益」の実現だと解してよい。これは各企業にとって内部経済ではなく，外部経済効果なのである。

以上のごとき生産関数 $f(k)$ のシフトアプが生産の能率化（雁行形態の基本型）に他ならない。学習効果＋普及効果が，私の強調する資本蓄積の進展と平行して促進されることは言うまでもない。資本蓄積（K の増加）が進み，各企業の投資を通じてラーニング・バイ・ドウイングが生ずる。知識の創出は投資の副産物である。物的資本の増加を試みる企業は，より効率的に生産する方法を同時に学習することになる。具体的には，企業の資本ストックの増加によって，それに相応する知識のストック $A(t)$ の上昇がもたらされる。かくて学習効果プラス普及効果は資本蓄積（人的資本を含む）を促進し，$k=K/L$（資本労働比率）を高め，１人当り産出高（生産性）を向上させるのである。

こうして投資の長期的収穫逓減性は超克され，収穫不変ないし収穫逓増が実現されうる。そうして成長（発展）が継続しうることになる。これが内生的成長の秘訣である。

Ⅲ. 5　サンクコスト・モデル

上述の生産関数を基礎にして，コスト（生産費）分析を試みよう。「最小最適規模（MOS—minimum optimal scale—）付き sunk cost（埋没費用）モデル」を用いる（小島清　1994, p.211 ff.)。

$$\text{総費用}\,TC=c(x)=\begin{cases}a+b\cdot x & if\ x\leqq x^*\\(a/x^*+b)x & if\ x>x^*\end{cases}\quad\cdots\cdots(3)$$

（ただし a，b，$x,^*$= constant)

$$\text{平均費用}\,AC=c(x)/x=\begin{cases}a/x+b & if\ x\leqq x^*\\a/x^*+b & if\ x>x^*\end{cases}\quad\cdots\cdots(4)$$

ここで x は生産量，a は生産量のいかんにかかわらず一定額を要する創設固定費用（fixed cost）であり埋没費用（sunk cost）と呼ばれる。けだし固定設備を一たん建設した上は，その回収は困難で，埋没したに等しいからである。b は生産量に比例して繰返し必要となる産出物単位当り可変費用（variable cost）である。また x^* は最小最適規模（MOS）生産量である。生産量 x が x^* に達するまでは固定投資費用たる a/x は x の増加につれ逓減する。x^* 量で規模経済は実現されつくし，最小の単位コストになる。x^* に達した時に，固定投資費用たる a はすべて減価償却されているとすれば，$a/x^*=0$ となり，従って x^* に達した時の平均費用は $a/x^*+b=0+b$ となるのである。

図1.3を見よう。α という生産方式と，それより MOS の大きい superior な β という生産方式による平均費用曲線を描いているのであるが，先ず α，β の添字を無視して説明しよう。$A-S-A'$ なる折れ線が平均費用曲線である。S 点をスケール・ポイントと呼ぶが，その点まで技術的規模経済が働らき，平均費用の $a/x+b$ が逓減する。S 点で減価償却済みとなり，$a/x^*=0$ になる。その時の生産量 x^* が最小最適規模（MOS）であり，コストは最小になる。この最小費用の水準は $S-A'$ 線というコンスタントな可変費用 b の高さとなる。それは限界費用（MC）でもある。したがって $S-A'$ 線上

図1.3

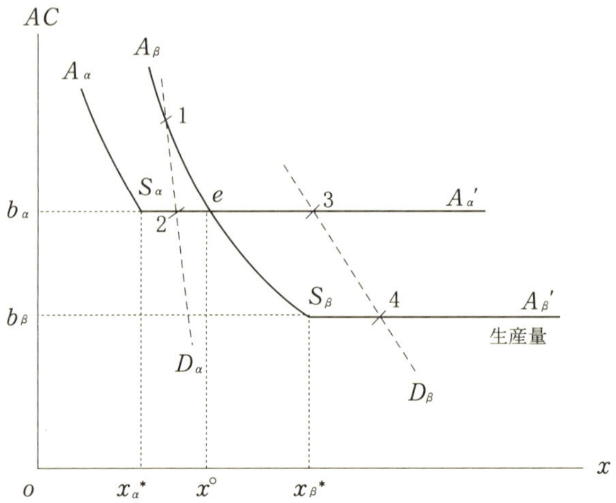

で需要曲線が交わって価格が決まるならば，完全競争の条件を満たすことになる。

さてα-生産方式にくらべβ-生産方式は，最小最適生産規模（MOS）がx_α^*からx_β^*へ大きくなり，かつ平均生産費がb_αからb_βへ低下するのであるから，より大きな規模経済の得られる卓越（superior）生産方式である。各企業のα-生産方式からβ-生産方式への転換（生産の能率化）は，学習効果＋普及効果によって，企業にとっては外部経済として実現されるわけである。企業の資本／労働比率（或いは労働一人当り資本装備率）の増加を必要とする。

S_α，S_βなどというスケールポイントを連ねるとその軌跡（或いはenvelope）としてLAC（長期平均費用）曲線が求まる（図示していないが）。これは産業（或いは経済）全体としては社会的規模経済が獲得されて，長期的費用逓減が実現されることを示す。

Ⅲ.6　分業の利益

$A_\alpha S_\alpha A_\alpha{}'$線なる$\alpha$-方式の供給曲線に$A_\beta S_\beta A_\beta{}'$なる$\beta$-方式の供給曲線が

交わる e 点が求められる。e 点は α- 方式から β- 方式へ移るのが有利となる転換点であり，その時の生産量が x° である。

図1.3に需要曲線 D_{α}，D_{β} を追加しよう。D_{α} 線は需要が少なく e 点の左側を通る。それは β- 方式供給曲線とは点1で，α- 方式のそれとは点2で交わる。即ち需要が少ない時にはMOSの小さい α- 方式による方が低いコストで供給できる。これに対し需要が増大し D_{β} 線になるならば，β- 方式の供給価格は点4で，α- 方式の点3の供給価格よりも低廉になる。需要曲線が転換点 e よりも右側に来るほどに増大すると，MOSの大きいsuperiorな生産方式の方が有利になるのである。

いま D_{α} 線は国内需要曲線であり，輸出が加わると（例えば相手国の貿易自由化に基づいて）D_{β} 線に拡大するとしよう。需給均衡は点4に決まる。これが輸出（国際分業）の開始・拡大が生産方法の能率化構造変動を惹起するという一つの動態的利益である。

Ⅲ．7　合意的国際分業

さらに水平分業或いは合意的国際分業（agreed specialization）[7)] の利益も図1.3で説明できる。いま類似の2国が，或る財Xを点2でともに生産していたとする。このとき第1国はこのX財の生産を止めて全部第2国の生産に任かせるとする。そうすると第2国は国内需要と輸出需要の合計が D_{β} 線に拡大し，点4での内外市場への供給が可能になる。両国とも前よりも安い価格でより沢山のX財を入手できることになる。もう一つの財Yについて今度は第2国がその生産をやめて第1国に任かせれば，同様な利益が得られる。これが私の言う「合意的国際分業」である。

これは等発展段階にある類似の工業国の間でお互いに違った差別化製品（differentiated products）を特化生産し貿易するという水平分業ないし産

7）合意的国際分業について。この概念はKojima（1970b）に英文で発表された。小島（1994）pp.341-60が簡潔な説明を与えている。岩戸謙介（1998）が合意的国際分業の小島理論についての忠実なフォロー・アップを果たしている。また田中武憲（1998）は，多国籍企業の（合意的国際分業をめざしての）協調的行動によって，東アジアの地域統合が促進されるべきことを強調している。と同時に合意的分業のアイディアを実際に適用するに当っての諸問題，諸困難を指摘している。

業内貿易（intra-industry trade）に他ならない。それらは若干の価格差など市場の力によって（market driven）特化の方向が決まる。だがその極端なケースとして，われわれの仮説例のように，生産条件，需要条件，そして価格も全く等しい類似2国，2商品については，分業を行うなんらかのきっかけ，つまり話し合いによる合意が必要かも知れないという意味で「合意的国際分業」と称したのである。しかし逆にmarket drivenな分業も内外企業間の契約つまり合意によって決まると言ってよいであろう。

「合意」とか「話し合い」と言うと大げさで反市場機構と聞えるかもしれない。実はそうではない。むしろ企業が日常的に行っている企業内分業の一面ないしその延長に他ならない。例えば，AとBという2車種を第1工場でも第2工場でも，αというinferiorな方式で生産していたとしよう。このときA車種は全部第1工場で，B車種はすべて第2工場で特化生産するようにすれば，superiorなβ-方式を両工場でともに採用することができるようになる。この際第1工場は日本，第2工場は中国というように違った国に立地させることもできる。

タイプの違う部品ごとに最小最適規模（MOS）を達成するようにいくつかの国に分けて立地するのも同様である。またOEM（相手企業のブランド名による受託生産）を相互に行うことは合意分業に他ならない。多種多様の企業の合併（M&A）その他の国際提携のねらいもこの点にある。

その他いろいろな方法を用いて多国籍企業（MNC）がリージョナルに，或いはグローバルに進出し，ホスト国で社会的規模経済を国際的・継起的に実現させていった。それが地域統合の強力な担い手になった。このことを次節で解説したい。

Ⅲ.8　生産の多様化：雁行形態の変型

雁行形態の変型つまり生産の多様化・高度化も，図1.3を借りて次のように解明できる。$A_\alpha S_\alpha A_\alpha'$線をX財（労働集約的な繊維産業とせよ）の供給曲線，$A_\beta S_\beta A_\beta'$線をY財（資本集約的な重化学工業）の供給曲線であるとしよう。初期には点2でX財の生産（と消費）だけが行われていた。資本（人的資本も含む）蓄積が進むと，点4で資本集約的なY財の生産をも行うことができるようになる。X財のほかにY財をも生産できるようになること，これが生産の多様化である。或いはX財の生産割合を減らしてよりsuperiorなY財の生産割合を増加することができる――産業構造の高度化である。ただしX財もY財も，最小最適規模（MOS）の能率的な方式で生産されるようにしなければならない。

Ⅲ．9　能率化・多様化構造変動モデル

生産の能率化構造変動を行うにも，また生産の多様化構造変動を行うにも，ともに資本（人的資本を含む）蓄積の進展，資本／労働比率の増加を必要とする。繰返しになるが，したがって一国の経済発展は，農業生産中心の状態から，先ず労働集約的な軽工業を育成するという多様化構造変動を行い，ついでその能率化構造変動をはかり輸出産業にまで成長させる。多様化と能率化を一挙に行うことは資本不足から不可能である。広義の一産業につき多様化と能率化とを完成するには20－30年を必要としよう。次の工業化第2段階として，より資本集約的な重化学工業が発展の中軸になるよう，多様化と能率化の構造変動を行う。そして工業化第3段階としてより資本・知識集約的な機械産業へと高度化すべきである。こういった順を追った，step by stepの着実な段階的産業発展が不可欠であり，飛び級的躍進は困難に陥る。このような資本蓄積のスピードに制約される構造変動，その資源配分の変化をモデル化することは興味ある重要な課題である。その要点はこうである。

経済全体のt時点での資本／労働賦存度（$\overline{K}/\overline{L}$）がX財のMOSでの生産に投入される資本／労働係数$k_x=K_x/L_x$に等しくなるならば，全資源（生産要素）をX財だけの生産に投入する（完全特化）ことが資源の最適活用になる。X財の最低コストでの極大生産が得られる。他財の生産がゼロであるから，X財生産が比較優位産業になり，輸出される。

資本蓄積が進み，経済全体の$\overline{K}/\overline{L}$が高まるにつれ，$k_x$よりもより資本集約的な，より高級な財たるY財の生産（それは$k_y=K_y/L_y$，ただし$k_x<k_y$を必要とする）に次第に資源を配分することが可能になる。そして

$((\overline{K}/\overline{L})_{t+1}$ が k_y に等しくなると，X 財の生産を止め，Y 財の特化生産に移ることが，資源の最善利用になる。このようにして生産の多様化，産業構造の高度化が進行するのである。かかる「能率化・多様化構造変動」モデルが雁行型発展の第一の基礎理論となるのである。

能率化と多様化の構造変動を順を追って進展させるその第 1 条件はこのような資本蓄積のスピードであり，経済全体の資本／労働賦存度（$\overline{K}/\overline{L}$）の成長率である。資本蓄積の源泉は貯蓄である。外国資本を導入できれば重要な補完となる。

第 2 に，新産業を起すには最小最適規模（MOS）生産を吸収する程の需要が保証されねばならない。MOS の企業が一つでは独占に陥る。故に相当数のそういう企業が起って競争する体制が必要である。雁行形態基本型では，輸入が国内需要を十分に喚起することを期待した。国民の代表的需要が大規模生産を有利として輸出産業にまで成長するとのリンダー（1961，訳 1964）の説もある。代表的需要は国民の所得水準の向上につれ多様化し高級化していく。それを素早く満たすよう新生産を最小最適規模で起していくことが企業にとって有利なことである。だが国内需要に局限されることなく，海外市場をも開拓できるならば，より大きな最小最適規模（MOS）生産に構造転換しうる。ここに雁行型経済発展を海外にまで延長することによって，いっそう大きな社会的規模経済の利益を実現しうるという，雁行形態の国際的伝播の局面に到達する。

第 3 に，より手のこんだ高次の産業に高度化し，さらにそれを能率化するためには物的資本の蓄積が不可欠だが，それだけでは十分でない。知識，技術のストックの拡充が要る。教育の充実により，労働者，技術者，経営者の能力を高め，人的資本をも蓄積しなければならない。金融・流通機構の整備，運輸・通信・電力など社会的インフラの充実も必要である。さらに法制度，議会制度，市場機構，文化，モラルなどの近代化も要る。発展段階のステップ・アップにはこれら社会・経済全体の改革（reform）ないし構造変動がなされなければならないのである。

Ⅳ　雁行型発展論の第2次展開

Ⅳ. 1　**大来博士の雁行型発展論デビュー**

日本経済において成功した雁行型産業発展が東アジア経済に次つぎに国際的伝播を遂げ，地域統合（regional integration）を促進し，後発諸国の急成長をもたらしたという雁行形態論の第2次展開が見られた。これは故大来佐武郎博士が（Okita Saburo, 1985また1986に収録）第4回PECCソウル会議において会長アドレスを行い，アジア太平洋地域のダイナミズムの源泉として，赤松博士が1930年代に創唱したthe flying geese（FG）pattern of developmentを登場させ紹介したことによる。これにより雁行形態論は広くアジア太平洋諸国において，いな世界的に有名になり，研究者のみならず政治的リーダーの関心を呼ぶようになった。ジャーナリズムにおいても，雁行型発展の国際的波及が，その理論的裏づけを問うことなく頻繁にとり上げられ，「雁行的発展」なる言葉がいわばひとり歩きするようになった。そして，第Ⅴ節で述べるように，高い評価とともに多くの批判を被ることになったのである。

大来博士は次の2点を強調している。第1に，雁行型発展は特殊なダイナミズムである。アジア・太平洋では，米国が先ず先導国となり，日本が繊維など非耐久消費財，家電など耐久消費財そして資本財といった順序で追い上げ的発展に成功した。今やアジアNIEs，ついでASEAN諸国が日本の跡を追っている（Okita 1985, p.21）。

第2に，雁行型発展の東アジア地域への伝播は，各国の成長を促進し，それがお互の輸入市場を拡大することになり，域内貿易の拡大，地域全体の発展を加速するという継起的・累積的な「発展の好循環」を生み出した。資源賦存度や経済発展段階差があるため，ダイナミックな国際分業が促進される。そのうえ，日本からの資本・援助・技術提供，また低廉な資本財・中間財の輸出により，後続国の新工業の継起的勃興が促進された。最初のフォロワーたるアジアNIEsもやがて資本提供者にまで成長し，地域全体の好循環的発展を加速した，と言うのである。

大来博士の指摘を待つまでもなく，われわれ赤松・小島学派も次の2点を理論的に究明しなければならないとして努力してきた。即ち第1に雁行型産業発展が先導国から追跡国へいかにして伝播していくかのメカニズム，第2にそれらがもたらす地域統合の利益，これである。

Ⅳ．2　追跡国の利益

EU（欧州同盟）のように関税同盟，単一市場，さらに通貨統合といった深い（deeper）統合にまで進んだケースもあるが，ここでは輸入を自由化し外国直接投資（FDI）の導入を歓迎するといった開放経済化と同じ程度の浅い（shallow）統合を或る地域のいくつかの国が敢行することを前提としよう。また雁行型産業発展は先導国（leader）A から追跡国（follower）B，C，D，……へと外国直接投資を媒体として行われるものとしよう。

先導国 A（日本）と追跡国 B（たとえば韓国）との間の初期比較生産費差は表1．1のとおりであったとしよう。すなわち資本集約財（たとえば鉄鋼など中間財）Y にくらべ労働集約財（繊維など軽工業品）X の生産においては，労働豊富にして低賃金の B 国の方が A 国にくらべ比較優位をもつ。しかし B 国の X 財生産はいまだ国際競争力が十分に強くはない。たとえば為替レートが1円＝1ウォンに決まると X 財は両国で同じ価格になり，B 国から必ず輸出できるとは言えない。これに対し Y 財は A 国で1円，B 国で2ウォン即ち2円となり，A 国から B 国へ輸出できることがはっきりしている。

さてここにおいて，B 国の X 産業が A 国企業の直接投資進出を誘引するのに成功したとしよう。（ここで A 国で比較優位を弱めた産業 X から直接投資進出することに注意しておきたい。）直接投資は資本のみならず優れたより能率的な生産技術，経営知識などを一括して移植し，B 国 X 財の生産費を一挙に，たとえば表1．2のように，0.5ウォンに引下げる。そうすると今まで輸入していた製品 X を排除して国内市場に販売し，一部は投資国 A へ逆輸出し，一部は第三国に輸出できるようになるのである。直接投資導入を起爆剤として B 国 X 産業の改革（reform）が敢行され，産業・貿易の構造変動を推進し，輸出主導成長 export-led growth に直進できることにな

表1.1　初期比較生産費

	A国	B国
X財	1円	1ウォン
Y財	1円	2ウォン

表1.2　直接投資後比較生産費

	A国	B国
X財	1円	0.5ウォン
Y財	1円	2ウォン

るのである。

外資導入企業によって実現した生産改革，生産性向上はいくつかの波及(外部）効果をもたらす。外資導入産業での他（国内）企業の学習過程を通じて産業全体の社会的規模経済を誘発する。原材料や部品など関連産業を喚起する。産業全体として成長が速いほど，投資増が多く，生産性改善，社会的規模経済がより多く実現される。生産改革と成長の好循環が生ずるのである。

B国X財の輸出がスタートし伸長することはそれだけ輸入購買力が増加したことであり，これが外国の輸出を拡大させ，それを挺子に外国での生産改革，社会的規模経済の獲得，高成長の実現という国際的好循環が生ずる。これが地域統合の利益である。

B国の輸出拡大の代価としての輸入が表1．2の拡大比較生産費に沿ってA国のY財に向けられるとすると，それはB国の国内生産では2ウォンを要したものが，1円＝1ウォン（為替レートが1円＝1ウォンならば）という半分のコストで入手できることになる。これは輸入品がより安くより沢山に入手できるようになるという「貿易の利益」である。A国でもY財輸出拡大につれ生産改革が進むならば（後述），Y財の生産費はたとえば0.5円に低下し，B国の入手価格は0.5ウォンといっそう低廉になるであろう。この輸入財がB国X財生産の直接投入物（中間財）であるならばその生産費をさらに引下げるというもう一つの波及効果が生ずる。

しかしながらB国は往々にして，X財の輸出拡大以上に他財の輸入を増大し，貿易収支赤字に陥り勝ちである。輸出産業Xの設立・運営のための資本財や原材料の輸入がかさむこともあるが，高度成長に伴う消費財輸入が過大になるためであることが多い。注意を要する点である。

Ⅳ．3　順貿易志向的海外直接投資

他方，先導国A（日本）では，高度成長に伴い労働力不足に陥り賃金率

が高騰する。このため労働集約財Xは比較優位を弱め比較劣位化する。そこで表1．2のように，低賃金のB国へX財生産を移すことになる。ここで比較劣位化する産業から（比較優位化した新産業からではなく）海外直接投資進出することが重要である。これは投資国，受資国双方の貿易を補完的に拡大する。順貿易志向的（pro-trade oriented or PROT-）直接投資[8)]と呼ぶ。これと逆に，比較優位産業から海外直接投資進出をすると，投資国，受資国双方の生産・輸出は競争的になり，両国間の貿易は縮小する。逆貿易志向的直接投資（ANT-FDI）である。上の順貿易志向的海外投資という小島理論が雁行型発展論の第2の基本理論となるのである。

さて受資国BでX財生産の改革が成功すると進出企業は黒字収益をかせぐことができる。現地市場への販売と第三国への輸出とならんで投資母国Aへの逆輸入[9)]が行われることになる。海外直接投資が過大に行われると投資国当該産業の空洞化（hollowing-out）が生ずると懸念される。しかし低廉になったB国X財を輸入できることは，現地の生産改革効果と貿易（輸入）利益の両者を投資母国は享受しうることを意味する。ことに対象X財が投資母国Aの必要とする部品，中間財であるならば，A国のコスト節約に貢

8）順貿易志向型海外直接投資（PROT-FDI）は私の主著（小島清 1971，1977，英文 1978）で展開し，小澤輝智教授との共同論文（Kojima and Ozawa, 1984）でリファインした。これに対し池本清（1975）や Cheng H. Lee（1987）によって，比較利潤率基準ではなく絶対利潤率基準でよいとのコメントを得，これに対し（小島，1989，Chap. 2）で答えた。

Lee（1980）は，韓国への米・日の直接投資において日本のは順貿易志向型であったことを実証している。その後私の順貿易志向型 FDI 命題をサポートするいくつかの実証研究があらわれてきた。Lee, C. H.（1990），Lii, Sheng Yann（1994），Braga and Geoffrey（1994），Zhaoyong Zhang（1995），Adams and Sgachmurove（1997）などである。

9）逆輸入の問題を「ブーメラン boomerang 効果」としていち早く把えられたのが篠原三代平教授である（篠原三代平 1976，『産業構造論』第2版，筑摩書房，pp.217-20）。その後各所でこのコンセプトを使いつつその内容を充実された。逆輸入は投資国にとって一つの負のブーメラン効果であるが，それだけではない。受資国からの第三国輸出が投資国の輸出を圧迫するのも負のブーメラン効果である。他方，直接投資が進出国への各種輸出を増す誘因をつくる。これは正のブーメラン効果である。ブーメラン効果は技術移転についても同様に正，負双方が考えられる。（篠原三代平 1982『経済大国の盛衰』東洋経済新報社，pp.21-27）。ここで逆輸入は当該産業の空洞化をもたらしかねないという意味で負のブーメラン効果とみなされているのであるが，そうではなく，低廉輸入を可能にする正の貿易利益だと評価すべきであろう。

なお（篠原三代平・西ケ谷ともみ，1996. 10）は雁行型産業発展の国際的伝播，即ち海外直接投資主導型成長に関する優れた実証研究である。

献するところは大きい[10]。そういう多国籍企業戦略が発動されているのである。

B国が開放経済に移り，輸入を自由化し，直接投資を導入するようになると，新企業設立のための資本財，原材料その他中間財，ならびに所得水準アップに伴う輸入需要の増加が生ずる。それらがA国のY財への需要増加になるとしよう。A国ではこの輸出拡大を契機にして，Y財生産の能率化改革を行い，それがY産業全体の社会的規模経済を実現させるという既述の好循環メカニズムを生み出すのである。そしてそれがB国の輸入利益を大きくすることになる。

つまり相互の輸入市場開放と順貿易志向的直接投資進出に伴って，相互の補完的輸出拡大が誘引され，それが生産改革[11]の国際的伝播を生み出すという継起的・累積的好循環がもたらされる。各国の輸出主導成長（export-led growth）である。それは多国籍企業の海外直接投資戦略によって推進されてきたから，海外直接投資主導成長（FDI-led growth）と名づけてもよい。これが地域統合のねらう国際的好循環発展に他ならない。それが成功するか否かが，順貿易志向的直接投資[12]でなければならないという点で，発展段階論に基礎をおく雁行型産業発展論と深く結び付いているのである。

Ⅳ．4　直接投資前線の拡延

東アジア経済（NIEs，ASEAN，中国）は，日米からのみならずお互の直接投資の急増と工業製品相互貿易の拡大によって，「直接投資主導成長」に成功してきた。APEC（アジア太平洋経済協力会議）の貿易投資自由化計画によっていっそう発展が促進されるとの明るい見通しにある。この地域へ

10）ここに赤松要博士の「供給乗数」が雁行形態論の重要な一環を成していることが見出される。供給乗数のオリジナルは，赤松要（一橋論叢 1948.12，英文 Oct.1950）である。小島清，『開放経済体系』1996，第4章，英文 Oct.1998 が供給乗数の再検討を試みている。

11）改革（reform）の進むことが地域統合利益の源泉であるとして Ethier（1998）はモデルを組みたてている。小島（1998）で指摘した Verdoorn effect も同じものである。G. Myrdal（1957）の言う「循環的・累積的因果関係」も同種の外部性利益である（それについて松本邦愛（1997.3）を参照されたい）。また貿易・投資自由化，地域統合の利益については，OECD（1998），Graham, Edward M.（1996）が説得的である。

12）順貿易志向的直接投資は比較優位に従うのであるが，比較優位を実際に見出すには多くの困

の日本の海外直接投資の長期的（1972〜92 年）動態を調査してみた（本書第 6 章)。天気図の温暖前線に似た「直接投資前線の拡延」という規則的進展が見出された。

日本の直接投資は先ず近隣の工業化先発組たる韓国や台湾へ，L-工業(労働集約的な繊維，雑貨)，I-工業（資本集約的な鉄鋼，化学など中間財)，K-工業（資本技術集約的な電気，自動車など機械類）という順序で進出した。直接投資の「産業別高度化」である。日本自体の産業構造高度化の成果であるが，ホスト国での資金水準，生産技術能力（吸収能力)，購買嗜好などの向上に照応することによって成功した。

日本の L-工業直接投資は，韓・台で成功し成熟すると，10 年位遅れて，後発組のマレーシア，タイなどへ，さらに最後発組の中国へと「広域化」した。I-工業投資は，ホスト国の大小や資本賦存状況に左右されるので余り規則的でない。K-工業投資は L-工業と同様に，より賃金の低い新工業化国を求めて，次つぎに広域化が推進された。

かくて，ホスト諸国を縦に，L，I，K という産業を横にならべたマトリックスにおいて，直接投資前線は，各ホスト国での産業別高度化によって水平に拡延するし，他方各工業ごとの広域化によって垂直に拡延する。このような 2 方向への直接投資前線の拡延が，かなりきれいに，描き出されたのである（本書　p.214 の図 5，6 を見られたい)。

日本の直接投資前線の拡延が完結に近づきつつあることは，東アジア 9 ヵ国が日本経済を雁行形態的に追いあげ，日本と東アジア，また東アジア諸国同士が，遅速の差はあるものの，お互によく似た工業構造パターンに同質化

難を伴う。第 1 に，一時点での静態的比較優位（比較生産費）ではなく，一定の長期にわたる動態的比較優位を基準にしなければならないことである。この点で，「供給面，コスト面では比較的技術進歩率（したがって生産性上昇率）が高い産業を選ぶべきである—生産性上昇基準—。需要面では所得弾力性が相対的に高い生産物を輸出産業の製品として選ぶべきである—所得弾力性基準—。とする篠原三代平教授（1987，pp.182-3）の「産業構造策定基準」が有用である。

第 2 に，比較生産費（或いは比較優位）原理は国際貿易の基本命題であり普遍の真理である。だがそれは二国二財のバーター（物々交換）モデルにおいてのみ的確に適用しうる。多数国多数財から成る現代の貨幣経済においては，為替相場で換算して見出す貨幣価格の国際比較による「競争的優位：competitive advantage」を基準にするよりしようがない。その見込み価格とコストの比較により，より高い利潤が期待される産業を選ぶべきであるということになる。

し，競合的関係に陥り易いことを意味する。

こうして，一方産業別に，他方地域的に（相手ホスト国別に）順次多様化され高度化された日本FDIの前線の拡延が起った。その分析は本書第6章の「わが国海外直接投資の動態」が最も詳しい。何人かの方が私の「直接投資前線の拡延」をわかり易く説明する概念図を描いてくれている（たとえば青木健・馬田啓一編著（1997, p.35)。大野健一・桜井宏二郎（1997, p.19)。Kwan（2001）など)。

Ⅳ．5　NIEsの投資国化

東アジア経済へのFDIのいっそうの複雑化が生じてきた。米国多国籍企業は大部分，日本と同じような順貿易志向的進出を果した。これら先進国に加うるに，1980年代からNIEs（韓国，台湾，香港，シンガポール）が，次いで1，2のASEAN諸国（マレーシア，タイ）が投資国の地位に加わり，日，米を上回る程の投資急増を果たしている。つまり，東アジアへの投資国が重層化してきた。ただし，NIEsの投資シェア増加をもって，渡辺利夫教授（1997）のように，「東アジア経済の投資・貿易の自己循環メカニズム」が始動しはじめたとまで誇張する必要はあるまい。むしろNIEsの経済発展の進行に伴う当然の結果である。つまり「対東アジア投資の重層化」と見た方がよいであろう。NIEsのFDIは，小島の順貿易志向的直接投資が予見するように，日本より1期ないし2期遅れて労働集約的軽工業から主に中国向けに始められているのである。

Ⅳ．6　直接投資・貿易の連環的拡大

繰返しになるが，日本を含む東アジア経済は，直接投資主導経済成長（FDI-led growth）或いはMNC-assisted restructuringによって，ミラクルとも見える急成長に成功した。その成功の秘訣はどこにあるのであろうか。先発国日本の直接投資が投資国・受資国双方に利益の多い貿易を創造ないし拡大したからである。ただし直接投資が補完的貿易を拡大するためには直接投資が比較優位パターンに沿って，投資国で比較劣位化した産業から進出し，受資国でその産業の比較優位を強めるように行われねばならない。つ

まり小島の言う「順貿易志向的（pro-trade oriented）FDI」でなければならない。これが成功するためのポイントである。

先ず日本が比較優位を弱めてきた労働集約財（たとえば繊維産業）をNIEsに直接投資進出させたとしよう。それが図1．4パネルAのI_j^1である。これにつれホスト国でのたち上りに必要な資本財・原材料などの中間財（図1．4パネルBのe_j^1）が日本からNIEsへ輸出される。第1の貿易創出である[13)]。

海外直接投資（FDI）というのは，単に資本だけでなく，優れた生産技術，経営スキルなどの経営資源のパッケージ移植である。技術移転は当然含まれている。これによって，先の資本財・原料の入手とあわせて，ホスト国において能率の高い，比較優位をもった生産が開始される。このように，ホスト国で生産性が高められ，比較優位をもった産業が創造される或いは従来の生産にとって代り拡大されることが，不可欠なポイントである。

進出産業の産出物は現地販売，投資国日本への輸出（E_N^1），第三国とくに米国への輸出（E_N^2）にふり向けられる。(この他にASEAN 4，EU，ROW（その他世界）への輸出もあるが図では省いた)。ここに第2の貿易創出が生ずる。このうち対日輸出は，日本から見れば域外調達（offshore sourcing）である。日本の国内で生産するよりも安く入手できるようになるわけである。このE_N^1が完成消費財であるならば，われわれの厚生を高めることは自明であろう。地下資源の開発輸入の場合はすべてそうであるが，E_N^1の一部が他産業の中間財であるならば，その生産費を低廉にするのに役立つわけである。

製品の販路のめんどうをよく見るところに多国籍企業（MNC）のもう一つの貢献がある。多国籍企業はグローバルなネットワークを通じ製品の販売に努力する。ホスト国の輸出入は大部分多国籍企業の企業内貿易になるのである。また日本では総合商社が直接投資活動に参加することによって，販路

13）　図1．4が労働集約財に関する直接投資・貿易の連環的拡大を示したものであるとすれば，それより一期（10～15年ぐらい）遅れて重化学工業について，さらに一期おくれて電気機械について，図1．4と同様な図が描ける。これによって，日本の，また東アジア地域の産業別直接投資・貿易の多様化（高度化）が明示される。余りに複雑になるのでこれらの点は割愛せざるをえない。

図１.４　直接投資・貿易の連環的拡大

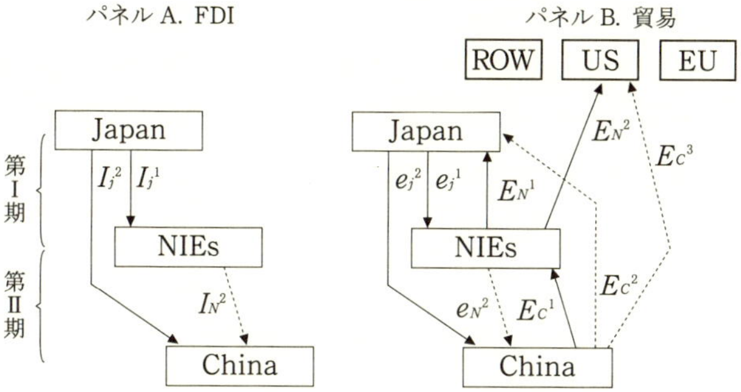

I ＝直接投資，e ＝中間財輸出，E ＝一般財輸出（e 以外）。
下添字：j ＝日本，N ＝NIEs，C ＝中国
上添字：１，２，３は相手国の違いを示す。

の開拓・確保がはかられてきた。

直接投資進出企業は，進出先の同種企業や関連企業の競争をかり立て，その技術改善，近代化に刺激を与える。このスピル・オーバー（波及）効果によって，ホスト国の成長は促進され，所得水準は上昇する。所得水準上昇の結果，輸入需要が高まる。その一部分は，投資国日本からの一般的諸商品の輸入を増やすことになる（図示してないが)。これが第３の貿易拡大である。

日本では，FDI の出しすぎが日本経済の空洞化（hollowing-out）をもたらすのでないかと懸念された。しかし順貿易志向型 FDI である限りその心配はないと言えよう。たしかに FDI 進出をする比較劣位化産業では，輸出が現地生産にとって代られて減少するとともに，海外生産品の逆輸入が生ずるから，国内生産と雇用が圧迫されることになろう。しかし産業内水平分業の余地はある。また日本経済全体としてみれば，比較優位の強い資本財・原材料部門からの輸出が増加する。さらにホスト国の所得水準上昇に基づく一般的輸出もふえるからである。

発展途上国は経済開発を進めるに当って二重ギャップという困難に遭遇する[14)]。１つは，貯蓄不足に基づく開発投資資金の不足である。貯蓄（S）を上回る投資 (I) を行なわざるをえない。もう１つは，貯蓄不足に見合って，

14)　小島清（1991. 10）p.53 を参照。

対外的には輸出（X）を上回る輸入（M）という貿易収支の赤字が発生する。これを埋めるには外貨が要る。国際収支の壁と言われる。

外国からの直接投資導入は，上の二重ギャップを埋めることになる。既述のように直接投資は必要な投資資金を外貨で持込んでくれるわけである。ホスト国での生産開始の初期では，資本財・原材料の輸入のため入超に陥るが，生産が進展し5年位経過すると製品輸出が増してくるので，当該進出企業としては出超に転ずるはずである。このことを確実にするため輸出加工区（export processing zone）では高い輸出義務が課されていた（タイなどの近年の大幅入超継続は，直接投資導入に基因するのでなく，過大な経済発展計画の結果，インフレと一般的輸入増加を招来したからであろう。通貨バーツの過大評価と賃金上昇のため輸出が激減したこともひびいている）。ともあれ，直接投資導入（つまり外資依存）は，開発資金不足と国際収支赤字の二重ギャップを回避して，経済発展を推進しうる最適の経済発展方式だと言えるのである。

直接投資が投資国・受資国双方に利益をもたらす補完的な貿易を創出・拡大することが直接投資主導型成長の最大のメリットである。この創出・拡大される貿易の多くが，完成消費財貿易ではなく，むしろ資本財・原料など中間財貿易であることに注目されたい。図1．4のパネルBにおいて，日本からNIEsへの直接投資につれ，e_j^1 なる輸出が生じたが，これは進出工場のたち上げに必要な資本財・原料という中間財であった。NIEsで直接投資の成果として生産された製品が日本へ輸出される（E_N^1）。これは日本と棲み分け分業した差別化製品（完成消費財）をも含むが，大部分は加工原材料，部品といった中間財から成っていよう。米国はじめ第三国への輸出 E_N^2 もそうであろう（はっきり中間財輸出である場合に小文字の e で，そうと断定できない場合に大文字の E であらわした）。

自国内で生産できないか，自己生産よりも相当に安く入手できるので外国産中間財を輸入することになる。中間財が安く入手できると，それを使用して生産する完成財のコストが下がり輸出競争力が増強されることになる。したがって中間財輸入への関税その他障害を撤廃し自由化することは大きな利益を生む。貿易自由化の動きは中間財輸入を優先的な対象とすることによって，スピード・アップされるであろう。また，中間財貿易が拡大することは，関係諸国の生産プロセスがお互に連結され，安易に遮断できない関係に統合されることを意味する。東アジア経済の実質的な統合は直接投資・中間財貿易の連環的拡大によって，深化されつつあるのである。

Ⅳ. 7　投資国 NIEs の登場

さて NIEs が成長して直接投資供給国として登場してきたことについては既に指摘した。図1．4では，「ASEAN 4」という枠を加えるべきであるが，混雑するので省略した。ここで NIEs から I_N^2 なる直接投資が中国に向けてなされたとする。その結果，NIEs から e_N^2 なる資本財・原料中間財の対中輸出が創出される。日本も I_j^2 なる対中直接投資，e_j^2 なる中間財（ただし NIEs の e_N^2 とは異なった財）の対中輸出が拡大される。これら対中直接投資が成功すると，中国製品が，NIEs に E_C^1，日本に E_C^2，米国その他第三国に E_C^3 というように輸出されることになるのである。

日本としては，この産業（労働集約的な繊維産業）の対 NIEs 直接投資が既に十分に行われ，NIEs の賃金上昇などによりそれ以上の投資は引合わなくなった。そこで賃金率が大幅に低い中国，開放経済に転じた（1979年）中国に直接投資先を移したのである（日本の FDI の地域的多様化である）[15]。

15)（i）トラン・ヴァン・トゥ（1992）が合繊産業を取上げ，1950年代に成功裡に発展した日本の合繊産業が，労働集約的な川下部門（衣類その他の2次製品）から始め，次に川中部門（織物，ニットなど），最後に大規模投資を要する川上部門（合成繊維の紡績）という順序で，また地域的には1960年代に韓国，台湾など NIEs へ，1980年代にアセアン諸国へ，さらに中国，ベトナムという順序で，直接投資進出し，合繊産業を「投資前線拡延」の方向に沿って東アジア諸国へ移植したことを詳細に跡づけている。

トランは最近（1999），東アジアへの工業化の雁行型国際的波及を見事に実証している。その理論化も深めている（Kosai and Tran, 1994）。

なお他の個別産業についてはそれぞれ詳しい実証研究が進められている。例えば半導体産業については次を見よ。徐正解（1995），日本開発銀行調査（Aug. 1999）。

(ii) 中国生れの研究者 周牧之はその著（1997）において，東アジアの工業化の成功的急進展を特に電気機械産業に焦点をあてて分析している。われわれの雁行形態論を特に指摘してはいないが，われわれと同様な東アジアの順次的工業化の好循環を実証している。その中で，「メカトロニクス革命」が成功を導いた一要因であるとしていることが注目される。1970年以降半導

NIEs（たとえば台湾）の対中直接投資進出の動機も日本と同じである。すなわち，台湾の賃金上昇が著しいので労働集約財産業は比較劣位化し，賃金率のより低い中国へ直接投資進出するようになった。小島の言う「順貿易志向的FDI」である。この結果，中国では，日本からのとNIEsからのとで，重層的直接投資受入れ構造になったのである。

台湾の対中直接投資が可能になったのは，台湾が日本からの直接投資を受入れ，優れた生産技術や経営方式を習得したからに他ならない。日本がリーダー，台湾がフォロワー（follower）であったものが，今度は台湾がリーダーとなり，フォロワーたる中国へ新産業を移植して行くと言う，直接投資・貿易拡大の重層的連環関係が実現した。これが東アジア地域の急速な成

体技術を始めとする電子情報通信技術の飛躍的な発展に伴い，電子情報通信技術と在来機械系技術とが融合したメカトロニクス（mechatronics）と呼ばれる新しい技術体系が構築されてきた。このメカトロニクスという新しい製造技術の誕生は，工業生産に必要なあらゆる情報を機械に内包させることを可能にした（p.7)。他方，一定の訓練を受ければ誰でも工業生産活動の戦力になれるようになったことで（労働サービスのマニュアル化），労働集約的な産業部門の活動は，例えば電子産業の組立工程に典型的に現われたように，賃金水準の高い先進国からそれの低い発展途上国へと移り始めた（p.12)。

これは興味ある発言である。即ち，新製品や新生産方法の研究開発（R&D）は先進国に任かせ，進んだ技術を体化した機械設備を直接投資によって導入すれば，後続国は，マニュアルに従う労働サービスによって，低賃金を武器として，投資母国よりも安く生産できることになる。これはGerschenkron（1962）の言う「後発性利益」の重要な一部をなすのである。もとより，このような外資依存の発展は「みせかけのもの」にすぎず，自律的発展を志向すべきであるとのコメント（従属理論による）は残るが，それについては次節で論ずる。

(iii)　コロラド州立大学の小澤輝智教授は戦後日本の産業構造高度化に照応して対東アジア直接投資が次の4段階にわたって進出し，雁行型国際伝播をとげたとし，巧妙な図表にまとめている（Ozawa, 1993)。

第Ⅰ段階　1950年代～1960年代前半：労働集約財（繊維，雑貨など軽工業）の海外生産。

第Ⅱ段階　1960年代初期～1970年代初期：国内の重化学工業化に対応する海外資源開発ならびに公害産業の海外立地。

第Ⅲ段階　1960年代後期～1980年代後期：電気産業や自動車産業などアセンブリングの海外立地。

第Ⅳ段階　1980年代から今後：情報技術産業の戦略的ネットワーク（提携）作りの海外投資。

このような段階別説明原理の精緻化が必要かもしれないが，私には，いささか複雑になりすぎると懸念される。

小澤教授は，雁行形態論ならびに順貿易志向的直接投資の小島理論の支持者であり，それらを評価するいくつかの論文を発表されている（例えば駿河台経済論集1996：“Foreign direct investment and economic development,” UN, *Transnational Corporation*, Vol.1 No.1, February 1992：*Global Economic Quarterly* 2001)。

長の担い手の一つになったのである。

NIEsのごとき後発工業化国が直接投資供給者として登場したことは特別のメリットを生み出す。たとえば台湾の中国への投資では，日本が投資者である場合にくらべ，所得水準格差が少なく，したがって需要の嗜好が共通である。それ故日本よりも中国により適した生産物，生産技術，経営方式を台湾は中国へ移植することができる。その上緊密な人脈をもっている。こうして，日本と台湾との対中国投資は差別化商品についての棲み分け現地生産を実現することになる。これは中国の消費者にとって選択の範囲を多様化するものであって，その厚生を高めるのに役立つのである。

初期の欧州共同体（EC）6ヵ国のように，経済発展段階や所得水準がよく似た国々の間でなければ，経済統合は成功しないとの考え方が一時支配的であった。これに対し東アジア経済は多様性に富んでいる。発展段階の階層性（hierarchy）があるから，東アジアの直接投資・貿易の重層的連環効果はかえって大きいのかも知れない。検討に値する興味ある問題である。

Ⅳ.8　**東アジアの域内分業**

雁行型産業発展が，労働集約財から資本集約財，さらに資本知識集約財へ，経済発展段階の高いNIEsからより低いASEAN諸国，さらに中国，ベトナムなどへと，東アジア地域に国際的伝播をひき起した。日本から見ると，直接投資前線の拡延である。後発国から見ると，かれらの直接投資・輸出主導型の成長である。相当に長い期間を必要とするが，これが成功するとして，果たして東アジアの域内分業・貿易構造はどんな姿になり，繁栄するであろうか。それを促進するための地域統合（regional integration）も課題に上ってくる。

ここで⑴発展段階格差垂直分業（貿易）と⑵類似商品間水平分業（貿易）の2種に分けて考察してみたい。

先ず発展段階格差は一人当たり所得水準のベンチマーク別（たとえば2万ドル以上，1万ドル以上，2000ドル以上，2000ドル以下といった）階差によって代表させ得よう。発展段階格差が存在する2国間では，これまでに説明したような大きなカテゴリーの商品群——労働集約的軽工業，資本集約的重化学工業，資本知識集約的機械工業といった――それらの間の生産分業が比較優位原理に従って喚起される。これは完成消費財と中間財・資本財の交換という垂直（vertical）貿易である場合が多い。かかる発展段階格差垂直貿易が，発展段階格差の変化に伴い，各国の多様化と能率化の構造変動をひき起しつつ，創造され拡大していく。そして各国に直接投資・貿易拡大の相乗利益をもたらしつつその成長を加速させる。既述のとおりのメカニズムである。

これに対し，ほぼ等しい発展段階に達した2国の間では，その発展段階に適した一つの大分類類似商品群の中で，お互に得意とする細別商品について（或いは差別化商品について）水平分業或いは私の言う「合意的分業」を進んで行うことが有利である。自国で代表的大量需要のある商品の生産に特化するとか，相手国で隙間（niche）需要のある商品を供給するとかするのである。いわゆる産業内（intra-industry）貿易が盛んになる。それには工程間分業もあり，粗製品対高級品の分業も含まれる。分業に当ってMOS（最小最適規模）生産を実現することが重要である。

かかる類似商品群の中での水平分業（貿易）は，等発展段階国間に限られるわけではない。われわれが既に用いてきた例であるが，先発国（日本）で比較劣位化してきたX財は，直接投資を媒体として後続国の比較優位財になるのであるが，この類似商品群Xのヴラエティにつき，水平分業或いは合意分業が推進されてよいのである。こう考えるとアジア地域での域内貿易拡大の余地は決して小さくない[16)]。多くの国が同じ隙間商品に注目するこ

16)　雁行型産業発展の国際的伝播が私の「投資前線拡延」の線に沿って順次成功裡に実現するかどうかについてはいくつかのコメントが出てきた。

第1に，Peter A. Petri（1988）は，A theory of following（跡追い理論）という新語を生み出した。これは小島が「雁行形態論の中核はcatching-up product cycleである」としたこととときわめて類似する。ただ彼によれば“following”という概念は，モデル主体の行動（behavior）を他の主体が意識的に（consciously）に再現（replicate）することである」(p.54)。韓国は日本の雁行型産業発展を忠実に模倣してきた。そして後発性利益を獲得した。いわば一直線的な追随をfollowingと定義したのである。しかし韓国は相当程度発展に成功すると，followingの限界を感じ，独自の発展方策を模索せざるを得なくなった。niche（隙間）市場の発見とか，新しいR&Dへの努力である。

第2に，菅原秀幸教授（1997，p.35）は雁行型産業発展の国際的伝播を評価した上，次のコメントを与えられている。

とから生ずる過剰供給は避けられねばならない。

このようにダイナミックに変遷・拡大して行く東アジアの域内分業（貿易）は，結局，市場の諸力に従う（market driven）多国籍企業の意志決定，その行動によって展開されていくという他はない。各国政府とか東アジアの超国家政府（それは存在しない）とかの計画によって左右されるといった性格のものではない。

日本はフル・セットの工業化，つまり工業に関する限りアウタルキーを目標としてきたとよく言われる。これは正しくない。大分類産業のすべてを持とうとしたことは事実である。だが各大分類産業の中の細別商品については水平貿易や海外生産を推進してきた。その他に食糧その他農産物，天然資源，進んだ技術等の輸入（開放経済化）なくしては，今日の高能率の国民経済は達成されなかったのである。

東アジア諸国も日本と同様に考えるのが良いであろう。すなわちフルセットの工業自給化をめざすべきではない。軽工業，重化学工業，機械工業といった大分類産業カテゴリーの一つ一つにつき，その国が比較優位をもてる，規模経済の大きい，キイ産業をいくつか起し，国内経済発展の基礎とするとともに，その輸出市場を開拓すべきである。規模経済の小さい細い商

各国が，工業化の段階に応じて，それぞれ比較優位を有する工業品を輸出し，補完的分業関係を築きつつ，さらに工業化水準を高めていく。こうして，先発国，後発国が共に，産業構造のより一層の高度化をめざしていくことで，アジア全体の成長が実現されている。

しかしこの形態では，各国の経済成長は促進されるとはいえ，いつまでたっても各国のポジションに変化が生じず，編成が変わることはない。つまり，後発国が先発国に追い着き，追い抜くことは不可能となる。確かに，直接投資の最前線では，安価な労働力が決め手となっており，その限りでは，この編成は崩れることはないであろう。とはいえ，後発国が高度な技術力を特定分野で獲得した場合には，その特定分野で先発国を追い抜くことも可能となるであろう。

第3に，香港大学の Edward K. Chen 教授（1993，邦訳，1996，p.135-6.）は，順序正しい雁行型産業移植でなく，多国籍企業の生産と販売のネットワーク作りのため最適の立地に飛び地（enclave）的拠点がいわば曲芸飛行の編隊（acrobatic pattern）のように形成される。この編隊は技術の急速な進歩に対応して進められる，と言うのである。（なお阿部清司 1999，を参照されたい。）

このようないくつかのコメントにもかかわらず，大分類産業群の間では，各国の発展段階格差に従って，順序ある雁行型産業移植が行われる。大分類産業群の中の水平分業については，コメントの如く，多国籍企業の戦略と市場の諸力によって，いろいろなヴラエティが生ずる。このように私は解釈したい。

品，部品については水平分業（貿易）を推進すべきである[17]。その方が国民経済全体の能率（efficiency）を大いに高めることになるからである。外界からの（景気変動とか紛争などの）衝撃を回避するためにフルセット工業自給化をねらってはならない。それは不可能なことである[18]。目標は各国民経済の能率を高め所得水準の向上を達成することにあるからである。東アジア諸国は先ず日本の水準まで一人当り国民所得を高めることを目標とすべきである。そのために上述のような域内貿易・投資拡大という地域統合をいっそう促進すべきである。

ここで渡辺利夫教授（1997）が「東アジア経済の自己循環メカニズムの胎動」を指摘されたことが注目される。東アジア（NIEs，ASEAN，中国）経済は，1960年代，1970年代では域内貿易比率が案外低かった。これが最近，輸出財の需要先と投資資金の供給先とを域内に求めることが増加し，東アジアの自己循環メカニズムが確立しつつある，と言うのである。この動向は中川信義教授（1997）によっても注目されている。

これに対し「アジア太平洋トライアングル貿易論」がある（たとえば青木健 1983）。日本が資金と資本財とを供給し，東アジアに生産基地を設け，そこで東アジア諸国が製品に加工し，米国に輸出した。米国が大きな市場を開放してくれなかったならば，このトライアングル貿易による東アジアの経済発展は不可能であったというのである。ここには，日本がアジア製品への市場開放（輸入増大）を十分に行っていないという問題が潜む。

しかしながら，日本はいうまでもなく，米国や西欧を疎外した東アジア経済の自己循環はとうてい不可能である。米欧は，アジア製品の吸収者（購買者）として，また資本と技術の供給者として不可欠である。それ故，APEC（アジア太平洋経済協力）といった地域経済統合は閉ざされたブロックになるのでなく，「開かれた地域主義 open regionalism」を採ることが勧められているのである（たとえば小島清 1999.4を見よ）。

17）このような考え方の基礎づけは私の多国籍企業の内部化利益論によって与えられている。小島 1996，第8章。

18）市川周（1997，p.133）が「広域フルセット型産業構造戦略」を提案しているが，一層の検討を必要としよう。

Ⅳ. 9　要約

小島の「順貿易志向的海外直接投資原理」に従って，先導国は比較優位を弱めてきた産業（X）から後続国へ直接投資進出をし，そこでの生産性を改善し（能率化構造変動を成功させ）比較優位を強め，輸出主導成長を実現させる。先導国では一段高級な Y 産業から後続国の必要とする原材料や資本財の輸出を拡大し，それを契機に規模拡大による能率向上を達成する。すなわち順貿易志向的直接投資を媒体として先導国も後続国もお互いに生産改革（reform）を促進しうる。これが発展段階差を活用した雁行型産業発展の国際的伝播の利益である。発展段階差のない類似国の間，或いはキャッチ・アップに成功して両国でともに生産しうるようになった類似商品（大範疇）についてはその細別・差別化商品について，お互に規模経済利益が実現できるよう産業内水平分業を実現することができる。

Ⅴ　雁行型発展論の評価

大来博士によって「雁行型産業発展の国際的伝播」が東アジアさらに米欧の学会・政府・ビジネスに広く紹介されて以来1997 年 7 月のタイに始まる通貨・金融危機に至るまで，雁行形態論は広く検討され高い評価を獲得した。そういう文献を先ず紹介しておこう。従属理論に立脚する批判も出てきた。だが東アジア通貨・金融危機に遭遇して，雁行形態論の見直し論に一転した。このことにも少し触れておきたい。

Ⅴ. 1　公的文献の評価

雁行型経済発展の国際的伝播が公式に引用され検討されるようになった。日本では，経済企画庁編『世界経済白書　平成 6 （1994）年版』p.120，p. 125 が次のように指摘している。（この他日本では『通商白書』がしばしば雁行形態論を活用している。）

「70 年代以降高成長を遂げた東アジア成長経済では，その貿易規模も拡大しており，世界輸出に占める東アジア成長経済の輸出額は，70 年の4.3%から92年には14.1%に増大した。(中略)。東アジア成長経済においては，労働集約的な分野を中心として，後発途上国が先発途上国へのキャッチアップを進める一方で，先発途上国はその産業構造を変化させるという，いわゆる雁行型経済発展が進んでいる」。

「最近ではアジアNIEsからASEANへの直接投資の流れに加えて，中国への投資の流れが大きくなっており，また，ベトナム，インドへの投資の流入も見られるなど，東アジアの経済成長の波及が見られる」。

世界的には，UNCTAD（国連貿易開発会議）の *World Investment Report* 1995がpp.258〜260にわたるカコミ（Box V. 4）をThe "flying-geese" paradigmと題して大きく紹介している。これは私の盟友小澤輝智コロラド州立大学教授のUNCTADのDivision on Transnational Corporations and Investmentへのアドヴァイスに負う。また同*Report*のchap. Vは東アジアへの雁行型発展の国際的伝播を詳細に実証している。このカコミは雁行波を図示するとともに次の点を明らかにしている。すなわち，①雁行型発展論は1930年代の古きに赤松要博士の創唱した「経済発展の一般理論」である，輸入—生産—輸出という基本雁行が中心命題である。②小島清がcatching-up product cycle modelであると特徴づけた。③同じく小島がpro-trade FDI（外国直接投資）を媒体として雁行型発展の国際的伝播の好循環が生ずることを明示した（本書第8章，pp.318-20参照）。

V．2　世銀レポート

世界銀行の調査レポート『東アジアの奇跡——経済成長と政府の役割——』（オリヂナル　1993，邦訳　1994）は，開放経済化（輸入自由化，輸出振興，外資流入）の下で，「急速な資本蓄積，効率的な資源配分（産業構造の高度化），生産性（全要素生産性　TFP）の高い伸びという好循環」（邦訳，p.105）によって東アジア諸国は高度経済成長つまり奇跡（miracle）を達成したと見る。

主に「内生的成長理論」に基礎をおいた優れた包括的な分析である。雁行型経済発展の赤松・小島理論をrefer（参照）してくれていないのは残念である。しかし，日本，韓国，台湾，マレーシァ，タイ，中国などの貿易と成長のプロセスの解明は，われわれの雁行形態論を多用しているように見うけられる。少なくとも供給創造的接近（supply creative approach）[19]であるという意味で『東アジアの奇跡』と雁行型発展論とは同一線上にあるのである。

V．3　クルーグマンの問題提起

世銀レポートを意識して MIT 教授 Paul Krugman（邦訳　1995. 1）が「奇跡などありえない」との注目すべきコメントを提起した。一人当り国民所得の成長は，(1) 高い貯蓄率と資本蓄積による物的資本投入の増加，(2) 労働力投入の増加（教育による労働の質の向上を含む）という「投入の増大」と，(3) 技術進歩，学習効果による知識・技能の向上，生産組織や経営方式の能率化など「生産効率の改善」に基づく。(3) は (1)，(2) の貢献分を計測した残余の「全要素生産性　Total Factor Productivity : TFP」として把握される。

日本と中国を含む東アジア諸国の発展初期にあらわれた高い成長率は，その殆どが資本と労働の投入の急増大に基づくものであり，生産効率はごく僅かかむしろマイナス成長であった。高率の投入の増大は永く続けられないし，収穫逓減に陥る。生産性改善を伴なわない成長はいずれスローダウンせざるをえない。中国の GDP が米国を上回るなどの過大な経済予測が出されているが，それは誤りである。

全要素生産性 TFP の計測は微妙である。世銀報告（訳，p.48）は一人当り成長率の 3 分の 1 は TFP によるものと見ている。これに対しクルーグマン（1999第 2 章）も再論して，ほとんどのアジア諸国の経済では TFP の向上はないか，むしろマイナスか，あるにしてもごくわずかであって，先進国との生産性の格差を縮めていなかった（p.68）と結論している。

技術進歩，学習による波及効果など生産性改善は殆どなかったとすると，その原因は何であるかが問われねばならないことになる。東アジアの急速な経済発展が FDI-led growth であり borrowed technology 依存であった

19)　韓国ではわれわれの雁行型発展論と類似した供給側からせまる経済発展論が展開されている。金泳鎬（1988），朴聖相（1991），渡辺利夫・金昌男（1996）などを見よ。

からであろうか。こういう従属理論学派が提出している雁行形態論批判が，後に試みるように，検討されねばならないことになる。もちろん私は，多くのクルーグマン批判のように，東アジアでも先進国よりは低いがかなりの生産性向上が，ことに発展段階的構造変動に伴ってもたらされたものと推測している。

クルーグマンが，東アジア諸国の成長にいずれ停滞が訪れると1994年に予言したことが，1997年7月以来のタイから始まったアジア金融危機を的確に予測したものとして，再び関心が高まっている。しかし今回の危機の原因は明らかに金融，通貨，為替投機の問題であり，クルーグマンが旧稿で指摘した全要素生産性つまり技術進歩の欠如ないし不足の問題ではない。クルーグマン自身もそう述べている。（クルーグマン，邦訳，1999，第5章）（次を参照，安場保吉　2002，エピローグ）

Ⅴ．4　サックスの雁行型支持論

これに対しハーヴァード大学のサックス教授は（Radelet. Steven and Jeffrey Sachs. *Foreign Affairs*, Nov./Dec. 1997）において，東アジアの通貨・金融危機は金融機関の建て直しによって2～3年で克服され，これまでの超高速ではないにしても先進国よりは速い成長を今後30年間は続けるであろうと予測している。東アジアの経済発展は赤松要博士のflying geese modelに従ったものであり，健全であり，したがって東アジア経済はこの発展方式を継続してよいと評価している（p.48）。東アジア諸国が順を追って，多国籍企業の直接投資を導入して適地にenclave（飛び地）すなわち輸出プラットフォームを作り，繊維やアパレル，電子産業というように工業化を進め，速い輸出と成長を達成したと（pp.52-55），われわれの雁行型産業発展の東アジアへの拡延を要約してくれている。

ハーヴァード・グループが雁行形態論をアジア経済発展の基礎理論の一つと高く評価してくれていることは感激である。かれらはアジア開発銀行の調査研究*Emerging Asia: Changes and Challenges* 1997（吉田恒昭監訳，1998）と関係が深いらしい（*Foreign Affairs* 1997, p.46　注2）。その第2章2のアジア製造業製品輸出主導成長の解明は，名前を明示していないけれども，多分に雁行形態論である。

V．5　広汎な関心

雁行型産業発展の国際的伝播論を，「雁行型」という用語とか赤松・小島の貢献をレファーしつつ，支持してくれる論文が増えてきた。前節で注記した Petri（1988）や Chen（1993）のように，若干のコメントを付加するが大局的には雁行形態論を肯定的に評価している。そういうものをいくつか挙げておこう。

Toh Mun Heng and Linda Low（1993）。Pyun, Chong Soo（1985）。Kumar, Nagesh（1996）。Graham, Edward M.(1996)。Chen, Edward K. Y. (1990)。Chew Soon Beng（1990）。Ding Jing Ping（1990）。Fong Chan Onn（1990）。Chen and Drysdale（1995）。Young Soogil（1993）。Ariff, Mohamed（1991）。Garnaut, Ross（1999）。Rayome and Baker（1995）。Boltho, Andrea（1996）。市川周（1996, 1997）。田中高（1997）。篠原三代平（1998）。大内秀明（1998）。菅原秀幸（1997）。経済企画庁調査局(1998)。大野健一・桜井宏二郎（1997）。大畑弥七・横山将義編（1998）。近藤健彦・中島精也・森康史編著（1998, p.46）。本岡昭良（1998, 1999.8）。

V．6　国際的雁行伝播の実証

雁行型産業発展の東アジア経済への伝播の最も詳しい実証は本書第6章の「海外直接投資前線拡延」の実証分析である。これをサポートすることになるいくつかの実証研究が行われた。

APEC Economic Committee（1995）。Ozawa, Terutomo（1993, 1996）。UNCTAD（1995）。Urata, Shujiro（1996）。Adams and Shachmurove (1997)。Lii, Sheng Yann（1994）。Braga and Bannister（1994）。Zhaoyong Zhang（1995）。Lee, Cheng H.（1990）。トラン・ヴァン・トウ（1999・3/4）。篠原三代平・西ヶ谷ともみ（1996）。清水隆雄（1999）。

V．7　コルホーネンの高評価

雁行形態論の全体系を二冊の労作をもって検討し高く評価しているのが北

欧の小国フィンランドの若き優秀な政治経済学者 Pekka Korhonen である(1994a, 1994b, 1998. なお私は小島　1999.4 のレビュー・アーティクルに紹介した)。

「flying geese pattern of development は経済発展の一般理論である」(Korhonen 1998, p.22)。日本経済は，経済第一主義（エコノミズム）に立脚し，1970 年代初期（オイル・ショック）までは雁行型産業発展に成功し，小国意識から経済大国に転じた。ドクター大来と小島の貢献が大きいが，日本企業は東アジア地域に直接投資を通じ，雁行型産業発展を順次伝播し，平和な経済第一主義のアジア建設に努力している。かくて「1990 年代初めまでに，雁行形態論は東アジア発展モデルをあらわす十分にスタンダードな理論となった。」(Korhonen 1998, p.143)。1968 年の PAFTAD（太平洋貿易開発会議）創設以来今日の APEC（アジア太平洋経済協力会議）に至るアジア太平洋の地域統合運動の基礎理論にわれわれの雁行形態論が置かれていると，高く評価するのである。

V. 8　多国籍企業戦略へのコメント

多国籍企業（MNC）の海外直接投資によるホスト国の雁行型産業発展は，「見せかけの発展」をもたらし，投資国への従属経済化に陥るから，「自力経済発展」の追求が必要であるとする，多分「従属理論（dependencia）」に立脚する一連の厳しいコメントが提出されている。Bruce Cumings (1984) が嚆矢であるが，Bernard and Ravenhill (1995, 1999) がさらに詳しく展開し，ユスロン・イーザー (1999)，M. L. シュレスタ (1996)，樊勇明 (Fan Yong Ming 1992) などが同種の批判を繰返している。この種コメントの存在を田中武憲 (1998b) が教えてくれた。

第 1 に，現行の雁行モデルは赤松 original と Vernon の product cycle 論の混合物であるから，両者を互換的（interchangeably）に用いてよいと，赤松の雁行形態図を詳しく紹介しつつ，解釈する（バーナード＝ラヴェンヒル　1999, pp.37–39)。そして産業発展の国際的伝播は雁行形態論によってではなく，多国籍企業の海外直接投資戦略によって形成されてきたと解明した方がよいとするのである（本岡昭良　1998 なる大著もそうである)。

たしかに東アジア経済の産業別・地域別産業構造の段階的発展は，海外直接投資主導成長（FDI-led growth）であった。産業ごとの発展については多国籍企業の直接投資戦略によって解明することができる。ただ私が強調するように，投資国で比較優位を弱めてきた産業から直接投資進出し，ホスト国でその産業の比較優位を強めるという「順貿易志向的直接投資（PROT-FDI)」でなければならない。そうであれば地域全体の継起的・累積的発展の好循環が生ずるのである。すなわち小島においては，海外直接投資論は雁行形態論に基礎をおくものであり，両者は別々のものではないのである。

第2に，外国企業の直接投資進出は，資本も技術も，中間財（部品・原材料など）や資本設備もすべて先導国から輸入し，輸出基地という飛び地を造って，ホスト国の低賃金労働を活用する加工貿易型工業を運営するにすぎない。現地経済への波及効果は少ない。外国企業のネットワーク作りの一環となり，先導国への従属経済と化する。収益は先導国へ吸い上げられる。借りもの技術（borrowed technology）依存であり，ホスト国自からのR&D（研究開発）は進まない。要するに外資依存の経済発展は「見せかけの発展」にすぎない。外資従属経済化に陥り搾取されるだけである。このように批判する。

結局，日本企業による東アジア地域への生産販売拠点の階層（hierarchy）構造が形成されたにすぎない。かつての日本の帝国主義，植民地支配の復活に連なりかねない。また日本が逆輸入を十分に拡大しないので，中間財と技術は日本が輸出し，東アジアが低賃金労働をもって加工生産し，市場を米国に求めるという太平洋貿易三角形におわっていると言う。

「見せかけの発展」ではなくして，自からの貯蓄に基づく投資，自国の技術革新，自国企業による「自力経済発展」こそ必要不可欠であると言うのである。

非難されるような多国籍企業性悪説に陥るのは，私の言う，米国型逆貿易志向的直接投資（ANT-FDI）に基づく場合が多い。（ただし米国の対アジア投資は最初はANT型であったが，さいきんは日本型に近いものが多くなっている）。それは米国のトップ技術の巨大企業がホスト国市場を独占（ないし寡占）するための直接投資進出であり，企業の内部化（internalization）利益の極大化をはかるべく，ホスト国への技術移転などは考慮外に置かれているのである。

1970年代初期に，OPEC（石油輸出国機構）による石油国有化とかNIEO（新国際経済秩序）運動とか，従属理論に立脚した多国籍企業批判がもち上った。1974年1月の田中首相訪問へのタイやインドネシアでの反対運動にみられるような「オーバー・プレゼンス」の非難もそうであった。開発途上国はこのような閉鎖主義から一転してその後開放主義，市場経済化に移り，外資歓迎によってミラクル的成長を遂げたのである。たしかに外資導入が他国より遅れればそれだけ経済発展が遅れるという状況にあったし，今もそうである。

もとより，イージーな外資導入型経済発展に過度に依存するのは慎んだ方がよい。今や自己資本蓄積，自国経営者，自国頭脳による自力主導開発に重点を移して行くべきである。外資導入は，先端産業創設，輸出拡大，インフラ整備など，必要不可欠な分野に限るべきである。

V．9　雁行型発展は墜落か

“雁の群れ　日本をかしらに　失速し”

これは1997年7月初めタイから始まった「アジア通貨・金融危機」の翌年のJETROバンコックでの年頭川柳である[20]。このほか「アジア経済雁行論」，「雁は飛んでいるか」「雁行型発展」など新聞雑誌の見出しに用いられ，われわれの「雁行形態論」が日本やアジアでいかにポピュラーになってき

20）　次は非常にうまい要約である。

雁行型発展：ブーメラン形の隊列を組んで移動する雁（がん）の群れの様に，経済の成熟度に応じて産業構造や技術水準が国から国へと伝播（でんぱ）していく経済発展の形態。アジアでは日本が先頭を引っ張り，その後を韓国，台湾，シンガポールなどの新興工業経済群（NIEs），続いてフィリピンやマレーシアなど東南アジア諸国連合（ASEAN）の国々が，相互補完関係を保って発展する様子の例えとして使われる。

しかし，日本のバブル崩壊に伴う不況の長期化や97年以降の通貨・金融危機などで，アジア経済発展の隊列は乱れがちだ。このため，域内各国からアジア全体の発展を目指してアジア通貨基金や自由貿易協定など新たな域内協力の枠組みを作ろうという声も出ている。（日本経済新聞，1996.6.5 p.9のカコミ）。

21）　多数の労作が雁行型に関説しながら世に問われている。

日本経済新聞社説，1998.1.18。高橋琢磨・関志雄・佐野鉄司（1998）。梶原弘和（1999）。

た[21]かを物語る。

アジア通貨・金融危機を契機に，ミラクルと言われた東アジアの高度成長は挫折し，その指導理論であった雁行型経済発展論も行きづまったと，評価が一転した。武者陵司の「幻だった雁行形態型アジア発展」（論争　東洋経済　1997.11）が一つの代表である。だが東アジアの今回の困難は，明らかに「通貨・金融危機」であって実体経済の危機ではない。クルーグマンもサックスもそう言っている（既述）。

たしかに東アジア諸国の遅れた金融機構を整備し近代化しなければならない。また巨額の短期資金が急激に流入する為替投機を防止する国際的（或はアジアの）通貨機構を成立すべきである。だが雁行型経済発展論自体が誤りであったわけではない。またそれに代る発展論は未だ打ち出されていない。したがって改訂の必要はあるが，大局的には，雁行型経済発展の線に沿って，東アジア諸国は現在の日本や米国の所得水準に追いつくよう成長を続けるのが良い。改訂は，外国直接投資への過大依存を避け，自力経済発展に重点を移すべきことである。また外国直接投資ももっと能率的に，ホスト国により多く貢献するように，その運営が改善されなければならない。

これらについて論ずべき点は多い（小島清　1998.11で少しく論じた）。だが本章は既に膨大になりすぎたので，章をあらためて展開することにしたい。

Ⅵ　結　　語

赤松要博士が1930年代央に着想された雁行型発展論は，私（小島）が展開した以下の3命題によって理論化され，経済発展の一般理論たる体系を整えてきた。⑴ 雁行型発展の基本型と変型は，catching-up product cycle という特色をもつ。それは資本蓄積と学習効果を起動力として生産の能率化と多様化というプロセスを段階的に繰返しつつ工業化に成功し，経済発展（成長）を達成するというモデルによって解明しうる。

⑵ 追上げプロセスを成功裡に完了すると，新産業（Yとせよ）は輸出拡大に努める。同時に比較優位を弱めてきた旧産業（X）から（新産業Yか

らではなく）直接投資進出をする。ホスト国でこのX財生産を能率化しその比較優位を強めさせ，輸出主導発展を達成させる。投資国の方はY産業からホスト国向けに原材料や資本財の輸出を拡大できる。海外直接投資が相互の貿易拡大を導き，雁行型発展の国際的伝播の好循環をもたらす。これが「順貿易志向的海外直接投資―PROT-FDI―」なる小島理論である。

(3) ホスト国が生産を拡大し輸出を増加することになるX産業については，その産業の中の類似細別商品（或いは差別化商品）についてお互に規模経済が実現できるように産業内水平分業（小島の合意的国際分業）を推進すべきである。

残念ながらこれら3命題は未整備であり十分にフォーマルでない。関心のある方々の協力を得て，厳密な「雁行型経済発展の赤松・小島モデル」に仕立てあげたい。赤松博士は輸入経済学でなく自己生産の独自の日本的モデルを樹立したいと願っておられた。しかし上の赤松・小島モデルが全くユニークであると僭称するものではない。けだし経済学もこれ程グローバライズした今日，われわれが先学の知識蓄積から何らかのヒントを得，それらを改善し自らのモデルを組立てていることは当然であるからである。決して孤立的ではありえない。赤松博士の着想と小島の3命題とが一流発展経済学をどれだけ上回っているかが評価されて然るべきである[22)]。

残された諸問題のうち一つだけ最重要なものを挙げておきたい。雁行型発展論は明らかに富（wealth）の長期的生産・供給の増大を優先的に論ずる「供給説」成長論に他ならない。追上げプロセス方策の究明に特色があった。これに対しケインズ経済学のような「需要説」が存立している。景気循環問題では「需要要因」がプリドミナントな決定因となる。だが長期においてはどうであろうか。追上げ過程を完了した後は，長期的に，発展段階的に，welfare（福祉）向上が，したがって「需要説」がより重要になる「成熟経済」に移行する。このように考えるべきであろうか。興味ある課題である。

22） 例えば，高山晟（1985）や大川一司・小浜裕久（1993）では雁行形態論が指摘されているが，Oman and Wignaraja（1991）ではそうでない。

第 1 部
国民経済の雁行型発展

第2章
雁行型国民経済発展：第1小島モデル

I 課　　題

赤松雁行形態論は，1980年代のアジア経済発展の基礎モデルとして世界的に有名になった。だが，1997年7月にタイから始まったアジアの通貨・金融危機とともに批判の矢面に立たされている。しかしそれらは雁行型経済発展の国際的（ないし地域的）伝播の側面をめぐっての討議である。

今や雁行型経済発展論（The flying geese pattern of development）が経済発展論ないし開発経済論として優れたもの，有用なものであるとの理論的真価が問われるに至った。近年急進歩しつつある内生的経済成長論（endogenous growth theory）と比較して再評価されつつある。このことを大いに歓迎したい。なかんづく，経済企画庁研究所で伊藤敏隆グループが『構造変化を伴う東アジアの成長―新古典派成長論 vs 雁行形態論―』経企庁経済研究所編『経済分析』第160号（2000.1）なる浩瀚な研究レポートを発表した。それは後発国の経済発展を解明するには，雁行形態論が行っているように，産業構造の多様化・高度化を中心に据えるモデルでなければならないと言う。かかる問題意識の設定は正しい。しかし，それをGDPという一部門分析である内生的経済成長論に依拠しつつそれを修正拡充することによって果たそうとしているように見うけられる。もう一つ，内生的経済成長論は結局先進経済のものであって，後発工業化国のためには別の発想が要望されるのではないか。こういった伊藤グループ報告をめぐる若干のコメントを念頭に置きつつ，私も活用したい内生的経済発展論を，第II節で展開してみる。

産業構造の多様化・高度化と各キイ産業の能率化によって経済発展を段階的に推進し，先進経済にキャッチアップするというのが雁行型経済発展の小島モデルである。*Economic Jouranal* 1960の小島論文がこれである。国際経済学の伝統たる要素賦存比率論（すなわちHeckscher-Ohlin Theorem）に立脚するものである。それを最適資源配分図に表現し直したものが本章の第Ⅲ節である。複雑な数式モデルよりはるかに簡単明瞭であり実際問題に適用し易いはずである。

第Ⅳ節では，雁行型産業発展モデルを国民経済発展へ適用する場合の留意事項が先ず検討される。ついで日本経済へ適用した小島の実証研究（本書第3章）が紹介される。もう一つの主要問題たる雁行型発展のアジア諸国への伝播については第5章以下の第2部にゆずることにする。

Ⅱ　内生的経済発展論

伊藤グループ報告書が，次のような問題意識に立脚していることについては，私はそれを全面的に歓迎し支持したい。すなわち「東アジアの高度成長は，この雁行形態論により，良く説明できる，というのが，本研究の基本的な立場である。」（経済分析　第160号，p.12）。

「このように一国でみると，持続的な経済成長は，産業構造の変化を伴うこと，また各国比較で（横断的に）みると，既存の比較優位産業が，つぎつぎと先行国から後続国へと移行していくことがわかる。このような発展形態が，いわゆる「雁行形態論」（Flying Geese Pattern）の基本的な考え方である。」（同所）。

伊藤敏隆教授はじめ研究グループの方々がどれだけ正確に雁行型経済発展論を理解されているかは分からないが，区別さるべき2つの問題がある。第1は，先進経済へのcatch-up processにおいて，産業構造の多様化・高度化と各産業の能率化が継起的に繰返されつつ経済発展をとげること――一国の雁行型経済発展のプロセス――。第2は，雁行型発展がリーダー雁（leader goose）から後続雁（follower geese）へ，順次国際的（或いは地域的）に伝播し，相互成長刺戟的な地域的好循環（virtuous circle）発展をもたらすことである。伊藤研究グループはこの２つの問題を，私が努力している雁行型経済発展論の本来の方向に拠ってではなく，「新しい成長論」の線に沿って，それを修正・拡大することによって解明できないものかと試みているのである。

Ⅱ．1　新成長論

近年，成長理論（growth theory）は急速に発展し多様化してきた。基本的な新古典派成長モデルであるSolow（1956）から始まり，Paul Romer（1986）やRobert Lucas（1988）は技術と人的資本が成長の原動力であることを明らかにした。そしてRobert Barro and Xavier Sala-i-Martin（1995）らによって各種内生的成長論が展開されつつある。これらを一括して「新成長論」と呼ぶことにしたい（Adam SmithやDavid Ricardoらの古典派と区別する意味で）。

新成長論は次の生産関数を出発点とする。

$$Y=F(K,\ L) \quad \cdots\cdots (1)$$

ここで Y は一つの同質の財の産出量即ちGDP（国内総生産）の量であるとする。この Y が資本 K と労働 L の投入によって生産される。K，L は投入量を各１単位増せば Y は増加する。即ち K，L の限界生産物（力）は正である。($F_j'>0$)。しかし K，L の投入量を増加するにつれその限界生産力は逓減する（$F_j''<0$)。(ただし $j=K,\ L$)。このため資本投入が継続的に増加すると，成長は逓減し遂に利潤ゼロに陥り停止することになる。かりに K-モデル（資本蓄積モデル）と名づけるならば（それがソロー・モデルであった)，資本限界生産力の逓減に伴い成長が停止せざるをえないという限界に直面する。この限界を克服するために技術進歩が導入されることになったのである。

生産関数についてはもう一つconstant returns to scale（規模について収穫不変）という仮定を置く。(1)式において，K と L の投入量をともに λ 倍に増せば産出高 Y も λ 倍になる。次のコブ＝ダグラス型であらわす。

$$Y=F(K,\ L)=K^{\alpha}L^{1-\alpha} \quad \cdots\cdots (2)$$

α は資本シェア，$1-\alpha$ は労働シェアである。

完全競争が支配している一つの経済では，賃金率を w，資本のレンタルを r であらわすならば，企業は利潤極大化を目ざして，次の問題を解くことになる。

$$\max_{K,\ L}\{F(K,\ L)-rK-wL\} \quad \cdots\cdots (3)$$

図2.1

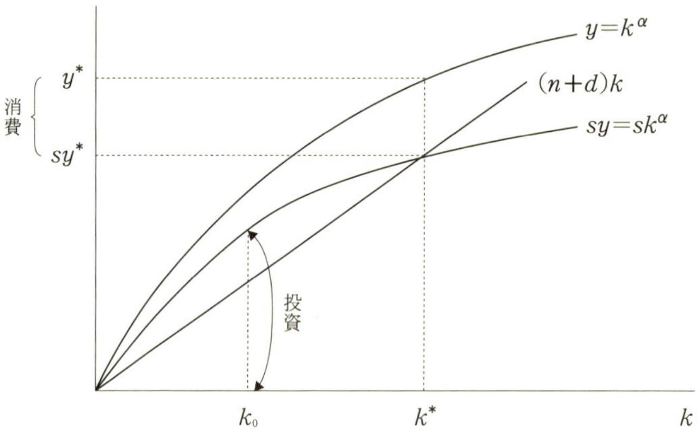

図2.2

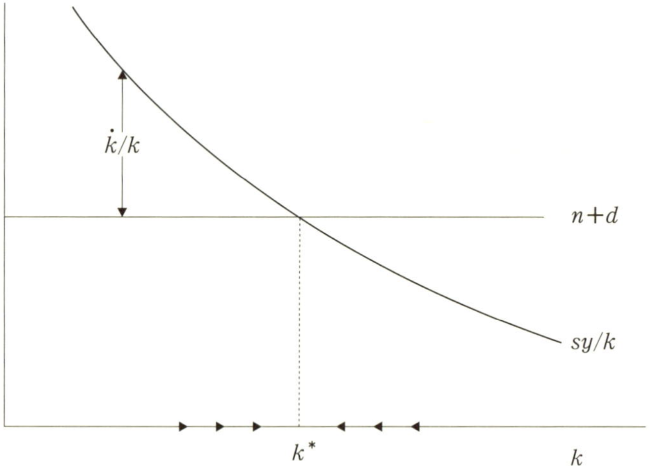

企業は労働の限界生産物が賃金に等しくなるまで労働を雇い，資本の限界生産物が資本のレンタル価格に等しくなるまで資本を投入する。(産出物の価格を標準化して1とおいている)。

$$w=\frac{\partial F}{\partial L}=(1-\alpha)\frac{Y}{L}$$

$$r=\frac{\partial F}{\partial K}=\alpha\frac{Y}{K} \quad \cdots\cdots (4)$$

$$wL+rK=Y$$

(2) 式の生産関数は，労働者1人当りの産出量を $y=Y/L$，労働者1人当り資本を $k=K/L$ とすると，

$$y=k^{\alpha} \quad \cdots\cdots (5)$$

と書き直せる。横軸に k，縦軸に y をとる図2.1において，この $y=k^{\alpha}$ 生産関数は，上方に凸なる放物線として描ける。これが次のことを示す。すなわち労働者一人当り資本が増加するにつれて，企業の生産する労働者当り産出量も増大する。しかし，労働者一人当り資本の収益は逓減する（ジョーンズ邦訳　1999. p.28)。

次に，資本 K は次のようにして蓄積される。労働者であり消費者でもある個人（家計）は，その所得，すなわち賃金と資本レンタル収入の合計 $Y=wL+rK$ の一定割合 s を貯蓄する。そして sY を投資する。すなわち資本の蓄積に充てる。毎期資本ストックの一定割合 d が減耗するものと仮定する。期間当り資本ストックの変化 $K_{t-1}-K_t$ を連続時間についての量として表したものを，$\dot{K}$ つまり資本の成長率とする。そこで資本蓄積方程式は

$$\dot{K}=sY-dK \quad \cdots\cdots (6)$$

となる。もう一つ，人口増加率は所与の n であるとする。この場合，労働力の成長率 $\dot{L}/L$ も n になる。

こうして，資本の蓄積方程式を労働者一人当りの関数として書き直すと次のようになる。

$$\dot{k}=sy-(n+d)k \quad \cdots\cdots (7)$$

(7) 式を図2.1のようにあらわすことができる。これが基本的なソロー・ダイヤグラムである。第1の曲線 $y=k^{\alpha}$ は上述の生産関数 (5) である。こ

れに貯蓄率 $s(<1)$ を掛けた第2の曲線 $sy=sk^{\alpha}$ が一人当り投資を示している。第3の曲線は，$(n+d)k$ なる直線で，人口増加と資本減耗分であり，労働者一人当り資本装備量を保持するために不可欠な労働者一人当り新規投資の額をあらわしている。sy 曲線と $(n+d)k$ 直線との差額が一人当り資本装備量の変化になる。k_0 においては投資が続けられて一人当り資本装備量が増加する。（資本深化 capital deepening と言う）。それは，$sy=(n+d)k$ 即ち $\dot{k}=0$ になる k^* の点まで続く。この点で労働者一人当り資本装備量は一定になる。即ち定常状態 stationaly state に達するのである。

資本蓄積方程式 (7) の両辺を k で割ると次式が導ける。

$$\dot{k}/k=sk^{\alpha-1}-(n+d) \quad \cdots\cdots (8)$$

ここで α は1より小さいので，k が増大するにつれて k の成長率は次第に低下する。そこで (8) 式を図2.2のように描くことができる。即ち sy/k は右下りの曲線になる。これは労働者一人当り資本装備量 k の水準が高まると，投資の平均生産物 sy/k——投資収益曲線と名づけよう——は，資本蓄積の収益逓減（α は1より小）により漸減するのである。そこで人口増加と資本減耗をカバーするに必要な一人当り投資率 $(n+d)$ と，この投資収益率とが一致する k^* 点まで，投資すなわち資本ストックの増加（成長）が続けられる。そして $\dot{k}/k=0$ なる状態に収斂するのである。

かくて明らかになったソロー・モデルの重要な結論はこうである。すなわち，資本蓄積が進むに連れ，投資の収益は逓減し，定常状態に達し，一定水準の成長に止まるということである。

II.2　成長拡大方策

成長を停止させない，いな成長を拡大するための諸方策が究明された。図2.2で言うと，投資収益曲線 sy/k を右方へシフトさせ，最適資本装備額 k^* を右方へ移行させる方策を見出すことである。

第1の方策は，貯蓄率 s を高め，投資 sy を増大させることである。$(n+d)$ と一致するより高い水準の新たな k^* に到達するまで労働者一人当り資本装備量を高める。そうすると一人当り産出量も増大し，経済全体として以前よりも豊かになるのである。

第2は，生産関数の中に，何らかの技術進歩変数 A をとり入れることである。例えば，

$$Y=F(K,\ AL)=K^{\alpha}(AL)^{1-\alpha} \cdots\cdots \quad (9)$$

とするのである。技術変数 A の取入れ方にヴラエティがあるが，総括して AK－モデル（資本蓄積＋技術進歩モデル）と言われる。A の増大という生産関数の変化があると，図2.1の sy 曲線を上方にシフトさせ，また図2.2の sy/k（投資収益曲線）を右方へシフトさせる。その結果，一人当り最適資本装備量 k^* の水準を高めることになる。これが小島モデルにおいて「生産方法の能率化」と言っている方策であるが，それには厳密に言うと二種ある（後述）。

第3に，生産技術的に，Y財はX財にくらべより資本集約的投入を要するとしよう（資本には物的資本と人的資本を含むとする）。図2.2で言うと，図示の sy/k 曲線がX財生産についての投資収益曲線であるのに対し，それよりも右方にもう一本，より資本集約的なY財についての sy/k 曲線を描くのである。資源（労働・資本）配分をX財生産について減じ，Y財生産に増加するならば，つまり産業構造を多様化・高度化させるならば，先の生産方法の能率化と同様に，一人当り最適資本装備量 k^*（両財生産における加重平均値になる）の水準を高めることになる。これが小島モデルにおいて「産業構造の高度化」と言っている方策である。

結局，次節で詳論するように，雁行型産業発展の小島モデルでは，資本蓄積，生産の能率化，産業構造の高度化という3変数を用いて，後発経済のキャッチ・アプ発展プロセスを解明することになるのである。そこでは小島のpro-trade oriented FDIというモデルが重要な貢献を果たすはずである（小島　2000.3参照）。

II.3　雁行型発展論の評価

世銀報告『東アジアの奇跡――経済成長と政府の役割――』（オリジナル1993，邦訳　1994）やADB報告『アジア：変革への挑戦』（オリジナル1997，邦訳　1998）では，その考え方の基礎として，新古典派的理論と内生的成長理論が検討されている。雁行型経済発展の赤松・小島理論は，それら

の分析に当って十分考慮されているようであるが，公式に refer してくれてはいない。こういう状況下，雁行型産業構造高度化論をベターな分析道具として前面におし出された経企庁・伊藤グループの研究レポートを歓迎し高く評価したいのである。

Radelet and Sachs（1997）が，注目に値する開発途上国の開発理論として，第1に big push 論，第2に import substitution or infant industry protection 論とならんで，第3に flying geese model をあげ，それを積極的に評価してくれている。すなわち，1997〜98年の東アジアの危機は，一過性の金融・通貨危機にすぎないから，東アジア経済は短期間にそれを克服した後，雁行型発展に従って長期的な成長を続けると判断しているのである。

なお Kaldor, Verdoorn, Thirlwall といったイギリス学派成長論が，産業構造変動を成長の重要な要因と見ている（小島清　1998.9　を見よ)。今後検討を加えたい。

Ⅲ　雁行型経済発展モデル

赤松雁行形態論のモデル化は，最初，小島清「資本蓄積と国際分業―赤松博士「産業発展の雁行形態」の一展開―」赤松要博士還暦記念論集『経済政策と国際貿易』春秋社，1958. pp.443-96 によって試みられ，それを refine し要約したものとして，Kojima Kiyoshi, “Capital Accumulation and the Course of Industrialisation, with Special Reference to Japan,” *The Economic Journal*, Vol. LXX（December 1960), pp.757-68 が公刊された。それは数字例によるやや難解なものであった。以下のように幾何図型によってより正確に展開しうることがさいきん分かったので，ここに提示してみたい。

小島モデルの基本は，国際貿易論の伝統である factor proportions theory（or Heckscher-Ohlin theorem）であり，生産要素（労働と資本）を，資本蓄積の進展につれ，いかに複数産業部門に配分していくかを明示することにある。

Ⅲ．1　赤松オリジナルの要点

赤松「雁行形態論」の核心を小島は次のように要約した（第１章でも引用した）。

> 小島は，雁行型発展の基本形態（生産の能率化）も副次的形態（生産の多様化）も，一国の資本蓄積の進展，いいかえれば資本対労働賦存比率が高まることを軸として継起するとのモデルを提出した。すなわち，一産業の生産方法の改善，生産能率の向上，コストの低下は，資本蓄積が進み資本対労働比率が高まり，より資本集約的な生産方法に移ることによって可能となる。他方，所与の労働・資本価格比率の下で，Ｘ財よりもＹ財は，Ｙ財よりもＺ財はさらにいっそう，より資本集約的な生産方法をとるとしよう。そうであるならば資本蓄積が進み一国の資本・労働賦存比率が高まってはじめて，Ｘ財のほかにより資本集約的なＹ財も，さらにＺ財も生産しうるに至る。つまり生産の多様化も資本蓄積の関数とみなしうる。こうして資本蓄積が進むにつれ，生産の能率化と多様化との二つが可能になる。しかし両者の間にはかなりの選択の余地が残されており，そこに興味ある国際分業の動態問題が発生する。すなわち，資本蓄積が進み資本・労働賦存比率が高まるにつれ，第１に，労働・資本相対価格を低く抑えておけば，より資本集約的な財も生産できるように，生産の多様化をはかりうる。だが第２に，より資本集約的な財の国際競争力を高めるには，労働・資本相対価格を高め，生産の能率化をはからねばならない。第３に，労働・資本相対価格が高まると，より労働集約的な財の生産費は相対的に高まり，比較劣位に陥る。より有利な産業への転換か（構造調整の必要）海外直接投資進出かを求めざるをえなくなる。これらの選択に直面しつつ，生産の多様化と，多様化した各生産の能率化，さらには比較優位弱化産業の海外直接投資進出をくり返していくのが，一国産業発展の動態なのである（小島 1975，p.233）。

Ⅲ．2　初期状態

図2.3のX曲線，Y曲線のように，各財の生産関数をisoquant（等産出量曲線）によって示すことにする。X曲線は1単位のX財を生産するのに要する労働L（横軸）と資本K（縦軸）の種々な組合わせ投入量をあらわしている。等産出量曲線は原点に向かって凸型である。これはLとKそれぞれの限界生産力は正であるが，限界生産力は逓減するので，Lの投入量を増し，Kの投入量を減らしていくときの限界代替率は逓減するからである。

X-等産出量曲線にMN直線が接するa_1点が求まる。X財1単位の最適生産点である。MN線の傾斜は，賃金率Wと資本レンタル率Rとの要素価格比率$w=W/R$をあらわす。a_1点では「Lの限界生産力／Kの限界生産力$=W/R$」となるので，最小の投入コストで1単位のX財を生産しうることになるのである。要素価格比率が変われば最適生産点も（例えばa_2の

図2.3

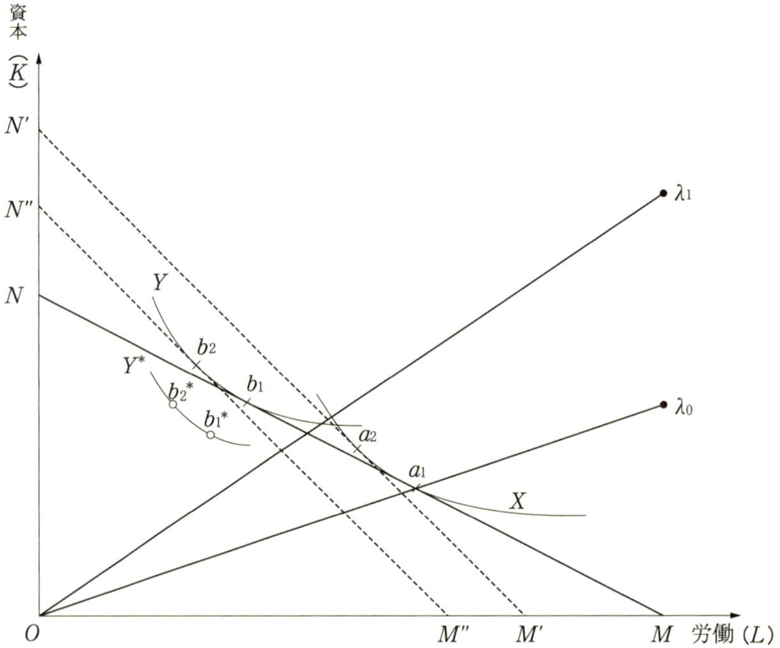

ように）変わるわけである。

MN 線はもう一つ予算線（budget line）の役割を演ずる。a_1 点での X 財 1 単位の生産コストは，労働で計れば OM，資本ではかれば ON の費用

図 2.4

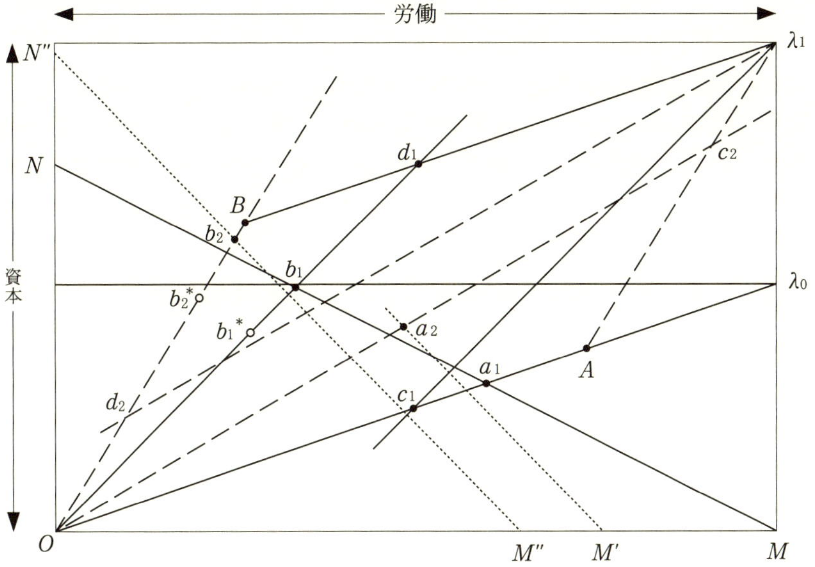

図 2.5

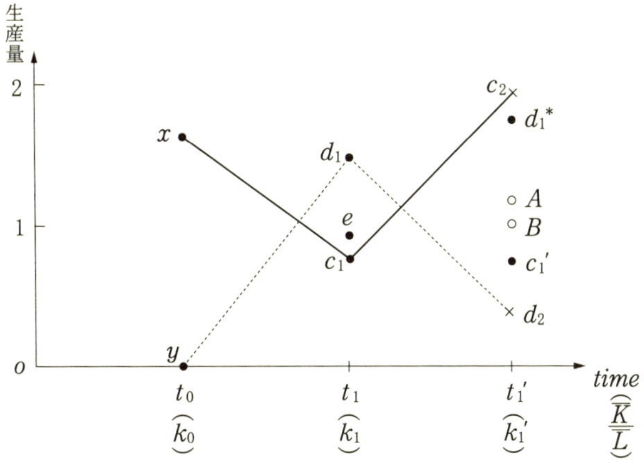

がかかり，費用と等しい価格で販売される。同一 MN 線上の b_1 点でＹ財の最適生産点が求まるが，Ｙ財もＸ財も同じコスト＝価格であることを示す。

$M'N'$ 線と $M''N''$ 線は平行であるから同じ要素価格比率である。しかしスロープが MN 線よりも急になっているから $w=W/R$ において賃金が割高に（レンタルが割安に）変ったことを意味する。最適生産点はＸ財は a_2 点に，Ｙ財は b_2 点に，それぞれ移る。つまり賃金が相対的に騰貴したので，より労働節約的（より資本使用的）な要素投入係数に変えたのである。この結果，$M'N'$ 線の方が $M''N''$ 線よりも高いコスト＝価格であることから分かるように，Ｘ財の方がＹ財よりも割高になる。これは（すぐ後で説明することだが）Ｘ財の方がより労働集約的であり，賃金騰貴の影響をより多くこうむるからである。

原点 O から a_1 へ引いた半直線（vector）の傾斜は a_1 点でＸ財生産に投入された労働（Lx）と資本（Kx）の比率（Kx/Lx）つまり要素集約度を示す。同一要素価格比率の下でのＹ財の最適生産点 b_1 では，Ob_1 半直線が Oa_1 半直線よりも急な傾斜であり，より資本集約的である。別の要素価格比率の下でも（a_2 点と b_2 点を比較せよ）そうなる。つまりＹ財生産はいかなる要素価格比率の下でも常にＸ財生産よりもより資本集約的である——すなわち $Kx/Lx<KyLy$——と仮定する。図示のように Y 曲線が X 曲線よりも左側に位置し，一回しか交わらないときにこうなる。この仮定によりいわゆる「要素集約度逆転」は生じないことになる。

次に一国全体の労働賦存量 $\overline{L}$ は，図 2.3 の横軸 OM 量であり，資本賦存量 $\overline{K}$ は縦軸 $M\lambda_0$ であり，要素賦存比率 $k=\overline{K}/\overline{L}$ は $O\lambda_0$ 線の傾斜で示される。資本蓄積の進行による k の増加が，われわれの考察における重要な変数の一つであるが，それは労働賦存量 $\overline{L}$ は不変とし，資本賦存量 $\overline{K}$ が，初期に λ_0 であったものが第1期には λ_1 に増加し，$O\lambda$ 線の傾斜が急になることによって示されるものとする。

最後にもう一つ収穫不変（constant returns to scale）の仮定がおかれている。$O\lambda_0$ 線上の a_1 点ではＸ財1単位が，MN 線で示される要素価格比率 w の下で，$O\lambda_0$ 線で示される要素投入 Kx/Lx によって，生産される。いま要素投入の Kx と Lx をともに2倍に増やせば産出量も2倍になることが期待できる。つまり，$O\lambda_0$ 線上で Oa_1 の2倍の距離のところで2倍の産出量が得られる。これが constant returns to scale である。この仮定が以下の2財への資源配分と産出量の決定について有効に活用できるのである。

Ⅲ. 3　資源の最適配分

図2.3と全く同じ構成である図2.4を用いて，資源（労働・資本）の最適配分の決定方式を解明したい。そして以下のいくつかの変化の効果を明らかにしたい。(1) 資本蓄積の進行。(2) 要素価格比率 $w=W/R$ の上昇。(3) 要素価格の二重構造。(4) Y 産業だけでの技術進歩。もっと多くの組合わせケースが考えられる。その中からいかなる産業発展のコースを選択するかが重大な課題となるのである。

図2.4において，要素価格比率（w）が MN 線であるとき，X 財1単位の最小生産費はベクトル Oa_1 であり，その傾斜が要素集約度 Kx/Lx を示す。Oa_1 直線は初期の要素賦存度 $k=\overline{K}/\overline{L}=M\lambda_0/OM$ すなわち対角線 $O\lambda_0$ と同一である。このような場合には，労働・資本をともに完全雇用するには λ_0 点で X 財だけを生産する（X 産業への完全特化）のがベストの選択である。その際の X 財生産量は $O\lambda_0/Oa_1 \fallingdotseq 1.65$ となる。この生産量が図2.5に x 点として示される。Y 財の生産量は図2.5の y 点のようにゼロである。

同じ要素価格比率の下での Y 財1単位の最適生産点は b_1 である。この点は初期要素賦存ボックス（O, λ_0）の境界線上にある。したがって若し Y 財の生産に完全特化するならば，b_1 点で Y 財1単位を生産しうる。資本は全部使用されるが，$b_1\lambda_0$ に相当する労働が雇用されず，失業することになる。それ故，初期要素賦存 $\overline{K}/\overline{L}$ の下では，労働集約財 X の生産に完全特化することが，経済全体として最も能率的な資源配分であるということになる。少くとも低資本蓄積の状況では低資本集約財（高労働集約財）への資源配分を多くすることが必要である。つまり，要素賦存比率線 $O\lambda$ に近い要素集約度の財への資源配分（したがって生産量）が多くなるのである。

X 財への完全特化ケースでは，X 財しか生産されないのであるから，X 財生産が比較優位（comparative advantage）を持ち，輸出されることは言うまでもない。代りにY財は比較劣位財となり輸入されるわけである。

Ⅲ．4　［ケース1］　要素賦存比率の上昇：資本蓄積

資本蓄積が進み，要素賦存比率線が$O\lambda_0$から$O\lambda_1$に，より急な傾斜に変わったなら，いかなる資源配分の変化が生ずるであろうか。ただし要素価格比率（MN線）は変らないものとする。図2.3に見られるように$O\lambda_1$線はa_1点とb_1点の中間を通るから両財の同時生産（不完全特化）が可能になる。また$O\lambda_1$線はa_1点から遠ざかり，b_1点へ近づく。これにつれX財への資源配分が減りY財へのそれが増加することになる。正確にどれだけ変化するかが図2.4によって示される。

図2.4において，X財の要素集約度線Oa_1に平行に$\lambda_1 d_1$線を引く。またY財のそれたるOb_1線に平行に$\lambda_1 c_1$線を引く。この平行四辺形（ダイヤモンド型）の交点c_1とd_1が，労働・資本の完全雇用を保障する，X財とY財への最適資源配分点となる。すなわち，X財への資源配分はベクターOc_1であるが，単位生産費はOa_1であるから，生産量は$Oc_1/Oa_1 \fallingdotseq 0.86$となる（図2.5の$c_1$点)。他方，Y財への資源配分はベクター$Od_1$となるが，単位生産費は$Ob_1$であるから，生産量は$Od_1/Ob_1 \fallingdotseq 1.42$となる（図2.5の$d_1$点)。

すなわち，資本蓄積の進展につれ，労働集約的なX財の生産が減り，資本集約的なY財の生産を増すことが可能になる。この結果が，図2.5に示されているのである。

図2.5の横軸は二重の意味をもつ。一つは時間（time）であり，もう一つは要素賦存比率$k=\overline{K}/\overline{L}$である。ただし後者はその時どきに所与として仮定されるもので，横軸に沿い，時間とともにスムーズに増大するものではない。初期のt_0からt_1の間に$k_0<k_1$となる。これを「構造変動期」と呼ぶが，この間に，図2.3や図2.4で示したように，資本蓄積が進んで要素賦存比率が$O\lambda_0$から$O\lambda_1$に上昇したと見るのである。t_1とt_1'の間を「能率化期」と称するが，この期間には要素賦存比率は不変で$k_1=k_1'$であるとする。本当はt_0とt_1'の間に，$k_0<k_1=k_1'$に上昇するのであるが，比較静学の方法を採る本章では，違った諸変数のそれぞれ異なる動態的効果を示すた

めに構造変動期と能率化期に2分したのである。両者あわせて一つの発展段階（stage）を完了するのである。

さて図2.5において，$t_0 \rightarrow t_1$ の構造変動期に，要素賦存比率 $\overline{K}/\overline{L}$ が k_0 から k_1 に上昇する間に，労働集約的X財の生産量は x 点から c_1 点へ減少し，逆に資本集約的Y財の生産量は y 点から d_1 点へ増加した。後者を拡大することが経済発展の一つの目標であるとすれば，資本蓄積の進展はその目標に重要な貢献を果たすと言えるであろう。

なお，財価格比率 $p = P_y/P_x$ は，構造変動期には不変に保たれる。また要素価格比率 $w = W/R$ もこの期には不変に保たれる。それらが変るのが次の能率化期の問題である。

要するに，資本蓄積の進行によってX財に加うるにより資本集約的なY財の生産をも行いうるように産業構造を多様化（diversification）し高度化（upgrading）しうるようになる。多様化志向構造変動である。どれだけ高度化が達成できるかは主に資本蓄積のスピードに依存する。他は，X財とY財の最適資本集約度の差が影響をもつ。

産業構造の高度化につれ，より資本集約的なY財が比較優位を持ち，その生産と輸出が拡大することになる。他方，労働集約的なX財は比較優位を弱め，さらには比較劣位化し，生産を減らし，輸入を増すように転ずるのである。

Ⅲ．5　［ケース2］　賃金率の相対的騰貴

資本蓄積と経済成長が進展するにつれ賃金率の相対的騰貴が生ずる。それは経済発展の成果として望ましいことでもある。図2.3において要素価格比率 $w = W/R$ が騰貴し，（賃金率 W の相対的騰貴，資本レンタル R の相対的低落），MN 線から $M'N'$ と $M''N''$（両者は平行で，同一の W/R である）へより急な傾斜に転じたとしよう。最適生産点は a_2 と b_2 へ移る。この Oa_2-，Ob_2-ベクターが図2.4に描かれる。Oa_2-ベクターに平行に $\lambda_1 d_2$ 線が，また Ob_2-ベクターに平行に $\lambda_1 c_2$ 線が引かれ，資源配分点として c_2 と d_2 点が求められる。X財の生産量は $x = Oc_2/Oa_2 \fallingdotseq 2$，Y財の生産量は $y = Od_2/Ob_2 \fallingdotseq 0.4$ となる。図2.5に c_2 点と d_2 点として示される。この間

に，要素価格比率は w_1 から w_2 に賃金率が相対的に上昇し，財価格比率 $p=P_y/P_x$ は，X財が割高，Y財が割安に変わるのである。

要するに，賃金率が相対的に騰貴すると，その影響をより多く被る労働集約財（X）の相対価格が騰貴し，X財が増産され，Y財（資本集約財）が減産されることになる。このことは，図2.3において，要素賦存比率線 $O\lambda_1$ に対し，a_2 点は a_1 点よりもいっそう接近するのに，逆に b_2 点は b_1 点よりもいっそう遠ざかることからも了解できる。これは一見期待に反する矛盾した結果のように見える。図2.5で明らかなように，賃金率の相対的騰貴は，資本集約財Yを増産したいというねらいとは逆にそれを減産させることになる。そうなるのはこの能率化期には資本蓄積量は不変であると仮定したからである。

この矛盾から得られる第1の教訓は，資本集約財生産を拡大する（そういう構造変動を成功させる）ためには，資本蓄積をスピードアプせねばならないことは言うまでもないが（それをgivenの条件として），賃金率の相対的引上げを急いではならないと言うことである。賃金率上昇は資本集約的財の生産を拡大するのでなく反って縮小させるからである。

資本集約財生産の拡大を促進するには，労働集約財（X）産業の賃金率を引上げないでおくかむしろ引下げて，Y財産業と較べて低い賃金格差（賃金の二重構造）にすることが有効である（ケース3として直ぐ後に検討する）。

もう一つの矛盾が見出される。賃金率が相対的に騰貴すると，労働集約財Xの価格が資本集約財Yにくらべて割高になる。それ故に，封鎖経済ではX財を相対的に増産することが刺戟される。だが開放経済ではこれは許されない。X財が割高になるということは，X財が比較優位を弱めつつあるか，すでに比較劣位に転落したことであり，輸入が増加し，このX財の国内生産は低い輸入価格と競争できる量にまで減産されねばならない。海外直接投資（FDI）によって，海外の低賃金を活用する国際生産に一部分置き換えることも重要な解決策となる。とまれ資源配分（それに従う両財生産量）は，封鎖経済下と開放経済下とではかなり違ったものにならざるをえない。このことを考慮すべきである。

資本集約財Yにおいては，資本レンタルの相対的低落に伴いこの財の相対価格が低廉化し，比較優位を強め，輸出を増加しうることになる。その意味でpro-trade oriented（順貿易志向的）である。ただ生産方法がより資本集約的になるため（b_1点にくらべb_2点ではそうなる）所与の資源賦存度k_1の下では（図2.5），Y財への資源配分比率（したがって生産量比率）が目的に反し減少する。それ故，資本蓄積のスピード・アプ化に応じて$w=W/R$を緩やかに引上げていくべきである。

賃金率の相対的騰貴（逆に言えば資本レンタルの相対的低落）は，所与の等産出量曲線の上でのより資本集約的生産方法への移行をもたらし，そういう意味での（第1種の）生産の能率化（rationalization）を達成する。そして資本集約的Y財の相対コスト（＝価格）をX財にくらべ割安にする。つまりY財の比較優位を強め輸出を拡大させる。そういう意味では望ましい。だがY財の相対的生産量を反って減少させるという矛盾をもつ。こういう矛盾的結果に陥らないでY財生産を拡大できる発展コースを見出しえないものであろうか。

Ⅲ.6　**［ケース2の修正］**

図2.5に戻って考えてみよう。t_1時点でX財とY財の生産量が1：1になるe点にもってくるとしよう。Y財の生産量はd_1点からe点へ増産量が減らされる。Y財は資本集約的であるから投入労働量にくらべ資本量がそれだけ節約されることになる。同様に労働集約的なX財ではc_1点にくらべ減産量の少いe点にとどめる。それに応じてやはり資本が節約される。

図2.4によって見るならばこうである。a_1点とb_1点で生産するならばX財とY財が各1単位得られる。a_1点からOb_1に平行な線を右側縦軸に向って引こう。またb_1点からOa_1に平行な線を引こう。この両線は右側縦軸でλ_1点よりも低い点（E点と呼ぼう）で交わる（必らず縦軸上に来るとは言えないが）としよう。λ_1線とE点との差額が，MN線の要素価格比率wの下で，X，Y両財生産量を1：1にとどめた場合に生まれる資本の節約分である。この節約分を使って，t_1-t_1'の能率化期に両財の生産方法をより資本集約的なものに高めることができる。

今度は能率化しても両財生産量を1：1に保つとしよう。それは図2.4の a_2 点と b_2 点で生産すればよいということである。今度は a_2 点から Ob_2 に平行な線を，また b_2 点から Oa_2 に平行な線を引こう。両線の交点（E' と呼ぼう）が右側縦軸上に求まる。この E' 点は λ_1 点と一致する場合もあるが，λ_1 点より上方に位置するであろう。E' と λ_1 との差額はこの経済の資本蓄積不足分であり，資本蓄積をスピードアプしなければならないということを示す。

或いは，第2に，賃金率の相対的上昇を少くし，a_2，b_2 各点の資本集約度を図示よりも低く保てば，資本蓄積量 λ_1 の下で，X，Y 両財の産出量を1：1（図2.5の e 点）に保つことができよう。

さらに第3に，生産の多様化・高度化を最初に，低い相対賃金 w の下で行って，両財の生産量を1：1にする。そうすると既述のように（λ_1-E）なる資本の余剰が生ずる。そこで次の期に，この余剰資本をちょうど使い果たすように，相対賃金 w を適切に引上げ，各財の生産をより資本集約的な，より能率的な方法に高めることができる。

以上のような配慮のいずれか或いはそれらの複合を講じなければ，図2.5のように，X財は構造変動期で大幅に減産されたものが，能率化期には増産に転ずる。またY財では，一たん大幅に増産されたものがすぐ減産に転じなければならなかった。このような不合理は回避すべきである。高資本集約財に産業構造を高度化するにも，各財の生産方法を能率化するにも，ともにより多くの資本が要る。従って両者は sequential（継起的）に，先ず構造変動をやり次いで能率化を実現するというのが現実的である。両者を同時に実施することは資本不足に陥り困難である。日本経済は雁行型（flying-geese pattern）産業発展を成功させたが，それは構造変動コースと能率化コースの繰返しであった。

構造変動期には，資本蓄積の進展に応じて，より資本集約的なキイ産業が新設され拡大する。能率化期にはキイ産業の相対的シェアはそれ以上拡大しないが，より資本集約的な生産方法に能率化することにより，コスト＝価格を低下させうる。比較優位を強め輸出を増大しうる。賃金率はキイ産業と劣位化産業とでともに，構造変動期には不変であるが，能率化期には引上げられ，国民的厚生の向上に直接に貢献しうることになる。それが順調な繁栄期をもたらすのである。

Ⅲ.7　［ケース3］　要素価格の二重構造

図2.3において，a_1 点がX財の最適生産点，b_2 がY財の最適生産点になるような組合わせを選んだとしよう。ということは，X産業では要素価格比率を $w_1=MN$ 線の傾斜に定め，Y産業では $w_2=M''N''$ 線の傾斜に決めるのである。$w_1<w_2$ であるから，賃金率をX産業で低く，Y産業で高くするという賃金率の産業間格差すなわち二重構造を設けるということである。或いは，貸出利子率をX産業向けには高くし，Y産業向けには低くして融資するのである。a_1 点と b_2 点でのX財対Y財のコスト比率（＝価格比率）がどうなるかは一義的に言えない。けだし労働で計ると，$OM>OM''$ となってX財が割高であるが，資本で計ると $ON<ON''$ となって逆にX財が割安になるからである。

さてX財は Oa_1-ベクター，Y財は Ob_2-ベクターを用いるとして図2.4のダイヤモンドを描くと，X財への資源配分点は A 点，Y財へのそれは B 点となる。そこでX財生産量は $OA/Oa_1 \fallingdotseq 1.24$，Y財生産量は $OB/Ob_2 \fallingdotseq 1.06$ となる。図2.5に A 点と B 点として示されるように，要素価格格差のない［ケース2］にくらべ，X財の生産量増加（$c_1 \to A$）は少なく，Y財の生産量減少（$d_1 \to B$）も少ない。資本集約的Y産業においてのみ能率化を果たすこの［ケース3］の方が，先の［ケース2］にくらべるとY財生産を拡大するという目標にはよりよく貢献することになる。ただしY財の比較優位が強まるか否かについては一義的に言えないのである。

Ⅲ.8　［ケース4］　技術進歩

資本集約的Y産業において技術進歩が実現したとしよう。技術進歩の原因はいろいろある。大企業のR&D（研究開発）による優れた（superiorな）生産方法と新製品の開発とがある。もう一つ大規模生産化により学習効果（learning by doing）が多くなり労働者の技能（skill）が向上するという規模経済（economies of scale）がある。いずれにしても知識

(knowledge) すなわち人的資本 (human capital) の増加が必要不可欠である。

技術進歩の結果，図2.3において，Y財の単位産出量曲線 (isoquant) が $Y-$ から Y^*- 曲線へ移ったとしよう。技術進歩は所与の生産関数即ちisoquant上での最適生産点の要素価格比率の変化につれての移行ではなく，生産関数自体のシフトであることに注意されたい。技術進歩には数種のタイプが挙げられているが，ここではHicks' neutralな技術進歩を仮定する。原点から引いたベクター Ob_1 線上に新最適生産点 $b_1{}^*$ が位置する（要素価格比率が変った場合にも，例えば，Ob_2-ベクター線上に $b_2{}^*$ 点が来る）。こうであると資本／労働投入係数（要素集約度）は変わらないで両生産要素の比例的に前よりも少い投入で1単位のY財を生産できる。従ってコスト（＝価格）が引下げられるのである。これが第2種の生産能率化である。

そこで［ケース1］のように（図2.4を見よう），MN 線の要素価格比率の下で，a_1，b_1 点で最適資源配分がなされた後，能率化期に入って，Y財生産でのみ技術進歩が実現し，$b_1{}^*$ が最適単位生産点になったとしよう。Oa_1 線と $Ob_1{}^*$ 線とに λ_1 点からそれぞれ平行線を引くと，最適資源配分点として c_1 点と d_1 点が求まる。これは［ケース1］と全く同じである。ただ一つ重要な違いが生ずる。X財の生産量は Oc_1/Oa_1 であって［ケース1］と変らない。だが，Y財の単位コストは $Ob_1{}^*$ に引下げられているので，Y財の生産量は $Od_1/Ob_1{}^* \fallingdotseq 1.8$ となって，［ケース1］におけるよりも多くなる。またY財の相対価格 $p=P_y/P_x$ は安くなるのである。

図2.5で見ると，X財の生産量は構造変動期に $x \to c_1$ へと減少するが，能率化期で $c_1{}'$ になる，つまり不変に止まる。これに対しY財の生産量は，$y \to d_1$ と増加したものが，技術進歩のお陰で，$d_1{}^*$ 点までさらに増加することになる。資本集約的Y財をキイ産業として拡大したいという目標にとって，望ましい発展コースだと言える。また，要素価格比率は不変の下でY財相対価格が低下するのであるから，実質賃金率は上昇することになる。この点でも望ましい。

Ⅲ.9　産業構造高度化コース

財の数が生産要素の数を上回ると，資源配分は不確定（indeterminate）になり，資源配分を一義的に決めえなくなる。いくつかの配分ケースが発生し，政策目標に照らしてその選択が重要な課題となる。

X，Y2財につき，技術進歩に基づく，α-，β-なる2種の生産方式（mode）を仮定することは，4つの生産関数，つまり4種の財を取扱うわけで，労働・資本なる2つの要素の数を上回り，均衡は不確定に陥る。要素価格の変動の有無を加えるともっと複雑になる。そこで常に2財2要素モデルになるように，前提を設けてセットする必要が出てくる。また資本蓄積率とか技術進歩は本章では所与（given）とせざるをえない。それらをモデルの中で内生的に決定されるように組立てる努力が最近の「内生的（endogenous）経済発展理論」の課題となっているのである。

2財2要素モデルになるようにいくつかのケースが，資本（物的資本だけでなく人的資本も含む）蓄積率を与えられたものとして，検討された。その結果次のことが判明した。(i)所与の資本蓄積率の下で，資本集約的なキイ産業をできるだけ大きくするには，構造変動と能率化とを，同時にではなく，二期に分けて継起的（sequential）に行う必要がある。(ii)資本蓄積の進展は，資本集約財の相対的生産拡大，労働集約財の縮小を可能にする。資本集約財の生産拡大という構造高度化目標に貢献する。しかし(iii)賃金率の相対的騰貴は国民的厚生の上昇のために望ましい，また資本集約財の相対価格を引下げ輸出競争力を強めるという「能率化 rationalization」には貢献するが，資本集約財生産の縮小，労働集約財の拡大という，構造高度化目標とは相反する矛盾（dilemma）効果をもたらす。この結果，構造変動期にいったん拡大した資本集約財の生産を，能率化期に縮小しなければならないといった困難が生ずる。そこでこの困難を回避する方策が検討された。(iv)構造変動期における資本集約財の拡大と労働集約財の縮小とを少しひかえ目にして全資本投入量を節約し，これをそれに続く期に能率化に投入すれば，資本集約財のスムーズな拡大と競争力強化の両目標を達成できる。(v)労働集約財産業では賃金率を資本集約財産業にくらべ相対的に低く抑えるといった要素価格の産業間二重構造が許されるならば，(iv)と同様な結果が得られる。さらに(vi)資本集約財生産においてのみ技術進歩が実現するならば，そのキイ産業の拡大と競争力強化の両目標が達成できる。能率化を技術進歩によって達成するのが最も望ましい産業構造高度化の方策だということになる。さらに技術進歩によるコストと価格の低下は実質賃金の上昇をもたらすわけである。

IV　国民経済発展への適用

IV. 1　産業発展コースの選択

構造変動を先に行い次いで能率化コースに進むのが良いとしたのは，2財2要素モデルを構築し資源配分均衡をいつも確定的なものにするためである(技術進歩が拡大したキイ産業でのみ起るとしたのも同じねらいの方便である)。限られた資本蓄積を有効に活用するためにはそういう順序での発展コースの継起的推進が最善である。

だが資本蓄積のほかに，X，Y財という要素集約度の違い，要素価格の変化，技術進歩などを導入すると，均衡は不確定となり多数の組合わせケースが発生する。そこで政策目標に照らしてどのケースを選択するのが最善かという問題に直面する。

政策目標としては次の3つがある。(a)ねらいとする資本集約度の高いキイ産業をできるだけ拡大すること——産業構造高度化目標。(b)拡大産業を能率化し国際競争力を強化すること——輸出推進目標。(c)実質賃金率を引上げること——国民的厚生目標。

第1に，$w=W/R$という要素価格比率の上昇つまり賃金率の相対的騰貴は，国民所得中の労働収入のシェアを引上げることになる。それが実質賃金率の上昇になるかどうかは疑問である。それは財価格（＝コスト）の騰貴を導くから実質賃金率の上昇には必ずしもなりえないであろう。つまり目標(c)には貢献しないであろう。賃金率の相対的騰貴はより資本集約的生産方式への移行を必然化するから，成長会計（growth accounting）において，資本投入増による成長を生むわけである。

この賃金率の相対的引上げが労働者グループの側から強く要求される（政策目標(c)）わけであるが，資本集約財産業の拡大（政策目標(a)）にはネガティブに働らく。むしろ労働集約財産業を低賃金・低資本集約度にとどめておく方が目標産業の拡大に役立つ。従って賃金率の相対的引上げは急いではならない。構造高度化を行きすぎない程度に進展させた上でなお資本蓄積量に余裕があるならば，それを賃金率の相対的引上げに用いるべきである。政策当局の賢明な舵取りが必要とされる。

これに対し第2に，目標産業における技術進歩と規模経済利益は，コスト低減により，その産業の拡大と輸出競争力の強化に貢献するだけでなく，財価格の低廉化を通じ実質賃金率の上昇をもたらす。最も望ましい成長のエンジンである。生産と輸出の拡大がさらに大きな規模経済利益を生むといった継起的・累積的好循環（virtuous circle）を喚起する。これが，成長会計における TFP（total factor productivity）つまり全要素生産性の増大を生み出すのである。

なお，(イ)労働単位当り生産性と(ロ)一人当り国民所得とは，厳密に言うと，もとより同一ではない。人口の労働力率は1ではなく0.65ぐらいである（国際間でも差がある)。国民所得には労働への報酬だけでなく，資本その他各種の貢献への報酬が含まれている。だが(イ)の労働単位当り生産性の上昇とほぼ平行に，(ロ)の一人当り国民所得も変化すると考えてよい。なお要素価格の国際的均等化は，別に論ずべき重要な問題として残る。

Ⅳ. 2　**多数財・多数国**

財の数が2つ以上になると，労働・資本という要素の数を上回るので，均衡を確定できるモデルにならなくなる。確定モデルに仕組むために第1に，財（或いは産業）をかなり大きい範疇――発展段階産業範疇――で取上げる。X＝繊維・雑貨など労働集約財，Y＝鉄鋼・化学など資本集約財，Z＝電気機器・自動車など各種機械という資本・知識集約財，の3産業ぐらいにくくるのである。繊維といっても生糸，綿工業，化合繊など，さらに上流・中流・下流といった生産工程を考慮すると実に多種類の財が含まれている。電気製品についても同様である。これらは大範疇産業の中の多様化として取扱うのである。そして大範疇のX産業からY産業へ発展の主軸がステップアップ（段階移行）することを発展段階の一段階アプとみなす。それを完了した上で，次にY産業からZ産業へと第二次段階アプをはかるのである。一発展段階には，戦後日本経済では20〜25年を要した。

自国と外国の多数財について「自国生産費／外国生産費」を算出し，その大きい比率の割高なものから小さい比率の割安なものへ順にならべるならば，それが2国多数財の比較生産費表である。それを算定することは不可能ではないにしても非常に困難なことである。だが実際問題としては，比較生産費表の全系列が必要なわけではない。はっきりと自国が割高になる比較劣位財と，自国が割安になる明らかな比較優位財とは，考慮しなくてもよい。つまり比較優位表の両端は問題外であって，中間にある2財だけについて輸出できるか輸入すべきかを決めねばならないのである。

上述X，Y，Z三産業のほかに農業といったX^-産業，IT（情報技術）関連産業といったZ^+産業を仮定してよい。そこで経済発展の第1段階ではX^-産業からX産業へのステップアプ（産業構造高度化）が課題であり，明らかに比較劣位にある，また未知数の，Y，Z，Z^+産業は考慮外において検討してよい。第2段階に進むと，明らかに比較劣位に陥ったX^-産業と，未知数のZ，Z^+産業とは無視して，X，Y二産業だけを考慮の対象とし，それらへの資源配分や比較優位を検討すればよいのである。発展の第3段階についても同様に今度はY，Z産業を検討の対象とすればよい。

第2段階について，最適資源配分を考えてみよう。明らかに比較劣位化した農業（X^-産業）については，輸入見込量を差引いた必要生産量を予め政策的に策定し，それに必要な資源配分量を全資本（$\overline{K}$）労働（$\overline{L}$）賦存量から控除する。そして残りの資本量と労働量をX，Y両産業に最適に配分する。（小島清1994，p.236を見よ）。そうすれば2財2要素モデルになるので，図2.4によって均衡配分を確定できるのである。なお未知数のZやZ^+産業は考慮外に置くのである。

国の数が2以上になると，既述比較生産費表の作成は不可能になる。多数の諸外国をROW（自国以外の世界）として一括し，あたかも一つの国であるかの如く取扱うより他にしようがない。その際ROWでは自由貿易が支配し，一物一価の法則が成立し，その生産費（＝価格）が自国のそれと十分に比較可能な状態になっていると期待しなければならない。変動為替相場の下では相場が時々に変わり，比較は容易ではない。その他に距離の違いによる運送費の相違も考慮しなればならない。これらは不可能ではないにしても著しくめんどうな調査を必要とする。

しかし実際には，上述の多数財の場合と同様に，明らかな比較劣位国，圧倒的な比較優位国という両極端は考慮外におき，検討対象とするX，Y二財といった産業について，比較劣位・優位が自国と近接している国を対象として，輸出・輸入の可能性を検討することになる。例えば日・米間，或いは日・韓間のX，Y産業について検討し，貿易パターンを決め，貿易拡大をはかるというのが実際の政策問題となるのである。

長期の歴史的・動態的発展過程をわれわれの分析対象としているので，先導国（leader）と後続国（follower）という区別が重要になる。先導国は，X，Y財に続いてZ，Z^{+}といった新製品またより能率的な生産方法を次々と研究開発していく必要がある。自生的（endogenous）経済発展のプロセスの解明が理論的課題となる。これに対し後続国にとっては，先導国へcatch-upするプロセスが課題でありその理論（赤松・小島の雁行型発展論のごとき）の樹立が必要である。そこでは先導国のように新技術の開発でなく，外国技術（borrowed technology）と外国資本に依存しつついかに急速に工業化を高度化させるかという課題の究明が必要である。もう一つ，日本経済のように，米・欧へのcatch-upに成功し，つまり後続国的地位を卒業し，アジア諸国に対する先導国の役割を果たすようになった国もある。こういう場合にはcatch-upとleader的役割との全プロセスを解明しなければならないのである。

Ⅳ．3　日本経済発展への当てはめ

小島の *The Economic Journal*, Dec. 1960 論文は２要素（資本・労働），３財（X^{-}＝農業，X＝軽工業，Y＝重化学工業），３生産方式（α，β，γ）という複雑な不確定モデルを，戦前日本経済の実証と照合させつつ（Kojima 1958d，1960b，本書第３章），上述のような確定化の仮定を加えて当てはめ，数字例によって産業発展コースを解明している。その結果は表 2.1 のように要約できる。

明治開国（1878 年）から日露戦争前の1902 年までを第Ⅰ期とする。資本蓄積量は，労働900に対し，明治開国時の僅かに150の低い水準から250に高まった。X^-財生産（農業）が大部分を占め，X 財（軽工業）生産を僅かに発足させ，明治開国以前の劣った生産方式 α から，より優れたそれ β へ生産を能率化させた。要素価格比率 $w=W/R$ は，α 方式では 1 ： 2，β 方式では 1 ：1.5 である。これにつれ資本集約度 K/L が，X^-産業では 1 / 6 から 1 /4.5 へ高まり，生産は能率化する。同様に X 産業では 1 / 2 から 1 / 1 に高まる。結局この第Ⅰ期は農業（茶・生糸などの輸出産品を含む）中心の能率化期であった。

第Ⅱ期（1903～1913）では，資本蓄積は 250 で不変であった。この資本を活用して絹織物・綿製品といった X 産業（軽工業）をできるだけ拡大しようとした構造高度化期である。X^-（農業）の生産高は 575 から 383 へ縮小，X（軽工業）の生産高は 92 から 212 へ大幅に増加した。このような農業に比べ資本集約的な産業（X）の大拡大のため資本不足に陥り，生産方式を β から α へ，より資本節約的なものに逆転せざるをえなかった。

表 2.1　戦前日本の産業発展コース

	第Ⅰ期 （1878—1902）	第Ⅱ期 （1903—1913）	第Ⅲ期 （1913—1927）	第Ⅳ期 （1928—1942）
資本蓄積（$\bar{K}$）（労働 $\bar{L}$ =900 に対し）	250	250	400	400
生産量 X^-（農業） X（軽工業） Y（重化学工業）	 575 92 0	 383 212 0	 371 270 50	 288 247 136
生産方式	α から β へ能率化	β から α へ後退構造変動期（軽工業化）	α から β へ能率化	β から α へ後退構造変動期（重化学工業化）

注）財の相対価格がわかると，それを各財の生産量に乗じて，合計すると GDP が，またその各期成長率が算出できる。それが困難である。けだし，財の相対価格は，労働で計るか資本ではかるかによって異なってくる。また α 生産方式か β 方式かで異なってくるからである。この GDP が算出できると，「成長会計」の推計も可能になる。

第Ⅲ期（1913～1927）では，第一次世界大戦の好影響を享受して，400へ高まった資本蓄積量を活用して生産の能率化（αからβ方式へ）を果たすことができた。X^-財の生産減はごく僅か（383から371へ）であり，X財の生産増は，212から270へとかなり多い。その上，若干（50単位）であるがより資本集約的なY財（重化学工業）の生産をスタートさせた。

第Ⅳ期（1928～1942）に入り，不変の資本蓄積量（400）の下で，Y財（重化学工業）生産の拡大に重点が移った。それは50から136へ急拡大した。代りにX^-（農業）の生産は371から288へと減少を続け，X（軽工業）の生産は前期に270のピークをうちそれから247へと減少に転ずることになった。資本蓄積量が400と前期と同じであったため資本不足に陥り，X^-，X，Yの生産方式はすべてβからαへ再び後退せざるをえなかった。

この第Ⅳ期はすでに日支動乱，そして第二次世界大戦へと戦時経済体制に移ったため，重化学工業化は未完成に終った。農業，軽工業の復興と重化学工業の本格的拡大をはかることが，戦後の課題となったのである。

この1960年小島モデルでは，財別生産関数（isoquant）のシフトという技術革新能率化は未だ考慮に入れられていなかった。伸ばしたいキイ産業において技術進歩が起る［ケース4］にすると，構造変動期の困難がどれ程軽減されるかを検討するのは興味ある課題である。（なお賃金率の二重構造［ケース3］は算出された。）

また，1960年論文での日本経済への雁行型産業発展論のあてはめは，本章でのモデル化と必ずしもコンシステントでない。すなわち，産業構造の多様化・高度化が（第Ⅱ期，第Ⅳ期），資本蓄積不変の下で行われ，ために生産方法をβ方式からα方式へ，より非資本集約的なものに後退せざるをえないことが，実証モデルでは強調されることになった。逆に資本蓄積の増加期（第Ⅰ期，第Ⅲ期）に生産方法の能率化をはかったので，順調な経済成長を実現しえたことが示されているのである。

戦後日本経済についても雁行型産業発展の実証研究が続けられている（たとえばKojima　1997，本書第4章を見よ）。「成長会計論」をとり入れて一層研究を深化させたいものである。

第3章
戦前日本経済の雁行型発展

I 課　　題

明治開国以来の日本の経済発展と貿易についてこれまでに行った実証分析と理論的研究からわたくしが現在到達した視点は[1]，次のようである。即ち日本経済は急激な構造変動を敢行して産業構造と貿易構造を近代化し高度化し，急激な構造変動に接続して経済と貿易の着実な安定的成長を経験する。しかしやがて遠からず次の創造的破壊即ち構造変動に突入する。このような急激な構造変動と着実な安定的成長との繰返しを経つつ発展してきた。それは決して一直線的な発展ではなく，次々の構造変動的脱皮を含む段階的発展であり，先の雁に続いて後の雁が飛翔するという雁行形態的発展であり，あるいは伸びる前に縮むという尺取虫的発展である[2]。ここでは恩師赤松要博士の術語を借りて「日本経済の雁行型発展」と呼びたい。

集計量（aggregate）としての実質国民所得だけで観察すると，日本経済はほとんど一直線的な成長を示し，景気循環はトレンドの中に没し去ってしまう[3]。このような見解が一橋大学経済研究所グループ，なかんずく篠原教授の立場であると解され，大阪・京都大学グループから，日本経済にも明瞭な景気循環があったとの批判をが提出されている[4]ことは周知のところである。だがわたくしがここで強調したいのは景気変動的観点ではなく，後進国

1）本章は最初に一橋論叢第40巻第5号（1958年11月号）に発表し，学位論文『日本貿易と経済発展』（国元書房，1958）第10章に収録したものである。

2）小島清（1958），『日本貿易と経済発展』第7章を見よ。

3）篠原三代平「工業生産の成長率」都留重人・大川一司編，日本経済の分析，1953，pp.67-70. 同様の意見は大川一司教授によっても，同書，p.43に述べられている。

4）青山秀夫編，日本経済と景気変動，1957，p.5，pp.127-8，pp.134-5，その他各所。

ないし新興国がどうしても敢行しなければならない構造変動的脱皮の問題である。世界経済に占める地位がそれほど大きくない日本経済のごときにおいては，その構造変動は外界の大きな景気変動を契機にして行われ，したがって両者が符合する場合も多かったであろう。だが景気変動と構造変動とは本質的に異なるものであることにあらかじめ注意しなければならない[5)]。

構造変動を検出するには，国民所得を一本の集計量としてでなく，農業・工業・サービス業などに分割（disaggregate）し，工業もさらに繊維工業・重化学工業などの幾つかに再分割することが必要であり，同様に輸入や輸出もそれぞれ一本の集計量としてのみ捉えるだけでなく，その商品別・地域別構成を分析しなければならない。このように幾つかの部門に分割し，その比例関係の変動態様を分析することによって初めて，農業中心の経済発展から農業のほかに繊維工業をももつ経済発展，さらには農業＋繊維工業＋重化学工業の均衡的発展へというごとき，国民所得の直線的成長の背後にありその基礎となっている国民経済構造の変動が明らかとなるであろう。あるいは，今まで輸入していた商品が今度は輸出されるというごとき貿易面の重大な構造変動も明らかになってこよう。そのような輸出入の構造変動を無視して，これも一つの集計量である交易条件を用いて，日本経済発展のメカニズムを理論的に一般化することは，はなはだ危険であると思われる。

ところで，上のような構造変動的脱皮を含む日本経済の雁行形態的発展における貿易の役割はどのように捉えるべきであろうか。日本の場合については明らかに 2 側面に分けて考えうる。第 1 は，日本経済の構造変動的脱皮は，輸入が先行的に質的に変り量的に急増大することによって実現された。これを輸入先行的構造変動と名づけたいのであるが，産業の構造変動を促進し実現させたものとしての輸入の重要な役割がこれである。第 2 は，新しい産業構造が確立された着実な安定的成長期において，内需と並んで，あるいはそれを上回って，拡大することによって，輸出が重大な役割を演じた。つ

5）　赤松博士は経済変動を，発展変動・循環変動・構造変動の 3 種に分けられている。赤松要，経済政策，1950，第 4 章。同著，経済政策概論，1954，第 3 章～第 5 章。ミードも “structural argument” を特に取り上げていることが注目される。J. E. Meade, *Trade and Welfare*, Oxford University Press, 1955，各所。

まり経済の安定的成長期における輸出の役割である。

これらの2側面に日本貿易の動態的役割がある。いいかえれば貿易を含んだ日本経済の雁行形態的発展の姿が画き出せる。だがもう1つ，なぜ着実な安定的成長を続けている経済がやがて構造変動に突入しなければならないのか――構造変動の必然性――，また安定的成長がどのような状態に到達したときに構造変動がひき起されるのかという問題が残される。

本章では第1に，果して日本経済の雁行形態的発展が見出せるかというデータの検討を行い，第2に，上述の3つの課題，特に日本貿易の動態的役割を追求している。

II　日本経済の雁行型発展

日本が本格的に工業化を開始した日露戦争直前の1900年頃からの日本経済の構造変動を示す諸指標が，図3.1に並べられている。入手しうる必要最小限にとどめた。実証された現実の動きそのままではなく，それを加工したトレンドが画かれている。したがって現実それ自体よりは，理論的考察に便利なように，著しく単純化されている。ことに直線として画かれている部分には，現実には多くの景気循環的サイクルが含まれているのであるが，構造変動を主眼とする目的から，省かれている。

次のように期間区分が見出されよう[6]。

I A期	1901－06年	I B期	1906－19年
II A期	1919－21年	II B期	1921－29年
III A期	1929－30年	III B期	1930－37年
IV A期	第2次大戦直後－1951年	IV B期	1951年以降

I A期とI B期，ならびにII A期とII B期とではわれわれのいう雁行形態的発展がかなりきれいに当てはまるが，それ以降の1930年代と戦後については解釈の困難な点が残される。そこで1つの大胆な解釈を提示してみよ

6）小島（1958）の第2章ではこの期間区分に従って考察した。

う。問題はⅢA（1929～30年）という世界恐慌期において被った諸指標の変動を単に景気変動と見るか日本経済の構造変動と見るかである。これを，世界恐慌という大きな景気変動によって被った日本経済の混乱であって，日本経済本来の構造変動ではないと解釈したい。そして日本経済自体の構造変動（重化学工業化）は1934・35年頃から起ったと解釈したいのである。つまりⅢA期に図3.1の諸カーヴに生じている急変動を無視して，諸カーヴを1921年と34年を一直線につなぐのである（細い点線で示されている）。このように仮定すると幾つかの新しい解釈が可能になり，雁行形態的発展が典型的に当てはまるようになる。そして1921～34年をⅡB′期，1934～37年をⅢA′期と言いかえたい。そうすると，ⅠA・ⅡA・ⅢA′の各期は構造変動期であり，ⅠB・ⅡB′が安定的成長期であると言いうる。ただしⅢA′の構造変動がいつまで続いたかは，戦争への突入のため不明確である。戦後については一応ⅣAが構造変動期，ⅣBが安定的成長期だとしておくが，折に触れて述べるように，この解釈には疑問が残される。確定的な解釈はもう少し長い期間を経過してみなければ果しえない。

Ⅱ.1　輸入構造

図3.1の上半部に貿易依存度の趨勢的変化が示されている。まず輸入依存度M/Yであるが，日本の経済発展特に産業構造の構造変動と安定的成長の繰返しにつれ，それは規則的に変化している。即ち第1に，1901～06年（およびその前後1～2年）のⅠA期や，1919～21年（およびその前後1～2年）のⅡA期において輸入依存度が急激に上昇している。これがそれらの期とそれにおのおの接続するⅠB期ならびにⅡB期の各前半を通ずる産業構造変動に先行し，それを促進し実現させた輸入の先行的構造変動のあらわれである。

第2に，輸入構造変動期における輸入依存度M/Yの急上昇の内容は，ⅠA期では全製品輸入依存度M_m/Yと原料輸入依存度M_r/Yとの増大であり，ⅡA期では全製品輸入依存度と食糧輸入依存度M_f/Yとの増大である。日本の加工貿易の特色からして当然に，M_r/Yは輸出依存度X/Yと第2次産業比重Y_2/Y（特に前者）の動きに支配され，きれいに共変している。

図3.1　日本経済の構造変動指標

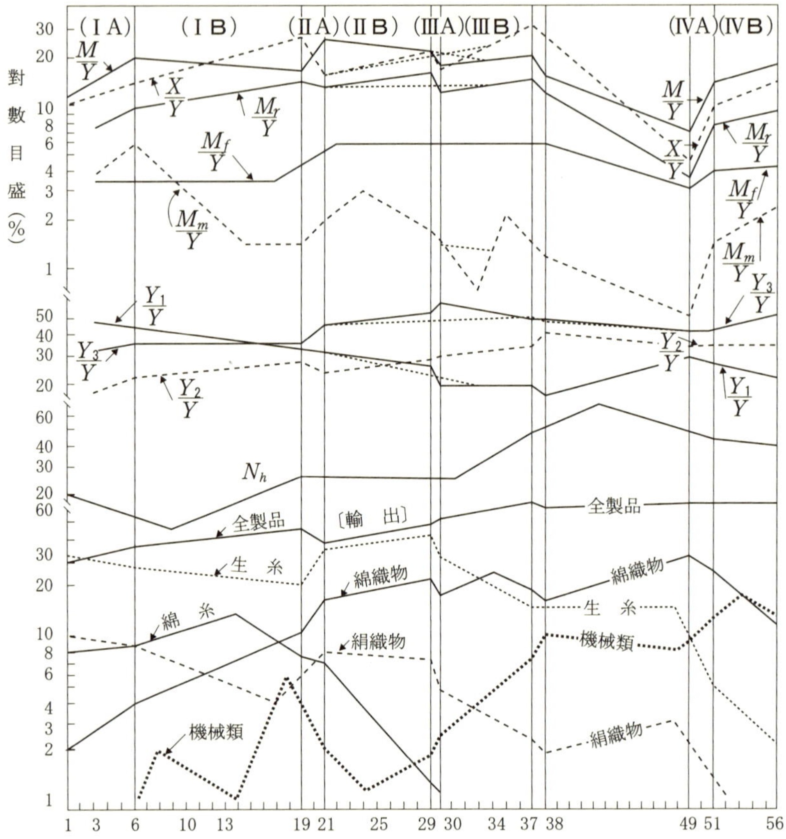

資料：$\frac{M}{Y}$, $\frac{X}{Y}$, $\frac{M_r}{Y}$, $\frac{M_f}{Y}$, $\frac{M_m}{Y}$, $\frac{Y_1}{Y}$, $\frac{Y_3}{Y}$, $\frac{Y_2}{Y}$ ……本章末付録表

X/Y や Y_2/Y はⅠA期では上昇，ⅡA期では急減したので，M_r/Y もそれと同方向に動いたのである。だから M/Y の急増大と輸入構造変動は，全製品輸入か食糧輸入か，ないし両者の急増大に基づくといえる。工業化のためには，一方で全製品輸入の大部分をなす機械その他の資本財の輸入が必要であり，[7]他方，農業部門を相対的に縮少して資本・労働を工業部門に送り込み，その穴うめに食糧輸入を増すことが必要不可欠だからである。ここに

輸入先行的構造変動の中核がある。

第３に，ⅠＢ期とかⅡＢ期は経済の安定的成長期であり，これらの期の初めとその直前の輸入構造変動期において，一回かぎりの大規模な構造変動を敢行した諸産業が，おのおのの趨勢的成長率に沿って，いわば均衡を保ちつつ伸びて行く時期である。ⅠＢ期はそれ以前の農業中心の経済から粗織維工業の発展を基軸とする経済に移った期であり，ⅡＢ期は繊維工業の高級化と能率化を達成した期である。こういう安定的成長期においては，全輸入関数はきわめて安定的であり，一定の限界輸入性向値 $\Delta M/\Delta Y$ に下限を規定され，それに漸近するように，輸入依存度 M/Y は期首の高い値から期末の低い値に漸減している。

第４に，上述のように安定的発展期において総輸入関数が安定的になるのは，期間中 M_r/Y の漸増，M_f/Y の不変性，M_m/Y の急減がお互に相殺される結果である。だがそのうち原料輸入が全輸入関数の安定性を規制する支配的な要因である。期間中 M/Y は漸減的なのに M_r/Y は漸増的であることから，疑問が提出されるかもしれない。$\frac{M_r}{Y}=\frac{M_r}{Y_2}\cdot\frac{Y_2}{Y}$ という関係にあるが，このうち第２次産業比重 Y_2/Y は漸増するし，第２次産業の原料輸入関数は，総輸入関数とは逆に，負の切辺をもつ安定的な関数であり，その限界性向 $\Delta M/\Delta Y_2$ は期間中安定的な一定値である。M_r の M に占める比重の大きいこともいうまでもない。だから総輸入関数を安定的に保つ支配的な力は，第２次産業の原料輸入関数の安定性であるといえる。ただ M/Y と M_r/Y が漸減と漸増というふうに方向が違うことは，先行する輸入構造変動期における全製品輸入依存度の急増大と安定的成長期にはいってからのその

7）ルーベンスによると，資本財輸入の総輸入に占める割合は次のように変化し，構造変動期に上昇していることが明らかである。

期	1868 −95	1896 −98	1899 −1903	1904 −13	1914 −19	1920 −23	1924 −29
%	12.7	17.2	12.8	14.0	11.6	15.8	12.5

Edwin P. Reubens, "Foreign Capital and Domestic Development in Japan," *Economic Growth : Brazil, India, Japan*, ed. by S. Kuznets, W. E. Moore, and J. J. Spengler, Duke Univ. Press, 1955, p.204.

減少とに基づくといえる。

要約すると次のようになる。輸入は産業構造変動に先行して急増大するが，その最大の構造変動は資本財を主とする全製品と食糧との輸入急増大である。ところが経済の安定的成長期にはいると，輸入なかんずく原料輸入は国内経済活動の発展と歩調を一にしてそれをささえるように規則的に変化したのである。

以上はⅡAに続く安定的成長期をⅡB（1921～29年）と見て考察したのであるが，これをⅡB′（1921～34年）におきかえるとどうなるであろうか。上の法則性はそのまま妥当する。M/Y 線はⅡB期の傾向をそのまま延長すると1934年水準のところにくる。だから世界恐慌による輸入依存度の急低落とそれを取り戻すための上昇とが行われたことになるにすぎない。M_r/Y 線の1921年と34年とを点線のようにつなぐことはいささか妥当を欠くであろう。むしろ世界恐慌が生じなかったならばⅡB期の傾向が1934年まで延長され，それが1937年の水準に急低落したであろうと解釈した方がよいかもしれない。1934～37年の構造変動期ⅢA′において M_r/Y の急低落が生じたであろうとする理由は，重化学工業化が原料輸入依存度を低下させるであろうからである。なお重化学工業化が1934年から本格化したと見る一つの理由は，その頃に M_m/Y の上昇が生じているからである。しかし国際収支困難と戦争への突入のためⅢA′期の構造変動は明確に捉えられないし，未完成であった。したがって戦後にもち越されたものと解釈されよう。

Ⅱ.2　産業構造

国民所得 Y を第1次産業所得 Y_1，第2次産業所得 Y_2，第3次産業所得 Y_3 の3つに分け，各産業所得の国民所得に占める比重 Y_1/Y，Y_2/Y，Y_3/Y が図3.1の中段に示されている。1900年以降の日本経済発展が工業化を基軸として行われたことの結果として，またそれをささえるものとして，農業が相対的に減少したことは当然である。Y_1/Y は1903年の48.1%から1929年の25.0%へ，さらに1937年の19.0%へと急速に低下している。戦争の影響によって戦争直後の Y_1/Y は，1948年に31.8%，1949年に27.4%というふうにかなり1930年代に比べ高まったが，以降急速に低下し1956年には19.1%

に落ちている。1903 年から37 年にわたる戦前期における Y_1/Y の低下はほとんど一直線的であるが，1929 年の 25.0%から 30 年の19.5%への一回かぎりの急低下が例外的に注目される。世界恐慌が第 1 次産業に特にひどく影響したことは見逃せない。しかしそれを無視して，ⅡB′期を通じて 1921 年と 34 年とをつないだ点線のように，直線的に低下したと解してもよいであろう。

次に第 2 次産業（工業）の比重 Y_2/Y であるが，それはⅠB・ⅡB・ⅢB の各期間内においてはほぼ同じ率で着実に上昇している。輸入構造変動期においては，それに刺激されささえられて Y_2/Y も急上昇することが期待される。ⅠA 期ではそうなっているが，ⅡA 期においてはかえって急低落している。だが 2A 期では Y_3/Y が大幅に上昇していることに注目せねばならない。Y_3/Y はⅠA 期の構造変動においてもかなり高まっている。第 3 次産業は一方商業と，他方，鉄道・通信機関・道路・電力・ガスなどの公共事業が大部分を占めるのである。いずれも工業の外部経済を形成するものとして，工業の発展と能率化とに必要不可欠である。だから第 2 次産業と第 3 次産業とは平行にか，あるいは後者が若干前者に先行して構造変動をひき起しかつ伸びるべきである。Y_2/Y がⅡA 期に低下したのは，第 1 次大戦中の輸出ブームの反動として X/Y が大幅に急低下したためにそれよりも少ない率で低下せざるをえなかったことから生じた例外であり，本来 Y_2/Y は Y_3/Y とともに輸入構造変動期には急上昇するはずである。だから，輸入の先行的構造変動に続いて，第 3 次産業の拡大が起り[8)]，両者にささえられて第 2 次産業の構造変動が接続するという順序を経るのが，構造変動の典型的なプロセスであろう。いずれにしても輸入の先行的構造変動は第 3 次と第 2 次産業のいずれかまたは両者の構造的拡大と能率化に貢献したことは明らかである[9)]。

上のように，輸入→第 3 次産業→第 2 次産業という順序に，構造変動期に急拡大するのが正常であるとすれば，経済の安定的成長期においては，M/Y の成長率が最小または負，Y_2/Y の成長率が最大，Y_3/Y の成長率は

8）　青山秀夫編，日本経済と景気変動，1957，pp.13-5，参照。

9）　資本財輸入を建設資材と生産設備とに 2 分類すると，建設資材の割合は次の通りである。そ

両者の中間（Y_2/Yのそれより小）となることが典型的な動きであるといえる。ⅠB期はこの基準にぴったり合致するが，ⅡB・ⅢA・ⅢBを通ずる期についてはいささか複雑である。この解釈の困難がⅡB′期をとることによって回避できる。つまりⅢA期の急変動を無視して，M/Y，Y_2/Y，Y_3/Yの各カーヴの1921年と34年とを一直線につなごう（細い点線で示されている）。そうすると上の基準にぴったりと沿う典型的な動きを示すことになるのである。

ついでに戦後の動きを上の基準に照してみると，ⅣA期についてはいうまでもなくⅣB期（1951～56年）においてすら，M/Yの成長率が最大で，Y_3/Yがこれにつぎ，Y_2/Yはほとんど増加していない。このことから見ると，戦後は現在（1956年）まで構造変動の過程にあり，いまだ安定的成長期にはいっていないと判断すべきかもしれないという疑問をもつ。

図3.1には産業構造変動を示すもう1つの指標としてN_hが画かれている。これは民営工場雇用者中に占める重化学工業（金属・機械・化学の合計）雇用者の割合である。これによって第2次産業を軽工業と重化学工業とに細分した構造を示そうとしたのである。このN_hは1920年代はほぼ25%で不変であったのが，1932年以降急速に増加し，38年には51.0%，1942年には66.6%に達している。これによって重化学工業化が本格化したのは1930年代にはいってから，ことに1934・35年頃からであり，その頃に生じたM_m/Yの増加と符合することが了解できればよいのである。戦後のN_hが低くしかも1951年から55年にかけて減少していることは，重化学工業化のかけ声に反しており，むしろ意外のことであるが，重化学工業の質的向上を計算に入れねばならないであろう。

れを100%から差し引いたものが生産設備の割合であることはいうまでもない。

期	1868−95	1896−98	1899−1903	1904−13	1914−19	1920−23	1924−29
%	44.3	34.9	51.6	42.5	57.4	54.8	52.8

(Edwin P. Reubens, *op.cit.*, p.204, Table VI.4から算出。)

建設資材は第3次産業用，生産設備は第2次産業用とみなしうるならば，第3次産業用資本財輸入がかなり多いこと，なかんずく1914年以降はそれ以前に比べ比率が増大していることが注目される。

Ⅱ.3　輸出構造

輸出は，新しい産業構造が確立され新興産業が順調に成長してまず内需を充足してから，本格的に伸張するものと期待できる。図3.1のトップに画かれている X/Y カーヴは，ⅠB・ⅡBまたはⅡB′の各安定的成長期において，低い水準から高い水準に，Y_2/Y よりも高い増加率で急速に伸張している。ここでもⅡB期よりはⅡB′期をとった方がベターである。つまり世界恐慌のために被った輸出の大きな後退を1934年頃までかかって急速に回復し，ようやく1920年代の傾向線上に近づけたのである[10]。だが1930〜34年のこのような急速な輸出の回復伸張が，輸出ドライヴに陥らざるをえなかったことは見やすいところである。X/Y の増加率の方が Y_2/Y の増加率よりも高いけれども，前者は期首の著しく低い水準から上昇しているのである。だから期の前半において内需拡充が先行し，期の後半にいたって輸出伸張がリードしたと見ることが許されよう。このことは後に検討する M/Y と X/Y との関係において一層はっきりしてくる。

輸出構造を示す若干の指標が図3.1の下段に画かれているが，それらはすべて全輸出額に占める各商品の割合である。第1に，全製品比重はⅠB期とⅡB′期においてそれぞれ急速に増加しており，X/Y の変化（そのⅡB′期をとると）と密接に対応している。生糸・綿糸などが原料用製品として分類されて全製品の中に含まれていないために問題はあるが，工業化進行の成果としての全製品輸出増加が X/Y の上昇をもたらした主要浮揚力であると判断できる。

第2に，主要輸出品のうち生糸と絹織物の比重は同じような動きを示している。ⅠA・ⅠB期に低下，ⅡA・ⅡB期に復活するが，ⅢA・ⅢB期に急落するという動きである。もちろんそれらは1900年以前に上昇し，旧来の農産輸出品にとって代るという過程をもった。1920年代（ⅡA・ⅡB）の復活は，高級化された生糸・絹織物の輸出増であって，それ以前とは同一に論ずべきではないであろう。結局，1900年までの上昇と1919年までの下降という低級生糸・絹織物の成長・衰退と，1919〜29年の上昇と38年までの下

10)　第2次産業輸出関数において，1906〜29年の回帰線がちょうど1933年と34年の中間を通っていることが注目される。

降という高級生糸・絹織物の成長・衰退という，2つの循環があったと見てよい。今次大戦直後における2商品の高い比重は，輸出規模の僅小さに基因することであるから考慮外にしてよいであろう。

第3に，基本的な加工貿易品は綿糸と綿織物であるが，綿糸の成長・衰退の循環が先行し，綿織物のそれが後続している。ⅠAとⅠB期は両者の平行的上昇過程にあったが，ⅡAの構造変動期において，綿糸は衰退し，高級化した綿織物が成長するという，はっきりした交替が生じている。綿織物輸出は全輸出と同様に世界恐慌によって大きな打撃を受けているが，このひずみを除外すれば1934年まで上昇して，それ以降後退過程にはいったと見てよく，その傾向が戦後にも継続されている。

第4に，重化学工業品の代表としての機械類輸出は，第1次大戦中に上昇した1つの山をもっているが，欧米の輸出余力が後退した真空状態におけるもので，むしろ例外であると見てよい。したがって本格的な輸出伸張は1930年代にはいってから，ことに1934年からである。1934〜37年のⅢA′を構造変動期と見るゆえんである。ここで綿織物は下降段階にはいり，逆に機械類は顕著な上昇段階にはいった。だが後者の比重が前者の比重を上回って交替するまでにはいたらなかった。その交替は戦後の1953年までもち越された。だから戦後はいまだⅡA期における綿糸から綿織物への交替と類似する能率化的構造変動期であるのではないかと，ここでも反省させられる。と同時に機械類輸出比重が1953年以降伸び悩みむしろ低落していることが問題である。

かくして輸出構造における雁行形態的発展はかなり明瞭に捉えうる。第1は，大ざっぱにいって，生糸・絹織物のごとき特産品輸出から加工貿易品輸出への交替である。第2は，加工貿易品の中における綿糸から絹織物へさらに機械類へという交替である。

輸出構造の雁行形態的発展は，それに先行しあるいは平行する産業構造の雁行形態的発展が映し出されたものにほかならず，さらに産業構造の雁行形態的発展はそれに先行する輸入構造の雁行形態的発展をささえとしたものである。こうして本書第1章 p.21 に典型化して画いた雁行形態的発展図式が完成するのである。このように検出された事態は結局生産が多様化するということにほかならない。つまり農産物のほかに生糸・絹織物も，次いで綿糸・綿織物をも，さらには機械類をも生産でき輸出しうるようになったのである（農産物・綿糸・絹織物などが輸出としてはほとんど陰をひそめたがそれらの生産が消滅したわけではない）。こういう生産の多様化を，赤松博士に従い「雁行形態の変型」と呼んでもよいであろう。

Ⅱ．4　国際収支

構造変動のメカニズムの問題に一歩ふみ込むことになるが，ここで国際収支の動きに触れておくのが便利である。図 3.1 トップに画かれた X/Y と M/Y 両線のギャップは貿易収支を示す。X/Y 線が M/Y 線を上回っていれば出超を，その逆であれば入超を意味することはいうまでもない。国際収支の動きを検討するためには貿易収支だけでは不十分であり，運賃収入などの貿易外収支を考慮に入れねばならないが，貿易収支を第 1 の手がかりとし，国内経済と関連づけることがまずもって必要であろう。

ここでもⅡB 期でなくⅡB′期をとる方がベターであるが，そうするとⅠB とかⅡB′とかの安定的成長期の途中において X/Y と M/Y の両線が交叉していることが見てとれる。つまり安定的成長期の前半では入超であり，それが後半にはいると輸出が伸張して出超に転ずるのである。他方，ⅠA 期とかⅡA 期とかに典型的にあらわれているのだが，構造変動期には輸入の急増と輸出の伸び悩みまたは減退のために，巨額の入超に陥っている。こういう傾向とは全く逆に，輸出ドライヴによって出超を生み出して構造変動を敢行しようとした例外がⅢA′期（1934～37 年）である。

入超に陥る構造変動期と安定的成長期の前半とでは国内経済の拡充がはかられ，それが成熟するにつれ安定的成長期の後半の輸出伸張の局面に移行し出超を生むという，繰返しが行われている。そこでこの観点からする期間区分を次のように決めることができよう[11)]。即ち，

---

11)　青山秀夫教授は，1906～13 年を蓄積の局面，1914～19 年を前進の局面，1920～31 年を蓄積の局面，1932～39 年を前進の局面と区画されている（青山秀夫編，日本経済と景気変動，1957，pp.6-7）。われわれの区画とほぼ一致するのであるが，1934～37 年を構造変動期と見るかどうかについて見解を異にする。だが，青山教授らが景気循環の検出を主目的とされているに対し，われわれは構造変動視点に立っていることに，根本的な相違がある。

1．国内拡充の局面　1901〜14年　入超

2．輸出伸張の局面　1914〜19年　出超

3．国内拡充の局面　1919〜29年　入超

4．輸出伸張の局面　1930〜34年　出超化（実際には若干の入超）

これに続いて国内拡充の局面がおとずれたはずであるが，1934〜37年は輸出伸張によって構造変動がはかられた。だがそれは不十分であり，戦後にもち越された。

5．国内拡充の局面　1949〜56年　入超

戦後については，1951年までに大規模な構造変動は一応完了し，それ以降安定的成長期にはいったと見るべきか，それとも今なお構造変動過程にあると見るべきかについて判断に苦しむのであるが（1958年時点で），少なくとも今なお国内拡充の局面にあることは確かであり，それが数ヵ年続いた後にやがて輸出伸張の局面に転ずるのではあるまいか。あるいは戦前の発展プロセスとは違って，構造変動と成長とが2〜3ヵ年の短期間でいわばなしくずし的に繰り返し行われるというのであろうか。1949，1953，1956・57年というふうに繰り返し国際収支の壁にぶつかりつつ，急速に重化学工業化と能率化をはかっていることは周知の通りである。いずれにしてもいま少し時間の経過をまたねば確定的判断に到達しえない。

構造変動に先立って輸出伸張の局面をもったことは重大な意味をもつ。輸出伸張の局面で稼いだ外貨が構造変動を実現するために重要な資金となるからである。だが日本では輸出伸張局面で稼いだ外貨は現実に行った規模の構造変動を完遂するには不十分であったのであり，そこに外国資本や援助の流入がもった重要な役割が見出される。

第1の構造変動（1901〜06年）に先行して外貨の蓄積があったはずはない。だからこの構造変動を含む国内拡充の局面において生じた国際収支の不足は，ほとんどが外国資本の流入によってカヴァーされた。1904〜14年の貿易入超は7億2,700万円，経常勘定赤字は9億8,900万円，流入資本額は13億7,000万円と見積られる。経常勘定赤字がすべて外資でまかなわれたわけであるが，前者は輸入額の17%に達した。第2の構造変動（1919〜21年）を敢行するに当ってはさいわいに第1次大戦中に蓄積したかなり巨額の外貨

(1915～19年の経常勘定黒字は30億6,300万円）があったが，それでも不足しやはり相当額の外資（9億9,000万円）が流入している。即ち，1920～29年の経常勘定赤字は23億1,900万円で輸入額の10%に達した。第3の構造変動（1934～37年）を敢行するに当っては外資の支援は全くなかった。その直前にかなりの輸出ドライヴを行ったけれども，せいぜい世界恐慌による後退を回復する程度で十分な出超を生みえなかった。だからこの構造変動は旧産業の輸出を強行しつつ新産業の必要な輸入をまかなうという困難なプロセスであり，そのうえ巨額の対満投資（1932～36年の期間に13億8,800万円）を敢行しようとした。この対満投資の輸出額に対する割合は12%に達した。もちろん戦争に突入したため成果は判明しないが，この構造変動は国際収支困難に直面して不成功に終った一例とみなしてよいであろう。そして未完成であったこの構造変動が戦後において巨額の援助にささえられて初めて実現されつつあるのである。ちなみに1945～51年の援助は21億ドルに達し貿易入超と一致する。それは輸入額の39%をカヴァーした。

とまれ日本のような後進国ないし新興国が構造変動的脱皮を実現するためには，蓄積外貨なり外国資本や援助とかの対外支払手段のかなりの息つぎがなければ不可能であると言い切ってよい。したがってまた今後においても一層の構造変動的脱皮を敢行するには入超と対外借款はある程度やむをえないことであろう。

先にまとめたように，構造変動と安定的成長とを繰り返して生産の多様化を達成したのだが，そのプロセスにおける生起の時間的順序は次のようになる。

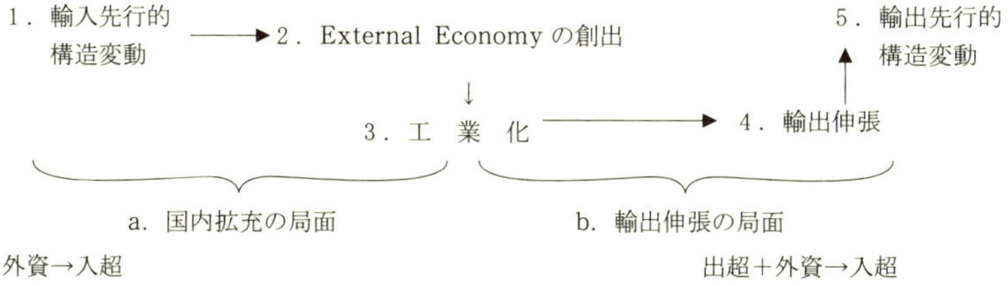

このプロセスの本質は，加工貿易産業の発展に典型的に見出されるように，それまで輸入されていた商品が構造変動を契機にしてまず国内産業とし

て確立し，次いで輸出にまで伸張して行くという脱皮である。これを赤松博士は「雁行形態の基本型」とされた。このような脱皮が実現するためには，比較生産費において初めに比較的劣位にあり輸入されていたものが，生産方法の改善，生産能率の向上，コストの低下をまって，比較的優位に立つようにまで進展するという「生産の能率化」がなければ果しえなかったはずである。生産の能率化のメカニズムとそこに働いた輸入と輸出の役割が究明されねばならない次の問題である。

Ⅲ　日本貿易の動態的役割

これまでの考察によって，(a) 構造変動期における輸入の役割と，(b) 安定的成長期なかんずく輸出伸張の局面における輸出の役割とが表面的にはほぼ明らかとなったのであるが，以下ではもう一歩進めて，生産費・価格構造（cost-price structure）の分析を通じて，上のごとき日本経済発展の二局面のメカニズムにおける輸入と輸出の役割をそれぞれ追究してみたい。

われわれが検出した構造変動期は，ⅠA（1901～06 年），ⅡA（1919～21 年），ⅢA′（1934～37 年），ⅣA（戦後～1951 年）の 4 期であったが，このうちⅠA 期は確かに農業中心から繊維工業をもつように生産の多様化を敢行した構造変動期であった。だがⅡA 期は農業と繊維工業のほかにもっと別の産業をもとうとしたというよりは，むしろそれらの生産の能率化を急激に進めようとしたのだと解することができる。それらの産業のほかに重化学工業をも拡大した次の多様化的構造変動はⅢA′期であり，ⅣA の戦後はⅢA′において多様化された生産の能率化をはかっているのだと解しうる。つまり多様化的構造変動はⅠA 期（繊維工業化）とⅢA′期（重化学工業化）の 2 つであり，ⅡA 期とⅣA 期とは能率化的構造変動だと解したい。後者に比べ前者のタイプの構造変動の方が困難が大きいことはいうまでもない。

そのいずれのタイプの構造変動であるにしろ巨額の資本を必要とする。したがって資本蓄積が人口増加率を上回って急速に行われ，一国全体の資本・労働賦存比率が高まり，資本・労働の相対価格比率が低まるのでなければ構

図 3.2　日本経済の生産費・価格構造指標

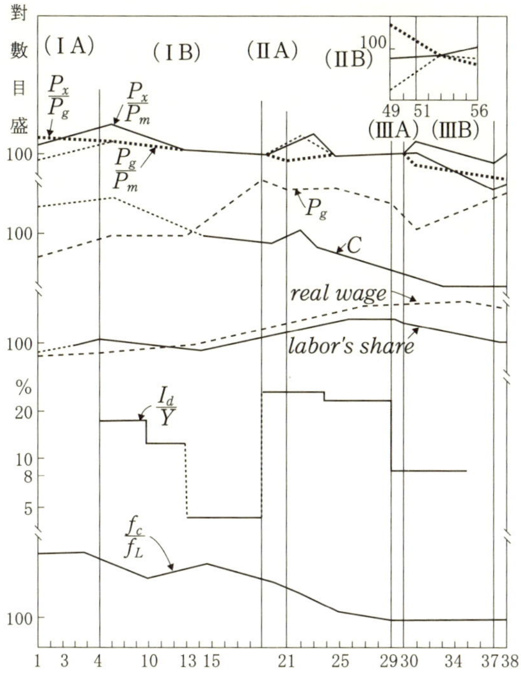

資料：P_g, $\frac{P_x}{P_g}$, $\frac{P_g}{P_m}$, $\frac{P_x}{P_m}$, C …本章末付録表。

real wage, labor's share…小島（1958）p.136, p.138.

$\frac{I_d}{Y}$ …小島（1958）p.148.

$\frac{f_C}{f_L}$ …Gustav Ranis, "Factor Proportions in Japanese Economic Development," *American Economic Review*, Sept. 1957, p.597, Table II（邦訳，アメリカーナ，1958.3，p.23).

造変動は敢行しえない。外資や援助の流入が critical な戦略的な役割を演ずるゆえんである。

資本蓄積に関する調査は残念ながらいちばん不完全である。図 3.2 に示した I_d/Y も不完全な資料であるが，年貯蓄額に外資や正貨の純流入額を加え，対外投資純額を差し引いた，いわば国内投資額を計算しこれを国民所得に対する割合として示したものである。国内向資本形成率と呼んでおこう。1901〜06年の期間は不明であるがそれに続く1910年まで，また1919〜24年の期間に，国内向資本形成率が高いことが注目される。つまり構造変動期には外資や在外正貨引揚げを含んだ国内投資すなわち資本蓄積率が後続の安定的成長期よりも高かったのであり，これが構造変動を遂行させた基本動力であると認めうる。1936年以降がやはり不明であるが，重化学工業化期において資本蓄積率が低いことが一驚に値する。これは無理な対満投資を強行したからであろう。このゆえに1930年代の構造変動はいちばん大きな困難に直面したのである。

図3.2に示したf_C/f_Lカーヴはラニスの算出したもので，1928〜32年基準の一般卸売物価でデフレートした実質資本財価格と，同年基準の生計費指数でデフレートした実質賃金との比率であり，資本・労働の要素価格比率をあらわしている。それは必ずしもわれわれの目的にぴったりと合致するとはいえないが，趨勢を示すには役に立つ。この要素価格比率は，I_d/Yにおける変化と対応して，ⅠAとⅡAの構造変動期とその直後に，資本の価格が急速に割安になるように変化している。資本が割安になることによって生産の多様化や能率化が初めて可能になるのである。

次に商品の生産費の動きに眼を転じよう。図3.2のCカーヴがそれを示している。これは製造工業における労働の生産性指数の逆数であるから，労働投入量であらわした商品生産費を示している。残念ながら1914年以前の数字を欠くので，Cカーヴの細い点線は想像の傾向にすぎない。一つの新興産業のコストは次の変化を経るものと期待できる。すなわち，(a)輸入機械などに助けられて勃興した創業期には，創業費や設備投資費用がかさむのに操業度は低いためにコストはしばらくの間逓増する。(b)生産規模が拡大するにつれある時期からコストは逓減に転じ，市場の拡大・操業度の上昇などにつれコストは急速に低下する——大規模生産の利益。(c)拡大の極点に達するともはやコストは低下せず，不変にとどまるかかえって逓増に転ずる。これが一産業の創業期・拡張期・安定ないし衰退期に照応する。最後の衰退期には往々にして固定費を無視し経常費だけをカヴァーする価格での安売りをし延命策をこうずる。これが真正輸出ドライヴをもたらすことになる。一産業の衰退期は次の新興産業の創業期ないし拡張の初期と重なるであろう。これが多様化的構造変動期にほかならない。

図示の C カーヴは旧産業も新興産業も含む総合指数であるから，一義的解釈を許さない。それにもかかわらず，1919～22 年の構造変動期におけるコスト騰貴，1922～34 年の拡張期における 50%余に及ぶコスト低落，そして1934～37 年の次の構造変動期における生産費不変の傾向がかなりはっきりあらわれている。同様な変化が，ⅠA・ⅠB 期にも生じたと期待できる。構造変動期における機械などの輸入がコスト低下を可能にしたし，内需とともに輸出の拡張が大規模生産によるコスト低下を実現させたと解してよいのである。

次に商品価格の動きを示すものとして，P_g（一般物価指数），P_g/P_m（輸入相対価格指数，ただし P_m は輸入価格指数），P_x/P_g（輸出相対価格指数，ただし P_x は輸出価格指数），P_x/P_m（交易条件指数）の 4 つが画かれている。$\frac{P_x}{P_m}=\frac{P_g}{P_m}\cdot\frac{P_x}{P_g}$ という関係にあることはいうまでもない。第 1 に，構造変動に先行して P_g が騰貴していることが注目される。インフレ的傾向が新産業の勃興・構造変動・経済開発を刺激するのである。第 2 に，ⅢA′の重化学工業化期は例外であるが，ⅠAやⅡAの構造変動期において P_g/P_m が騰貴している。これは輸入品が国内物価に比べ割安になることを意味し，それが輸入依存度を急上昇させ，構造変動を促進したのである。外資や在外正貨の利用とこのような P_g/P_m の有利な変動こそ，日本の構造変動的脱皮を成功させた重要な要因である。このことは交易条件 P_x/P_m の有利な変化と言いかえてもよい。けだし P_x/P_m はⅠA・ⅡA 両構造変動期において P_g/P_m と全く平行な動きをしているからである。

第 3 に，やはり1930 年代を例外として，構造変動期または構造変動期とその直後には輸出相対価格 P_x/P_g は不利化するが，やがて有利に転じている。こういう価格変動が，輸出は構造変動期ないし国内拡充の局面においては伸び悩むが，やがて輸出伸張の局面に転ずるという変化を刺激したのである。第 4 に，交易条件の動きは先に少し触れたのであるが，ⅠAとⅡAの構造変動期に有利化し，その直後（ほぼ国内拡充の局面の終り頃まで）不利化するが，輸出伸張の局面（ⅠBとⅡB期の後半）においては，景気循環的変動を含むけれどもほぼコンスタントである。この輸出伸張の局面が C カーヴに示されるコスト低下期であることと対比されねばならない。コストが低下するのに交易条件は不変であるから，貿易利益は増大し，実質賃金 real wage や労働分配率 labor's share（図示してある）の向上に大いに貢献したのである。

ところが第5に，1930年代においては，為替切下げの直接的衝撃による1930年から31年にかけての P_g/P_m と P_x/P_g の大幅な不規則的変化の後，37年にかけて両者ともに低落し，交易条件は40%も直線的に不利化した。しかもこの間，国内物価 P_g は急激に騰貴している。だから1931～34年には世界恐慌による輸出後退を回復するための輸出ドライヴが，さらに1934～37年には重化学工業化や対外投資ならびに軍需輸入をまかなう外貨獲得のための輸出ドライヴが，それぞれこの時期にかぎり例外的に強行されたものと判断せざるをえない。しかも1934～37年はコストがもはや低下しなくなったときに交易条件の大幅な不利化がひき起されたのである。その結果が実質賃金や労働分配率を圧迫し低落させたことは見やすい道理である。もう1つの多様化的構造変動期であるⅠAにおいてもその直後に労働分配率の若干の低下が生じていることが注目される。

Ⅳ　結　　論

以上の考察から次のような結論を導きうる。

第1に，構造変動期における輸入の役割は，本質的に生産の多様化を敢行させることにある。多様化の敢行において，(a) 過去の蓄積外貨や外資・援助に助けられた資本財の輸入が，資本・労働賦存比率を急速に高め，資本・労働価格比率を低め，もってより資本集約的な産業の創設と拡大を可能にした。(b) 交易条件が有利化し，資本財輸入の費用を割安にした。(c) だが多様化的構造変動の生産力効果が結実するには，構造変動期に続く安定的成長期における生産の能率化をまたねばならない。往々にして多様化された産業構造の能率化のためにもう一つの能率化的構造変動をさえ敢行せねばならなかった。だから多様化的構造変動期自体においては，伸ばすべき産業以外の産業における資本集約度の低下，能率段階の引下げ，実質賃金の切下げ，したがって産業間賃金格差の発生などが，必要であったであろう。このような矛盾は1934〜37年の重化学工業化期におけるように，外資の援助なしに輸出ドライヴ・交易条件の不利化を通じて輸入資金をまかなう場合に，克服し難いほどのものとなってあらわれる。

第2に，安定的成長期における輸出の役割は，生産の能率化を促進し完成させることである。それは(a)輸出伸張による市場の拡大が内需とともに，新興産業の大規模生産化を可能にし，コストを急速に低下させる。(b)輸出伸張が雇用機会を拡大する。(c)コストは低下するのに交易条件は不変に維持されるので，貿易利益は増大し，これが所得水準を高め，資本蓄積を促進する。その資本蓄積が一層の能率化とコスト低下を可能にする。そういう循環的な成長の加速度化が達成される。(d)輸出伸張は出超化をもたらし，外貨の蓄積が次の構造変動を刺激し支持する。

第3に，構造変動の必然性は次の諸点に見出される。(a)安定的成長が終末に近づくとコスト低下は行きづまり，むしろ逓増に転ずる。それは構造変動によって採用した技術の下での最適資源配分が達成されたからである。このことは構造変動期に急上昇した輸入依存度が漸減して最適依存度に到達することに最もよく表現される。(b)新興産業に対する内外需要拡張の限界につき当たる。ことに海外市場は，日本よりも後進の国が日本よりもやや遅れて日本と同じ発展径路をとるとき，同質化のため急速に需要の限界に達する。そこで別の新商品をも生産し輸出することを可能にする多様化的構造変動か，従来の輸出品の競争力を強化する能率化的構造変動かが必要とされる。(c)資本蓄積が進行して資本・労働賦存比率が高まりその価格比率が低まり，かつ若干の外貨が蓄積されることが，構造変動を有利としそれに踏み切らせる。もとよりそれらのにない手は創造的破壊の意欲にもえる企業家にほかならない。

日本が実際に経験したものよりも，外貨蓄積や外貨流入がはるかに大きく，安定的成長期がもう少し長い期間にわたって継続したならば，賃金格差に代表される二重構造の発生も少なくかつそれは安定的成長期中に解消されえたであろう。不幸にして戦前の日本は，あまりにも少ない余裕をもって構造変動を敢行し，あまりにも短い期間に急速な成長を果たし，次の構造変動に移らねばならなかった。それゆえに，二重構造の矛盾を解消することなくむしろそれを累積する結果になったのである。

以上のような構造変動と安定的成長，生産の多様化と能率化の繰返しの原理的究明は，本書第2章に展開した雁行型産業発展モデルによって最もよく果たされている。他方，幾つかの構造変動期についての外資のトランスファー・メカニズムとか，安定的成長期におけるコスト低下のプロセスと輸出の役割とかについて，詳しい実証研究を果したい意欲にかりたてられる。こうして初めて，動態過程における貿易利益の捉え方についての理論的反省が可能になるであろう。

付録表1　輸出入依存度——戦前

年	(1) 輸移出額 時価 (100万円)	(2) P_x 輸出価格指数 (1913=100)	(3) X 実質輸移出額 $\frac{(1)}{(2)}\times 100$ 1913年価格 (100万円)	(4) 国民所得 時価 (100万円)	(5) P_g 一般物価指数 (1913=100)	(6) Y 実質国民所得 $\frac{(4)}{(5)}\times 100$ 1913年価格 (100万円)	(7) 時価輸移出依存度 $\frac{(1)}{(4)}\times 100$ (%)	(8) X/Y 実質輸移出依存度 $\frac{(3)}{(6)}\times 100$ (%)	(9) 輸移入額 時価 (100万円)	(10) P_m 輸入価格指数 (1913=100)	(11) M 実質輸移入額 $\frac{(9)}{(10)}\times 100$ 1913年価格 (100万円)	(12) 時価輸移入依存度 $\frac{(9)}{(4)}\times 100$ (%)	(13) M/Y 実質輸移入依存度 $\frac{(11)}{(6)}\times 100$ (%)
1873	21.6	64.2	33.6						28.1	61.9	45.4		
74	19.3	56.4	34.2						23.5	51.6	45.5		
75	18.6	52.7	35.3						30.0	55.4	54.2		
76	27.7	58.7	47.2						24.0	47.8	50.2		
77	23.3	46.8	49.8						27.4	54.3	50.5		
78	26.0	47.1	55.2	401	49.1	817	6.5	6.8	32.9	48.9	67.3	8.2	8.2
79	28.2	53.6	52.6	611	56.8	1,077	4.6	4.9	33.0	44.1	74.8	5.4	6.9
80	28.4	57.7	49.2	799	67.7	1,180	3.6	4.2	36.6	44.6	82.1	4.6	7.0
81	31.1	56.3	55.2	813	74.8	1,087	3.8	5.1	31.2	43.9	71.1	3.8	6.5
82	37.7	53.1	71.0	713	68.3	1,045	5.3	6.8	29.4	42.1	69.8	4.1	6.7
83	36.3	47.9	75.8	575	53.4	1,077	6.3	7.0	28.4	40.6	70.0	4.9	6.5
84	33.9	50.5	67.1	492	44.5	1,107	6.9	6.1	29.7	41.8	71.1	6.0	6.4
85	37.1	51.8	71.6	621	46.6	1,331	6.0	5.4	29.4	39.6	74.2	4.7	5.6
86	48.9	54.6	89.6	682	42.8	1,592	7.2	5.6	32.2	40.4	79.7	4.7	5.0
87	52.4	56.8	92.3	661	44.0	1,501	7.9	6.1	44.3	41.2	107.5	6.7	7.2
88	65.7	51.5	127.6	675	44.5	1,518	9.7	8.4	65.5	47.6	137.6	9.7	9.1
89	70.1	56.6	123.9	691	48.4	1,428	10.1	8.7	66.1	49.2	134.3	9.6	9.4
90	56.6	59.3	95.4	937	55.5	1,687	6.0	5.7	81.7	47.1	173.5	8.7	10.3
91	79.5	54.8	145.1	837	52.0	1,610	9.5	9.0	62.9	44.6	141.0	7.5	8.8
92	81.1	62.6	145.5	901	53.4	1,689	10.1	8.6	71.3	44.5	160.2	7.9	9.5
93	89.7	68.9	130.2	936	49.5	1,890	9.6	6.9	88.3	50.2	175.9	9.4	9.3
94	113.2	71.0	159.4	1,163	52.3	2,226	9.7	7.2	117.5	61.5	191.1	10.1	8.6
95	136.1	79.0	172.3	1,222	56.1	2,179	11.1	7.9	129.3	60.6	213.4	10.6	9.8
96	117.8	78.9	153.2	1,232	60.6	2,033	9.6	7.5	171.7	61.2	280.6	13.9	13.8
97	166.8	80.9	206.1	1,490	67.0	2,222	11.2	9.3	211.4	66.9	316.0	14.2	14.2
98	170.1	86.8	196.0	2,073	70.6	2,937	8.2	6.7	281.6	65.9	427.3	13.6	14.5
99	222.9	90.9	245.2	1,768	71.0	2,491	12.6	9.8	224.1	67.3	333.0	12.7	13.4
1900	212.8	101.3	210.1	2,024	76.1	2,661	10.5	7.9	291.7	81.4	358.4	14.4	13.5
01	270.2	90.1	299.9	2,112	72.5	2,913	12.8	10.3	270.6	80.9	334.5	12.8	11.5
02	276.2	90.7	306.5	1,915	73.2	2,617	14.4	11.7	285.8	73.9	386.7	14.9	14.8
03	312.4	94.3	331.3	2,262	77.8	2,906	13.8	11.4	334.6	71.7	466.7	14.8	16.1
04	348.8	95.7	364.5	2,348	81.9	2,866	14.9	12.7	387.6	78.7	492.5	16.5	17.2
05	359.0	99.4	361.2	2,204	87.8	2,510	16.3	14.4	507.8	75.1	676.2	23.0	26.9

06	462.7	109.4	422.9	2,691	90.6	2,972	17.2	14.2	444.3	76.9	577.8	16.5	19.4
07	461.8	118.4	406.9	3,102	97.7	3,176	15.5	12.8	525.1	81.6	643.4	16.9	20.3
08	423.1	105.2	402.2	3,128	94.0	3,329	13.5	12.1	471.6	79.8	591.0	15.1	17.8
09	459.0	98.2	467.9	3,033	89.7	3,379	15.1	13.8	442.6	74.7	592.5	14.6	17.5
10	492.8	92.2	534.5	2,940	90.8	3,236	16.8	16.5	527.8	84.6	623.9	18.0	19.3
11	515.2	96.5	533.9	3,581	94.3	3,799	14.4	14.1	578.7	89.9	643.7	16.2	16.9
12	611.1	96.1	635.9	4,148	99.9	4,154	14.7	15.3	682.1	94.3	723.3	16.4	17.4
13	715.7	100.0	715.7	4,245	100.0	4,245	16.9	16.9	795.2	100.0	795.2	18.7	18.7
14	670.0	93.1	719.7	3,948	95.3	4,141	17.0	17.4	670.1	99.5	673.5	17.0	16.3
15	790.4	92.4	855.4	3,882	96.6	4,019	20.4	21.3	633.5	91.8	690.1	16.3	17.2
16	1,299.5	117.6	1,045.0	4,716	116.7	4,041	26.1	25.9	880.0	110.4	797.1	18.7	19.7
17	1,743.4	147.6	1,181.0	6,200	146.9	4,220	28.1	28.0	1,206.0	161.0	749.1	19.5	17.8
18	2,150.0	181.0	1,188.0	9,152	192.5	4,755	23.5	25.0	1,911.0	221.1	864.3	20.9	18.2
19	2,374.3	238.9	994.0	13,593	235.7	5,767	17.5	17.2	2,515.2	238.9	1,052.8	18.5	18.3
20	2,203.5	250.1	881.0	11,962	259.1	4,617	18.4	19.1	2,686.4	256.7	1,046.5	22.5	22.7
21	1,502.8	184.1	816.0	11,037	200.3	5,510	13.6	14.8	1,940.4	162.7	1,192.6	17.6	21.6
22	1,879.9	201.5	933.0	11,177	195.6	5,713	16.8	16.3	2,215.5	156.6	1,414.8	19.8	24.8
23	1,686.3	213.8	789.0	11,808	198.4	5,953	14.3	13.3	2,392.9	165.3	1,447.6	20.3	24.3
24	2,105.4	211.1	997.0	12,979	206.3	6,292	16.2	15.8	2,971.2	187.7	1,583.0	22.9	25.2
25	2,670.1	219.1	1,219.0	13,652	201.5	6,775	19.6	18.0	3,105.2	209.9	1,479.4	22.7	21.8
26	2,414.3	189.8	1,272.0	13,195	178.8	7,379	18.3	17.2	2,917.8	175.2	1,665.4	22.1	22.6
27	2,382.9	167.8	1,420.0	13,097	169.8	7,715	18.2	18.4	2,712.0	154.0	1,761.0	20.7	22.8
28	2,400.2	159.9	1,501.0	13,349	170.7	7,819	18.0	19.2	2,744.7	159.2	1,724.1	20.6	22.1
29	2,604.3	156.7	1,662.0	13,297	165.9	8,013	19.6	20.7	2,764.8	153.2	1,804.7	20.8	22.5
30	1,871.2	116.2	1,610.0	11,598	124.8	9,295	16.1	17.3	2,005.4	121.8	1,646.5	17.3	17.7
31	1,479.6	87.9	1,683.0	10,583	105.5	10,034	14.0	16.8	1,686.1	87.7	1,922.6	15.9	19.2
32	1,802.2	91.5	1,969.0	11,835	117.0	10,119	15.2	19.5	1,936.3	102.8	1,883.6	16.4	18.6
33	2,350.7	109.2	2,153.0	13,588	134.1	10,134	17.3	21.2	2,463.8	132.8	1,855.3	18.1	18.3
34	2,789.0	107.7	2,590.0	14,161	136.8	10,352	19.7	25.0	2,970.0	148.2	2,004.0	21.0	19.4
35	3,276.0	109.4	2,995.0	15,600	140.2	11,125	21.0	26.9	3,272.0	153.3	2,134.4	21.0	19.2
36	3,585.0	107.9	3,323.0	17,229	146.1	11,793	20.8	28.2	3,641.0	156.0	2,234.0	21.1	18.9
37	4,188.0	122.2	3,427.0	20,228	177.4	11,401	20.7	30.1	4,765.0	200.9	2,371.8	23.6	20.8
38	3,939.0	125.0	3,151.0	24,016	187.1	12,833	16.4	24.6	3,794.0	193.7	1,958.7	15.8	15.3
39	5,163.0				212.4				4,165.0				
40	5,418.0				249.4				4,653.0				
41	4,384.0				269.1				4,068.0				
42	3,506.0				344.6				2,924.0				

(1)・(9) 金森久雄「日本経済と輸入依存度」経済企画庁調査局調査課資料 昭32第9号，付表第1表。(2)・(10) は山田・小島，所得・貿易の国際比較，1949，付録第2表。(4) Kazushi Ohkawa *et al.*, *The Growth Rate of The Japanese Economy since 1878*, 1957, p.247. (5) は同書 p. 130 の 1928～38＝100 の一般物価指数を 1913＝100 に換算したもの。

付録表 2　価格・数量指数──戦前（1913＝100）

年	(1) Q_m 輸入数量指数	(2) Q_x 輸出数量指数	(3) $\frac{Q_m}{Q_x}\times 100$ 総交易条件	(4) $\frac{P_x}{P_m}\times 100$ 純交易条件	(5) $\frac{P_g}{P_m}\times 100$ 輸入相対価格	(6) $\frac{P_x}{P_g}\times 100$ 輸出相対価格	(7) 工業生産指数	(8) 工業労働生産性指数 (1914＝100)
1894	24.0	22.3	107.6	115.4	85.0	135.8	13.2	
95	26.8	24.1	111.2	130.4	92.6	140.8	14.9	
96	35.3	21.4	165.0	125.7	99.0	126.9	17.3	
97	39.7	28.8	137.8	120.9	100.0	120.7	17.8	
98	53.7	27.4	196.0	131.7	107.1	122.9	20.4	
99	41.9	34.3	122.2	135.1	105.5	128.0	23.5	
1900	45.1	29.4	153.4	124.4	93.5	133.1	25.7	
01	42.1	41.9	100.5	111.4	89.6	124.3	28.6	
02	48.6	42.8	113.6	122.7	99.1	123.9	32.1	
03	58.7	46.3	126.8	131.3	108.5	121.2	34.2	
04	61.9	50.9	121.6	121.6	104.1	116.8	40.5	
05	85.0	50.5	168.3	132.4	116.9	113.2	49.5	
06	72.7	59.1	123.0	142.3	117.8	120.8	52.0	
07	80.9	56.9	142.2	145.1	119.7	121.2	60.1	
08	74.3	56.2	132.2	131.8	117.8	111.9	60.0	
09	74.5	65.4	113.9	131.3	120.1	109.4	62.4	
10	78.5	74.7	105.1	108.7	107.3	101.5	72.4	
11	80.9	74.6	108.4	107.3	104.9	102.3	81.0	
12	91.0	88.9	102.4	101.9	105.9	96.2	82.9	
13	100.0	100.0	100.0	100.0	100.0	100.0	100.0	
14	84.7	100.5	84.3	93.6	95.8	97.7	101.5	100.0
15	86.8	119.5	72.6	100.7	105.2	95.7	105.0	99.0
16	100.2	146.0	68.6	106.5	105.7	100.8	128.1	102.1
17	94.2	165.0	57.1	91.8	91.2	100.5	148.1	108.1
18	108.7	166.0	65.5	81.9	87.1	94.0	166.4	109.3
19	132.4	138.9	95.3	100.0	98.7	101.4	179.5	105.3
20	131.6	123.1	106.9	97.4	100.9	96.5	182.9	111.2
21	150.0	114.0	130.4	113.2	123.1	90.6	180.6	105.9
22	177.9	130.4	136.4	128.7	124.9	103.0	210.6	94.1
23	182.0	110.2	165.2	129.3	113.2	107.8	226.3	123.8
24	199.1	139.3	142.9	112.5	109.9	102.3	244.8	131.8
25	186.0	170.3	109.2	104.4	96.0	108.7	251.6	134.0
26	209.4	177.7	117.8	108.3	102.1	106.2	289.4	149.3
27	221.5	198.4	111.6	109.0	102.6	98.8	305.8	156.1
28	216.8	209.7	103.4	100.4	107.2	93.7	334.9	167.5
29	226.9	232.2	97.7	102.3	108.3	94.5	371.0	166.9
30	207.1	225.0	92.0	95.4	102.5	93.1	348.4	185.6
31	241.8	235.2	102.8	100.2	120.3	83.3	347.1	189.0
32	236.9	275.1	86.1	89.0	113.8	78.2	381.0	197.6
33	233.3	300.8	77.6	82.2	101.0	81.4	437.4	208.2
34	252.0	361.9	69.6	72.7	92.3	78.7	484.6	204.9
35	268.4	418.5	64.1	71.4	91.5	78.0	522.4	204.9
36	280.9	464.3	60.5	69.2	93.7	73.9	557.4	
37	298.3	478.8	62.3	60.8	88.3	68.9		
38	246.3	440.3	55.9	64.5	96.6	66.8		

(1)・(2)：付録表 1 の実質輸移出額 X ならびに実質輸移入額 M を1913＝100とする指数に直したものである。
1913 年においては X ＝715.7（100 万円），M ＝795.2（100 万円），したがって $M-X$ ＝79.5（100 万円）の入超であったが，この入超額は X の 11.1%に相当する。

(4)・(5)・(6)：P_x ＝輸出価格指数，P_m ＝輸入価格指数，P_g ＝一般物価指数，これらは付録表 1 による。

(7)：「本邦生産数量指数」商業経済論叢，16 巻 3 号，1938・11，pp.478-9。

(8)：篠原三代平，所得分配と賃金構造，1955，p.11。

付録表3　部門別分析指数

年	(1) Y 実質国民所得	(2) Y_1 第1次産業	(3) Y_2 第2次産業	(4) Y_3 第3次産業	(5) Y_2+Y_3 非農業	(6) $\frac{Y_2}{Y}$	(7) $\frac{Y_2+Y_3}{Y}$	(8) M_r 原料品＋原料用製品輸入	(9) M_f 食料品輸入	(10) M_m 全製品輸入	(11) Y_1+M_f	(12) $\frac{Y_1+M_f}{Y}$	(13) $\frac{M_f}{Y_1+M_f}$	(14) $\frac{M_r}{Y_2}$	(15) $\frac{M_r}{Y_2+Y_3}$	(16) $\frac{M_m}{Y}$	(17) $\frac{X}{Y_2}$
	1913年価格による実質額（100万円）					%	%	1913年価格による実質額（100万円）				%	%	%	%	%	%
1903	2,906	1,396	551	958	1,509	19.0	51.9	206.6	139.7	103.8	1,536	52.9	9.1	37.5	13.7	3.62	60.1
04	2,866	1,398	525	942	1,467	18.3	51.2	214.9	154.0	122.2	1,552	54.2	9.9	40.9	14.6	4.33	69.5
05	2,510	1,031	580	898	1,478	23.1	58.9	334.8	136.6	165.6	1,168	46.5	11.7	57.7	22.6	6.71	62.2
06	2,972	1,281	653	1,038	1,741	22.0	58.6	260.5	117.7	160.6	1,399	47.1	8.4	40.0	15.0	5.49	64.8
07	3,176	1,439	626	1,119	1,745	19.7	54.9	328.6	107.7	187.1	1,546	48.7	6.9	52.6	18.9	5.99	65.0
08	3,329	1,499	633	1,197	1,830	19.0	55.0	286.0	106.9	182.8	1,606	48.2	6.7	45.2	15.6	5.58	63.5
09	3,379	1,388	719	1,273	1,992	21.3	59.0	308.1	117.1	151.4	1,505	44.5	7.8	42.8	15.5	4.56	65.1
10	3,236	1,247	733	1,256	1,989	22.7	61.5	354.3	116.5	130.7	1,364	41.0	8.5	48.3	17.8	4.11	73.0
11	3,799	1,561	823	1,415	2,238	21.7	58.9	357.0	131.9	161.2	1,693	44.6	7.8	43.4	16.0	4.32	64.9
12	4,154	1,760	883	1,510	2,393	21.3	57.6	462.0	124.3	134.2	1,884	45.4	6.6	52.3	19.3	3.29	72.0
13	4,245	1,824	854	1,567	2,421	20.1	57.0	494.2	172.5	124.0	1,997	47.0	8.6	57.8	20.4	2.97	83.8
14	4,141	1,555	990	1,596	2,586	23.9	62.4	447.1	145.9	79.2	1,701	41.1	6.5	45.2	17.3	1.90	72.7
15	4,019	1,287	1,146	1,586	2,732	28.5	68.0	521.9	139.1	43.4	1,426	35.5	9.8	45.5	19.1	1.10	74.6
16	4,041	1,294	1,205	1,542	2,747	29.8	68.0	614.2	142.5	57.7	1,437	35.6	9.9	51.0	22.4	1.45	86.7
17	4,220	1,443	1,210	1,567	2,777	28.7	65.8	593.6	165.4	54.4	1,608	38.1	10.3	49.1	21.4	1.31	97.6
18	4,755	1,708	1,303	1,744	3,047	27.4	64.1	614.4	226.1	65.9	1,934	40.7	11.7	47.1	20.2	1.41	91.2
19	5,767	2,201	1,477	2,089	3,566	25.6	61.8	965.6	267.1	77.8	2,468	42.8	10.8	65.4	27.1	1.38	67.3
20	4,647	1,570	1,232	1,815	3,047	26.7	66.0	734.3	227.8	103.7	1,798	38.9	12.7	59.6	24.1	2.27	71.5
21	5,510	1,754	1,266	2,490	3,756	23.0	68.2	760.5	340.7	103.6	2,095	38.0	16.3	60.1	20.3	1.91	64.5
22	5,713	1,572	1,396	2,745	4,141	24.4	72.5	880.2	370.7	129.2	1,943	34.0	19.1	63.0	21.3	2.31	66.8
23	5,953	1,683	1,441	2,830	4,271	24.2	71.7	902.4	413.7	142.4	2,097	35.2	19.7	62.6	21.1	2.42	54.8
24	6,292	1,782	1,513	2,996	4,509	24.0	71.7	921.1	493.4	186.2	2,275	36.2	21.7	60.9	20.4	3.02	65.9
25	6,775	2,031	1,620	3,124	4,744	23.9	70.0	927.5	438.9	116.1	2,470	36.5	17.8	57.3	19.6	1.79	75.2
26	7,379	1,951	1,796	3,632	5,428	24.3	73.6	1,073.7	456.1	122.7	2,407	32.6	18.9	59.8	19.8	1.71	70.3
27	7,715	1,879	1,864	3,973	5,837	24.2	75.7	1,148.2	493.8	116.2	2,373	30.8	20.8	61.6	19.7	1.57	76.2
28	7,819	1,885	1,976	3,958	5,934	25.3	75.9	1,094.0	510.9	128.3	2,396	30.6	21.3	55.4	18.4	1.68	76.0
29	8,013	2,003	2,128	3,882	6,010	26.6	75.0	1,155.3	487.5	137.9	2,491	31.1	19.6	54.3	19.2	1.76	78.1
30	9,295	1,811	2,595	4,889	7,484	27.9	80.5	1,036.7	463.0	114.7	2,274	24.5	20.4	40.0	13.9	1.27	62.0
31	10,034	1,734	2,716	5,584	8,300	27.1	82.7	1,193.5	678.7	97.1	2,413	24.1	28.1	44.0	14.4	0.99	61.0
32	10,119	1,896	2,914	5,309	8,223	28.8	81.3	1,198.4	576.4	80.2	2,472	24.4	23.3	41.1	14.6	0.82	67.6
33	10,134	2,042	2,964	5,128	8,092	29.2	79.9	1,297.3	471.9	67.1	2,514	24.8	18.8	43.8	16.0	0.69	72.6
34	10,352	1,846	3,253	5,253	8,506	31.4	82.2	1,375.6	450.5	178.7	2,297	22.2	19.8	42.3	16.2	1.73	79.6
35	11,125	2,099	3,589	5,437	9,026	32.3	81.1	1,497.9	389.5	235.8	2,489	22.4	15.7	41.7	16.6	2.12	83.4
36	11,793	2,302	3,725	5,766	9,491	31.6	80.5	1,543.3	541.3	169.8	2,843	24.1	19.0	41.4	16.3	1.44	89.2
37	11,401	2,171	3,695	5,535	9,230	32.4	81.0	1,736.2	483.1	189.3	2,654	23.3	18.2	47.0	16.4	1.66	92.7
38	12,833	2,216	4,504	6,113	10,617	35.1	82.7										70.0
	1953年価格による実質額（10億円）					%	%	1953年価格による実質額（10億円）				%	%	%	%	%	%
48	5,361	1,707	1,651	2,003	3,654	30.8	68.2										3.3
49	4,585	1,258	1,473	1,854	3,327	32.1	72.6										12.5
50	4,466	1,168	1,439	1,859	3,298	32.2	73.8	230.0	126.0	11.0	1,294	29.0	9.7	16.0	7.0	0.25	25.2
51	4,319	1,088	1,406	1,825	3,231	32.6	74.8	339.0	174.0	59.0	1,262	29.2	13.8	24.1	10.5	1.37	28.5
52	5,007	1,243	1,569	2,195	3,764	31.3	75.2	368.0	208.0	63.0	1,451	29.0	14.3	23.5	9.8	1.26	27.0
53	5,664	1,253	1,800	2,611	4,411	31.8	77.9	527.0	225.0	115.0	1,478	26.1	15.2	29.3	11.9	2.03	25.5
54	6,082	1,332	1,913	2,837	4,750	31.5	78.1	515.0	263.0	119.0	1,595	26.2	16.5	26.9	10.8	1.96	32.0
55	6,733	1,501	2,050	3,182	5,232	30.4	77.7	559.0	262.0	121.0	1,763	26.2	14.9	27.3	10.7	1.80	39.0
56	7,032	1,346	2,298	3,388	5,686	32.7	80.9	749.0	242.0	193.0	1,588	22.6	15.2	32.6	13.2	2.74	41.5

(1)・(2)・(3)・(4)：戦前―Kazushi Ohkawa *et al.*, *The Growth Rate of the Japanese Economy since 1878*, Kinokuniya, 1953, p.247, Table 3 の時価国民所得を付録表1の一般物価指数（1913＝100）でデフレートした。

戦後―経済企画庁・時価国民所得を付録表2の総合卸売物価指数（1953＝100）でデフレートした。

(8)・(9)・(10)：朝鮮・台湾からの移入を含む。デフレーターは，1930年まで，東洋経済新報社，日本貿易精覧（pp.669-700）；1930～37年は神戸商大商業研究所，重要経済統計，第11輯（1938）の1930年を基準とする指数をもって継続（ただし1930～37年の食糧品デフレーターは，粗生食糧品と製造食糧品の単価指数の単純平均）；戦後は大蔵省・類別輸入数量指数による。

第4章
日本経済の輸入行動（戦後）
—低い輸入依存度の謎—

I　課　　題[1)]

日本は「資源小国」であり「加工貿易立国」で発展しなければならないから輸入依存度（或いは輸入性向）は高い。この輸入をまかなうために輸出振興は至上命令である——「輸出か死か」とさえ言われた。これが支配的な通説であった。

だが実際には，日本の名目輸入依存度は極めて低く，かつ，戦後一貫して（2回のオイルショック時を除き）傾向的に漸減し，1993年には5.7%，製品輸入が増した1994年で5.9%という，驚くべき低い水準に下がった。なぜであろうか。これは，米国やドイツなど他の先進国において輸入依存度が傾向的に高まっているのと，全く対照的でさえある。

この低くかつ漸減する輸入依存度が近年構造的とも見うる大幅出超を生み，日本市場の閉鎖性，異質性という非難[2)]を招いている。輸入拡大は，かかる非難を回避するためにも，いな日本の厚生向上のために，果たさねばならない優先課題となってきた。だがそれは小手先の規制緩和で実現できるほど容易なことではない。低くかつ漸減してきた輸入依存度という日本の輸入行動の原因を徹底的に追求し，その中から改善策を見出さなければならな

1）本章は，最初に「駿河台経済論集」第5巻第1号（1995.9）に発表し，小島清（1996）『開放経済体系』文眞堂，第5章に収録したものである。また，Kiyoshi Kojima (June 1997), "A Conundrum of Decreased Import Dependence in Japan," *Hitotsubashi Journal of Economics*, Vol.38, No.1, pp. 1 -20. として公表した。

本章末の付録表は1994年までのデータである。最近（1990年代）の日本の輸出入の動向のいくつかを，補論として追加しておいた。

い。考え方（プリンシプル）の転換を必要とする。これが本章の課題である。またその分析は，輸入，生産，輸出の各構造の雁行型高度化と深く関連をもったことが明らかにされるであろう。

先ず第Ⅱ節では，1950年代の12%台から1990年代の6%以下へ，日本の（名目）輸入依存度が低くかつ逓減する傾向をもったことを指摘する。それは米国やドイツなどが逆の傾向をもったのと対照的である。日本のは「生産体系輸入」であるのに対し他の先進諸国のは「需要体系輸入」であることが，この対照の原因であろうことが示唆される。

第Ⅲ節では，第Ⅰ期（1952～1973），第Ⅱ期（1974～1984），第Ⅲ期（1985～1994）の3期に区切った上で，日本の産業構造，輸出構造そして輸入構造が多様化し高度化してきたことを概観する。「商品特殊分類」を用いた分析である。「中間財に限るミニマム輸入主義」が浮かび上がる。各産業の技術進歩による産業別輸入依存度の低下と，高い輸入依存度の産業を相対的に縮小し，低い輸入依存度の産業を相対的に拡大した（産業構造の高度化）ことが，日本経済全体の輸入依存度を低めたことが示唆される。

第Ⅳ節に入って若干の計量分析が試みられる。第Ⅱ期（1974～84年のオイル・ショック期）は不安定な傾向しか示さないので省く。第Ⅰ期と第Ⅲ期

2）日本市場の閉鎖性に関するアカデミックな検討には次のものがある。

Bergsten, C. Fred and William R. Cline, *The United States-Japan Problem*, I. I. E., Washington, D. C., 1985, 1987.

Fallows, James, "Containing Japan," *Atlantic Monthly*, May 1989, pp.40-54.

Lawrence, Robert Z., "Imports in Japan: Closed Markets of Minds?" *Brookings Papers on Economic Activity*, 1987. 2, pp.517-54.

Noland, Marcus, "Public Policy, Private Preferences and Japanese Trade Patterns," I. I. E., Washington, D. C., 1992.

Petri, Peter, "Market Structure, Comparative Advantage, and Japanese Trade under the Strong Yen," In Krugman, Paul, ed., *Trade With Japan*, University of Chicago Press, 1991, pp.51-82.

Prestowitz, Clyde, *Trading Places*, New York, Basic Books, 1988.

Saxonhouse, Gary R., "Japan's Intractable Trade Surpluses," *World Economy*, September 1986, pp.239-57.

Saxonhouse, Gary R., "What Does Japanese Trade Structure Tell Us About Japanese Trade Policy?" *Journal of Economic Perspectives*. Vol.7, No.3, Summer 1993, pp.21-43.

次の反論がある。法専充男「低水準の産業内貿易・製品輸入：市場閉鎖性の根拠にならず」日本経済新聞，1990. 10. 18の経済教室。

では，相対輸入価格（P_m/P_d）の大幅低落につれ名目輸入依存度は低下傾向を示し，実質輸入依存度は逆に上昇傾向をもった。つまり輸入中間財の価格低下という貿易利益を享受しながら，加工貿易工業化が成功裏に進展した。両期につき輸入関数を計測すると，実質輸入量の変化は，実質 GNP の変動に左右されることが圧倒的であり，価格考慮による輸入選択は無視しうる程少ないことが分かる。これが「生産体系輸入」たることの証拠である。中間財輸入であるから生産に 1 年先行して輸入が決定されるという関係も証明される。

第Ⅴ節では，本章の主題ではないが，日本の輸出行動の計量分析を補足した。ここで強調したいのは，世界の需要に左右される「需要体系輸出」ではなく，日本の生産の発展・充実と国際競争力強化によって決まる「生産体系輸出」であったという点である。

第Ⅵ節では，戦前の日本の輸入依存度のトレンドを簡単に回顧する。20％台であったものが戦後半分に低下した原因が，戦時中の統制経済，ミニマム輸入主義にあること，その考え方（プリンシプル）がごく最近まで続いてきたことを明らかにする。

第Ⅶ節では，一次産品輸入対工業品輸出という「垂直貿易」から，工業品相互間の「水平貿易」へ移らねばならなかったのに，それがいまだ不十分であり，したがって日本の輸入は最適（オプティマム）の水準に達していないことを，「産業内貿易度」の分析を通じて明らかにする。

かくて，日本はミニマム輸入主義をあらためて，オプティマム輸入水準にまで高めるべく，規制緩和など市場開放を積極的に推進する必要があるとの結論に，第Ⅷ節で到達する。なお最近の1990 年代の動向について若干の補論を追加した。

Ⅱ　輸入依存度の長期趨勢

Ⅱ. 1　**日本の低い輸入依存度**

図 4 . 1 に，日本の名目輸入依存度（通関輸入円額／GNP 円額―ともに時

価―）が 1952～94 年にわたり描かれている。そのトレンドラインは，次節の表 4．1 の(A)（p.122）のように，決定係数は $R^2=0.32$ と低いが，年 0.1 ポイントづつ漸減する傾向値を示している。この趨勢的低下傾向に注目すべきである。

大ざっぱに言うと，日本の輸入依存度は，戦前の 20%台から，戦後初期には 12%台に半減した。2 回のオイル・ショック（1973 年と 1978 年）による急上昇があるが，それを除くとトレンド的に逓減し，1993 年には 5.7%，1994 年には 5.9%の低い水準に達したのである。

これに比べ図 4．1 に示すように，米国の輸入依存度（FOB 建て輸入額／GDP）は，1959 年の 5.0%から，94 年の 12.2%へ，ほぼ一直線的に漸増している（傾向値は $+0.211$，$R^2=0.9048$）。日本の輸入依存度が漸減トレンドをもったのに，米国のそれは一貫した漸増傾向を示しているという対照性が見出される。

図 4．1　輸入依存度（名目値），日本 $\left(\frac{\text{通関輸入}}{\text{GNP}}\right)$，米国 $\left(\frac{\text{輸入}}{\text{GDP}}\right)$

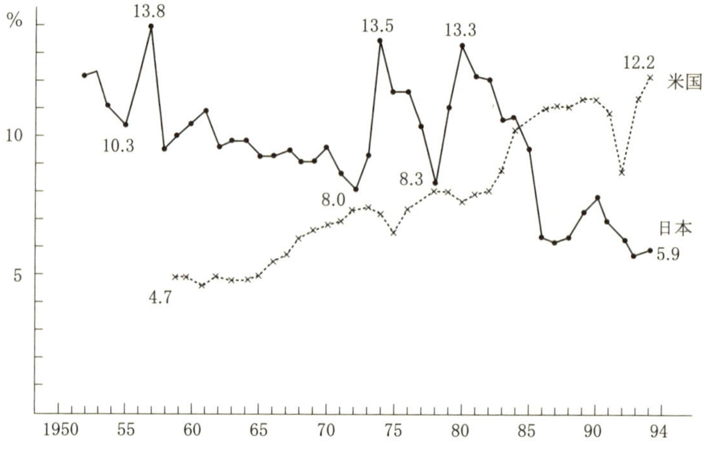

資料：日本：大蔵省財政金融統計月報　国際収支特集　1965.6，1970.6，1977.6，1985.6，1993.8

米国：1995米国経済白書（エコノミスト臨時増刊　1995.4.10）

分母が日本のは GNP であるに対し米国は GDP である（また日本の輸入は CIF 建てであるに対し米国のは FOB 建てである）という違いがあるので，厳密な比較は許されない。だが 1985 年で日本の輸入依存度が 9.7％であるのに比べ，米国のそれは 10.6％になって，それまで日本の方が高かった傾向が逆転し，1994 年には日本のは 5.9％で米国の 12.2％の半分以下という低水準に達した。これは注目に値する驚くべき事態である。

なお米国の戦前の輸入依存度は，対 GNP 比であるが，1929 年 5.7％，39 年 3.7％，49 年 3.8％というきわめて低い水準であった。

米国の戦後輸入依存度のかかる上昇トレンドを詳細に吟味する余裕はない。だがそれが第 1 に，米国が 1930 年代の保護主義から一転して，戦後は数回の GATT ラウンドを通じ，関税引下げその他の貿易自由化を推進したことに基づくことは明らかである。

第 2 に，米国多国籍企業（MNC）の活動が活発になり，海外調達輸入を増加させた。それは行き過ぎな程に行われ，国内生産の空洞化をもたらすとの懸念さえ生んだ。

米国の輸入依存度が戦後このように上昇したことは世界諸国，とくに日本や東アジア諸国，を大いに裨益した。米国がビッグ・アブソーバー（外国品吸収国）になった。これがあったからこそ日本や東アジア諸国は急速な輸出主導型経済発展を成功させることができたのである。

米国に代って日本がビッグ・アブソーバーになるべしと言われる。米国の半分の経済（GNP）規模であり，しかも 2 分の 1 程度の低い輸入依存度にある日本にとっては，容易ならざる課題である。輸入拡大の基本施策を考案せねばならない所以である。

もう 1 つ注目すべき対照を挙げておこう。石油の輸入は，日本経済全体にとっての必要度の増加ならびにオイルショックなどによる価格急変により，日本の輸入依存度に大きな撹乱的影響をもった。この石油輸入を控除したノンオイルの輸入額（時価）を GNP（時価）に対比したノンオイル（名目）輸入依存度を算出してみると，図 4.2 A のようになる。そのトレンドライン（1963〜94 年）は−0.1 の漸落傾向をもつきれいな直線になる（決定係数も $R^2=0.71$ で高い）。

ここで全輸入依存度の時系列傾向値（－0.0967）とノンオイル輸入依存度のそれ（－0.0951）とに殆んど差がなく，ともにおよそ－0.1であることに注目したい。このことは，石油輸入価格の激動は撹乱要因であり，決定係数（相関度）を低めたが，日本の輸入依存度の長期的低下傾向は，石油輸入に

図4.2A　ノンオイル名目輸入依存度－日本－　n＝(全輸入額－鉱物性燃料)÷GNP

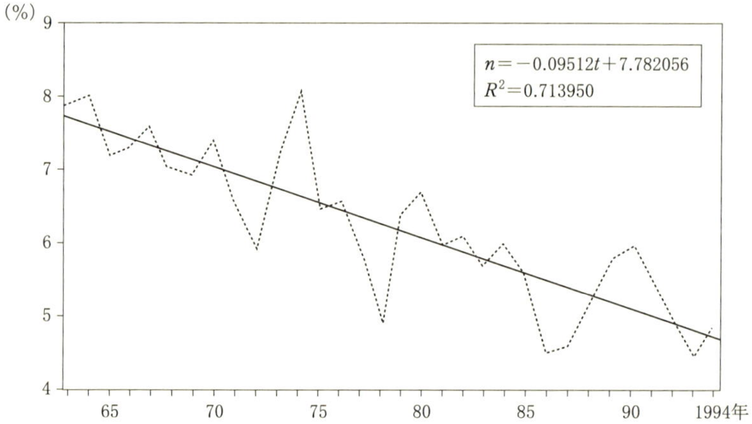

図4.2B　ノンオイル名目輸入依存度―西ドイツ―

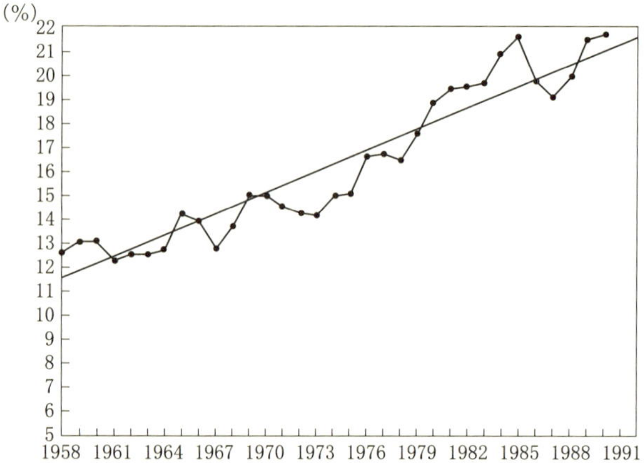

出所：R. W. Dornbush, "The Case for Bilateralism," in Dominick Salvatore, ed., *Protectionism and World Welfare*, Cambridge University Press, 1993, p.196.

影響されることなく，確定していたことを物語るのである。

これに対し，西ドイツのノンオイル（名目）輸入依存度は，図4.2Bのように，トレンドラインは，1958年の12%から1990年の21%へ上昇するという，きれいな直線になる。なおこの図は，ドーンブッシュ（図の注）が日本のと対応させながら示したものである。その傾向値は明示されていないが，ノンオイル輸入依存度における日本の漸減傾向と，ドイツの漸増傾向という対照は疑う余地がない。

Ⅱ.2　輸入依存度の通説

国際比較によると貿易依存度つまり輸出と輸入の合計額のGNPに対する割合は，次のような傾向をもつ。(1)国の規模（これを何で計るかが問題であるが）が大きいほど貿易依存度は低くなる（逆に国の規模が小さいほど貿易依存度は高くなる）傾向が見出される。たとえば米国のように国の規模が大きいと，国内で各種の分業を深化できるし，不足する資源も少ないからである。逆にシンガポール（人口300万人）ではそういかない。

(2)国民経済全体の生産性を高めるためには比較生産費に従って国際分業を進め，或いは不足資源を補充し，貿易利益を実現するのがよい。また生活水準が高くなれば多様な商品（外国品を含め）を需要することになる。このため経済発展が進むほど貿易依存度は高くなる傾向がある。

次の計測が興味深い[3]。いま国の規模を人口（N，千人）で表わし，経済発展度を1人当りGNP（y，ドル）で表わすと，貿易依存度（δ）は次のようになる。

$$\ln\delta = 4.0710 - \underset{(6.91)}{0.215}\ln N + \underset{(2.25)}{0.0607}\ln y$$

$$\pi = 0.583 \qquad F = 27.03$$

（カッコ内はt値）

この結果は，国の規模が小さければ小さいほど，そして1人当りGNPが高ければ高いほど，貿易依存度は高くなることを示している。

3）*UN, World Development Report*, 1991, pp.194-195.

「上式の N と y に日本の数値を代入してえられる計測値（$\hat{\delta}$）は38%で，実際値（23%）を大きく上回っている。すなわち日本の貿易依存度は，その規模と生活水準から予測される水準を大きく下回るのである。」[4)]

貿易依存度38%のほぼ半分に輸入依存度はなるべきだとすれば，日本の輸入依存度は18～19%程度でなければならないということになる。だが実際値は図4.1のように10%以下である。日本の輸入依存度が過小ではないか，他の先進諸国とくらべて異質ではないかという疑問が当然に発せられることになるのである。つまり(a)人口は1億2,300万人と多いが，資源不足国であるから輸入依存度はもう少し高くなるはずである。(b)1人当りGNPは2万ドルを越える米国並みの高所得国になったから，これも輸入依存度を米国並みないし米国以上に高くしてもよいはずである。この2点を追求することによって，日本の低輸入依存度の原因を明らかにすることができそうである。

もう一つ，(3)各種貿易（輸入）自由化（欧州共同体ECのごとき地域的経済統合を含め）は，除去された貿易障害分だけ輸入品を廉価にするので，国内生産よりも輸入成長率を高め，輸入依存度を引き上げる。事実，貿易自由化がGATTの貢献などにより急進展した1957～73年では，世界輸出の成長率は8.87%（複利）に達し，世界生産の成長率5.84%の1.52倍になった[5)]。それだけ世界各国とも輸入依存度を高めえた。既に見たように，米国やドイツではそうなったのである。なお米国の戦前の輸入依存度が3%程度と低水準であったのは1930年代の高関税政策の結果であった。

これに対し，戦後日本の輸入依存度は，既述のように，長期的逓減傾向をもった。日本でも戦後かなりの貿易自由化が推進されたにもかかわらず，他の先進諸国とは逆のトレンドになったのである。なぜであろうかという問題が当然に提起されるのである。

II.3　生産体系輸入

本章のねらい，つまり基本命題はこうである。即ち「需要体系輸入」と

4）　南亮進『日本の経済発展』第2版，東洋経済新報社，1992，p.158.

5）　小島清『応用国際経済学』第2版，文眞堂，1994，p.16を見よ。

「生産体系輸入」の2種が区別されうる。欧米の先進国経済では，生活水準（或いは厚生）を高めることが目標とされる。生活水準が高まるに応じてすべての財（および余暇）への需要が増大し多様化する。外国品が割安な限り国産品と差別することなく，その輸入が増加する。貿易自由化が進めば輸入増加が促進される。つまり，国民経済全体の需要体系が支配的要因となって輸入が決まるのである。それ故，これを「需要体系輸入」と名づけよう。これは貿易理論の伝統的かつ支配的な見解である。これはまた「先進国（成熟）型開放経済」である。

これに対し日本経済では，生産体系を補完するのに必要不可欠な外国品に限りミニマム量を輸入するという方針であった。これを「生産体系輸入」と名づけよう。このため，産業構造が軽工業から重化学工業へ，さらにハイテク機械産業へと高度化し多様化するにつれて輸入依存度は低下してきた。またそれ故に貿易自由化が進展しても反って輸入依存度が逓減してきた。こういう低くかつ逓減傾向をもつ日本の輸入依存度の特色を以下で究明してみたい。この「生産体系輸入」という特色は，日本経済だけでなく韓国，台湾をはじめとする「追いあげ（catching-up）経済」に共通するものがある。それ故「追いあげ型開放経済」の輸入ビヘイビアだと言ってよい。なおここでは考察できなかったが，最近の日本におけるサービス産業の拡大が輸入依存度を低下させたものと思われる。

Ⅲ　産業・貿易構造の変動

Ⅲ. 1　実質輸入依存度

既述のように，名目輸入依存度 M/Y は1952〜94年の全期間にわたって年－0.1のスロープをもって傾向的に低下している。だが実質輸入依存度 m/y で見ると逆であって，依存度は傾向的に高まっているという指摘がある。

ここで実質輸入依存度 m/y というのはこうである。名目（時価）輸入額 M を輸入物価指数 P_m でデフレートしたものを実質輸入額 m とする（つま

り $m=M/P_m$)。他方，名目（時価）GNP たる Y を，GNP デフレーター指数 P_d でデフレートしたものを実質 GNP たる y とみなすのである。したがって，M/Y と m/y の間に乖離が生ずるのは相対輸入価格 P_m/P_d の変化に基づくわけである。

$m=M/P_d$ は輸入の金額でなく数量の変化を示すものと解釈される（y についても同様)。したがって m/y は数量的（それを実質（real）という）輸入依存度を示すと言われる。

そこで，例えば(1)名目の M/Y が低くなっても実質の m/y は高まっているから，日本は閉鎖的ではない（正しくは閉鎖度を強めたわけではないと言うべきであるが)。(2)輸入は数量的には増加しているから，大幅黒字是正の傾向が生み出されている。このように通産省などが主張する（後の製品輸入比率の上昇問題とならんで)。

だが数量的輸入依存度の上昇が何を意味するかについては種々の疑問がもたれる。問題はやはり名目輸入依存度 M/Y にある。本章ではそれを中心に据えて検討を進めたい。ただし(1) M/Y にしろ m/y にしろ，その水準がきわめて低いことこそが，閉鎖的ではないかと批判される原因である。(2)貿易収支不均衡はあくまで金額の問題であって，数量の問題ではないからである。

最近の動向では，名目輸入依存度は1985年（基準年）の9.7%から1994年の5.9%に低下した。実質輸入依存度は同じく9.7%から13.8%へ上昇した（付録表参照)。それは相対輸入価格が100から43.2へ輸入品が半分以下に安くなったからである。だが実質で13.8%という輸入依存度は（名目の5.9%はいうまでもなく）なお日本市場の閉鎖性，異質性を示していると言えなくはない。

基準年においては $M/Y=m/y$ とせざるをえない。最近指数の基準年は本章で用いた1985年から1990年へと変えられた。そうすると1990年の輸入依存度は名目も実質も7.0%ということになる。また，1994年には名目は5.9%に低下したが，実質は7.5%に僅かに上昇したことになる。これは名目でも実質でも低すぎる輸入依存度だと言わざるをえない。

基準年が変わると名目と同じ値に実質輸入依存度も変わる（傾向的に低下

する）ということになる。このことは 1952～1994 年といった長期にわたって M/Y と m/y の関係を検討するのは無理がある或いは無意味であるということを意味する。そこで一つの構造変動と次のそれとにはさまれた構造安定期に区切って，その中で検討するのが有意義であるということになる（次節で試みるように）。

そういう構造安定期の中においてであるが，名目依存度の変化の原因を明らかにするものとして（そういう意味においてのみ），実質輸入依存度と相対輸入価格が意味をもつものと考えたい。

例えば，バルキーな鉄鉱石・粘結炭の輸入シェアが減って銑鉄のそれが増すとか，綿花の輸入シェアが減って衣類とか冷蔵庫のそれが増すといった輸入構造の大幅変動があった場合に，輸入物価指数並びにそれを用いた実質輸入数量が何をあらわすのか，甚だ不明確である。むしろ輸入構成が一定のパターンをもつ構造安定期においてのみ，輸入物価指数と実質輸入数量の変化傾向が意味をもつものと解した方が良いのである。

表 4.1 (A) に見られるように，1952～1994 年の全期間については，M/Y は年－0.10 の下降傾向をもち，逆に m/y は＋0.11 の上昇傾向をもった。その乖離は相対輸入価格 P_m/P_d の－2.16 の低下傾向によって説明できるように見える。だがこれは決定係数 R^2 が低いこともあって，一般的傾向として受けいれない方がよいと思われる。

Ⅲ. 2　日本貿易の発展略史

次の 3 期に分けて検討することにしたい。

第Ⅰ期　1952～73　重化学工業化期

第Ⅱ期　1974～84　石油危機不安定期

第Ⅲ期　1985～94　ハイテク産業化期

第Ⅰ期は，終戦から1958 年頃までの戦後復興期から始まる。戦後貿易は 1949 年 4 月 25 日に 1 ドル＝360 円という一本為替レートが設定されたことから始まったと見てよい[6)]。その前後に土地改革，ドッジ・ラインによる財政引締政策，シャウプ税制など，戦時体制から市場経済化への転換がはから

表4.1　時系列傾向値（輸入）

(A)　全期間　$t=1952-1994$

名目輸入依存度 （M＝時価輸入額，Y＝時価GNP）	$M/Y=-0.096738t+11.85614$	$R^2=0.324034$
実質輸入依存度 （$m=M/P_m$，$y=Y/P_d$）	$m/y=0.111446t+8.03887$	$R^2=0.587750$
相対輸入価格	$P_m/P_d=-2.162594t+145.36079$	$R^2=0.610363$

(B)　第Ⅰ期　$t=1952-1973$

名目輸入依存度	$M/Y=-0.168435t+12.12337$	$R^2=0.614146$
実質輸入依存度	$m/y=0.277018t+6.37792$	$R^2=0898952$
相対輸入価格	$P_m/P_d=-5.267476t+173.26233$	$R^2=0.923050$

(C)　第Ⅱ期　$t=1974-1984$

名目輸入依存度	$M/Y=-0.071818t+13.41090$	$R^2=0.026940$
実質輸入依存度	$m/y=-0.18545\ t+16.28363$	$R^2=0.502487$
相対輸入価格	$P_m/P_d=1.218181t+68.94545$	$R^2=0.089233$

(D)　第Ⅲ期　$t=1985-1994$

名目輸入依存度	$M/Y=-0.219393t+15.32666$	$R^2=0.310333$
実質輸入依存度	$m/y=0.384848t-2.94666$	$R^2=0.818908$
相対輸入価格	$P_m/P_d=-3.992727t+212.92000$	$R^2=0.593879$

注）章末付録表のデータによる

れた。

復興のため輸入需要が大きく，逆に輸出生産力が不足していた（僅かな繊維・雑貨の輸出しかできなかった）ため大幅な入超に陥った。そのギャップは20億ドルに及ぶ米国の対日援助によって埋められた。1950～51年の朝鮮動乱が日本に特需をもたらしたことが幸した。これを契機に，日本に重化学工業化を許すように対日政策が転換したことの意義は大きい。1959年頃から出超に転ずるようになった（オイル危機時に入超に陥ったという例外があるが）。

ここで記憶すべき重要なポイントは，この戦後復興期の貿易赤字（国際収支の壁）の故に，輸入は必要不可欠な食料と原燃料に限るという，「ミニマ

6）　次を参照。小島清『国際経済論』新紀元社，1950，第6章。

ム資源輸入」という原則—それは1940年の戦時統制体制の延長でもあるが—が立てられたことである。

石炭鉄鋼の「傾斜生産方式」（1946～48年）は有名であるが本格的重化学工業化は1960年代に入ってから，鉄鋼と基礎化学工業の急拡大が成功した。その結果，鉄鋼，造船，化学肥料，次いで電気機器，自動車など次つぎと花形産業が続生した[7)]。「総花的産業化」とか「フルセット工業化」と言われる。問題は，製造中間財と言わず製造消費財のすべてを，輸入代替生産化し，自給化し，やがて輸出化するという「輸入削減志向工業化」（フルセット工業化と同義だが）という原則が貫ぬかれたことである。これが今日要望される「工業品間水平貿易」或いは「産業内（intra-industry）分業」への道を長くとざすことになった。

第Ⅱ期（1974～1984年）は2回のオイル・ショック（1973年10月と1979年1月）に撹乱された日本経済の転換期であった。原油価格は第1次オイル・ショックで，バレル当り3ドルから12ドルに4倍化し，第2次オイル・ショックで13ドルから34ドルへさらに2.5倍化した。石油だけでなく他の一次産品（市況商品）も大幅な価格変動を経験した。このため，「ミニマム資源輸入原則」の見直しが必要とされた。

そこで，⑴「省エネルギー化」，「脱石油」，もっと一般的に「脱資源」がはかられた。⑵そのため一方では，鉄鉱石・粘結炭の輸入を減らし銑鉄やスクラップの輸入への転換がはかられた。ボーキサイトや銅鉱石の輸入からアルミナや銅インゴットの輸入に転換した。一般的に言うと粗原料の輸入を減らし加工半製原料への転換である。これが全体の輸入依存度を減らす一因になった。⑶技術進歩により原燃料投入（原単位係数）を低下させ，付加価値率の上昇をはかった。⑷輸入中間財の必要度の小さい産業への構造変動が目ざされた。素材産業から加工組立（機械）産業への高度化である。

第Ⅲ期（1985～1994年）では「知識（knowledge）集約型産業化」或いは「ハイテク化」が結実しつつある。マイクロエレクトロニクス革命，或いは「マイコン革命」を起点とする[8)]。半導体が「新しい産業のコメ」とな

7）　篠原三代平『経済大国の盛衰』東洋経済新報社，1982，p.202ff.
8）　森口親司『日本経済論』創文社，1988，pp.53-57.

り，各種機械産業だけでなく，広くすべてのビジネス運営に活用され，省力化・ロボット化をもたらしつつある。

Ⅲ．3　輸出構造の変化

産業構造の変動から説き起こすのが順序であるが，その余裕はない。それは当然に輸出構造の変化に結実するから，輸出構成比の変化を検討することにしよう。表4.2がこれである。

1964年から，輸出入について「商品特殊分類」なる統計が『外国貿易概況』（日本関税協会）に公表されている。表4.2のBシリーズがこれである。1963年以前については，一橋グループの『長期経済統計』を利用した。これが，Aシリーズである。Aシリーズの1964年と，Bシリーズの1964年とで若干の乖離が認められる。分類の相違から来るものでやむをえない。

(1)　Aシリーズの一次産品，Bシリーズの食料他（食料およびその他の直接消費財）の輸出シェアは，きわめて小さくかつ漸減している。1994年では0.5%にすぎない。

(2)　Bシリーズの工業用原材料は，粗原料，鉱物性燃料（石油，天然ガス，石炭），化学工業生産品，金属（主に鉄鋼），繊維品（原料）から成るが，大きいのは金属と化学品である。この工業用原材料は1964年の45.0%というシェアが示すように，第Ⅰ期のリーディング輸出品であったことを物語っている。しかしそれは1994年の17.2%にまで低下した。

(3)　Aシリーズの「繊維」は1952年35.3%，1958年30.5%で，戦後復興期のリーディング輸出品であったことを示す。しかしそれは1964年には19.8%へ激減している。重化学工業品にとって代られた（「機械」のシェアが1964年には32.3%に急増していることからも分かるように）。

Bシリーズの「製造消費財」というカテゴリーは，非耐久消費財（主に繊維製品）と耐久消費財から成る。さらに耐久消費財は，家庭用品，家電機器，乗用車，二輪車類，玩具・楽器類に細分されている。

Bシリーズの繊維製品は1964年で5.3%であり，Aシリーズの繊維の同年19.8%と大きなギャップがある。これはBシリーズでは原料繊維が工業用原材料の方に分属されたからであろう。このBシリーズの繊維製品のシェア

表4.2　分類別輸出構成比（分類別輸出額／総輸出額）％

Aシリーズ

歴年	(1)一次産品		(3)機械	(4)繊維		(8)工業品	総輸出	名目輸出依存度
1952	4.5		9.8	35.3		91.8	100.0	7.6
1958	4.5		23.8	30.5		93.2	100.0	9.0
1964	3.2		32.2	19.8		95.5	100.0	8.3

Bシリーズ

歴年	(1)食料他	(2)工業用原材料	(3)資本財（機械類）	(4)繊維製品	(5)家電機器	(8)乗用車	(7)製造消費財	(8)工業品 (3)+(7)	総輸出	名目輸出依存度
1964	4.8	45.0	25.7	5.3	4.5	1.2	22.9	48.6	100.0	8.3
1973	2.3	34.2	37.0	1.3	5.6	7.2	24.8	61.8	100.0	8.9
1974	1.5	41.4	35.1	0.8	4.3	6.3	20.0	55.1	100.0	12.1
1984	0.9	21.7	46.8	0.6	3.8	12.9	29.4	76.2	100.0	13.4
1985	0.8	20.4	46.5	0.5	4.1	14.5	31.1	77.6	100.0	13.0
1986	0.7	18.5	48.6	0.4	3.0	15.8	30.9	79.5	100.0	10.5
1987	0.7	18.2	51.1	0.4	2.4	15.6	28.7	79.8	100.0	9.5
1988	0.6	18.5	52.8	0.3	2.0	14.6	26.6	79.4	100.0	9.1
1989	0.6	18.2	54.3	0.3	1.8	14.1	25.2	79.5	100.0	9.5
1990	0.6	17.6	54.0	0.3	1.9	14.4	26.1	80.1	100.0	9.7
1991	0.5	17.4	54.6	0.2	2.0	14.2	25.6	80.2	100.0	9.3
1992	0.5	17.2	55.4	0.3	1.8	14.3	25.1	80.5	100.0	9.2
1993	0.5	17.0	57.6	0.2	1.6	13.0	23.0	80.6	100.0	8.5
1994	0.5	17.2	60.1	0.2	1.3	11.3	20.1	80.2	100.0	8.6

出所：Aシリーズ：山澤逸平・山本有造『貿易と国際収支』長期経済統計14，東洋経済新報社，1979。
Bシリーズ：日本関税協会『外国貿易概況』各年。

は1973年に1.3%，1984年に0.6%，さらに1994年には0.2%と一路低下している。一次産品と同じ運命にある。

(4)　Bシリーズの家電機器は，第I期後半からシェアが増し1973年に5.6%の最高に達した。1985年の4.1%まで高いシェアを維持したが，以降漸落し，1994年には1.3%にまで後退している。

家電機器にとって代って花形輸出品におどり出たのが乗用車である。1964年に1.2%と低かったシェアが，1973年の7.2%に急増し，1986年の15.8%というピークに達した。その後は1994年の11.3%にまで漸落している（これは米国の強要したV. E. R.（輸出自主規制）などの輸入規制に基づく）。

工業消費財の中身に以上のような変化が含まれるが，製造消費財合計としては，1964年の22.9%から漸増し，1985年の31.1%のピークに達し，その後1994年の20.1%にまで低落した。この製造消費財にとって代ったのが，次の資本財の輸出シェアの増加である。

(5)　Bシリーズの資本財というのは，一般機械，電気機器，輸送機器の3種の機械類から成る。ただし家電機器と，乗用車および二輪車類を耐久消費財として除いたものである。1964年の資本財輸出シェアは25.7%であって，Aシリーズの「機械」の32.2%より小さいが，これは機械類の一部を耐久消費財に移したからである。

資本財のシェアは，1964年の25.7%から1973年（第Ⅰ期末）に37.0%に，1984年（第Ⅱ期末）に46.8%へと急増した。第Ⅲ期に入っても増加を続け1994年には60.1%に達している。つまり工業消費財から資本財への輸出構造の高度化が第Ⅳ期において進展しているのである。

(6)　結局，日本の輸出は，繊維製品→工業用原材料（鉄鋼など）→家電機器→乗用車→資本財といった順序で多様化し高度化してきた。

(7)　しかし名目輸出依存度（通関輸出額／時価GNP）は，1952年の7.6%から上昇し，1984年の13.4%のピークに達したものが，その後は傾向的に漸落し，1994年には8.6%に低くなっている。それにもかかわらず第Ⅲ期に入って構造的大幅出超に陥っている。何故であろうか。輸入ビヘイビアと対照させて深く検討しなければならない問題である。

Ⅲ．4　輸入構造の変動

産業構造と輸出構造の多様化・高度化につれ輸入構造も当然に変化した。表4．3aがこれを示している。この輸入構成比（シェア）変化について次の4点を指摘しておきたい。記述のようにAシリーズとBシリーズでは分類のカバレージが異なるため，シェア値に若干の喰い違いがある。そこで以下ではBシリーズに基づいて主に考察し，Aシリーズは参考に入れることにとどめる。

(1)　食料他，粗原料，原油を一括して一次品とする。「工業用原料」という大分類から粗原料と石油を除いたものを加工原料とみなす（これには化学工業生産品，金属，原料繊維品を含む）。これらにさらに資本財（機械類，ただし家電機器，乗用車を除く）を加えたものを中間財（intermediate

表 4.3a　分類別輸入構成比（シェア）（分類別輸入額／総輸入額）%

A シリーズ

歴年	(1)粗食料	(2)粗原料	(3)石炭石油		(5)機械		(7)繊維品		(12)工業品	総輸入
1952	27.6	58.0	11.5		4.7		0.6		13.3	100.0
1958	15.7	60.0	16.9		12.0		0.4		23.6	100.0
1964	15.1	55.2	17.7		11.3		0.7		28.7	100.0

C シリーズ

B シリーズ

歴年	(1)食料他	(2)粗原料	(3)原油	一次品(1)+(2)+(3)	(4)加工原料	(5)資本財	(6)中間財(1)～(5)計	(7)繊維製品	(8)家電機器	(9)乗用車	(10)製造消費財	(11)工業品(6)+(10)	(12)製品	総輸入
1964	20.4	35.4	11.8	67.6	19.6	10.6	97.8	0.2	0.0	0.3	1.6	12.2	28.7	100.0
1973	18.1	28.7	15.7	62.5	22.8	8.3	93.6	1.9	0.1	0.4	5.6	13.9	30.6	100.0
1974	14.9	20.7	30.4	66.0	22.3	7.0	95.3	1.7	0.2	0.3	4.2	11.2	23.7	100.0
1984	13.0	12.4	28.8	54.2	30.4	8.3	92.9	1.6	0.1	0.3	4.3	12.6	29.8	100.0
1985	13.1	12.2	26.7	52.0	31.0	8.9	91.9	1.8	0.1	0.4	4.9	13.8	30.9	100.0
1986	16.0	12.4	15.4	43.8	31.0	10.5	85.3	2.6	0.2	0.8	7.3	17.8	41.8	100.0
1987	15.4	13.4	13.8	42.6	31.9	10.9	85.4	3.5	0.3	1.4	10.5	21.4	44.1	100.0
1988	16.1	13.6	10.1	39.8	32.3	11.9	84.0	3.9	0.6	1.6	12.1	24.0	49.0	100.0
1989	15.1	13.3	10.2	38.6	31.7	12.6	82.9	4.5	0.7	1.9	13.8	26.4	50.3	100.0
1990	13.7	11.0	13.4	38.1	30.1	14.0	82.2	4.0	0.5	2.6	14.6	28.6	50.3	100.0
1991	14.7	10.4	12.8	37.9	30.4	15.0	83.3	4.2	0.6	2.2	13.7	28.7	50.9	100.0
1992	16.0	10.0	12.9	38.9	28.0	15.3	82.2	5.1	0.7	2.1	14.9	30.2	50.2	100.0
1993	16.4	10.2	11.6	38.2	27.1	16.1	81.4	5.5	0.8	2.1	15.8	31.9	52.0	100.0
1994	16.9	9.3	10.1	36.3	25.7	17.8	79.8	5.8	1.0	2.5	17.3	35.1	55.2	100.0

出所：　A シリーズ：山澤逸平・山本有造『貿易と国際収支』長期経済統計 14，東洋経済新報社，1979。
B シリーズ：日本関税協会『外国貿易概況』各年。
C シリーズ：『通商白書』各年。

goods）と一括することにしよう。

中間財輸入の総輸入に占めるシェアは，1964 年の 97.8%から 1986 年の 85.3%へ，さらに 1994 年の 79.8%へと，漸減しているが，日本の輸入は圧倒的に中間財輸入であったことを示している。「中間財輸入主義」と称したい所以である。日本経済の生産体系を補完する（或いは生産の起動力となる）必要不可欠な中間財に限り最小量輸入するという輸入行動をとったのである。

(2)　中間財を構成する分類商品のシェアは工業化の進展につれ変化している。

(a) 食料他は，1964 年の 20.4%から 1984 年の 13.0%の最小に一たん低下した。以降 1994 年の 16.9%まで傾向的に微増している。

(b) 粗原料のシェアは，1964 年の 35.4%から 1994 年の 9.3%へと一貫して低下した。

表4.3b　分類別輸入依存度（名目）（分類別輸入額／名目GNP）%

Aシリーズ

歴年	(1)粗食料	(2)粗原料	(3)石炭石油		(5)機械		(7)繊維品		(12)工業品	(13)総輸入依存度	(14)総輸入／総輸出	(15)一次品輸入／総輸出
1952	3.34	7.02	1.39		0.57		0.15		1.61	12.1	159	155
1958	1.49	5.70	1.61		1.14		0.04		0.04	9.5	105	98
1964	1.49	5.46	1.75		1.12		0.07		2.84	9.9	118	105

Bシリーズ（(12)以降：Cシリーズ）

歴年	(1)食料他	(2)粗原料	(3)原油	(4)加工原料	(5)資本財	(6)中間財(1)〜(5)計	(7)繊維製品	(8)家電機器	(9)乗用車	(10)製造消費財	(11)工業品(5)+(10)	(12)製品	(13)総輸入依存度	(14)総輸入／総輸出	(15)一次品輸入／総輸出
1964	2.02	3.50	1.17	1.94	1.05	9.68	0.02	0.00	0.03	0.16	1.21	2.84	9.9	118	81
1973	1.68	2.67	1.46	2.12	0.77	8.70	0.18	0.01	0.04	0.52	1.29	2.85	9.3	104	65
1974	2.01	2.79	4.10	3.01	0.95	12.87	0.23	0.03	0.04	0.57	1.52	3.20	13.5	112	74
1984	1.39	1.33	3.08	3.25	0.89	9.94	0.17	0.01	0.03	0.46	1.24	2.65	10.7	80	43
1985	1.27	1.18	2.59	3.01	0.86	8.91	0.17	0.01	0.04	0.48	1.34	3.00	9.7	74	39
1986	1.02	0.79	0.99	1.98	0.67	5.46	0.17	0.01	0.05	0.47	1.14	2.68	6.4	60	27
1987	0.95	0.83	0.86	1.98	0.68	5.29	0.22	0.02	0.09	0.65	1.33	2.73	6.2	65	30
1988	1.03	0.87	0.65	2.07	0.76	5.38	0.25	0.04	0.10	0.77	1.53	1.96	6.4	71	28
1989	1.10	0.97	0.74	2.31	0.92	6.05	0.33	0.05	0.14	1.01	1.93	3.67	7.3	77	30
1990	1.08	0.87	1.06	2.38	1.11	6.49	0.32	0.04	0.21	1.15	2.26	3.97	7.9	82	31
1991	1.03	0.73	0.90	2.13	1.05	5.83	0.29	0.04	0.15	0.96	2.01	3.56	7.0	75	29
1992	1.00	0.63	0.81	1.76	0.96	5.17	0.32	0.04	0.13	0.94	1.90	3.16	6.3	69	27
1993	0.93	0.58	0.66	1.54	0.92	4.64	0.31	0.05	0.12	0.90	1.82	2.96	5.7	67	25
1994	1.00	0.55	0.60	1.52	1.05	4.71	0.34	0.06	0.15	1.02	2.07	3.26	5.9	69	25

出所：　Aシリーズ：山澤逸平・山本有造『貿易と国際収支』長期経済統計14，東洋経済新報社，1979。
　　　　Bシリーズ：日本関税協会『外国貿易概況』各年。
　　　　Cシリーズ：『通商白書』各年。

(c) 原油は1974年の30.4%とか1984年の28.8%のように，オイルショックにより最も大幅な変動を示した。しかし，1994年には10.1%におさまっている。

(d) 粗原料シェアの減少にとって代ったのが加工原料の増加である。そのシェアは1964年の19.6%から最大1988年の32.3%に上昇した。その後は漸減に転じ1994年の25.7%にまで低下した。

(e) 加工原料の近年のシェア低下にとって代ったのが資本財輸入の変化である。そのシェアは1964年の10.6%から1985年の8.9%まで，停滞的であった。これは石油輸入シェアの急増による影響が大きいが，工場新設のための機械設備の国産化がこの期間に進展したせいもあろう。しかし1986年に10.5%に達した後漸増に転じ，1994年には17.8%に達している。これは多国籍企業による部品などの海外調達が増加しつつあることに基づく。

結局，食料→粗原料→加工原料→部品といった順序で中間財輸入が多様化し高度化してきたことになる。だがかかる中間財輸入構成の高度化が，われわれの主題である輸入依存度を高めたのか低めたのかが，問われねばならない。石油輸入は撹乱的であったにすぎない。

(3)「中間財輸入主義」の反面は「製造消費財輸入制限主義」である。B シリーズの製造消費財のシェアを見ると，1964 年には僅かに 1.6%の低水準であった。1973 年に 5.6%に高まった後 1985 年の 4.9%まで停滞的であった。増加に転じたのは 1986 年以降であり，同年の 7.3%から 1994 年の 17.3%にまで増加しつつある。

たしかに 1980 年代後半に「製造消費財輸入制限主義」の緩和ないしその原則からの転向が見られる。だが GNP 比の輸入依存度は（表 4 . 3 b 参照）1994 年でも僅かに 1.02%である。この程度では製造消費財輸入への市場開放が十分になされたとは到底言いえまい。

なお製造消費財輸入の主要なものとして 3 種が表 4 . 3 a にかかげられている。最初に輸入が増してきたのは繊維製品であり，その輸入シェアは 1973 年に 1.9%に達し，以降漸増し 1994 年に 5.8%に達している。家電機器と乗用車の輸入増は 1986 年から始まったとみてよく，前者は 1986 年の 0.2%から 1994 年の 1.0%へ，後者は 0.8%から 2.5%へ，輸入シェアを高めている。

(4)「製品輸入比率」が近年高まっていることが通産省など関係機関によって強調されている。表 4 . 3 a に追加した C シリーズがこれである。ここで製品というのは，SITC（標準国際商品）分類の 5 ～ 9 部に属する加工製品（化学工業生産品，原料別製品，機械類，雑製品，特殊取扱品）の合計である。逆に言えば総輸入から食料，原材料，鉱物性燃料の輸入を除いたものが製品輸入である。1964 年までの A シリーズの「工業品」と同じ概念である。

たしかに製品輸入比率は近年上昇している。1985 年の 30.9%から1994 年の 55.2%にまで達した。

だが問題は第 1 に，GNP 比の輸入依存度で見ると（表 4 . 3 b を見よ），1985 年の 3.00%から 1994 年の 3.26%への微増にとどまっている。中間の

1988年には1.96%への低下さえ含んでいる。欧米が非難するのはこの製品輸入依存度の極端な低さなのである9)。

第2に，製品と言ってもその大部分は加工原料や資本財という中間財であって，製造消費財の輸入はいまだ僅小である。[製品輸入シェア－製造消費財シェア＝製造中間財シェア] とみるならば，それは1964年27.1%，1973年25.0%，1984年25.5%，1994年37.9%となり，むしろ近年漸増傾向を示していることになる。つまり，製品輸入に1980年代後半から転じたのであるが，製品輸入についても「中間財輸入主義」が貫徹されているのである。

Ⅲ．5　分類商品別輸入依存度

輸入構成比（シェア）は，輸入構造の変動を示すには適しているが，総輸入額の増減，したがって輸入依存度の変化に，輸入構造変動がどう関連しているかを明らかにしえない（既に若干指摘したように)。そこで各分類商品ごとのGNP比，つまり商品別輸入依存度を計算してみる必要がある。それを示したのが表4.3bである。

総輸入依存度（名目）がオイルショック時を除くと長期的に逓減傾向をもつことは既に指摘した（図4.1）。石油輸入を除いたノンオイル輸入依存度

9）製品輸入比率（製品輸入／総輸入）と製品輸入依存度（製品輸入／GNP）の国際比較を試みると次のとおりであり，日本のは著しく低いことがわかる。

	製品輸入比率（%）		製品輸入依存度（%）	
	1985	1992	1985	1992
日　本	31.0	50.2	3.0	3.2
米　国	74.7	81.6	6.4	7.3
カナダ	84.5	86.2	18.7	18.7
ドイツ	62.0	78.2	15.8	17.9
英　国	70.6	79.9	16.8	16.9
イタリア	51.2	52.5	11.0	11.2

次より引用：小浜裕久・柳原透編著『東アジアの構造調整』JETRO, 1995, p.243。

日本の対内（inward）直接投資つまり諸外国企業の日本市場への参入度が著しく低いことが，「閉鎖性」のもう一つの主要指標としてあげられている。対外直接投資残高の対内投資残高に対する比率は（1992年末），日本では15.5：1（2,480億ドル対160億ドル）であるのに，米国では1.2：1（4,870億ドル対4,200億ドル），ドイツでは2.3：1（1,350億ドル対600億ドル）である。

がきれいな一直線的逓減傾向を示すことも指摘した（図4.2A）。かかる傾向が，表4.3bの分類商品別輸入依存度の変化によっても裏づけられるであろうか。前述のごとき輸入構造の変動にもかかわらず，総輸入ないしノンオイル輸入が長期的逓減傾向をもったのである。

オイルショック期を除くと，すべての中間財の輸入依存度（名目）は長期的に逓減する傾向を示している。すなわち，

(1)　食料他の輸入依存度は1964年の2％から1986年の1％へ低下し，それ以後1％前後に収斂している。

(2)　粗原料の輸入依存度は，1964年の3.5％から1994年の0.55％へ，きれいに低下している。

(3)　石油の輸入依存度ですら，オイルショック期を除くと，1985年の2.59％から1994年の0.60％へ低下している。唯一の例外は1990年（1.06％）と1991年（0.90％）における上昇であるが，これは湾岸戦争の影響である。

(4)　加工原料の輸入依存度は，1964年の1.94％から1984年の3.25％まで上昇し，以降1994年の1.52％まで傾向的に低下している。

(5)　資本財の輸入依存度は1964年と1994年がともに1.05％である。その間に低下と上昇のうねりがある。だがはっきりと上昇傾向をもった（それが期待されたのだが）わけではなく，むしろ1％程度の収斂値におさまりつつあると見てよい。

要するに，食料→粗原料→加工原料→資本財といった中間財輸入の構造変動があったのであるが，オイル・ショック期だけを例外として，中間財全体の輸入依存度は1964年の9.68％から1994年の4.71％まで低下したのである。これは「中間財輸入主義」に基づくものであろうか。産業・輸出構造の多様化・高度化に照応する中間財輸入構造の変化が，何故中間財輸入依存度を低下させ得たのであろうか。究明に値する問題である。

他方，輸入依存度上昇が大いに期待されるのは，(6)製造消費財である。それは1964年の0.16％から1974年の0.57％にジャンプしたが，以降1985年（0.48％）ないし1986年（0.47％）まで停滞的であった。それ以降1994年の1.02％に向けて若干の上昇傾向をもったが期待された程明確でない。また1％というのはいかにも低すぎるという問題が残る。Bシリーズの「工業

品」，或いはCシリーズの「製品」という範疇で見ても，輸入依存度の傾向と問題とは同じである。

Ⅲ．6　資源制約

表4.3bの⒁欄は，総輸入／総輸出の比率つまり指数が100（％）を越える分は入超率，100を下回る分は出超率を示す。1952年では輸出の実に59％という入超であった。この入超は米国援助によって埋められねばならなかった。本格的出超には1968年から転じた（表4.3bの1974年はそうなっている）。1994年では31％の出超率に達している。

同表の⒂欄に，一次品輸入／総輸出の比率つまり輸出でまかなわれる資源輸入調達率が算出されている。1952年の155％という値は，輸出だけでは支払いきれなかった資源輸入分が輸出の55％にも達したことをあらわす。輸入の殆どが一次産品であったから，それは入超率59％とほぼ等しい。1964年でも輸出だけでは5％だけ資源輸入をまかない切れなかったことを示している。

ここから次の命題が導かれた。すなわち日本は資源稀少国であるから，資源の多くを輸入に頼らねばならない。したがって輸入依存度は高水準にならざるをえない。輸入資源を基にしてそれに付加価値を加えて輸出するという加工貿易立国を基本とせねばならない。これが「生産体系輸入」というテーゼである。国際収支の壁に直面するから，輸入は国産できない不可欠な一次産品のミニマム量に限らねばならない。これが「中間財輸入主義」の起源である。他方，必要資源輸入をまかなうよう輸出拡大に努力することは至上命令である。

だがかかる資源制約に起因する輸入節約論は今や不必要になった。輸入行動の理念を転換する必要がある。輸出に対する資源輸入の比率は1974年の74％から急減し，1994年では25％の低きに達している。この間に国際収支の壁も消散しむしろ大幅な出超に陥っている。

大ざっぱに言って，輸出の25％は一次産品輸入に充当するが，残りの75％は工業品（製造中間財と製造消費財）の輸入に振り向けてもよいということになる。そうしなければ日本の大幅出超は是正されえない。本章の政策的結論となる「工業品水平貿易」のすすめが導き出される所以である。

Ⅳ　期別輸入依存度

Ⅳ．1　名目輸入依存度と実質輸入依存度

名目輸入依存度（M/Y）は傾向的に低下しているのに，実質輸入依存度（m/y）は逆に傾向的に上昇している。両者の乖離の主因は相対輸入価格（P_m/P_d）の傾向的低下である。このことは全期間（1952～1994年）についても或程度あてはまるが，トレンドラインの決定係数がいずれもやや低い（表4.1 A)。そこで三つの期間に分けて検討することにした。

第Ⅰ期（1952～1973年）重化学工業化期。

図4.3(A)，(B)，(C)に示すように，決定係数の高いきれいなトレンドラインが描き出せる。名目M/Yは年－0.17の傾斜をもつ右下がり傾向線として，逆に実質m/yは0.28の傾斜をもつ右上がりの傾向線として描き出される。両者の乖離の原因は－5.27という大きな傾斜をもつ，輸入価格（P_m）の国内物価（P_d）に比べての急速な相対的低落にある。つまり急速に進展したこの期間の重化学工業化に必要とされる輸入中間財（この期間では大部分一次産品）が，実質的（数量的）には輸入依存度の漸増を要したのに，輸入価格の大幅な低落のお蔭で，漸減する名目輸入依存度の下で入手できた。大きな貿易利益を得ながら，重化学工業化が急進展しえたのである[10)]。まことにラッキーであったと言わざるをえない。

相対輸入価格（P_m/P_d）の低落は，図4.4に示すように，1949～1971年は，1ドル＝360円の固定相場制であったから，為替レートの変動に起因す

10）戦後数次の経済計画の立案にあたって，輸入依存度は重要なパラメーターであった。けだし，GNPの規模×輸入依存度＝輸入額となり，これが独立に予測される輸出額とバランスしなければならない。したがって輸入依存度が低下すると見込まれるならGNP成長率を高めることができる（その逆は逆）からである。そこで輸入依存度が高まるのか低まるのかが真剣に検討された。その代表が，金森久雄「日本経済と輸入依存度」（経企庁内部資料として1957年10月に起草）『日本経済の50年・金森久雄集』NTT出版，1994。

図4.3(A)　名目輸入依存度（1952～1973）

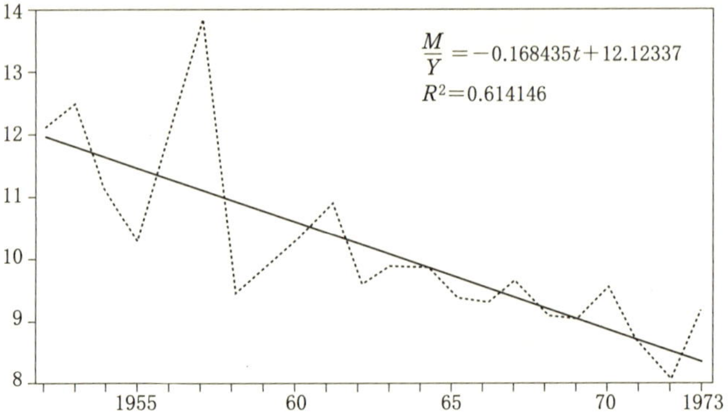

図4.3(B)　実質輸入依存度（1952～1973）

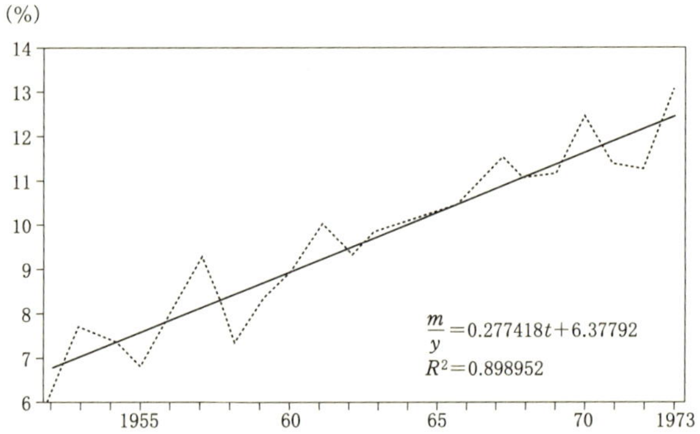

図4.3(C)　相対輸入価格（1952～1973）

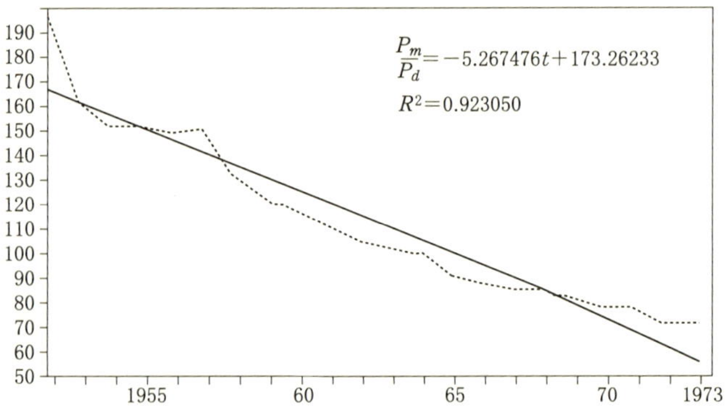

るものではなく，明らかに一次産品の対工業品相対価格の低落に基づくものである（ただし1971～73年には円高化の影響も加わった）。一次産品交易条件の悪化，開発途上国の困難を打開しようと1973年10月に第1次オイルショックが爆発したのである。（交易条件と為替レートは章末付録表の⒃，⒄欄にかかげてある）。

第Ⅱ期　1974～84年：石油危機不安定期。

表4.1(C)に示すように，M/YとP_m/P_dは決定係数が0であり，傾向値をもたない。m/yも決定係数は0.5にすぎない。この期間は，2度のオイルショック（1973年と1978年）により，石油だけでなく他の一次産品の大幅価格変動があり，P_m/P_dが大きく上下変動した（図4.4参照）。このP_m/P_dの上下変動につれ名目M/Yが激しく上下変動したのである。

ただ決定係数が0.5で低いとは言え，実質m/yが-0.19の右下り傾斜で逓減したことが注目される。これは輸入一次産品への数量的依存度を減らす技術進歩と産業構造の変動とがこの期間に進展したことを反映していると言えよう。

第Ⅲ期　1985～1994年，ハイテク産業化期。

第Ⅰ期と類似の傾向が明示されている（表4.1(D)）。（ただし決定係数はいずれも第Ⅰ期のものより低い。）すなわち名目M/Yは-0.22の傾斜で低下傾向を，逆に実質m/yは$+0.38$の傾斜で上昇傾向をもつ（変化率はいずれも第Ⅰ期より大きい）。両者の乖離は-3.99なる傾斜（これは第Ⅰ期より小さい）をもつ相対輸入価格P_m/P_dの低落に基づく。

図4.4に見られるように，P_m/P_dの下落は大部分この間の為替レートの円高化（1984年平均237円から1994年平均102円へ）と対応している。それにこの期間に生じた石油価格の低落も加わったのである。

第Ⅰ期と同様に，この第Ⅲ期でも，一次産品だけでなく加工原料や資本財（機械類）をも含むようになった中間財輸入を，低落する相対価格で入手できたことが，日本の低い名目輸入依存度の下での経済成長を可能にさせたと言えるのである。

図4.4

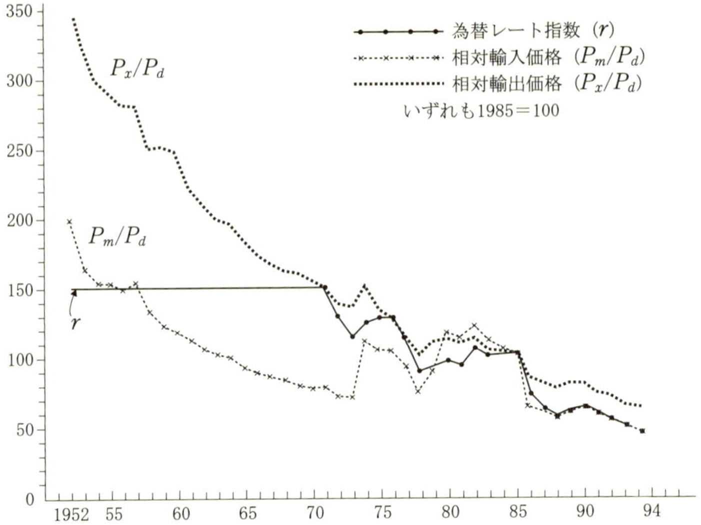

Ⅳ．2　輸入依存度の水準低下

輸入依存度の水準を期間平均で見ると，また第Ⅱ期は石油危機のため傾向をもたない不安定期であるとしてスキップすると，名目 M/Y は，第Ⅰ期（1952〜73年）の10.2%から，第Ⅲ期（1985〜94年）の6.9%へ低下したことになる。かかる輸入依存度の構造的低下こそが重要な問題点である。

他方，実質 m/y の平均は，章末付録表によれば，第Ⅰ期の9.6%から第Ⅲ期の11.8%へ逆に上昇したことになる。しかしこれは既に触れたようにミスリーディングであると思う。つまり期間内の基準時点では名目と実質の輸入依存度は同じである。また期間内では，相対輸入価格 P_m/P_d の大幅低落に基づき，実質 m/y は上昇傾向を示した。したがって期間平均において実質 m/y は名目 M/Y を1〜2%ポイント上回るであろうが，第Ⅰ期にくらべ第Ⅲ期は，名目 M/Y 平均値と同様に，構造的変動に基づき低下したはずである。すなわち実質 m/y も，たとえば第Ⅰ期平均の11%ぐらいから第Ⅲ期の8%程度に低下したと解した方がよい。事実構造変動期たる第Ⅱ期において，m/y のトレンドラインは−0.19の低下傾向を示していた（上述）。

こうして名目でも実質でも輸入依存度が第Ⅰ期から第Ⅲ期へ構造的に低下したと判断するならば，その間に生じた産業構造の変動と，各産業における技術革新が，輸入依存度を構造的に低下させた原因であるという既述の問題に到達するのである。

Ⅳ．3　輸入関数

名目 M/Y，実質 m/y，および相対輸入価格 P_m/P_d の傾向値の検討は当然に輸入関数の計測という問題に到達する。通常用いられる次の輸入関数計測式に従って求めたものが表4．4である。

$$\ln m(t) = \text{const.} + \alpha \ln y(t) + \beta \ln P(t)$$

これは実質輸入（輸入数量）$m = M/P_m$（ただし M は名目輸入額，P_m は輸入物価指数）は，実質GNP $y = Y/P_d$（ただし Y は名目GNP，P_d はGNPデフレーター）と相対輸入価格 $P = P_m/P_d$ に左右されて決まると見る輸入関数の計測式である[11)]。α は実質GNPの変化に基づく実質輸入量の変化を示す「所得弾力性」であり，β は相対輸入価格の変化に基づく実質輸入量の変化を示す「価格弾力性」である。

表4．4において，(a)の全期間の結果は，既述の理由ならびにD. W.（ダービン・ワトソン係数）からみて自己相関があるという理由から，考察から省くことにする。また(c)の第Ⅱ期についても，既述の理由ならびに相関係数 $Adj.R^2$ が0.65と低いという理由からオミットする。検討に値するのは(b)の第Ⅰ期と(d)の第Ⅲ期であると見るのである。

そこで注目されるのは，所得弾力性が第Ⅰ期では1.14，第Ⅲ期では1.82であり，ともに1％水準で有意であることである。他方，価格弾力性 β は両

11）　輸入関数の通常の計測式は

$$M/P_m = f(Y/P_d,\ P_m/P_d)$$

なる輸入関数を措定している。だが，P_m と P_d が各2回挿入されているので，計測式において自己相関が生まれるおそれが十分にある。そこでもっと良い輸入関数がないものかという疑問がもたれ，われわれの図4.3における M/Y，m/y，P_m/P_d の傾向線の分析から見て，次のような輸入関数の方がベターではないかとも思う。すなわち，

$$M = f(Y/P_d,\ P_m)$$

表4.4　輸入関数（no time lag）

$\ln m(t) = \mathrm{const.} + \alpha \ln y(t) + \beta \ln P(t)$

（m ＝実質輸入，y ＝実質 GNP，$P = P_m / P_d$ ：P_m ＝輸入価格指数，P_d ＝GNP デフレーター：すべて 1985 年基準）

	const.	α	β	$Adj.R^2$	F	$D.W$
(a) 全期間　t ＝1952〜1994						
	−0.2889	＋1.1100	−0.2186	0.9916	2473**	0.902**
	(−0.491)	(40.777)**	(−3.307)**			＜ dL
(b) 第Ⅰ期　t ＝1952〜1973						
	−0.0599	＋1.1441	−0.3455	0.9924	1372**	2.376**
	(−0.023)	(9.061)**	(−1.308)			＞ dU
(c) 第Ⅱ期　t ＝1974〜1984						
	4.7936	＋0.6614	−0.1049	0.6517	10**	1.425**
	(2.720)*	(4.521)**	(−0.710)			＞ dU
(d) 第Ⅲ期　t ＝1985〜1994						
	−9.9820	＋1.8157	−0.0832	0.9566	100**	1.159**
	(−3.217)*	(8.429)**	(−0.804)			dL ＜，＞ dU

注：カッコ内は T 値。* 5％水準で有意，** 1％水準で有意
$D.W$ ：** 1％水準で，＜ dL 自己相関アリ。＞ dU 自己相関ナシ。dL ＜，＞ dU 検定不能。

期とも非有意であるのみならず，第Ⅰ期では−0.35，第Ⅲ期では−0.08 であって極めて小さいことである。

先ず，価格弾力性 β は負値であるべきだが，1より小さく非弾力的であるため輸入価格が低下するときでも輸入金額は反って減少し，名目輸入依存度 M/Y を低下させることになる。他方実質輸入量は増加し，実質輸入依存度 m/y を高めることになるのである。

次に所得弾力性の α は，われわれの推論する通り「生産体系輸入」であるならば，産業別輸入中間財投入係数と産業別シェアの構成比変化によって決まる。α の値が第Ⅰ期の 1.14 から第Ⅲ期の 1.82 に高まったのは，輸入中間財の内容が，食料と粗原料という一次産品から加工原料さらに資本財（機械類）へと多様化し高度化したためである。第Ⅲ期では製品消費財の輸入シェアが増加したことも，需要体系輸入理論の示すとおり，第Ⅲ期の α を大きくした。

価格弾力性 β の絶対値も所得弾力性と同様に高まるべきはずであるの

に，−0.35から−0.08へ反って小さくなったのは不思議である。いずれも非有意であるからβの絶対値の変化を問題にしなくてもよいのかも知れない。

寄与率（contribution ratio）を計算してみると，第Ⅰ期の実質輸入量mの変化の88%までが所得効果，残りの12%が価格効果に基づくことになる。第Ⅲ期では92%が所得効果，残りの僅か8%が価格効果に基づくことになる。

この結果はいったい何を意味するであろうか。第1に，第Ⅰ期でも第Ⅲ期でも大幅な相対輸入価格の低下があった（既述）にもかかわらず，輸入品対国産品の選択（switching）には殆ど影響を与えなかった。市場の価格メカニズムは余り働かなかった。こう判断してよい。しかも輸入自由化が進展し，選択の範囲が広がった第Ⅲ期において（第Ⅰ期にくらべ）価格弾力性は反って小さくなり，価格効果の寄与率は減少しているのである。

そうすると第2に，所得効果が圧倒的（predominant）であるということは，必要最小限の輸入が主に数量的に，技術的投入産出関係に立脚して，決められたということである。これは輸入品の大部分が生産の始発力になる中間財である場合に成立する。つまり，「生産体系輸入」であることを反映しているのである。

所得弾力性が第Ⅰ期の1.14から第Ⅲ期の1.82へ上昇し，所得効果の寄与率が88%から92%へ高まったのは，中間財の内容が初期の食料，原燃料中心から加工原料，さらに資本財（機械類）へと多様化し高度化したことに基づく。しかしこのことは輸入依存度（名目・実質とも）の水準を反って低くしたことを留意しておかねばならない。価格効果の寄与率は僅小であったけれども主に中間財の輸入価格が大幅に低落するという貿易利益を享受しつつ日本経済は加工工業化を推進することができた（既述）。輸入価格低下の実質的貢献は多大であった。

要するに，ミニマムの中間財輸入に限るという「生産体系輸入」であったが故に，所得（数量）効果が圧倒的になったと判断したい。逆に消費者の自由な選択に任される「需要体系輸入」であったならば，価格弾力性ならびに価格効果の寄与率はもっと大きくなるべきはずである。消費財の輸入シェアが増した1985年以降の近年において，それらが反って減少しているのはむしろ不思議と言うべきである。

投入中間財であるなら，生産の始発力，起動力になるのであるから，GNP（ここでは国民総生産）の変化に時間的に先だって，輸入量が変化するはずである。それが生産体系輸入である。逆に需要体系輸入であるならばGNP（ここでは国民所得）の変化と同時に或いは一期遅れて変化するはずである[12]。このことを検証してみたい。

試みに，実質輸入量 m が，説明変数 y と P に1年先行して変動するという輸入関数（これを生産体系輸入関数と呼ぶ）と，逆に m が y と P に1年遅れて変動する需要体系輸入関数とを計測し，no time lag の場合と比較してみた。これが表4.5である。ただし time lag を入れるため1953（52でなく）～1973年と，1985～1993年（94でなく）を，それぞれ第Ⅰ期，第Ⅲ期とした。

いずれの期についても，(1) 生産体系輸入の所得弾力性 α は no time lag の場合より大きくなっている。(1′) 逆に需要体系輸入の所得弾力性は小さくなっている。

(2) 価格弾力性 β の符号は生産体系輸入では両期ともプラスになっている。(2′) no time lag の場合は第Ⅰ期ではプラス，第Ⅲ期ではマイナス（＋0.03と－0.05でいずれも無視しうる程のものだが）であった。需要体系輸入では，第Ⅰ期－0.54，第Ⅲ期－0.26と，正常な形の価格弾力性が検出されている（ただし非有意である）。

(1) の点は，日本の輸入は生産体系輸入が圧倒的に多かったというわれわれの主張をサポートすることになる。(2) および（2′）についてはこう解釈してよいであろう。価格が低下すれば需要が増加するという需要体系輸入ならば，マイナスの価格弾力性になる。だが生産体系輸入の視点から見れば，輸入中間財の1年後の（相対）価格変動は予測し難いし，輸入決意の考慮外である。計測された価格効果は単なる結果にすぎない。そのため正常なマイナスの符号でなくプラスの価格弾力性になったのであろう。投入産出の技術係

12）　こういう問題提起を田中教授が始めて行った。田中喜助『日本の国際収支』早稲田商学第259号（1976. 9）。Kisuke Tanaka, "The Dependence on Imports of The Manufacturing in Japan," *The Waseda Business and Economic Studies*, No.5, 1969.

表 4.5　輸入関数の比較

(A)　1953～1973

(A1)　no time lag $\ln m(t)=\text{const.}+\alpha\ln y(t)+\beta\ln P(t)$

const.	α	β	$Adj.R^2$	F	$D.W$
−3.5332	+1.2994	+0.0271	0.9924	2233**	2.178**
(−1.107)	(8.715)**	(0.082)			$>dU$

(A2)　生産体系輸入　$\ln m(t)=\text{const.}+\alpha\ln y(t+1)+\beta\ln P(t+1)$

const.	α	β	$Adj.R^2$	F	$D.W$
−5.5031	+1.3784	+0.2339	0.9877	806**	2.166**
(−3.344)**	(18.191)**	(1.309)			$>dU$

(A3)　需要体系輸入　$\ln m(t)=\text{const.}+\alpha\ln y(t-1)+\beta\ln P(t-1)$

const.	α	β	$Adj.R^2$	F	$D.W$
2.1818	+1.0389	−0.5457	0.9882	837**	2.282**
(0.667)	(6.565)**	(−1.684)			$>dU$

(B)　1985～1993

(B1)　no time lag $\ln m(t)=\text{const.}+\alpha\ln y(t)+\beta\ln P(t)$

const.	α	β	$Adj.R^2$	F	$D.W$
−10.1092	+1.8139	−0.0475	0.9547	85**	0.673*
(−3.316)**	(8.577)**	(−0.446)			$<dL$

(B2)　生産体系輸入　$\ln m(t)=\text{const.}+\alpha\ln y(t+1)+\beta\ln P(t+1)$

const.	α	β	$Adj.R^2$	F	$D.W$
−16.3305	+2.2444	+0.1072	0.9945	730**	1.996**
(−14.119)**	(29.266)**	(1.854)			$>dU$

(B3)　需要体系輸入　$\ln m(t)=\text{const.}+\alpha\ln y(t-1)+\beta\ln P(t-1)$

const.	α	β	$Adj.R^2$	F	$D.W$
−1.5280	+1.2191	−0.2618	0.9309	35**	1.063**
(−0.406)	(4.647)**	(−2.173)			$dL<,\ >dU$

注：表 4.4 と同じ

数から見て必要とされる投入中間財の輸入量を確保することが優先事項とされ，価格考慮は第二義的にされたのである。結果として価格弾力性の符号がプラスであるということは，（相対）輸入価格が低下すると予測した時に輸入量を減じ（買い待ち），逆に輸入価格が騰貴すると予測された時に輸入量を増す（買溜め）という非正常な行動をしたことになる。

time lag を 1 年でなく，四半期データに基づき適正な lag を求めるべきであるとか，causality（因果関係）テストの方法で検討すべきである[13]とかのサジエスションを得ている。今後の研究課題としたい。

V　輸出行動

日本の輸出行動について簡単に触れておきたい。ここで強調したいのは，日本の輸出は「生産体系輸出」であって，通常検出される「外国需要輸出」とは異なるという点である。

通常の輸出関数は，需要体系理論に立脚し，日本の輸出は諸外国（世界）の日本品への需要に左右されて決まるものと見る。それ故「外国需要輸出」と名づけよう。

次のような計測がある。第1に[14]，

$$\ln(\text{世界実質輸入}) = -9.82 + 1.387\ln(\text{OECD の実質 GDP の合計})$$
$$(-20.4)\quad(26.3)$$

$R^2 = 0.984$

期間　1976〜1988年次データ。

これは世界諸国の日本品輸入需要は，OECD 諸国の GDP で代表させた世界所得によって決まるとみるのである。その所得弾力性は 1.4 である。

第2に，南亮進教授によるものがある。すなわち，

$$\overset{E}{\ln\left(\frac{\text{日本の}}{\text{実質輸出}}\right)} = \text{定数} + \alpha \overset{T_W}{\ln\left(\frac{\text{世界貿}}{\text{易指数}}\right)} + \beta \overset{P_E R / P_W}{\ln\left(\frac{\text{日本の輸出価格}\times\text{為替相場}}{\text{世界の輸出価格}}\right)} \qquad R^2 \quad D.W.$$

	定数	α	β	R^2	$D.W.$
1952〜1970	12.262	+1.750	−3.434	0.998	1.28
	(57.49)	(18.52)	(6.21)		
1971〜1988	10.585	+1.594	−0.352	0.963	0.69
	(308.00)	(10.39)	(1.96)		

世界貿易指数をもって世界の日本品需要を示す変数としたものである。そして次のような解釈を与えている[15]。

13）Granger test とか Sims test などがある。次を参照。Rati Ram, “Causality between Income and Government Expenditure: A Broad International Perspective,” *Public Finance,* No.3, 1986.

14）日本開発銀行『調査』第154号（1991.9），p.74。

15）南亮進『日本の経済発展』第2版，東洋経済新報社，1992，p.179。

1952〜70年：各国で高度成長が現出し，したがって海外市場が急激に拡大した。比較的平穏な国際政治情勢，ケネディ・ラウンド（1967〜71年）による関税引下げというような制度的要因も，この傾向に拍車を掛けた（T_Wの成長率は6.9%）。この時期に所得弾力性が大きい造船・車輌などを大量に輸出し，所得効果を十分に享受することができた。輸出競争力（$P_E R / P_W$）も強化されたが，価格効果はごく小さいものにとどまった。Eは15.8%という驚異的な成長率を記録した。

1971〜88年：T_Wの成長率は各国の景気後退によって4.6%に落ちた。しかしわが国は強力に生産合理化，産業構造の転換に努めた結果，円相場・賃金・輸入原燃料価格の上昇にもかかわらず，輸出競争力は強化された。1985年を100とする$P_E R / P_W$はこの期間に166から129へ低下した。その結果，前の時期に比べて価格弾力性が大幅に低下したにもかかわらず，価格効果はプラスに作用した。かくして日本の輸出Eは，かなり高い成長率（7.5%）を記録した。

この解明にはいささか混乱が見うけられる。上の式が日本の「外国需要輸出」を表わすと解するならば，所得弾力性αが正値に，価格弾力性βが負値になるのは正しい。だが南教授の解釈はむしろこれから説明する「生産体系輸出」に立脚しているように推察される。

われわれが「生産体系輸出」と言うのはこうである。日本の輸出は，たしかに諸外国（世界）の日本品需要に影響されるのであるが，そのことよりも，日本企業が外国需要にミートすべく産業構造と輸出構造を次つぎに多様化し高度化してきたこと，ならびに低廉な中間財輸入を起動力とし，かつあらゆるコスト・ダウンの合理化につとめ輸出価格引下げに成功したことの方が，より大きな輸出の決定要因になった。つまり「生産体系の発展・充実に伴う輸出拡大」なのである。1971年以降の大幅な円高化にもかかわらず，日本の輸出が急増し，大幅出超をもたらしていることはこのような「生産体系輸出」という考え方に立脚してのみ正当に解釈できるのである。

われわれの1952〜1994の全期間について計測した輸出関数は次のとおりである。

$$\ln x(t) = \text{const.} + \alpha \ln y(t) + \beta \ln P(t)$$

(ただし，x= 実質輸出，y= 実質 GNP，$P=P_x/P_d$ ：相対輸出価格)

const.	α	β
−6.8191 +	1.5896 +	−0.1153
(−3.661)**	(17.647)**	(−0.713)

$$Adj.R^2=0.9948,\ F=4014^{**},\ D.W=0.620^{*}<dL$$

すなわち，αは輸出供給の生産（GNP）弾力性と解さるべきであるが，それが 1.6 であって，生産の成長につれてその 1.6 倍のスピードで輸出が成長したことを示す[16]。そしてこの生産効果が圧倒的な貢献を果たした（寄与率は 95.6%に達している)。

他方βは，有意でもなく，−0.1 とネグリジブルな値である。このβは輸出供給の価格弾力性であるから，本来プラスの符号をもつべきである。それがマイナスにあらわれたのは，相対輸出価格（P_x/P_d）の低落を上回る輸出生産でのコスト・ダウンがはかられたという「生産性改善効果」をあらわす。その寄与率は 4.4%と僅少である。だがこの国際競争力強化が輸出拡大を支えた実質的貢献は大きい。

輸出関数の背景にある要因のいくつかについて補足説明を加えておこう。

表 4.6 を見られたい。全期間について[17]の実質輸出依存度は 0.31 の上昇傾向をもつきれいな直線になる（$R^2=0.95$）。これに対し名目輸出依存度は $R^2=0.22$ と低い。それは 0.06 とごく僅かだが上昇スロープである。つまり名目でも輸出依存度が上昇傾向をもった点が，名目輸入依存度は下降傾向をもったことと大いに異なる。両者の違いが構造的出超を結果しているのである。

相対輸出価格（P_x/P_d）（これは図 4.4，p.136，に描いてある）は−6.0 という急傾斜の右下り直線となる（R^2も 0.91 で高い)。これが 1972 年以降の円高化とそれを上回る輸出企業の生産性改善，コスト・ダウンの成果を明示

16）生産の充実につれ輸出が増加するのであるから，輸出は生産変化よりも 1 期おくれて変化するかもしれない。逆に輸出が被乗数になるとの「需要乗数」が正しいならば，輸出は国民所得の変化に 1 期先だって変化するかもしれない。この二種のタイムラグを入れた関数を計測してみたが，αの値は no time lag の場合にくらべいずれも殆ど違いがなかった。

17）表 4．6 に見られるように，全期間についての計測結果の方が，3 つの期に分けた場合よりもベターなフィッティングを示している。従って期別検討は省くことにする。

表 4.6　時系列傾向値（輸出）

(A)　全期間　$t=1952\sim1994$

名目輸出依存度 （X＝時価輸出額，Y＝時価 GNP）	$X/Y=\ 0.062035t+\ 8.4677$	$R^2=0.22461$
実質輸出依存度 （$x=X/P_x$，$y=Y/P_d$）	$x/y=\ 0.30936t+\ 0.9382059$	$R^2=0.9519553$
相対輸出価格	$P_x/P_d=-6.01867t+292.11528$	$R^2=0.9117915$

(B)　第Ⅰ期　$t=1952\sim1973$

名目輸出依存度	$X/Y=-0.090118t+\ 7.81818$	$R^2=0.388842$
実質輸出依存度	$x/y=\ 0.20215t+\ 1.8753246$	$R^2=0.918844$
相対輸出価格	$P_x/P_d=-9.87984t+333.13636$	$R^2=0.9547258$

(C)　第Ⅱ期　$t=1974\sim1984$

名目輸出依存度	$X/Y=\ 0.164545t+\ 1.15455$	$R^2=0.275349$
実質輸出依存度	$x/y=\ 0.458181t+\ 1.15455$	$R^2=0.884888$
相対輸出価格	$P_x/P_d=-3.547272t+186.62727$	$R^2=0.604162$

(D)　第Ⅲ期　$t=1985\sim1994$

名目輸出依存度	$X/Y=-0.329090t+\ 22.360$	$R^2=0.594505$
実質輸出依存度	$x/y=\ 0.136363t+\ 8.55091$	$R^2=0.344817$
相対輸出価格	$P_x/P_d=-3.299393t+177.17151$	$R^2=0.840202$

注：データは付録表。

している。

図4.4の（P_m/P_d）カーヴと（P_x/P_d）カーヴの右下りが示すように，国内物価にくらべ，輸入品が相対的に安くなり，さらにそれを上回る率で輸出品が安くなっている。逆に言えば輸出入品にくらべ国内品がかなり大幅に割高になっている。これが近年話題とされている「内外価格差」の問題である[18]。

要するに，加工貿易立国を国是とした日本経済の発展過程では，輸入だけでなく輸出もともに「生産体系貿易」であった。「需要体系理論」に立脚する輸出と輸入は殆ど入りこんでいなかった[19]。このことの発見が重要である。

18)　最も検討に値する文献は次のものである。
Yoko Sazanami, Shujiro Urata and Hiroki Kawai, *Measusing the Costs of Protection in Japan*, Institute for International Economics, Washington, D. C., January 1995.

19)　青木健『太平洋成長のトライアングル』日本評論社，1987年の第2章と第5章が，1980年代の日本の輸入依存度低下の原因を詳しく追求している。私と同じ「生産体系輸入」という考え方といえる。曰く「日本の輸入はむしろ日本経済のダイナミズムを維持するための産業構造の

VI　日本政府の輸入政策

日本の低輸入依存度をもたらした政府の輸入政策，その基礎になった哲学（理論）を振り返って追求し，日本の輸入行動をいかに改変して行くべきか，という政策問題に目を転じたい。

VI. 1　戦前の輸入依存度

先ず戦前の輸入依存度の推移を簡単に振り返って考察しておく必要があろう（本書第3章参照）。

明治開国以来の戦前の輸入依存度[20)]を，スタイライズして描くと図4.5の山型カーブになる。明治初期の6.5%程度から漸増し，1929年の25.2%の最高に達したが，以後逓減に転じたと見られるのである。

第I期（1988～1901年）では輸入依存度は開国と輸出入拡大につれ漸増したが，その水準（期間平均値）は11.1%と低かった。茶や生糸（一次産品に近い）といった国産原料を基礎とする輸出であったため，輸入の必要は少なかったのである。

第II期（1901～6年）は日本経済の第1の構造変動期である。日露戦争をはさんだこの期に近代的工業化がスタートした。その中核は綿工業であった。このため原料と生産設備・機械・技術などの輸入が急増した。

第III期（1906～29年）は繊維工業を中心とする貿易主導の経済成長期で，輸入依存度は上の理由から漸増し，期間平均は20.2%の水準にまで高まっ

変革と国際分業の再編の有力なテコという観点からとらえるべきである。」(p.132)。

なお，中北徹・浦田秀次郎・原田泰「なぜ市場開放が必要なのか」三田出版会，1993は，「サプライサイド強化のための市場開放」(p.11) と言っているが，これも「生産体系輸入」というコンセプトに属するであろう。

直接投資（対外，対内）も日本では，生産体系開放経済理論に立脚して推進されていると言えよう。例えば次を参照。『平成6年版　通商白書』1994，pp.208-9。

20)　私の詳細な研究がある。小島清『日本貿易と経済発展』国元書房，1958の第2章「日本の経済発展と貿易依存度」。同『世界経済と日本貿易』勁草書房，1962の第8章「経済成長と最適輸入依存度」。

図4.5　日本の輸入依存度：戦前

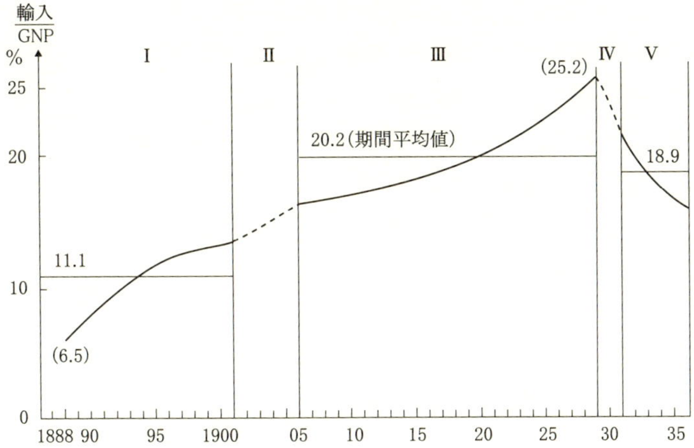

た。朝鮮・台湾という外地からのコメの移入（これも輸入に加算されている）も輸入依存度を引上げることになった。

第Ⅳ期（1929～31年）は2回目の構造変動期である。世界恐慌，関税，為替切下げ戦争に直面して，輸入依存度は激落した。

第Ⅴ期（1931～36年）では輸入依存度は低落を続け，期間平均値は18.9%に前の第Ⅲ期よりも低くなった。なぜであろうか。1930年代に，鉄鋼，造船，化学，電気などかなりの重化学工業化が推進された（その完成は戦後の1960年代まで延期されたが）。この重化学工業化が，世界貿易環境の悪化とも重なって，輸入依存度を低下させた。

ここで注目しておきたいのは次の3点である。(1)繊維工業のごとき輸入コンテントの多い産業が経済成長の主軸になる時期（第Ⅲ期のごとき）には，輸入依存度が上昇する。(2)逆に輸入コンテントの少ない産業への構造転換は（第Ⅴ期がそうであったと思うが）輸入依存度低下に転じさせる。(3)戦前日本の輸入依存度は工業の多様化，高度化という構造変動と，中核になる工業の主に技術的にきまる中間財輸入コンテント率によって，その動向が決められた。すなわち戦前でも生産体系輸入であった。それは通説の需要体系輸入ではなかったのである。

もう一つ注目すべき問題がある。戦前のノーマルな輸入依存度をどれ位と見るかはむづかしいが，かりに第Ⅲ期平均の20.2%をとると，それは戦後1952〜73年平均の10.2%にまで，断層のごとく大幅低下をしたことである。ここに戦時中の統制経済主義に基づく輸入行動原則の樹立という変革があった。いわゆる「1940年体制」の問題である。それが戦後の「低くかつ逓減する輸入依存度」を規定したことにもなる。

VI. 2　1940年体制

野口悠紀雄教授の『1940年体制』が強調するのは次の2点である。第1に，官僚首導の統制経済体制は戦時中の1940年（昭和15年）前後に作られた。第2に，この1940年体制が戦後に連続し，現在もなお生き残っている（したがって改革の必要がある）ということである。同感する点が多い21)。

本章との関連で言えば，国家総動員法（1938年），物資動員計画（1939年），貿易統制令（1941年5月），食糧管理法（1942年2月）などにより，(1) 輸入は必要最小限の一次産品に限ること，つまり「ミニマム中間財輸入主義」，(2) 鉄鋼，機械類（自動車，航空機を含め）は自給できるようにすること，つまり「製品類の輸入代替生産化」そして「フルセット型工業化」の方針が建てられたことである。これらは，諸列強による経済封鎖の下で戦争を闘わねばならなかったことからの必然の措置であった。逆に資源特に石油を求めてアジアへの侵攻がひき起こされたとも言える。

もう一つ重要なことは，(3) 物動計画であって，必要供給量の調達が優先され，価格考慮は全く無視されたという点である。これが今日まで続く，低い（1以下の）輸入の価格弾力性の原因である。石油，鉄鉱石などの資源輸入は「無競争（non-competing）財」であって価格考慮の余地はなかった。消費財にしろ中間財にしろ工業製品はコストを無視して自己生産（輸入代替）が推進された。コメについても同様である。

終戦直後には巨大な率の入超，つまり国際収支の壁につきあたった。都留

21）　野口悠紀雄『1940年体制―さらば戦時経済―』東洋経済新報社，1995。
　同様な指摘として次を注目したい。山本繁綽『日本型政策の誤算―経済摩擦解消のために―』同文舘，1993。

教授は，原料・食糧の国内増産，輸入原料のうち代替できるものの国内生産，原材料利用の合理化などという「国内資源開発主義」を主張された[22)]。この入超は，米国の対日援助と朝鮮動乱特需とによって克服された。

VI. 3　貿易自由化

戦後の日本の貿易自由化はかなり急速に推進された。それは輸入依存度を高める方向に作用すべきはずであった。ところが実際には輸入依存度は低下の傾向をもったのである。

いわゆる「貿易自由化率」は1963年に92%，1972年に97%にまで達した。残存輸入制限品目は農産物が大部分で22品目，鉱産物は石炭だけ1品目，工業品は革および革製品4品目と，計数型電子計算機およびその周辺機械の2品目にすぎない（1975年6月現在)。だが「自由化率」というのは，1959年の輸入額のうち，数量制限が撤廃された輸入品目の割合を言うのである。したがって，1959年当時，例えば銑鉄といった加工原材料，或いはウイスキー，コピー機などが輸入されていなかったわけであるが，それらは自由化率とは無関係であった。

他方，繰返し述べたように，幼稚産業保護育成政策により，次つぎに花形重化学工業の誕生となり，フルセット型工業化が成功した。この間，関税率のエスカレーション構造が維持されたり，付加価値率を高めること，付加価値率のより高い産業へのシフトがスローガンとされた。生産体系輸入という基本方針は貫徹され，輸入依存度は傾向的に低下した。

1969年頃から出超傾向が本格化したので輸入政策の転換がはかられた。鉄鉱石・粘結炭の輸入から銑鉄輸入へ（ボーキサイトからアルミナへ，銅鉱石からインゴットへなども同じ）という粗原料から加工原料（半成中間財）へという中間財輸入へのシフトである。これには公害問題の深刻化も原因していた。かかるシフトも原単位の節約となって輸入依存度を低める結果に

22)　都留重人「日本貿易政策の主要問題点」経済研究，1953.7。
　これに対し中山教授は「貿易第一主義」を主張されたのであるが，これが「加工貿易立国」のすすめであった。例えば，中山伊知郎「この十年—経済—」日本経済新聞，1955.8.15。
　終戦直後期の問題については，次で論じている。小島清『交易条件』勁草書房，1956，pp. 295-318。なおこの本には篠原教授との「交易条件論争」が組込まれている。

なった。

かかる製品（中間財にしろ最終消費財にしろ）輸入拡大の動向は，オイルショックによる資源制約の再認識と一時的入超化のため，不幸にして中断され，ミニマム輸入主義に逆戻りした。そして輸入依存度をいっそう低下させるハイテク産業化に1980年代に入って前進したのである[23)]。

加工原材料，製品中間財（部品），さらに完成消費財など「競争的輸入」が漸く増加し出したのは1986年以降である。それは，大幅な円高化，企業の海外直接投資急増，その活動のグローバル化（特に海外調達，逆輸入）によるところが大きい。そしてかかる「競争的輸入」を拡大するための「規制緩和」（deregulation）がその後の課題となってきているのである。

Ⅶ　日本の市場開放

日本の低い輸入依存度を最適（optimum）な水準にまで高めるべきである。またそれをいかにして実現するかという政策問題に解答を出しうる段階に漸く到達した。

Ⅶ．1　垂直貿易対水平貿易

日本の産業内貿易度（intra-industry trade）が他の先進諸国にくらべ低い，それが日本市場の閉鎖性の証拠であるという非難が出されている。

この産業内貿易度（以下I-指数と略す）というのは，適当に分類した（通常SITCの3桁分類品目）産業i（$i=1, 2, 3, \cdots\cdots n$）について，その輸出額$X$と輸入額$M$との差額つまり出超額ないし入超額が，$i$商品の貿易総額（つまり$X+M$）に対してどれ位になるかを示す。すなわち（下添字$i$を付すべきだが省く），

23）小島清・小宮隆太郎編『日本の非関税障壁』日本経済新聞社，1972の拙論は日本の輸入規制が，輸入数量制限だけでなく外貨割当てとの双方によって「水ももらさぬ」タイトなものであったことを詳論している。1979年末の「外国為替および外国貿易管理法の改正」によって，始めて本格的自由化に前進したと言える。

$$Ia = (X-M)/(X+M) \tag{1}$$

である。このａ方式では，$X=M$ ならば Ia 指数はゼロとなり，最も産業内貿易度が高いことになる。$X>M$ すなわち出超ならばプラスに，逆に $X<M$ すなわち入超ならばマイナスに，Ia 指数はなる。また X と M の差額が大きい程，指数 Ia は，（１以下であるが）より大きい値になる。結局 Ia は産業ごとの輸出入不均衡率を示すわけで，産業内貿易度というよりは，産業内純輸出比率（マイナスの場合は純輸入比率）と言った方が良い。

不均衡度が大きい程，指標が１以下ではあるが大きくあらわれることを避けるために，次のように修正する。すなわち，

$$Ib = 1-(X-M)/(X+M) \tag{2}$$

このｂ方式では，指数 Ib が１に近いほど産業内貿易が進んでいることを示す。

さらに出超はプラス，入超はマイナスにあらわれることを避けるために，次のように修正された。$X-M$ の絶対値を分子におくのである。

$$Ic = 1-|X-M|/(X+M) \tag{3}$$

これが最も代表的とされるグルーベル＝ロイド[24)]指数である。

一国全体の産業内貿易度指数を求めるには各 i 産業ごとに求めた Ic 指数を集計せねばならないが，単純平均によるものと，各産業のシェアに応じて加重平均を求める方法とがある。

産業内貿易度指数の算定についてはいくつかの問題がある。第１に，分類する産業 i のとり方によって結果が異なってくる。SITC の３桁よりも細い

---

24)　Grubel, Herbert and P. J. Lloyd, *Intra-Industry Trade*, London, Macmillan 1975.
「産業内貿易」については実に多数の文献がある。規模の経済＝長期的費用逓減が独占行動，strategic trade policy を生むので，それとの関連でも理論的究明が進められている。ここでは次の日本についての実証文献だけをあげておく。

Sazanami, Yoko, “Possibilities of Expanding Intra-Industry Trade in Japan,” *Keio Economic Studie*, Vol.18, No.2, 1982.

佐々波楊子『国際分業と日本経済』東洋経済新報社，1980。

Fukasaku, Kiichiro, “Economic Regionalisation and Intra-industry Trade : Pacific Asian Perspective,” OECD Development Centre *Technical Paper*, No. 53, February 1992.

佐野玉雪，『産業内貿易の実証分析』国際基督教大学大学院行政学研究科修士論文，1991. 1。

日本開発銀行『調査』第148号（1991. 3）「国際水平分業の進展と主要国産業のダイナミズム」。

分類にすると産業内水平貿易は余り進んでいないことになる。これはそもそもいかなる目的のために産業内水平貿易度を求めるのかという根本的問題（後述）と連なってくる。第2に，一国の総輸出と総輸入の間に，大幅な出超あるいは入超というアンバランスがある場合に，それが均衡している場合とくらべ，結果は違ってくる。

このような問題が残るが，算定された産業内貿易度の若干を挙げると表4.7のようなものがある。

表4.7aは木村・小浜両氏がSITC 3桁の101品目について計算された方式*Ic*のグルーベル・ロイド指数である。1991年で見ると，米国は66.0％と産業内貿易がかなり進んでいるのに，日本は35.1％であって，米国の半分位と低いのである。

表4.7bはドーンブッシュが計算したものであるが，厳密な産業内貿易指数ではなく，商品別の輸出／輸入比率である。つまり指数が0のときには輸入だけという完全片貿易であり，指数が大きく1に近づくほど，輸出すると同時に輸入もするという，双方貿易が多くなったことを示す。*Ib*方式に近いが，それよりももっと簡単なものである。調査年次が指摘されていないが1990年頃であろう。ドーンブッシュは，日本の双方貿易度が，例えば自動車で僅かに0.17と低く，ドイツ（0.71）にくらべても，さらに韓国（0.91）にくらべてもはるかに低いことが，日本市場の製造品についての閉鎖性を反映していると非難しているのである。たしかに閉鎖性が原因の一部であろう。だが韓国の方が日本より，またドイツよりも高い双方貿易度であるのは，自動車生産についての比較優位度が韓国は未だ低いことの結果であるかもしれない。逆に韓国の比較優位の強い繊維では0.33であって，日本の0.36よりも僅かであるが低い。

とまれ，産業内貿易度は，厳密なものであれラフなものであれ，その大小が何を意味するのか，高い方が何故望ましいのか，その決定因は何なのかといった問題をもっと深く究明してみなければならない。

表4.7a　日米の産業内貿易指数（対世界）

	1962	1970	1980	1987	1991
日　本	27.2	32.8	26.7	28.0	35.1
アメリカ	42.9	57.2	63.0	59.5	66.0

資料：アジア経済研究所，AIDXT（貿易統計データベース）。
出所：木村福成・小浜裕久『実証国際経済学入門』日本評論社，1995，p.47。

表4.7b　製造品の産業内貿易度
（完全片貿易＝0，完全双方貿易＝1）

	ドイツ	韓　国	日　本
完成製造品（全）	0.72	0.72	0.33
機械，輸送機	0.66	0.94	0.25
電気機器	0.89	0.68	0.27
自 動 車	0.71	0.91	0.17
繊　　維	0.90	0.33	0.36

資料：GATT *International Trade.*
出所：Rudiger W. Dornbusch,"The Case for Liberalism," in Dominick Salvatore, ed., *Protectionism and World Welfare,* Cambridge University Press, 1993, p.196.

Ⅶ. 2　垂直貿易から水平貿易へ

特殊商品分類を用いた第Ⅲ節での輸出入構造変動の分析の延長として，表4.8が算出できる。純輸出比率$NX=(X-M)/(X+M)$が分類商品群別にベンチマーク年毎に算出されている。これは方式Iaと同じであるが，細別商品毎の産業内貿易指数を集計したものではないから厳密な産業内貿易指数ではない。むしろ「純輸出比率」(net export: NX) と呼んだ方がよい。なお表4.9は，表4.8よりも細分した23品目について同じ純輸出比率を藤田夏樹氏が算出したものである。良き参考になる。表4.8に基づいていくつかの重要な問題点を指摘してみたい。

純輸出比率NXがマイナスの場合は入超を意味するが，その絶対値が1に近いほど一方的輸入（或いは片貿易という）であることを示す。NXが－0.8以上に－1に近い場合を「完全特化輸入」と名づけよう。同様にNXがプラス値であるのは出超を意味するが，それが＋0.8以上に＋1に近い場合を「完全特化輸出」とみなすことにしよう。絶対値が0.5より小さくなって始めて水平貿易（或いは双方貿易）が進行したと言えよう。そして絶対値が0.2より小さくなって初めて本格的水平貿易だと判定できよう。

$NX=(X-M)/(X+M)=0.5$の場合には，表4.7bのごとき輸出入比率つまりX/Mは，輸入Mが輸出Xの1/3である。$NX=0.2$の場合に漸

く $X/M=1:2/3$ に達するのである。

(i)　表4.8の最初の3商品群は一次産品輸入であり，「完全特化輸入」である。「食料他」の1964年純輸出比率が－0.67であることを唯一の例外とするが，それも1994年の－0.93まで特化度が進んでいる。このことは，一次産品輸入対工業品輸出という垂直貿易（vertical trade）を反映している。

表4.8には，輸入シェア（i 商品輸入額／総輸入額）と輸入依存度（i 商品輸入額／GNP）が示されている（これらは表4.3aと表4.3bから転記したものである）。石油ショックによる攪乱を除くと，一次産品輸入つまり垂直貿易の重要性は大きく減退した。1964年と1994年をくらべると，輸入シェアは67.6%から36.3%へ，輸入依存度で見ると6.69%から2.15%へ，それぞれ低下している。つまり，垂直貿易から，工業品相互間の「水平貿易」（horizontal trade）への移行が進展しているのである。

かかる垂直貿易から水平貿易への転換は重要な意味をもつ。(1) 両種貿易の決定因とかそれぞれが生み出す貿易利益は異なり，両者を基礎づける貿易理論も変遷してきた（それを詳論する余裕がないが）。つまり貿易の役割についての考え方（哲学）の転換を必要とする。(2) 具体的には，日本経済がもっていた「資源輸入の壁」という制約から転向しなければならない。日本経済は一次産品輸入が巨額に必要であるから，工業品は自給自足し，出超を稼がねばならないという考え方を放棄せねばならない。言い換えると，一次産品輸入に限るという「ミニマム輸入主義」から転向しなければならない。(3) 石油で代表されるように，内外コスト差は巨大なものがあり，一次産品はいわば「無競争（non-competing）輸入品」である。その輸入は，日本経済という生産体系を始動させ補完するために技術的に数量的に決まる。価格考慮の余地は少ない（価格弾力性は小さい）。コメのように，輸入自由化し，国内流通の規制緩和をし，輸入を増すべき余地のあるものもあるが，それも純輸入比率（つまり輸入特化度）を高めることになる。

(ii)　それでは工業品どうしの水平貿易が十分に進展したであろうか。先ず製品消費財について見よう。繊維製品が中心である非耐久消費財の純輸出比率 NX 指数は，1964年の0.84という特化輸出（出超）から1974年の－0.34，1984年の－0.25に，入超の水平貿易に一転している。これは望ましい転

表4.8　特殊分類商品群別水平分業度

$X=i$ 財輸出額（百万ドル），$M=i$ 財輸入額（百万ドル）
純輸出比率＝$(X-M)/(X+M)$；　輸入シェア（%）＝i 財輸入額／総輸入額；
輸入依存度（%）＝i 財輸入額／GNP

	X	M	純輸出比率	輸入シェア	輸入依存度
(1)　食料他					
1964	318	1,620	−0.67	20.4	2.02
1974	848	9,244	−0.83	14.9	2.01
1984	1,446	17,783	−0.85	13.0	1.39
1994	1,785	46,410	−0.93	16.9	1.00
(2)　粗原料（除石油）					
1964	191	2,810	−0.87	35.4	3.50
1974	1,100	12,828	−0.84	20.7	2.79
1984	1,249	16,943	−0.86	12.4	1.33
1994	2,466	25,591	−0.82	9.3	0.55
(3)　石油					
1964	0	930	−1.00	11.8	1.17
1974	0	18,900	−1.00	30.4	4.10
1984	0	39,380	−1.00	28.8	3.08
1994	0	27,630	−1.00	10.1	0.60
(4)　加工原料（工業用原材料―粗原料―石油）					
1964	2,809	1,562	0.29	19.6	1.94
1974	21,893	13,851	0.22	22.3	3.01
1984	35,595	41,357	−0.07	30.4	3.25
1994	65,762	70,633	−0.04	25.7	1.52
(5)　資本財（機械類）					
1964	1,718	842	0.34	10.6	1.05
1974	19,497	4,362	0.63	7.0	0.95
1984	79,570	11,326	0.75	8.3	0.89
1994	237,742	48,787	0.66	17.8	1.05
(6)　非耐久消費財					
1964	491	43	0.84	0.5	0.05
1974	688	1,389	−0.34	2.2	0.30
1984	1,907	3,201	−0.25	2.3	0.25
1994	3,196	24,201	−0.73	8.8	0.52
(7)　耐久消費財					
1964	1,031	90	0.84	1.1	0.11
1974	10,416	1,236	0.79	2.0	0.27
1984	48,165	2,731	0.89	2.0	0.21
1994	76,312	23,424	0.53	8.5	0.50

表4.9　日本における純輸出比率の推移

	1951	1955	1960	1965	1970	1975	1980	1985	1990
繊　維	0.96	0.966	0.899	0.855	0.58	0.207	0.066	−0.021	−0.478
木製品	0.913	0.884	0.827	0.447	−0.332	−0.742	−0.819	−0.772	−0.903
他製造業	0.788	0.953	0.896	0.586	0.304	0.118	−0.098	0.017	−0.509
食料品	−0.567	−0.451	−0.498	−0.602	−0.589	−0.773	−0.746	−0.783	−0.887
紙製品	−0.293	0.036	0.18	−0.188	−0.115	−0.077	−0.311	−0.225	−0.274
出版	−0.202	−0.154	−0.229	−0.009	−0.247	−0.409	−0.076	0.185	−0.176
化学製品	0.288	0.268	−0.336	0.139	0.131	0.355	0.124	0.094	0.064
石油製品	−0.977	−0.735	−0.729	−0.525	−0.701	−0.464	−0.716	−0.728	−0.663
プラスチック製品		0.437	0.8	0.798	0.755	0.553	0.457	0.531	0.321
ゴム製品	0.961	0.924	0.936	0.938	0.901	0.681	0.563	0.501	0.267
窯業・土石	0.832	0.865	0.791	0.831	0.722	0.717	0.523	0.474	0.169
鉄　鋼	0.918	0.889	0.044	0.608	0.626	0.886	0.825	0.741	0.992
非鉄金属	0.415	0.511	−0.641	−0.334	−0.524	−0.372	−0.383	−0.567	−0.65
金属製品	0.966	0.851	0.898	0.826	0.786	0.835	0.781	0.752	0.361
他電気機器	0.955	0.533	0.407	0.47	0.399	0.448	0.442	0.522	0.671
民生用電気機械		0.757	0.953	0.939	0.937	0.902	0.918	0.934	0.586
精密機械	0.455	0.492	0.492	0.587	0.376	0.456	0.58	0.579	0.739
他輸送機械	0.141	0.881	0.712	0.768	0.625	0.804	0.508	0.53	0.363
一般機械	0.607	0.119	−0.021	0.242	0.247	0.57	0.692	0.745	0.748
重電機器	0.657	0.049	0.216	0.511	0.49	0.585	0.741	0.735	−0.007
事務用機器		−0.921	−0.914	−0.451	0.521	0.565	0.895	0.955	0.521
電子・通信	−0.186	−0.237	0.453	0.017	−0.153	0.263	0.505	0.744	0.974
自動車	0.282	−0.232	0.805	0.766	0.892	0.91	0.945	0.953	0.971

資料：通商産業省『昭和26−60年産業連関表』1991，同『1990年産業連関表（延長表）』1993。
出所：藤田夏樹『日本の産業調整』，小浜裕久・柳原透編著『東アジアの構造調整』JETRO，1995，p.215。

換である。だが1994年には−0.73と輸入特化に進んでいる。繊維品は性格が一次産品に近づいたのである。

家電機器と自動車（完成車）を主とする耐久消費財では，1964，1974，1984年ではNXは0.8以上で輸出特化品であった。それが1994年には0.53となり，漸く水平貿易化に前進したといえる。

非耐久と耐久の両者を合計した製造消費財輸入は，1964年と1994年の間に，輸入シェアを1.6%から17.3%へ，輸入依存度を0.16%から1.02%へ急増させた。だが1994年でも消費財輸入がこの程度に低いことは，中間財輸入に限りミニマム輸入をするというプリンシプルが働いていることを意味する。製品消費財の輸入に踏み切ったのはごく最近（1994年）にすぎない。このため耐久消費財は1994年以前は輸出特化品であったのである。水平分業化は未だ不十分であり，最適の輸入依存度には達していないと言えよう

(その理由は後述)。

厳密な産業内貿易論の一つによると，産業内貿易は消費多様化の利益をもたらすとされる。すなわち同一目的を達する類似商品であるが，デザインやブランドネームがわずかに違うといった相似的差別化品種 differentiated products がある。この差別化品種につき双方通行（two way）貿易つまり産業内貿易が行われると，消費者選択範囲の多様化（diversification）が実現し，それは双方国の消費者効用を高めることになる[25)]。

これは「需要体系輸入論」の一環である。これを実証するには，産業内貿易の対象とするカテゴリーを厳密に，細い分類に下ろして，定義しなければならない。それは容易なことではない。例えば「輸送機械」という中分類の中には船舶，航空機，自動車，二輪車などが含まれる。「輸送機械」全体では高い産業内貿易指数になる場合でも，航空機だけを取上げると指数はゼロに近くなる。自動車といっても大型高級車と小型車或いは商用車は違った差別化品種なのかという問題が生ずる。さらに「輸送機械」の中には完成車とその部品の両者が含まれるが，両者の間の貿易は産業間垂直貿易なのか産業内水平貿易なのかという問題にも直面する。

そこで，ここでは厳密な産業内貿易ではなく，「工業品間水平貿易」という広いコンセプトを用いることにしたい。だがそれは一次産品対工業品という「垂直貿易」とは大いに異なる。一次産品が内外コスト差が隔絶して大きい「無競争品」であったのに対し，工業品はコスト（価格）差によって左右される「競争品」である。内外価格が同一になるまで貿易が行われるべきである（理論的には)。したがって輸送費を上回る内外価格差が存続する場合には，輸入はまだ最適の規模に達していないことになるのである。

広いカテゴリーの産業（上述の輸送機械のごとき）をとれば，多数の商品が含まれるので，比較優位品も比較劣位品も発生する。また自動車のごとき組立産業において，比較優位の工程部門と比較劣位のそれとが生起する。こうして工業品間水平貿易が喚起されてくるのである。

工業生産においては，大規模生産，学習効果，技術革新など（一括して規

---

25)　次を参照。小島清『海外直接投資のマクロ分析』文眞堂，1984，pp.85-86。

模経済と呼ぶ）に基づき生産費が逓減する。輸出市場を開拓して生産規模を拡大するとコストを引下げることができる。相手の外国企業が別の品種について同様にすれば，自国の輸入品の価格は低下する。つまりお互に規模経済の利益を享受できるようになる。これが私の言う「合意的国際分業」であり，「棲み分け分業」と言ってもよい。

工業品水平貿易において輸入する財が中間財であるならば，それが低廉に入手できるようになることは，その中間財を使用する国内生産がコスト低減，国際競争力増強を果たしうることになる。

これらが「生産体系貿易論」から見た工業品水平貿易の利益に他ならない。

(iii)　上述の解明は製造中間財の輸入についても同様に適用できる。表4．8によると，加工原料の純輸出比率は，1964年の0.29から1994年の－0.04へ変化した。これは加工原料についての水平貿易化が大いに進展し，殆どバランスのとれた双方貿易を達成したことをあらわしている。輸入シェアで見ても輸入依存度で見ても，1984年まで加工原料は大幅に増加した。1994年においてそれらが減っているのは，貿易の重点が次の資本財（機械類）に移ったからである。

資本財の純輸出比率は，1964年の0.34から1984年の0.75まで輸出特化を強めた。それが1994年に0.66になり，ごく近年に水平貿易の方向に踏み出したことを反映している。資本財輸入の重要性も1984年までは相対的に減退したものが，1994年に急増した。

製造消費財と製造中間財（加工原料＋資本財）を合計した工業品（或いは製品）という観点から総括すると次のように言える。

(1)　純輸出比率NXの変化は，日本の産業構造・輸出構造の比較優位の動態的変動を反映している。(a)比較優位産業は輸出特化を強め，プラスのNXの値を大きくした。(b)比較劣位化するに応じて水平貿易に向かい，やがてマイナスのNX値を大きくした。(b)の傾向を示したのが先ず非耐久消費財（主に繊維）であり次いで加工原料（鉄鋼など）である。1984年まで(a)の傾向を示しているのが資本財と耐久消費財（ともに機械類）である。

(2)　資本財と耐久消費財が水平貿易化に向ったのは1985年以降1994年に

かけてである。これには円高化，海外直接投資による部品や製品の海外調達（逆輸入）の貢献が大きい。だが1994年のNXは資本財は0.66，耐久消費財は0.53であって，本格的水平貿易（0.2以下）には到達していない。逆に言えばそれらの輸入はいまだ最適水準に達していない。

(3) 既に第Ⅲ節で指摘したことだが，一次産品輸入に限るというプリンシプルは修正して，製品中間財に移行したのであるが，依然として「ミニマム中間財輸入主義」が1984年頃までは堅持されていた。このため機械類の水平分業化が一番遅れているのである。

相対輸入価格P_m/P_dと相対輸出価格P_x/P_dの分析（図4.4，表4.1，表4.6を見よ）に立戻ってみよう。全期間（1952〜1994）についても妥当するのだが，最近の第Ⅲ期（1985〜1994）に注目してみよう。P_m/P_dは年－3.99の率で低下した。P_x/P_dも年－3.30の率で低下した。円高化と海外直接投資の影響が大きいのであるが，輸入品も輸出品も（つまり貿易可能財）がともに国内財よりも著しい価格低下をみたことは，われわれの「生産体系貿易」の観点から見れば当然の結果であり，工業品間水平貿易の成果であると評価できる。この期間に工業品輸入額（2.85倍）も輸出額（2.32倍）も価格低下にかかわらず急増している。つまり拡大貿易をもたらしている。

しかしながら，P_m/P_dとP_x/P_dがともに大幅に低下したことは，貿易財（輸入可能財と輸出可能財）と国内財との内外価格差が大きく広がったことを意味する。また内外価格が均一になる最適の水準にまで輸入も輸出も十分に行われていないことを物語っている（以上のような分析を各分類商品ごとに，或いは主要単一商品ごとに行うべきであるが，その余裕がない）。

(iv) 「中間財に限るミニマム輸入主義」逆に言えばフルセット工業化による「製品輸入削減主義」の結果，日本の輸入依存度が傾向的に低下したことは，GNPに占める国内財生産の割合が高まったことを意味する。国内財（或いは非貿易財）は外国の競争から隔離されている「無競争グループ」であり，ためにその内外価格差が発生し拡大する。土地や労働のように国際間を移動できないために国内財となるものもある。関税，輸入数量制限などの水際貿易障害や各種NTB（税制，多数の規制，さらに産業・労働組織や競争政策などを含む）によって，本来輸入可能財であるものが国内財に転じているものも多い[26]。

かくていわゆる「規制緩和」が内外価格差を縮小する方向に積極的に敢行されねばならないという問題に到達する。事実，規制の多い財の内外価格差は大きく，規制緩和の進んだ財のそれは縮小してきたとの調査[27]も出ている。規制緩和が成功すれば，輸入はもっと最適規模にまで増大し，工業品間水平貿易が深まることになる。それが期待されている。

(v)　最後に日本の大幅輸出超過の是正という課題がある。出超は商品別水平分業度を，貿易均衡であったならばという状況にくらべ，低くしている。出超とは「稼ぎ以下のくらしをする」ということであり，それだけ得らるべき貿易利益を少なくし，厚生水準を低めている。拡大的貿易均衡を達成するよう輸入を拡大することを目ざすべきである。そこまで増加するのが最適輸入水準である。そうするには，産業ごとにも水平貿易を高め深化することが必要である[28]。

Ⅷ　結論：最適輸入依存度の達成

次の結論（政策勧告）に到達する。日本経済はミニマムでなくオプティマム（最適）輸入依存度（例えば20%程度）を達成すべきである。ここに最適輸入というのは，（輸送費を除いた）内外価格が均一になり，かつ輸入

---

26)　国内財の代表は各種サービスである。家賃，ホテル代，高級レストラン食事代，娯楽費，航空運賃などの割高（外国にくらべて）が目につく。サービス貿易の自由化が必要とされる所以である。(サービス貿易については，多数の文献があるが，次書だけを指摘しておく。佐々波楊子・浦田秀次郎『サービス貿易』東洋経済新報社，1990)。

海外旅行や技術貿易などの盛行に伴ってサービスを含む実質輸入依存度は近年かなり高くなった。例えば，1984年の13.3%から90年の18.5%（最高），92年の16.6%に増加した。ノンサービスの実質輸入依存度（付録表）を3～5%ポイント上回った。ただしこのことをもって日本の輸入依存度は欧米にくらべ十分に高い水準に達したとは言えない。けだし欧米でもサービスを含む輸入依存度は日本と同様にノンサービスのそれより高くなっているからである。本章では無視したが，サービス貿易を含む分析は今後の重要な課題である。

27)　経済企画庁『物価レポート'92』1992。

28)　15年も前から産業内分業を勧めているのが佐々波教授である。佐々波楊子『国際分業と日本経済』東洋経済新報社，1980，特にp.160。

額＝輸出額という貿易均衡を保証する水準の輸入である。

この最適輸入は，市場機構つまり価格の働きによって達成されるべきである。それには貿易・投資の水際自由化だけでなく国内の各種規制緩和・撤廃が必要とされる。だがそれに先立って，輸入行動ないし貿易の役割についてのプリンシプルの転換，考え方（哲学）の洗脳が不可欠である。

第 1 に，日本の貿易はごく最近まで，輸入はロス，輸出はゲインであり，出超は良いことだとする重商主義に立脚していた。追いあげ経済であったために，止むをえなかったかもしれない。この重商主義を一擲し，輸入品を国内で生産するよりも安くかつより多く入手することこそがゲインである。したがって日本市場が閉鎖的であるといった外国の非難（外圧）があるからという理由ではなく，自国の利益になるから積極的に自由化し，最適水準まで輸入を増加すべきである。これが「輸入こそゲインだ」とする自由貿易主義である。このプリンシプルに転向しなければならない。

輸出超過ということは「稼ぎ以下のくらしをする」ことであって，得られるべき貿易利益つまり厚生向上を十分に享受していることにならない。この点も考え直さねばならない。

第 2 に，日本経済は「ミニマム輸入主義」を固執してきた。最初は国産できない無競争財たる一次産品の必要最小限の輸入に限った。次いで工業品の輸入も漸次増すことになったが，中間財輸入に限られ，製造消費財の輸入はごく最近まで開放されなかった。ミニマム輸入主義の反面は，フルセット工業化を推進し，工業品輸入は制限するというプリンシプルであった。かくて輸入依存度は 1950 年代の 12％ぐらいから 1990 年代の 6 ％程度のきわめて低い水準に逓減した。

今や，価格考慮軽視の技術的・数量的「ミニマム輸入主義」を放棄して，最適輸入を達成すべきことは明らかである。巨大な出超が外国から非難されている。それは他国に入超是正の困難を押しつける非国際協調の行動に他ならない。内外価格差を無くするほどの最適輸入を達成することなくしては，日本経済の更なる能率化，成長はありえない。そこまで輸入を増大するのでなくては，外国品の big absorber になりえない。国際環境を良好に維持することはできないのである。

第3に，輸入依存度を最適水準（例えば20%）に引上げるには，一次産品の輸入依存度は1994年で僅かに2%程度に低くなっているから，工業品（加工原料，資本財，製造消費財）について水平貿易を拡大・深化しなければならない。垂直貿易から水平貿易への転換である。工業品は自己生産し，輸入はしない，輸出するだけであるという完全フルセット工業化は修正されねばならない。各産業も平均すると20%程度は輸入すべきであるということになる。

もともと完全フルセット産業体系というものはありえない。必要な一次原料だけでも，次には加工原料や機械設備，部品なども，輸入に依存したのであるから完全自給自足ではない。ただそれが「ミニマム輸入主義」のため技術的・数量的に低い水準に制限されてきたのである。それを価格による選択を十分にとり入れて最適な水準にまで高める必要がある。

平均で産出額の20%程度の最適輸入をすることはフルセット産業体系を崩壊させることにはならない。水平貿易をとり入れたフルセット工業体系という，より効率の高い（輸入による利益が加わるので）「成熟」フルセット産業体系へ脱皮すべきなのである。このことはまた，「加工貿易立国」から「水平貿易立国」或いは「成熟貿易立国」への転進だと言ってもよい。

輸入が最適水準まで増加することは，直接投資による企業の海外進出が急増することと合わせて，日本経済の空洞化，失業の増加をもたらすとの懸念が議論されている。たしかに生産縮小，他産業への転換をせまられる企業もいくつか出てこよう。しかし水平貿易をとりこんだ成熟貿易においては，輸入が増すが同時に輸出も並行して増加し，拡大的均衡貿易を達成するのであるから，日本経済全体としては空洞化とか雇用機会減少は生じない。その間に，経済全体の生産効率が向上し，われわれの厚生が一段と高まるのである。

補論　1990年代の日本貿易

最近（1990年代）の日本貿易の動向についていくつか補っておきたい。

日本経済の開放度（openness）が他国とくらべて依然として低いという事実についてである[29]。

⑴　低い輸入依存度

表4.10のように，日本の（名目）輸入依存度は1993年の5.6%で底をつき，以後，2000年の8.0%までいくらか上昇傾向をもった。だがその水準は8.0%と依然としてきわめて低い。ちなみに米国の輸入依存度は1991年の10.4%から2000年の14.9%に4.5%ポイントも趨勢的に上昇した。日本のに比べ2000年では7%も高いのである。

日本の輸出依存度は常に輸入依存度を2〜3%ポイント上回る。それだけ出超であった。為替レートは1995年の最高85円台から2000年の125円台に割安化した。この円安の刺激もあって，内需不振，輸出頼りによってGNPの停滞的低成長が続いた。GNP成長が停滞的であるため僅かの輸入増加でも，輸入依存度を引上げることになった。その間に，グローバリゼーションの進展とか貿易・投資の自由化とかの影響は殆ど見られなかった。

これに対し米国の輸入依存度の上昇は，大幅入超にもかかわらず進められた，グローバル貿易・投資の自由化と，IT革命ブームに依るものである。そのブームの中断と，2001年9.11の同時多発テロの影響で，米国の輸入依存度は1%ポイント程低下することになった。

表4.11のごとき別の資料から見ても，日本の輸入依存度が，米・欧の先進国にくらべて4%ポイント程低いことは明らかである。キャッチアプ途上の東アジアの輸入依存度が27.2%（1995〜98年平均）と高くかつ上昇傾向にあり，輸出依存度を上回るようになっていることが印象的である。

⑵　アジア・太平洋三角貿易

図4.6はいわゆる「アジア・太平洋三角貿易」を浮かび上がらせている。

---

29)　池間誠・大山道広編著（2002）『国際日本経済論―依存自立をめざして―』文眞堂において，池間誠教授は『依存自立：interconnected independence』なる，日本的新概念を提唱している。即ち「国境を越えた経済活動という国際経済は，それぞれ異なる生産基盤に基づく各国経済の特化による相互依存あるいは相互連結，または相互依存・相互連結の中の特化ということの別表現である。すなわち依存・連結の中の自立，依存自立（interconnected independence）の関係として国際経済を把握することができるのではないか。」（同書，p.ii）。急速な技術進歩，滔々たるglobalization，regionalizationの流れの下で，軍事的安全保障を含めoptimum opennessということが更めて検討されねばならなくなっている。

表 4.10　日・米の輸出・輸入依存度（%）

	日本		米国	
	輸出	輸入	輸出	輸入
1990	9.6	7.9	9.6	10.8
1991	9.2	7.0	10.0	10.4
1992	9.1	6.3	10.1	10.5
1993	8.5	5.6	9.9	10.8
1994	8.5	5.9	10.3	11.5
1995	8.6	6.5	11.1	12.2
1996	8.9	7.6	11.2	12.3
1997	10.0	8.1	11.6	12.7
1998	9.9	7.1	11.0	12.7
1999	9.2	6.9	10.7	13.4
2000	10.1	8.0	11.2	14.9
2001	9.8	8.5	10.7	14.8

出所：財務省『財政金融統計月報』605（2002.9），財務省印刷局。
エコノミスト臨時増刊，2002.6.3。
『米国経済白書　2002』毎日新聞社。

表 4.11　貿易依存度

（輸出入金額の対名目 GDP 比率，%）

	輸出		輸入	
	85〜87年平均	95〜98年平均	85〜87年平均	95〜98年平均
日本	11.4	9.5	7.1	7.0
米国	5.6	9.8	9.1	11.5
ユーロエリア	12.0	11.4	11.5	11.1
東アジア	22.8	25.1	21.6	27.2
NIEs（除く香港）	44.5	38.8	40.5	42.9
ASEAN 4	27.2	39.2	20.1	38.0
中国＋香港	15.0	25.9	19.1	28.3
中南米	12.8	12.1	8.3	13.9
メルコスル	9.6	6.2	5.2	6.7

資料：IMF, *Direction of Trade Statistics.*
日本銀行調査月報，2000.7，p.32。

東アジアは原材料・資本財を輸入し，それを加工して製品を輸出する。東アジアは，日本から1,842億ドルを輸入し，日本へ1,150億ドルを輸出する。692億ドルの対日入超に陥っている。これに対し東アジアは，米国からは

図４.６　東アジアを巡る輸出入規模

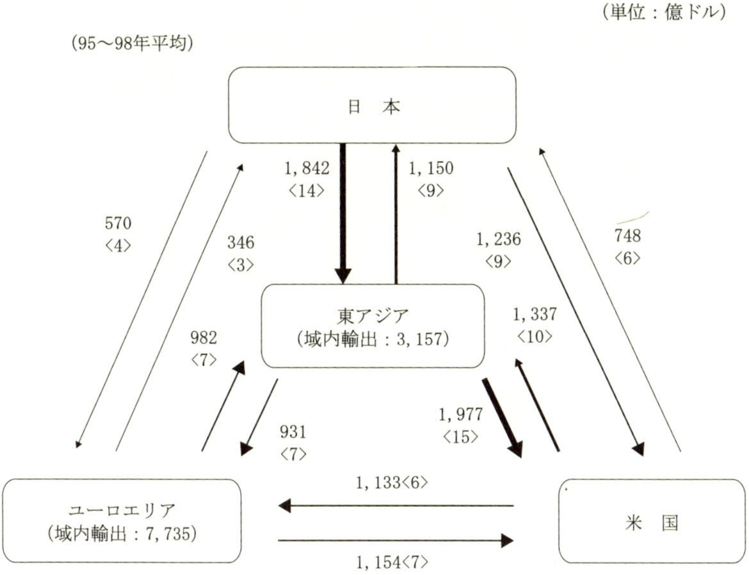

注：東アジアは，NIEs，ASEAN４，中国の９ヵ国。〈　〉内の値は，各地域間の輸出入額合計に占める各地域の輸出（入）額のシェアを表す。
資料：IMF, *Direction of Trade Statistics.*
出所：日本銀行調査月報，2000．7，p.34。

1,337 億ドル輸入し，1,977 億ドル輸出する。640 億ドルの対米出超を稼いでいる。ちょうど対日入超分を米国市場が吸収してくれている形の三角貿易になるのである。米国の市場開放が寛大であるのに対し，日本はそうでない。むしろ閉鎖的である。アジア製品に対し日本はもっと開放的にならねばならない。

なお日本は米国に対しても，輸出 1,236 億ドル，輸入 748 億ドルで，488 億ドルの出超を稼いでいる。このため日本市場開放を求める米国からの圧力が大きいのである。

図４.７は，「ASEAN＋３」のアジア経済圏構想にとって，基礎データを提供している。日本は，中国に対してのみ入超（147 億ドル）だが，対韓

図4.7　東アジアの貿易の流れ（2000年，JETROによる）

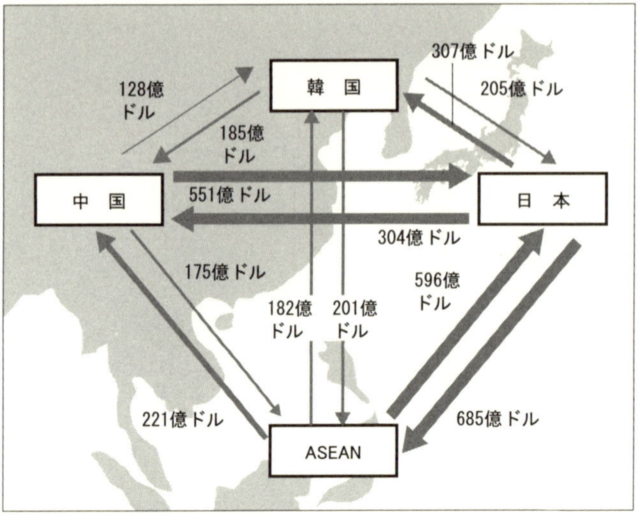

出所：日本経済新聞，2002.11.6。

（102億ドル），対ASEAN（89億ドル）は出超になっている。日本以外の国（地域）の間のインバランスはそれ程大きくない。

⑶　海外直接投資の重要性

日本は対外・対内直接投資を大いに振興したと言われているが，そのopennessは欧米先進国にくらべ未だそれ程高くはない。表4.12のように，海外生産比率（製造業）は1997年で12.4%であり，米国やドイツの半分以下である。特に対内直接投資の開放は遅れており，図4.8に示すように，総固定資本形成に占める流入直接投資の割合はごく僅かである。

表4.12　海外生産比率（製造業）の国際比較（%）

	1990	93	95	97	2001
日　本	6.4	7.4	9.0	12.4	14.3
米　国	26.4	25.0	28.7	29.7	—
ドイツ	20.2	23.3	25.9	32.1	—

注：海外生産比率（製造業）＝現地法人売上高／国内法人売上高
出所：経済産業省『海外事業活動調査』

図4.8　総固定資本形成に占める直接投資の割合

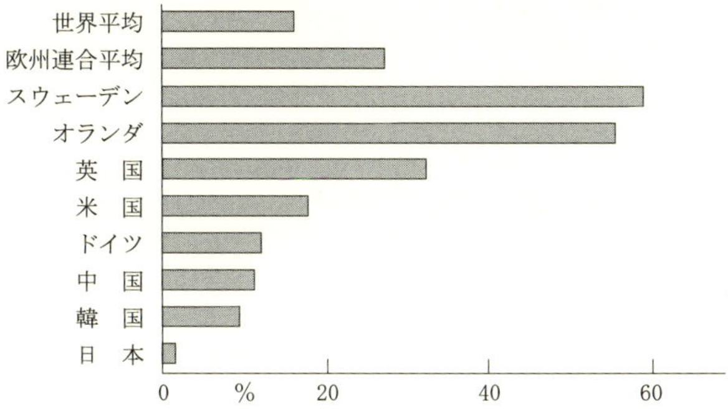

出所：国連貿易開発会議，2000年。

付録表　国民総生産（GNP），輸入，輸出データ（1952～1994）

暦年	(1) 名目GNP (億円)	(2) GNP デフレーター (1985=100)	(3) 実質GNP 1985年価格 (10億円)	(4) 輸入額 (通関) (億円)	(5) 輸入物価指数 (1985=100)	(6) 実質輸入額 (4)/(5) (億円)	(7) 名目輸入依存度 (4)/(1)(%)	(8) 実質輸入依存度 (6)/(3)(%)	(9) 相対輸入価格 (5)/(2)(%)
1952	60,513	21.8	27,809	7,304	43.2	16,907	12.1	6.1	198.2
1953	69,654	23.4	29,807	8,675	38.3	22,650	12.5	7.6	163.7
1954	77,924	24.6	31,729	8,638	37.5	23,034	11.1	7.3	152.4
1955	86,236	24.8	34,715	8,897	38.0	23,413	10.3	6.7	153.2
1956	97,260	25.9	37,604	11,627	38.7	30,043	12.0	8.0	149.4
1957	110,803	26.4	41,929	15,421	40.0	38,552	13.9	9.2	151.5
1958	115,219	26.5	43,457	10,919	34.9	31,286	9.5	7.2	131.7
1959	129,263	27.0	47,919	12,958	33.0	39,266	10.0	8.2	122.2
1960	154,992	28.0	55,293	16,168	33.0	48,993	10.4	8.9	117.9
1961	191,255	30.0	63,726	20,918	33.2	63,006	10.9	9.9	110.7
1962	211,992	30.9	68,586	20,291	32.3	62,820	9.6	9.2	104.5
1963	244,640	33.1	73,849	24,251	33.4	72,607	9.9	9.8	100.9
1964	288,379	34.1	84,450	28,575	33.8	84,541	9.9	10.0	99.1
1965	317,869	36.3	87,571	29,408	33.0	89,115	9.3	10.2	90.9
1966	368,213	38.2	96,510	34,282	33.3	102,948	9.3	10.7	87.2
1967	435,690	39.8	109,544	41,937	33.5	125,185	9.6	11.4	84.2
1968	515,991	41.2	125,145	46,754	34.2	136,707	9.1	10.9	83.0
1969	596,696	42.5	140,259	54,085	34.8	155,416	9.1	11.1	81.9
1970	707,088	45.7	154,742	67,972	35.5	191,470	9.6	12.4	77.7
1971	792,577	46.8	169,294	69,100	36.1	191,412	8.7	11.3	77.1
1972	906,202	48.9	185,364	72,290	34.8	207,729	8.0	11.2	71.2
1973	1,124,409	55.2	203,843	104,044	38.9	267,465	9.3	13.1	70.5
1974	1,339,217	66.1	202,735	180,764	72.4	249,674	13.5	12.3	109.5
1975	1,478,738	71.9	205,665	171,700	74.3	231,090	11.6	11.2	103.3
1976	1,656,947	76.5	216,595	192,292	78.9	243,716	11.6	11.3	103.1
1977	1,843,682	80.0	228,086	191,318	74.6	256,458	10.4	11.2	92.3
1978	2,027,079	84.5	239,762	167,276	62.4	268,070	8.3	11.2	73.8
1979	2,188,941	86.3	253,509	242,454	76.4	317,348	11.1	12.5	88.5
1980	2,400,985	90.8	264,352	319,953	105.0	304,717	13.3	11.5	115.6
1981	2,574,165	93.9	274,061	314,641	106.7	294,883	12.2	10.8	113.6
1982	2,706,693	95.8	282,512	326,563	115.1	283,721	12.1	10.0	120.1
1983	2,820,782	96.7	291,667	300,148	106.1	282,891	10.6	9.7	109.7
1984	3,010,482	98.5	305,697	323,211	102.5	315,327	10.7	10.3	104.1
1985	3,215,559	100.0	321,533	310,849	100.0	310,849	9.7	9.7	100.0
1986	3,358,378	101.8	330,022	215,507	64.2	335,680	6.4	10.2	63.1
1987	3,504,789	101.8	344,333	217,369	58.9	369,093	6.2	10.7	57.9
1988	3,737,311	102.2	365,823	240,063	56.2	427,158	6.4	11.7	55.0
1989	3,990,464	104.1	383,448	289,786	60.5	478,985	7.3	12.5	58.1
1990	4,274,692	106.4	401,812	338,552	65.7	515,299	7.9	12.8	61.7
1991	4,544,865	108.5	418,989	319,002	60.6	526,405	7.0	12.6	55.8
1992	4,674,130	110.1	424,497	295,274	56.9	518,935	6.3	12.2	51.4
1993	4,703,530	111.0	423,717	268,264	50.8	528,369	5.7	12.5	45.8
1994	4,731,769	111.2	425,621	281,043	48.0	586,023	5.9	13.8	43.2

出所：大蔵省，財政金融統計月報，国際収支特集，諸号。

付録表つづき

暦年	(10) 輸出額 (通関) (億円)	(11) 輸出物価指数 (1985=100)	(12) 実質輸出額 (10)/(11) (億円)	(13) 名目輸出依存度 (10)/(1)(%)	(14) 実質輸出依存度 (12)/(1)(%) (1985 年基準)	(15) 相対輸出価格 (11)/(2)(%)	(16) 交易条件 (11)/(5) (1985 年基準)	(17) 対ドル為替レート 1 ドル＝円
1952	4,582	79.2	5,785	7.6	2.1	363.3	183.3	360.00
1953	4,589	75.9	6,046	6.6	2.0	324.4	198.2	360.00
1954	5,865	73.4	7,990	7.5	2.5	298.4	195.7	360.00
1955	7,238	72.1	10,039	8.4	2.9	290.7	190.0	360.00
1956	9,002	73.0	12,332	9.3	3.3	281.9	188.6	360.00
1957	10,289	71.2	14,451	9.3	3.5	280.3	178.0	360.00
1958	10,356	66.0	15,691	9.0	3.6	249.1	189.1	360.00
1959	12,443	68.0	18,299	9.6	3.8	251.9	206.0	360.00
1960	14,596	69.1	21,123	9.4	3.8	246.8	209.4	360.00
1961	15,248	66.2	23,029	8.0	3.6	220.7	199.4	360.00
1962	17,698	64.2	27,559	8.3	4.0	207.8	198.8	360.00
1963	19,629	65.7	29,884	8.0	3.5	198.5	196.7	360.00
1964	24,023	66.6	36,092	8.3	3.8	195.3	197.0	360.00
1965	30,426	66.2	45,972	9.6	4.6	182.4	200.6	360.00
1966	35,195	66.0	53,307	9.6	4.8	172.8	198.2	360.00
1967	37,589	66.1	56,838	8.6	4.6	166.1	197.3	360.00
1968	46,698	66.2	70,558	9.1	5.1	160.7	193.6	360.00
1969	57,564	68.0	84,658	9.6	5.4	160.0	195.4	360.00
1970	69,544	71.0	97,991	9.8	5.7	155.4	200.0	360.00
1971	83,928	69.9	119,985	10.6	6.7	149.4	193.6	360.00
1972	88,061	67.7	130,030	9.7	6.7	138.4	194.5	308.00
1973	100,314	74.6	134,404	8.9	6.4	135.1	191.8	271.20
1974	162,079	99.9	162,215	12.1	7.8	151.1	138.0	291.97
1975	165,453	95.9	172,590	11.2	8.1	133.4	129.1	296.77
1976	199,346	95.2	209,397	12.0	9.4	124.4	120.7	296.60
1977	216,481	90.7	238,638	11.7	10.3	113.4	121.6	268.51
1978	205,558	84.7	242,696	10.1	9.9	100.2	135.7	210.44
1979	225,315	93.9	239,974	10.3	9.3	108.8	122.9	219.14
1980	293,825	102.0	288,100	12.2	10.8	112.3	97.1	226.74
1981	334,690	103.2	324,363	13.0	11.8	109.9	96.7	220.54
1982	334,325	107.2	321,178	12.7	11.3	111.9	93.1	249.08
1983	349,093	100.8	346,354	12.4	11.8	104.2	95.0	237.51
1984	403,253	101.4	397,605	13.4	13.0	102.9	98.9	237.52
1985	419,557	100.0	419,703	13.0	13.1	100.0	100.0	238.54
1986	352,897	84.9	415,762	10.5	12.6	83.4	132.2	168.51
1987	333,152	80.6	413,352	9.5	12.0	79.2	136.8	144.62
1988	339,392	78.7	431,125	9.1	11.8	77.0	140.0	128.15
1989	378,225	82.2	459,973	9.5	12.0	79.0	135.9	137.96
1990	414,569	84.0	493,752	9.7	12.3	78.9	127.8	144.80
1991	423,599	79.4	533,211	9.3	12.7	73.2	131.0	134.54
1992	430,123	76.6	561,706	9.2	13.2	69.6	134.6	126.65
1993	402,024	70.5	570,636	8.5	13.5	63.5	138.8	111.18
1994	404,976	68.5	591,267	8.6	13.9	61.6	142.7	102.23

第 2 部

雁行型発展の国際的伝播

第 5 章
雁行型国際的発展伝播：第 2 小島モデル

I 課　　題

わが恩師赤松要博士が 1930 年代央に創唱された「雁行型経済発展論」或いは略して「雁行形態論」が 1980 年代から世界的にきわめて有名になり，flying geese pattern of development 或いは FG-model という言葉が一人歩きするようにさえなった。

本書第 1 章「雁行型経済発展論―再吟味・再評価―」において，雁行形態論の今日までの展開の全貌を再吟味，再評価するとともに，そのモデル化の必要を論じた。

次いで，モデル化の第 1 作として第 2 章，「雁行型国民経済発展」を展開した。これは赤松雁行形態論の基本型（順を追って勃興する一国のキイ産業の一つ一つが，輸入―生産―輸出という雁行型（雁が列をなして飛ぶように）を形成しながら発展するプロセス）と，副次型（一国の産業構造が農業―軽工業―重化学工業―機械工業といった雁行型に従って多様化し高度化するプロセス）とを近代経済学の手法に従ってモデル化したものである。即ち，雁行形態論の「基本型」とは，各産業の「生産の能率化」であり，より資本集約的な生産方法への移行と技術進歩とによって，輸入―生産―輸出の雁行（或いは wave）が実現される。これに対し「副次型」は，より資本集約的な，より高度な技術水準の産業に，順を追って「生産を多様化」することである。したがって，一国の資本蓄積の進展と技術進歩に応じて，資本・労働という生産資源をいかに諸産業に最適に配分するかによって，一国の経済発展の成功が誘導される。そういう，2 財 2 要素のダイナミック資源配分の幾何学モデルをそこに提供してみたのである。方程式モデルにいっそう前進させることが望まれる。

日本が成功した雁行型経済発展が，韓国，台湾などNIEsに，次いでASEAN諸国に，そして中国にと，日本の海外直接投資を媒体として，順次，伝播し，東アジア経済のミラクルとも言われる高速成長を実現させた。東アジア経済の雁行型地域発展である。故大来佐武郎博士の賞揚（1985年）が，雁行形態論をして世界的に有名ならしめた。それは雁行型発展の国際的伝播の局面について（基本型と副次型についてではなく）であった。だがその国際的伝播のプロセスとかメカニズムは，これまで何ら理論的に明らかにされていない。これを究明し，できるならモデル化を試みたいというのが本章のねらいである。

先の第2章における2財2要素のfactor proportions（或いはHeckscher–Ohlin）theoryに立脚する資源配分モデルを2国間に延長適用するのが，本章の基本分析である。だがH–O–theoremを，中間財あるいは技術知識といった第3の生産要素を導入して，3財3要素モデルを組立てる新しい試みがFindlay（1995）やJones（2000）によって果たされている。以下の第II節では，これらの試みをとり入れるべきか否かが先ず検討される。

新しい試みは受けいれないで，2つの便法を講じて伝統的2国2財2要素モデルで考えていくことにしたい。第1に，技術革新や，外国直接投資による技術導入は，生産関数の技術水準を高くする外生的要因であると取扱う。第2に，分析対象とする2財は最終製品であり，その大部分は消費に向けられるが一部分は中間財として輸出に向けられる。そして自国Y財は相手国X産業の中間財として，逆に相手国X財は自国Y産業の中間財として，それぞれ生産に投入されるものとする。消費財か中間財かの区別は事実上困難であるという事情もあるが，こうすることによって2財モデル分析で貫ぬけることになるのである。

このように基本モデルを組立てた上で，同じく第II節で，最適資源配分図（図5.1と図5.2）を用いて，2国2財モデルにおいて，いかなる比較生産費差が貿易開始前のアウタルキー時において発生するかが明らかにされる。

またA国の方がB国よりも資本豊富国であるという所与の資源賦存の下で，各国でどれだけのX，Y 2財（Y財の方が資本集約的）のアウタルキー下の生産量が実現するかが確定される。これら比較生産費差と生産量差とが貿易可能性の大小，したがって静態的貿易利益可能性の大小を左右することになるのである。

第Ⅲ節に進むと，2国の生産諸条件自体が動態的（over-time）に変動した場合のいくつかのケースが検討される。それらが比較生産費構造をover-timeに変え，貿易を拡大する基盤革新（reform or capacity building）をひき起こす。基盤の拡大した比較生産費の下で，増幅された貿易利益が獲得できることになるのである。

先のアウタルキー状態を〈ケース1〉とするが，第Ⅲ節では先ず〈ケース2〉即ち後続国Bの比較優位化産業Xへ先導国Aの多国籍企業の海外直接投資が誘引されて，B国X財生産の技術水準が改善されるpro-trade oriented（順貿易志向的）FDIの効果が吟味される。B国X財の完全特化生産量が著増し貿易が拡大される。

〈ケース3〉では先導国Aの比較優位財Y産業において技術進歩が実現するとする。比較優位が強められ，A国Y財の生産が大幅に増大され，その輸出可能性が拡大し，やはりpro-trade志向の発展が促進される。

〈ケース4〉では，後続国Bで先ず賃金率が引上げられるとする。それはwelfare向上の基盤となる。だがそれは労働集約財Xの相対価格を騰貴させ，その比較優位を弱め，X財の生産量と輸出可能量を少なくする。この逆行的困難を克服するためにはB国は資本蓄積を進め（資本・労働賦存比率を高め），X財生産に完全特化することが勧められる。そうすればB国X財の生産量と輸出可能量がかなり大幅に拡大される。X財の完全特化というピークを越えてさらに資本蓄積が進めば，X財よりもいっそう資本集約的なY財の生産が可能になり，それが比較優位財に転じ，経済発展のキイ（leading）産業が次第にY産業に移っていく。こうして産業構造が多様化し，高度化していくことになるのである。

〈ケース5〉で今度は先導国Aにおいて賃金率の騰貴と資本蓄積の進展が見られるものとする。Y財への完全特化により，その生産量と輸出可能量が著しく拡大する。しかしそれがピークであって，それ以後，より資本知識集約的なZ財へ，経済発展の主軸が移っていくことになる。

第Ⅳ節に入って，生産可能性フロンティア（PPF）と効用無差別曲線群とを用いる伝統的貿易分析手法（図5.4，図5.5）により，次のことが順次解明される。1つは，〈モデル1〉のアウタルキー時にくらべ，生産諸条件は不変のままで，貿易を開始し，貿易均衡に達した場合の自由貿易の静態的効果が明示される。次いで生産諸条件が改善され，貿易基盤が拡大された場合の動態的貿易利益が，先の〈モデル2〉から〈モデル5〉にわたって吟味されるのである。

貿易・直接投資の拡大を媒介として，雁行型発展の国際的（地域的）伝播が生じ，参加経済の好循環的発展がもたらされる（第Ⅴ節）。そのメカニズムの中核の1つは，輸入拡大による有効需要（輸出需要）の相互波及効果であり，「需要乗数」または「輸出乗数」として理論化できる。もう1つは，相手国で低廉に生産できるようになった中間財を相互に輸入しあうことにより，参加国の生産能率が高まることである。これは，「供給乗数」または「輸入乗数」としてモデル化される。

地域の好循環的発展は，自国で比較優位を弱めてきた産業を，直接投資を通じて相手国に移植し，その生産性を改善し，もってその移植産業を相手国の強い比較優位産業に成長させるという「順貿易志向的（pro-trade oriented）直接投資」でなければならない。それと逆の効果をもつ「逆貿易志向的（anti-trade oriented）直接投資」であってはならない。このことが第Ⅴ節で付言される。

他方，地域的には，経済発展の進んだ韓国，台湾から，次にASEAN諸国へ，さらに中国へといった順序で，日本の成功した雁行型発展が東アジアに伝播した。こうして天気図の温暖前線のように，日本の雁行型発展は，産業別には労働集約財から順次より資本・知識集約財に，地域的には発展の進んだ国からより遅れた国へと，順を追って伝播し，「直接投資前線の拡延」をもたらした。このことが第Ⅵ節で解明される。そこでは地域統合の利益との関連も究明されている。

Ⅱ　基本モデル

Ⅱ.1　参照モデル：先行研究

Ronald Findlay (1995), *Factor Proportions, Trade and Growth*, The MIT Press, Cambridge, MA. は2財2要素の典型的 Heckscher-Ohlin モデルに，もう一つ中間財生産セクターとそれに要する specific factor を加えた3財3要素モデルを組立ている。これが H・O モデル延長の一つの型となってきた。

Findlay は生産関数を次のように仮定する。

$$X = F_X(K_X,\ L_X) \tag{1}$$

$$Y = \min\left\{F_Y(K_Y,\ L_Y),\ \frac{Z}{\alpha}\right\} \tag{2}$$

$$Z = F_Z(N,\ L_Z) \tag{3}$$

X 財は最終消費財で，その産出量 X は資本 K_X と労働 L_X を使用する通常の生産関数で生産される。Z 財は中間財（原材料）であって，自然資源（或いは土地）N と労働 L_Z の投入で生産される。この中間財は Y 財の生産に投入されるが，貿易はされない（国際的に不移動）と当分仮定しておく。Y 財は通常の生産関数 $F_Y(K_Y,\ L_Y)$ の他に中間財投入分 Z/α が加わる。α は Y 財単位当りに必要な Z 投入の割合（コンスタント）—中間財投入係数—である。この Y 財は消費されるとともに一部投資に用いられ，K を増加するという consumer-cum-capital good である。Y 財は X 財よりも常に資本集約的であるとする。以上の仮定によって，3財への最適資源配分を決定できる。

2国モデルに拡張して，A 国は資源 N_A の豊富国，B 国は資源 N_B の稀少国とする。3財の技術（生産関数）は両国ですべて同一であるとする。$N_A > N_B$ であるから，同一生産関数の下では $L_Z^A > L_Z^B$ となり，また $Z_A > Z_B$ となる。中間財 Z が多いほどそれを投入する Y の生産が多くなる。即ち $Y_A > Y_B$ となる。かくて L_Z と L_Y も A 国の方が大きいから，L_X，K_X そして

X はA国の方が小さくならねばならない（$X_A < X_B$ となる）。

労働集約財Xの価格を1とし，$P_Y/P_X = p_Y$，$P_Z/P_X = p_Z$ とする。またX財ではかった実質賃金率を W とする。資本資産のレンタル（利子率）を R，土地（N）のレンタルを Q とあらわす。

さて，自然資源（土地）N の豊富なA国ではその価格（レンタル）Q がB国よりも絶対的に低廉になり，それを使う中間財Zの価格 P_Z がB国よりも絶対的に安くなる。しかしこの中間財は貿易されないとする。中間財を使うY財のX財とくらべた相対価格 $p_Y = P_Y/P_X$ が，B国でのそれと比較して（比率の比率），P_Y が割安，P_X が割高という比較生産費差を発生させる。そこでA国はY財の生産を拡大して輸出し（そのためにはZ財の生産も拡大される），代りに労働集約財Xの生産を縮小して輸入する。貿易の結果，財価格比率の中で P_Y はB国と（国際的に）均一になる。しかし貿易されないZ財の価格 P_Z はA国の方が絶対的に安いままにとどまる。

生産要素たる労働 L と資本 K は，国内で産業間を移動できるが，国際的には不移動である。労働集約的X財の生産が縮小され，他産業YとZが拡大すると，（つまり，$(K_X+K_Y)/(L_X+L_Y+L_Z)$ において K_X/L_X のウエイトが減少すると），代りにウエイトが増大する $K_Y/(L_Y+L_Z)$ の値は小さくなる。つまり L への需要は相対的に増加し，K への需要は減少する。そこで賃金率 W_A は騰貴し，利子率（資本の価格）R_A は低下することになる。P_Y が低落しているから，W_A の騰貴は一人当り実質賃金の上昇を意味する。

貿易開始により，相手国Bでは上と逆のことが起る。即ち，労働集約財Xの生産拡大（そして輸出）と資本集約財Yの生産縮小（そして輸入），ならびに中間財Zの生産縮小が起り，賃金率 W_B は低落し，利子率 R_B は騰貴する。資本財でもあるY財の相対価格は国際的に均一になるから，利子率も $R_A = R_B$ になる。だが賃金率は $W_A > W_B$ という絶対的格差が発生し，貿易によってその格差が拡大する。要素価格の国際的均等化（equalization of factor prices）は成立しないのである。これはわれわれも考慮しなければならない（ことに南北問題として）重要な命題である。

Findlay（1995，pp. 168-170）は以上のモデルを次のように延長する。輸送革命（18〜19世紀における鉄道，蒸気大型鉄船，冷凍船などの普及）が運送費を著しく低廉化した（貿易自由化による関税その他の障害の軽減・撤廃も同じ効果をもたらす）。このためバルキーな中間財Z（原材料や穀物・肉類）の国際間移動つまり貿易が可能になった。これに伴い国際取引のfrontierの大変革が生じた，と言うのである。

賃金率の国際的均等化がもたらされるかどうかのFindlayの解明を私は十分に理解できない。しかし「比較優位の逆転」が生ずる（p. 170）との指摘は一応納得できる。先の(3)式により，自然資源N_Aの豊富なA国では中間財ZがB国よりも絶対的に安く生産できた。つまりZの価格は$P_Z^A < P_Z^B$であった。このZ財がゼロ輸送費で貿易されると，両国価格の中間のP_Z^Wに国際価格はきまる。つまりZ財を増産し輸出するA国ではその価格P_Z^Aが前よりも高くなり，Z財を使用する資本集約財Yのコスト（(2)式を見よ）も前より高くなる。逆にB国ではZ財を輸入しそれを減産するので，P_Z^Bが前より安くなり，それを使用するY財のコストが低下する。そのうえ，

$$\frac{K^A}{(L^A - L_Z^A)} \leq \frac{K^B}{(L^B - L_Z^B)} \tag{4}$$

において，$K^A = K^B$，$L^A = L^B$のとき，分母のL_Z^Aは増大し，L_Z^Bは減少するので，第2項の方が大きくなる。つまり工業品X，Y2財の生産に投入しうる資本／労働比率は，B国の方が資本豊富国ということになる。こうであるとB国の方が資本集約的Y財で比較優位をもつことになる。こうして中間財Zが貿易されなかった場合にはB国は労働集約的X財に比較優位をもっていた貿易パターンが，逆転するのである。これは一つの注目すべき結果である。

一つのコメントがある。次のように命題を一般化した方がよいのではないか。即ち運送費低下などに基づき中間財が貿易を通じて低廉に入手できるようになった生産（B国のY財）において，そういう変化が生じなかった他の生産（B国のX財）にくらべ，比較優位をもつようになる。しかしこれはfactor proportions命題に従うものではない。けだし安い中間財が流入するのがB国X財（労働集約財）であるならそれが比較優位を強めることになるからである。日本の臨海高炉製鉄が鉄鉱石・粘結炭の大量低廉輸送によって国際競争力を得たのはその好例である。この論理は技術移転を受入れ

た生産が比較優位をもつようになる，というようにいっそう一般化できるのである。

次にRonald W. Jones (2000), *Globalization and the Theory of Input Trade*, The MIT Press, Cambridge, MA. はFindlayと同じ線をさらに詳しく展開している。先ずFindlayの上述のモデルのように，中間財Zが輸送革命によって貿易されるようになった場合の貿易モデルに必要とされる変化を明らかにする。続いて中間財Zといった生産された投入物（inputs）だけでなく特殊生産要素，例えば技術知識（technological knowledge）が国際的に移動する場合を検討する。MNC（多国籍企業）のFDI（海外直接投資）によってそれが可能になってきた。FDIは貨幣資本，技術，経営スキルなどを一体（package）としてホスト経済に移植するものであるが，その中核的役割は優れた技術（technology）のトランスファーにあると想定する。それは生産技術は言うまでもないが，経営の組織，運営，販売，財務など進出先企業のすべての技術知識を能率化し，改革（reform）させるものである。次節の小島モデルではFDIが進出先生産をより優れた技術（isoquant）へ移行させると表現している。

Jonesは，技術進歩により生産工程分割（fragmentation）が可能になったからであるという（Jones, p. 119）。情報・通信の革命（IT革命）がFDIを加速させた。例えば労働集約財或いは労働集約的工程（部品生産など）は労働豊富な低賃金コストの国際的に最適な場所に立地し，そこへ本国から優れた技術をトランスファーする。そして国際的に生産・販売のネットワークを形成する。こういった多国籍企業の戦略が推進されるようになったのである。

もう少し具体的に言うと，(3)式の代りに

$$Z = F_Z(H,\ L_z) \qquad (3)'$$

とする。ここでHはhuman capitalであって，技術革新を生み出す科学者・技術者・熟練労働者の総称である。Hは教育によって増加される。前述のZは中間財ではなく，今度はR&D（研究開発）サービス或いは「新技術」という生産要素である。いまA国はB国にくらべHが絶対的に豊富で$(H_A > H_B)$，技術革新の比較優位をもっているとすると，新技術ZをB国よ

りも絶対的に安く生産できる。この新技術がX財生産用のもの（Z_X）であれば

$$X = F_X(K_X,\ Z_X \cdot L_X) \cdots\cdots (1)'$$

となって，X財の生産費を低くする。逆に新技術がY財生産用のZ_Yであれば，

$$Y = F_Y(K_Y,\ Z_Y \cdot L_Y) \cdots\cdots (2)'$$

となる。こういった技術水準$Z_i(i=x,\ y)$の違いを2国2財に導入すれば，Ricardoの比較生産費表が求まるわけである。

さらに一歩進めてこの技術Z（一つの所与の生産要素である）がFDIに伴って国際的にA国からB国へトランスファーされるとしよう。新技術を受けいれたB国の産業の能率が高まりコストが低下する。この際，B国のX財生産が比較優位をもっているとする。このB国X産業に新技術Z_Xがトランスファーされれば，B国の比較優位はいっそう強まり，貿易が拡大することになる。これをpro-trade oriented FDIと言う。これに対し比較劣位のB国Y産業に新技術Z_Yがトランスファーされれば，B国Y財の輸入を減らすことになるanti-trade oriented FDIに陥るのである。

II．2　2国2財2要素H−Oモデル

雁行型産業発展が，多国籍企業（MNC）の海外直接投資（FDI）活動を媒体として，国際的（特に，地域的）伝播を成功させるメカニズムを，できるだけ簡単なモデルによって示してみたい。またそれを資源配分box diagramを中心において説明したい（本書第2章参照）。これを順貿易志向的海外直接投資（pro-trade oriented foreign direct investment—略してPROT-FDI—）の小島理論と称する。モデルは基本的にはfactor proportions theory（或いはHeckscher-Ohlin theorem）に立脚するが，これに技術水準Aを加えた生産関数を用いるSolow型成長理論をとり入れている。

2国（先導国AとB後続国B。前者は無印，後者は*を付してあらわす），2財（X財とY財），2生産要素（労働Lと資本ストックK—物的資本と人的資本を含む—）からなるモデルである。これに技術知識水準Aが加わる。Aは有形，無形（intangible）の企業資産，組織から成る企業能力

(entrepreneur) の水準を代表するものとする（小島 1985　第2章，Kojima and Ozawa 1984)。

生産関数は，産出高 Y について書くと次のとおりである。

$$Y=F(K,\ A\cdot L) \tag{5}$$

しばらく A を無視すると，資本 K，労働 L のそれぞれの限界生産力は正（$F_i'>0$），しかしその限界生産力は逓減する（$F_i'<0$）。（$i=L,\ K$）。このため生産関数をあらわす isoquant（等産出量曲線）は原点に向って凸になる。また constant returns to scale が仮定される。これは通常次のコブ・ダグラス型生産関数であらわされる。

$$Y=F(K,\ L)=K^{\alpha}L^{1-\alpha} \tag{6}$$

ここで α は資本シェア，$(1-\alpha)$ は労働シェアである。

完全競争が支配している一つの経済では，賃金率を W，資本のレンタルを R であらわすならば，企業は利潤極大化を目ざして，次の問題を解くことになる。

$$\max_{K,\ L}\{F(K,\ L)-R\cdot K-W\cdot L\} \tag{7}$$

企業は労働の限界生産物が賃金に等しくなるまで労働を雇い，資本の限界生産物が資本のレンタル価格に等しくなるまで資本を投入する（産出物の価格を標準化して1とおいている)。

$$\left.\begin{aligned} W&=\frac{\delta F}{\delta L}=(1-\alpha)\frac{\mathrm{GDP}}{L}\\ R&=\frac{\delta F}{\delta K}=\alpha\frac{\mathrm{GDP}}{K}\\ W\cdot L&+R\cdot K=\mathrm{GDP}\end{aligned}\right\} \tag{8}$$

さて技術係数 A は，パラメーターであって，そのときどきに所与の一定値をとるとするから，これまで述べてきた生産関数の諸性格については影響を与えない。つまり A は外生的に変化するものとする（A は先述の Z_X，Z_Y に相当する)。その原因の解明に諸説がある。ここでは技術進歩により A が大きくなることは，労働 L の生産能率が高まって，あたかも労働量が増えたのに等しいとみなす。即ち，$A\cdot L$ の増大は労働増加的（labor augmenting）技術進歩をあらわす。実際の投入労働量は変わらないから，A の増大分だけ賃金率 W が高まるということになる。後の作図では，資本・労働投入の変化は一本の isoquant 上の均衡点の移動であるのに対し，技術進歩（A の増大）は isoquant 自体が原点に向って近づくというシフトとしてあらわされるのである。

さて，2国2財の生産関数を一つ一つ書くと次のようになる（＊は外国）。

$$\left.\begin{aligned} X &= F_X(K_X,\ A_X \cdot L_X) \\ Y &= F_Y(K_Y,\ A_Y \cdot L_Y) \\ X^* &= F_X{}^*(K_X{}^*,\ A_X{}^* \cdot L_X{}^*) \\ Y^* &= F_Y{}^*(K_Y{}^*,\ A_Y{}^* \cdot L_Y{}^*) \end{aligned}\right\} \quad (9)$$

後述のように輸入中間財 $M_X{}^*$，M_Y を考慮するときには，次のように修正される。

$$\left.\begin{aligned} Y &= F_Y(K_Y + M_X{}^*,\ A_Y \cdot L_Y) \\ X^* &= F_X{}^*(K_X{}^* + M_Y,\ A_X{}^* \cdot L_X{}^*) \end{aligned}\right\} \quad (9)'$$

労働・資本は完全雇用される。即ち

$$\left.\begin{aligned} L_X + L_Y &= \overline{L} \\ K_X + K_Y &= \overline{K} \\ L_X{}^* + L_Y{}^* &= \overline{L}^* \\ K_X{}^* + K_Y{}^* &= \overline{K}^* \end{aligned}\right\} \quad (10)$$

X財をニュメレールにすると，X財とY財の価格比率（相対価格）は $p = P_Y / P_X$，$p^* = P_Y{}^* / P_X{}^*$ である。最適資源配分均衡が達成されると，次のようになる。

$$\left.\begin{aligned} P_X &= 1(W \cdot L_X + R \cdot K_X) / X \\ P_Y &= p(W \cdot L_Y + R \cdot K_Y) / Y \\ P_X{}^* &= 1(W^* \cdot L_X{}^* + R^* \cdot K_X{}^*) / X^* \\ P_Y{}^* &= p^*(W^* \cdot L_Y{}^* + R^* \cdot K_Y{}^*) / Y^* \end{aligned}\right\} \quad (11)$$

国民所得は

$$\left.\begin{aligned} \mathrm{GDP} &= X + p \cdot Y \\ \mathrm{GDP} &= X^* + p^* \cdot Y^* \end{aligned}\right\} \quad (12)$$

支出（需要）関数は

$$\left.\begin{aligned}
X_d &= D_X\left(\frac{\text{GDP}}{L},\ 1\right)\\
Y_d &= D_Y\left(\frac{\text{GDP}}{L},\ p\right)\\
X_d^* &= D_X^*\left(\frac{\text{GDP}^*}{L^*},\ 1\right)\\
Y_d^* &= D_Y^*\left(\frac{\text{GDP}^*}{L^*},\ p^*\right)
\end{aligned}\right\}\quad(13)$$

II．3　基本モデルの幾何図形

以上の基本モデルを，資源配分ボックス（第2章，pp.68-9参照）を用いて幾何図形として表現してみよう。

図5.1は横軸に労働（L），縦軸に資本（K）をはかる。X 曲線は，A国のX財1単位生産のisoquant（等産出量曲線），Y 曲線は同じくA国のY財1単位生産のそれである。両曲線はともに原点に向って凸型であり，一回しか交わらない。生産の要素集約度 $k=K/L$ は，常に $k_X<k_Y$（X財が労働集約財，Y財が資本集約財）であって，要素集約度の逆転は生じないものとする。このことはB国（なるべく小文字の記号で示す）についても等しくあてはまる。即ちB国X財のisoquantは x 曲線，Y財のそれは y 曲線であり，両者は交わらないのみか，互に遠く離れている。

MN 線の傾斜は，A国の $w=W/R$（要素価格比率）を示す。この MN 線に X-isoquantは A 点で，Y-isoquantは B 点で接する。両点が最適生産点である。各点で「L の限界生産力/K の限界生産力」が W/R と等しくなるからである。

MN 線はもう一つ予算線（budget line）の役割を演ずる。A 点でのX財1単位の生産費は，労働で計れば OM，資本ではかれば ON であり，費用と等しい価格で販売される。B 点は同一 MN 線上にあるから，Y財生産費もX財と同一であり，財の相対価格は $p=P_Y/P_X=1$ となるのである。

B国では，x-isoquantに mn なる要素価格比率線が接する a 点が，X財の最適生産点，y-isoquantに $m'n'$ なる同一傾斜の要素価格比率線が接する b 点が，Y財の最適生産点となる。だが $m'n'$ 線は mn 線の1.5倍の生産費がかかることを示している。したがって B 国の Y 財の相対価格は $p^* = P_Y^*/P_X^* = 1.5 : 1 > 1$ となる。これを A 国の $p = P_Y/P_X = 1 : 1$ とくらべたものが比較生産費（comparative costs）である。A 国は資本集約的 Y 財において比較優位をもちそれを輸出することになる。逆に B 国は労働集約的 X 財が比較的割安に生産できそれを輸出することになるのである。

それでは何故このような比較生産費差，$(P_Y/P_X) \div (P_Y^*/P_X^*) = 1 \div 1.5$（A 国 Y 財が割安），が発生するのであろうか。

先ず，Heckscher-Ohlin 理論による回答はこうである。X 財は労働集約的，Y 財は資本集約的であるとき，要素賦存度 $k = \overline{K}/\overline{L}$ において，A 国は資本豊富，B 国は労働豊富であるならば，資本価格が割安な A 国では資本を相対的に沢山投入する資本集約的 Y 財が割安に生産でき，それを輸出することになる。逆に B 国では労働価格（賃金）が割安になるから，労働を相対的に沢山使用する労働集約的 X 財が割安に生産でき，それを輸出することになる。

しかしながら，2 国の要素賦存度差と，2 財の要素集約度差だけに立脚するこのような回答は不十分である。X 財の生産技術（生産関数）が両国で共通であり，かつ要素集約度は X 財と異なるけれども，Y 財の生産技術も両国で共通ならば，比較生産費差は発生しないからである。そして要素価格（比率）の 2 国間（国際）均等化（international factor prices equalization）を実現しうる。ただ 2 財の生産量比率において，資本豊富国は資本集約財をより多く産出し（したがって輸出しうる），労働豊富国は労働集約財をより多く産出（そして輸出）しうるという違いが生み出されるだけである。

そこで本章では，先の (9) 式における技術水準係数 A が 2 国 2 財について異なるという仮定を導入する。つまり比較生産費の発生原因は「技術の差」[1)]になるとするのである。リカァドォの比較生産費例がこれであった。

1） Ricardo（1815）は dexterity（技巧）の差と言った。地下資源，土地の肥沃度，気候，インフラストラクチュアなど「circumstance」（広義生産環境）の差も，この「技術の差」に含まれてよい。労働者一人当り資本装備率が「技術の差」に大きな影響をもつことは言うまでもない。

図5.1において，A国X財のisoquant Xにおける技術水準A_Xを1とすると，Y財の技術水準A_Yはより高く，例えば2であったとしよう。技術水準Aはindexであるからその大小を絶対的に比較してよい。Aが大きい程，生産要素Lの生産性は高まり，財のコストは安くなる。これに対して，後続国Bの技術水準は低い。isoquant xで示されるB国X財生産の技術水準A_X^*は2/3，isoquant yで示されるB国Y財生産のA_Y^*は1/4であるとしよう。isoquantが原点から遠ざかっている程，単位生産コストがより高くなるわけであり，それが技術水準Aの違いに基づくというのである。このような技術水準Aの格差から，A国では資本集約財が割安に，B国では労働集約財が割安に生産できるという財の比較生産費差が発生することは今や明白であろう。Aを「比率の比率」の形で示すと，

$$\frac{A_Y}{A_X} \Big/ \frac{A_Y^*}{A_X^*} = \frac{2}{1} \Big/ \frac{1/4}{2/3} > 1$$

となり，A_Y（A国Y財生産の技術水準）が「技術水準における比較優位」を持つことは明らかである。なお財の比較生産費は上の逆数になる。

後の議論との関係で一点だけ付言しておく。海外直接投資（FDI）によって技術Aが移転されるとする。技術水準の絶対的に高い国から低い国へ移転される[2)]。$A_X > A_X^*$，$A_Y > A_Y^*$であるから，先導国から後続国への技術移転，それによる後続国の技術水準Aの改善・向上がはかられるべきである。逆の流れは考えにくい。どの財に直接投資・技術移転するかが重要な問題となる。両国の技術格差が少ない財の生産（X財）の方が技術移転がやり易い。またそうすると両国間の貿易拡大をもたらす。これが後に詳論する順貿易志向的直接投資（PROT-FDI）である。反対に技術水準の比較優位にあるY財生産について直接投資進出すると，貿易を縮小させる逆貿易志向型（ANT-FDI）に陥る。これが後述の興味ある問題である。

2）私が（Kojima 1987で）比較生産費・比較利潤率対応命題を提出したのに対し，比較利潤率でなく絶対利潤率差で考えるべしとの池本（1980. 3），渡辺（1979. 8），Lee（1987）などの批判をうけた。

II.4　[ケース1]　アウタルキー時

要素賦存を図5.1に導入しよう。A国の$\overline{K_A}$と$\overline{L_A}$の要素賦存点はΛであって，$O\Lambda$線の傾斜が要素賦存比率$\overline{K_A}/\overline{L_A}$を示す。これに対しB国の要素賦存点は$\lambda$であって，$O\lambda$線はA国の$O\Lambda$線よりも緩傾斜である。即ち，A国は資本豊富国，B国は労働豊富国である。こう仮定しておく。

A国では，MN線にX-isoquantがA点で，Y-isoquantがB点で外接する。この両点が，MN線の傾斜で示される要素価格比率$w_A = W_A/R_A$の下での各財の均衡最適生産点である。OA線よりもOB線の方が急傾斜であり，Y財の方がより資本集約的生産であることを示す。資源賦存比率$O\Lambda$線は，両財の要素集約度OA線とOB線の中間にあるから，A国はX，Y両財を生産できる（不完全特化)。$O\Lambda$線にB点が近いほど，Y財への要素配分比率が大きくなる。またA，B両点はともにMN線上にあるから，X，Y両財のコスト比率＝価格比率（$p^A = P_Y^A/P_X^A$）は1：1である。

労働豊富国Bでは，x-isoquantに，mn線なる要素価格比率$w_B = W_B/R_B$がa点で外接する。mn線はA国のMN線よりも緩傾斜であって，$w_A > w_B$，つまり労働豊富なB国の方が（A国にくらべ）賃金率が割安であることを示す。B国X財の最適生産点aが，B国の要素賦存点λと一致するとしよう。ということは，B国はa点＝λ点で労働集約財Xだけを生産する（X財生産に完全特化）ことがベストであることを示している。B国ではY財は，同じ要素価格比率$m'n'$（これはmn線と平行）がy-isoquantにb点で外接する。つまりB国はY財をb点で生産できなくはないが，それは著しく割高な比較生産費（比較劣位）に陥る。故にB国は資本不足のため資本集約的なY財の生産は放棄し輸入に仰ぐ方がよいのである。

資源（要素）配分を正確に示すために，図5.1と同じデータに基づいて，図5.2を描くことにしよう。図5.1のA国の資源賦存比率線$O\Lambda$と同じものを，図5.2の左下のOをA国の原点にとって，OE線として描く。同様に，A国X財の最適生産ベクターOA，A国Y財のそれOBを描く。この両ベクターにそれぞれ平行な線をE点から引く。C点がX財への最適資源配分点，D点（B点と一致）がY財へのそれとなる。constant returns to

図5.1

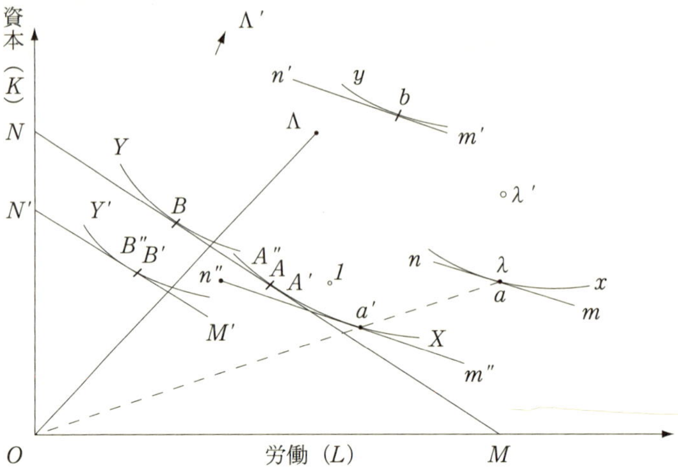

scaleの故に，生産量の大小は生産ベクター上の原点からの距離ではかられる。X財への資源配分はOCで，単位生産費はOAであるから，X財の産出量は$OC \div OA \fallingdotseq 0.64$となる。Y財への資源配分は$OD$であるが，それは単位生産費$OB$でもあるから，Y財の産出量は1となるのである。

B国の資源ボックスを，右上のoを原点にとって，oEを描く。これは図5.1の$O\lambda$と同じものを上下を逆にして，そのλ点が図5.2のE点と一致するように描いたものである。図5.1のλ点はB国X財の最適生産点aでもあった。つまりX財の完全特化生産点でもあった。そこで図5.2のベクターoEは，B国でのX財生産への要素配分量であるとともに，単位生産費でもある。それ故B国X財の産出量は1となる。他方，Y財生産量はゼロである。

以上が，貿易開始前のアウタルキー時におけるA，B両国における最適資源配分であり，それぞれのX，Y2財の産出量は図5.3のケース1のようになる。

要するに，アウタルキー時では，A国は，図5.1のA点でX財を，B点でY財をともに生産する（不完全特化）。その財価格（生産費）比率，

図５.２

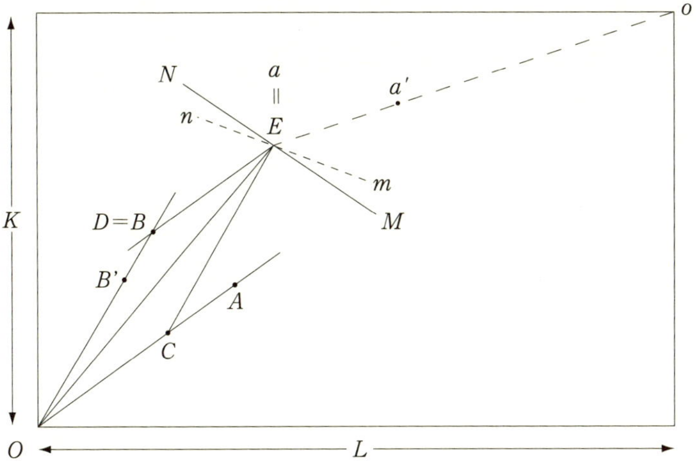

図５.３　産出量

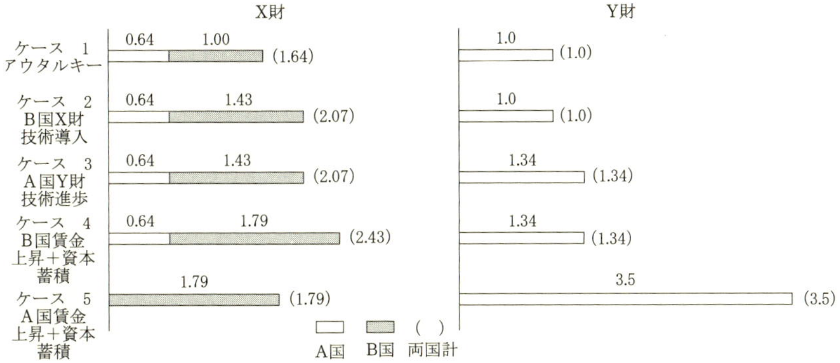

$p^A = P_Y^A / P_X^A$ は１：１であり，B国にくらべY財生産において比較優位をもつ。B国は a 点でX財のみを生産する（完全特化）。そこでA国は，Y財を増産し，X財を減産し，Y財を輸出しX財を輸入することになる。だがどれだけ輸出入するかは需要条件を導入しなければわからない。いかなる世界価格比率（交易条件）で輸出入が均衡するかについては，需要条件の他に，貿易進展に伴う両財生産費の変化をとり入れねばならない。B国側につ

いても同様である。そういった貿易均衡状態を明らかにした上で，貿易利益が把握できることになる。しかしこのような検討は，これまでの最適資源配分分析（図5.1，図5.2のごとき）では不十分である（不可能ではないが，複雑になる)。後の第Ⅳ節で展開するような，効用無差別曲線群＋生産可能性曲線による分析が必要となってくるのである。

Ⅲ　生産基盤の拡充

各国の生産条件（つまり2国2財の4つの生産関数と資本・労働賦存比率）は不変として，貿易を自由化するといかなる変化が生ずるか，つまり「貿易の静態的利益」を究明することができるが，それは次節の課題としたい。いまこの生産諸条件自体が改善されると，国際分業・貿易の基盤ないし能力が増強（capacity building）されて貿易が拡大し，貿易利益が増加し，各国の発展水準が高まることが期待できる。そのいくつかをここで順次検討してみよう。

Ⅲ.1　［ケース2］　B国X財技術導入

その第1が，B国X財（比較優位財）の生産関数が改善されるケースである。

A国X産業（比較優位弱化産業ないし比較劣位化産業）の多国籍企業(イ)から，B国X産業（比較優位化産業）へ直接投資が行われ，完全所有の子会社(ロ)が設立され，X財現地生産が開始されるとしよう。海外直接投資(FDI）の中核は，一体としての経営資源という無形資産（intangible asset）即ち技術知識の移転である。これがB国X財の生産関数$X^*=F_X{}^*(K_X{}^*,\ A_X{}^*\cdot L_X{}^*)$の技術水準$A_X{}^*$を増大（改善）することになる。直接投資を行うのに，貨幣資本の供与（通常この額が直接投資額とされる)，経営・技術指導者の派遣，資本設備や中間財の投入などが必要である。海外生産の起動・運営の取引コストが発生する。しかしここでは資本設備や中間財の投入はA国・B国それぞれの投資のごくマーヂナルなもので，$\overline{K_A}$の減少，$\overline{K_B}$ の増加として表現しなくてもよい程度の大きさであるとしておく。

直接投資によるB国X財の産出量は大部分が現地販売されるが，一部分母国Aへ逆輸入され，残りが第三国へ輸出される。X財は最終財（final goods）であって大部分消費用であるが一部分は他産業Yで使用される中間財であるとする。特に投資母国AへのX財の輸出分は，A国Y産業で使用される部品・コンポーネントなどの中間財であるとする。つまりそれはA国Y産業の域外調達「offshore（or out）sourcing」である。またY財も最終財で，大部分消費用であるが，一部分は先導国Aから後続国Bへ輸出され，B国X財生産のために資本設備や中間財として投入される。それがB国の $K_X{}^*$ に追加され(9)′式のごとく生産関数が修正される。この中間財に体化された（embodied）生産技術がA国からB国へトランスファーされることになる（技術知識の移転は生産技術だけではないことに留意されたいが）。このような中間財貿易が，後に究明する雁行型発展の国際伝播において，重要な連関効果（linkage effect）を発揮することになるのである。

そこで，A国からB国X産業への直接投資が行われると，図5.1において，B国X財生産のisoquantが，従来の x-曲線から，先導国Aと同じ X-曲線にシフトするよう改善されるとしよう。B国の要素価格比率線が不変にとどまるならば，mn 線に平行な $m''n''$ 線が X-isoquantに a' 点で外接する。この a' が新生産点となる。それはB国X財の単位生産費（＝価格）をベクター Oa から Oa' へ（原点 O からはかって）約2/3に低廉化することになる。技術導入によって生産能率化が実現するのである。資本・労働投入比率と要素価格比率は変らないが，資本も労働もともに節約されることになる。

図5.1のB国X財の新最適生産点 a' を図5.2に移画すると，oE 線上の a' 点となる。E 点はB国の資源賦存点（$\overline{K_B}/\overline{L_B}$）であり，同時にX財への以前の完全特化生産点 a でもあった。したがってアウタルキー下のB国X財産出量は1（Y財産出量はゼロ）であった。それが今や生産性向上により，$oE \div oa' = 1.43$ と増加するのである。図5.3に，ケース2として，このB国X財産出量1.43を記入すると，A，B両国合計のX財産出量は2.07となる。結局，直接投資によるB国X財の生産性改善の効果はきわめて顕著であることがわかる。それはまたB国X財の比較優位（即ち国際競争力）

が強まり，貿易を拡大（輸出可能量の増大）しうることになるのである。

Ⅲ. 2　［ケース3］　A国Y財技術進歩

今度は先導国Aの比較優位財Yの生産について技術進歩が実現したとしよう。後続国Bで外国から技術導入がなされた〈ケース2〉と同様の効果が生まれる。技術進歩の原因にはいろいろあり，詳しく究明されねばならない。大企業のR&D（研究開発）による優れた（superior）な生産方法と新製品との開発がある。もう一つ大規模生産化により学習効果（learning by doing）が多くなり労働者の技能（skill）が向上するという規模経済（economies of scale）の利益がある。A国Y財の輸出拡大につれてこの種の生産能率化が刺激される。Adam Smithは*Wealth of Nations*（1776）で，ピン製造工程の分業深化による規模経済の技術的利益を例に挙げたが，それは「市場の大きさ」に依存するとした。これと同様に，自由貿易化に基づく輸出市場の拡大がA国Y財生産での技術進歩を実現させるのである。

具体的に言えば，A国Y産業の生産関数

$$Y=F_Y(K_Y,\ A_Y\cdot L_Y)$$

において，技術進歩により，技術水準A_Yが増大（改善）したとするのである。これを図5.1では，A国Y財生産のisoquantが従来のY曲線から，より原点に近いY'曲線へ移ったとする。技術進歩はこのように生産関数即ちisoquant自体のシフトなのである。技術進歩には数種のタイプが挙げられているが，ここではHicks'-neutralな技術進歩を仮定する。原点から引いたベクターOB線上に，従来からの要素価格比率$M'N'$（MNと平行）の下での，新最適生産B'点が位置する。こうであると要素価格比率も，資本・労働投入係数（要素集約度）もこれまでと変らないで，労働・資本の比例的に前よりも少ない投入によって，1単位のY財を生産できる。従ってコスト（＝価格）が，図5.1では3/4に低められる。生産性は4/3倍に改善し，それだけ実質賃金率が高まることになる。財相対価格$p=P_Y/P_X$は低下し，A国Y財の比較優位が強められるのである。

図5.1で求められるA国Y財の新最適生産点を図5.2に移してB'点とする。不変の要素価格比率（MN線の傾斜）の下での資源配分点は，C点

とB点でこれまで（ケース1とケース2）と変りないので，X財の産出量は不変（0.64）だが，Y財の産出量は$OB \div OB' \fallingdotseq 1.34$と，前よりも増加する。それが図5.3に示される。つまりA国Y財において技術進歩が実現すると，その財の生産性が高まり（能率化），比較優位が強まるので，増産され，輸出可能量が増大するのである。その間に実質賃金率も上昇する。これは望ましいpro-trade志向の経済発展（or成長）である。両国合計の世界にとっても，Y財入手量が増加するわけである。

Ⅲ.3　［ケース4］　B国賃金上昇＋資本蓄積

(i)賃金率の騰貴（それに伴う生産の能率化）と(ii)資本蓄積の進展という経済発展が先ず後続国Bに起った場合の効果を吟味してみよう。B国X財生産に技術導入が行われ，isoquantがx-曲線からX-曲線にシフトした（ケース2）のに続いて，賃金率の引上げ（$w^* = W^*/R^*$をあらわす$m''n''$線よりもいっそう急なスロープの線への変化）（図5.1）が生じたとしよう。要素賦存比率$O\lambda$線はまだ変わらないものとする。この新要素比率線はA'点でX-isoquantに外接するとしよう。ベクターOA'を延長する点1を通りλ'点に達する。（λ'点は後述の資本蓄積が進んだ状態におけるB国の新要素賦存点である）。点1はλ点を通る水平線上にある。B国は点1で労働集約的X財だけを生産しうる。λMなる資本賦存量（$\overline{K}^*$）は点1ですべてX財生産に投入される（完全特化）が，1λなる労働量が未使用（失業）になる。単位生産費はベクターOA'，資源配分量はベクター$O1$であるから，B国X財産出量は$O1 \div OA' = 1.14$となり，ケース2（およびケース3）の1.43よりも減少することになる。（これらのことを図5.2に表示しうるが，図5.2が見にくくなるから，それは省略する）。X財の単位生産費（$P_X{}^*$）は，賃金率高騰のため前より割高になり，比較優位を弱めることになる。

これは，技術導入で改善されたisoquant上におけるより資本集約的生産方法への能率化である。後続国Bが賃金率を引上げると（それは国民福祉向上のため望ましいことだが），比較優位財Xの生産に完全特化しても，若干の失業が発生する。のみならず，X財の生産費＝価格は騰貴し，比較優位を弱める。そしてその産出量（したがって輸出可能量）が前よりも減少することになる。つまり賃金率上昇は貿易拡大を困難にするという矛盾に陥る。したがって賃金引上げを急いではならないのである（本書第2章 p.73以下で詳論した）。

この矛盾を打開する方策は，資本蓄積を進展させることである。いま，外国資本の投入も加わって，B国の資本賦存量 $\overline{K}^*$ は増加し，新要素賦存点が λ' に達したとしよう（労働賦存量 $\overline{L}^*$ は不変として）。このときB国はX財生産に完全特化しつづけ，A' 点が最適生産点であるならば，その産出量は $O\lambda' \div OA' \fallingdotseq 1.79$ と大幅に増加するのである（この産出量を図5.3にケース4として記入した）。結局，資本蓄積の進展を待って，それと対応させつつ，賃金率を徐々に引上げていくことが望ましいということになるのである。

いま，資本蓄積が進んで資本・労働賦存比率線は $O\lambda'$ に達したが，賃金率は引上げられなかったとしよう。前からの（ケース1やケース2の）要素価格比率（mn，$m'n'$，線の傾斜）の下では，B国X財の最適生産点は a' 点（技術導入前では a 点），Y財のそれは b 点であった。今や $O\lambda'$ 線は a' と b の中間を通るので，B国はX，Y両財の同時生産を行うことができる。即ち資本蓄積により産業構造を多様化（高度化）することが可能になるのである。

しかし a' 点でのX財の生産費（P_X^*）にくらべ b 点でのY財のそれ（P_Y^*）は著しく割高（$P_Y^*/P_X^* \fallingdotseq 2$）で，A国の（ケース1や2の）生産費比率（$P_Y/P_X=1$）にくらべ，B国はX財で比較優位，Y財で比較劣位にある。しかしここでB国はX財だけでなく，より資本集約的なY財をも生産するよう多様化するとともに，Y財生産が比較優位をもちそれを輸出できるようになる工業化を推進したいと望むであろう。

$m''n''$ 線の n'' 点はベクター Ob 線上にある。y-isoquant の技術水準が改善されて y' 曲線（描いてない）となり，それが n'' 点で要素価格比率線 $m''n''$ に外接するとしよう。こうなると a' 点でのX財の生産費（P_X^*）と n'' 点でのY財のそれ（P_Y^*）は1：1になる。先導国Aの生産費比率 $P_Y/P_X=1$ と等しくなる。しかし要素価格比率は，A国の MN 線よりB国

の $m''n''$ 線の方がより緩やかであるから，国際的に均一化しない。したがって，労働ではかればB国の方が低実質賃金と言うことになる。

つまり n'' 点は比較優位構造の分岐点（break-even point）であって，B国Y財の技術水準が n'' 点を越えていっそう改善されれば，B国が比較優位産業を今までのX財生産からY財生産へ転じうることを意味する。そうなるには，b 点での isoquant y から n'' 点でのそれ y'（図示してない）へ，さらにそれを越えたものへと，大幅な技術水準の改善を果たさなければならない。その一部はB国自らの努力で果たされるが，大部分は外国からの直接投資による技術トランスファーに期待することになろう。それは容易なことでないし長時間を要するので，機の熟するのを待たねばならない。

分岐点を越えて，比較優位構造がX財中心からY財へ進むことは，「発展の段階移行」である。これが後続工業化国のキャッチ・アプ・プロセス，つまり雁行型産業発展にほかならない。どの開発途上国も段階移行を急ぎがちであるがあせってはならない。能率化→多様化のプロセスを繰返しつつ，より高次な産業へ順を追って一歩一歩，発展段階アップをはかるべきである。

性急であってはならない理由には3つある。第1に，より資本集約的産業をも持ちうるほどに資本蓄積が進展していなければならない。第2に，より高次な産業を，最適規模で運営して引合うのに足る需要（市場）が生まれていなければならない。第3に，高度な技術を受けいれうるよう，技術者，経営者，熟練労働などが育成され，かつ関連企業，運輸・通信・金融などのインフラが整備されねばならないからである。

Ⅲ. 4　［ケース5］　A国賃金上昇＋資本蓄積

後続国に追い上げられ乍ら，地域経済発展の先頭を切り機関車たり続けようとする先導国Aは，いかなる発展コースを前進するであろうか。既に，資本集約的Y産業で技術革新を成功させ，その比較優位を確立したところまでを〈ケース3〉として解明した。そこでA国は，比較優位を弱めたX財（労働集約財）の生産を減らしその低廉輸入を増大する。他方比較優位財Yの生産を増しその輸出を拡大する。かかる貿易拡大をいっそう促進するため相手国BのX産業へ直接投資進出をする。この直接投資は〈ケース2〉として説明したようにpro-trade orientedに働く。即ち両国間の比較生産費差を拡大し，A国のX財輸入を増大させる。それはA国Y財生産が必要とする中間財の低廉調達（outsourcing）を可能にし，A国Y産業の比較優位・国際競争力を強めることになる。同時にA国Y財の輸出分がB国X産業の必要とする資本財や原材料（一括して中間財と言う）であるならば，その輸出が増大するし，B国X財生産をより低廉なものにする。こういう投入―産出の連関効果が発生し，両国合計の経済発展の好循環（virtuous circle）が生み出される（後に再論）。これがpro-trade oriented FDIである。

A国は〈ケース3〉によって，Y財をキイ産業とする好調な発展途上にあり，その成果として，賃金率の引上げを行う。それに伴って生産方法のより資本集約化（isoquant上の生産能率化）を達成するとしよう。

図5.1に戻って，X-isoquant上のA''点，Y'-isoquant上のB''点が，それぞれA国のX財とY財の新最適生産点に選ばれるとしよう。即ち，A''点，B''点で接する新要素価格比率線は前よりも急傾斜に，賃金率が上昇した状態になる。各財の資本・労働投入係数（要素集約度）はそれぞれ前よりもより資本集約的になる。B''点でのY財生産費はA''点でのX財生産費より割安であり，A国Y財生産の比較優位は〈ケース3〉におけると同じに維持されるか，或いは一層強められる（賃金上昇はより労働集約的な財のコストを相対的に高くするから）。それぞれの生産費は労働で計ると低廉化している。つまり労働の生産性が高まり（能率化），それだけ賃金率が引上げられえたのである。

資源賦存Λ点の下で，A''点とB''点を最適生産点とする資源配分を行う。A国X財の産出量は1.07で〈ケース3や4〉の0.64より増加し，Y財のそれは0.7で前の1.34より減少する。つまり賃金率上昇は比較優位財Yの生産量と輸出可能量とを減少させ，逆に比較劣位財Xの生産量を増加しその輸入可能量を減らす。貿易縮小的（anti-trade oriented）に働らくのである。

かかる目標に反する難局を克服するために，資本蓄積を高めたとしよう。

新資本・労働賦存は Λ' 点である。この点はベクター OB'' の延長線が Λ 点を通る垂直線と交わる点である（図 5.1 を上方へはみ出ているが）。こうなると A 国は B'' 点の最適生産点で Y 財だけを特化生産することになる。その産出量は $O\Lambda' \div OB'' \fallingdotseq 3.5$ となる。X 財の産出量はゼロである。この結果を図 5.3 に〈ケース 5〉として示しておいた。両国合計（世界）の産出量は，〈ケース 4〉にくらべ，X 財では 2.43 から 1.79 に減り，Y 財では 1.34 から 3.5 へ大幅に増加することになる。〈ケース 5〉は，A 国 Y 財の生産・輸出のピーク時であると言えよう。

A 国の資本蓄積がいっそう進み，資本・労働賦存比率線が $O\Lambda'$ よりもいっそう急傾斜になったとしよう。この新 $\overline{K}/\overline{L}$ 線は，Y 財への完全特化生産点 B'' の左側を通る。したがって Y 財の生産を減らし，より資本集約的な Z 財の生産を開始・拡大するように産業構造を多様化・高度化する方向へ進むわけである。ただし最も労働集約的な X 財の生産は放棄されている。つまり以前の「X と Y」中心の産業構造から「Y と Z」中心のそれへと発展段階の高次化移行が果たされることになる。先進国 A は，新産業 Z について，新製品を開発するとか，生産改善という技術革新を果たし，後続諸国をリードし，A，B 国からなる地域全体の発展段階をいっそう高次化することになる。他方後続諸国はタイム・ラグをおいて A 国を追いかけるべく，A 国の歩んだ工業化プロセスを順を追って繰返すことになるのである。これが雁行型発展の国際的（ないし地域的）伝播である。

Ⅳ　貿易拡大と経済成長

前節における最適資源配分分析のいくらか繰返しになるが，アウタルキー時から貿易を開始し，貿易均衡に達した場合の貿易の静態的利益と，つづいて生産条件のいくつかが改変された場合の貿易の動態的利益とを，生産可能性フロンティア（PPF）の拡延という方法で分析してみたい。その間に生ずる前方・後方連関効果によって雁行型発展の国際伝播が生み出されることが明らかにされるであろう。

雁行型発展の国際的伝播が分析の対象としているのは，後発の新興国（emerging economies）が封鎖（closed）体制を開放（open）して，貿易や資本移動を通じて，経済発展を達成するプロセスである。これを最近はglobalizationとも言う。しかし地球大でなく近隣諸国が地域的に統合（制度的または機能的に）して，経済発展を相互に伝播し合うのが最も能率的である（その理由は第VI節で明らかにする）。それ故ここでは「地域統合」とか「統合体」という述語を用いることにする。

貿易自由化といくつかの基盤拡充によって，前の図5.3（p. 189）に要約したような，2国合計つまり地域統合体の生産量増加が実現された。それが「地域統合の利益」である。繰返しになるが，それと同じ効果を，PPF（production possibility frontier：生産可能性曲線）を用いて解明しておきたい。そこに発展の伝播の累積的因果関係がひそんでいることが明らかになるのである（Ozawa 1966を参照）。

IV. 1　自由貿易化：後方連環効果

図5.4を見よう。扇型 OTT' は，アウタルキー時のA国（大文字）のPPFで，E 点でX財（横軸）とY財（縦軸）を生産しかつ消費していた。他方，B国（小文字）のPPFは逆転して描かれた扇型 ott で，A国と同じ E 点で生産かつ消費していた。アウタルキー生産点 E において，両財の相対価格は，A国は直線1，B国は直線2の傾斜であり，A国の方がY財（資本集約財）で割安，B国の方がX財（労働集約財）で割安という比較生産費差をもっていた。かかるアウタルキー時の両国合計の生産量は，両国の原点 O と o との距離（或いは簡単に，o 点の座標）によって示される。

さて，両国が貿易を開始し，関税その他の国境貿易障害が撤廃され（自由貿易化し），かつ運送費もゼロであるとすると，両国間で一物一価の完全競争均衡が実現し，交易条件（terms of trade）PC 線に両国の相対価格比率が収斂することになる。そうするには，A国の扇型 OTT' に，B国のそれ ott を，常に外接する（tangentになる）ようにスライドさせればよい。それが $o't't'$ であり，外接点の一つとして P 点（最適生産点）が求まる。また座標 o' の軌跡として $Wo'W$ なる両国合計のintegrated PPFが描ける。そ

図5.4　Production Possibility Frontier (1)

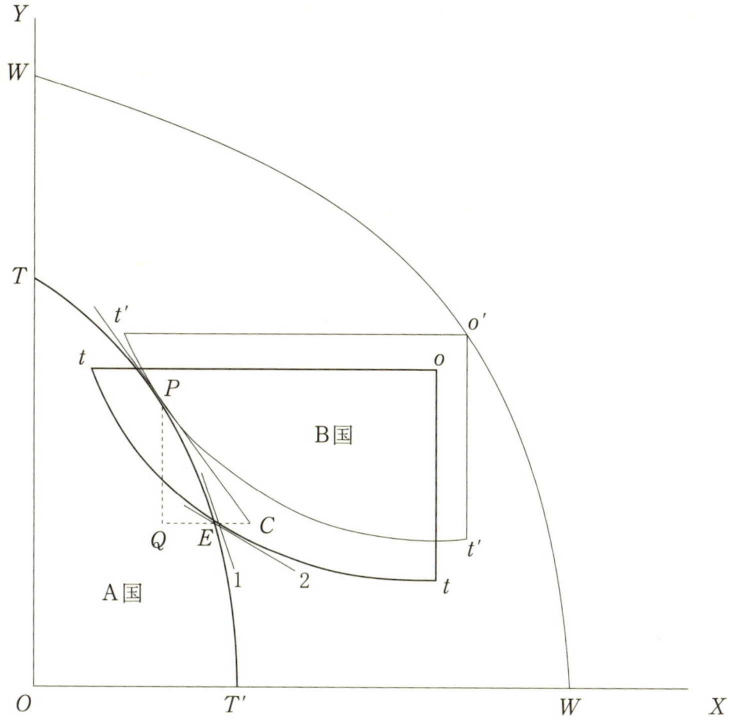

こで o 点と o' 点のひらきだけの統合生産量増加が実現されたことが示される。これが自由貿易の利益を示す重要な指標となるのである。

P 点が均衡点として決まるためには，上の相対価格比率（＝生産費比率）が両国で同一になり交易条件 PC 線に収斂することだけではなく，もう一つ，この交易条件によって輸出＝輸入という貿易均衡が成立しなければならない。C 点は，A 国の（B 国にとっても同様だが）無差別曲線（indifference curves）の一つが PC 線に外接し，最高の welfare（厚生）が達成できる最適消費点である。（なお C 点は E 点と同じ水平線上に来るとは限らないが，図を簡明にするためにこうしておく。）三角形 PQC が描ける。これがいわゆる「貿易三角形」である。A 国は，生産点 P と消費点 C との差額たる Y 財の PQ 量を輸出し，代りに X 財の QC 量を輸入するが，それは

図5.5　Production Possibility Frontier (2)

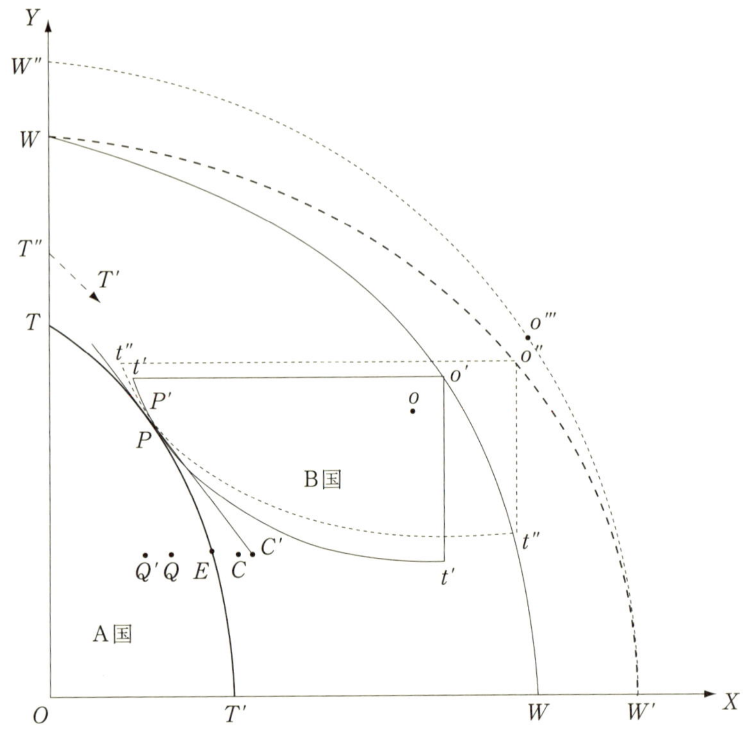

PC 線なる交易条件の下で貿易均衡に達するのである。

貿易後の消費点 C で交易条件 PC 線に接する無差別曲線（描かれていない）は，アウタルキー時の消費（＝生産）点たる E で相対価格比率線1に接した無差別曲線よりも，より高次なものである。それだけ無差別曲線で示される2財消費から得られる総効用つまり welfare（厚生）が高まった (better off になった) のである。そういう厚生の尺度によってのみ，各国の貿易利益は正確に表現されると，近代経済学は結論している。

厚生の向上は2つの変化から生まれる。一つは生産の変化である。A国では，E 点から，QE 量のX財を減産し代りに PQ 量のY財を増産するよう，X財相対価格の低落，Y財相対価格の騰費につれて，生産が調整される。しかしこの生産調整は何ら国民経済的利益をもたらさない。けだし

PPF 曲線は，一定の総労働・資本の投入の下で生産されるＸ，Ｙ財の種々な組合せ生産量であるからである。むしろ E 点から P 点への生産調整に伴って調整コストが生ずる。（ここでは無視しているが，それが部門別保護主張の根拠とされる。）

もう一つは，E 点とくらべた C 点での消費の変化である。それは，相対価格が騰貴したＹ財の消費量は不変にとどまるが（若干減少することもありうる），相対価格が低落したＸ財の消費を EC 量だけ増したことになる。これが価格変化に応ずる交換から生ずる厚生の向上という，「純粋交換（pure exchange）の利益」である。生産調整は何ら積極的利益を生むものでないとすると，貿易利益はすべて交換の利益だということになる。それは無差別曲線で示されるような嗜向（taste）の違う２国があるとき，価格変化に照応して生ずる厚生の向上である。

結果としては，PQ なるＹ財の増産と QE なるＸ財の減産という生産調整を必要としたものの，Ｙ財の消費量は不変だが（PQ 量だけ増産したがそれだけ輸出するので），Ｘ財の消費量を EC だけ増加したことになる。Ｘ財 QC 量なる輸入は，Ａ国がＸ財 QE 量の生産を減らし，それだけの資源（労働・資本）でＹ財 PQ 量を増産しそれを輸出したことの交換として入手された。Ｘ財 EC 量だけ入手コストが節約されたことになる。従って貿易利益とは，輸入可能財（Ａ国にとってはＸ財）がより沢山，より低廉に入手できるようになったことである。つまり「輸入こそゲインである」，「輸出は必ずしもゲインではないから，利益ある輸入をまかなう程度に生産特化すればよい」という，実践的な基準（効用タームでなく）に到達するのである。

Ｘ財 EC 量という消費量増加分（或いは入手コスト節約分）が，両国合計の生産量増分たる oo' のひらきの一部としてあらわれるわけである。そして，説明を省略したＢ国にとっての貿易利益，つまりその輸入可能財（Ｙ）の消費量増加分が oo' のひらきの残りの部分になる。そういう意味では，両国合計つまり世界（或いは地域）の資源（労働・資本）利用の能率（efficiency）が，国際分業と自由貿易化によって，より高まったと言ってよい。これは世界的一物一価ではかったアウタルキー時の資源配分を，そういう完全競争状態の資源配分に調整したことから生み出された利益なのである。

以上のような自由貿易化は，2国間（統合地域内の諸国間）に次のような第1種連環メカニズムを発生させて相互の経済成長を増幅させることになる。即ち，自国が貿易自由化により輸入を増加するということは，相手国の輸出が拡大するということであり，相手国でその輸出増を基礎に乗数倍の国民所得（有効需要）が増加し，それに応じて相手国の輸入が高まる。相手国の輸入が増加すれば，自国の輸出が増加し，同様な乗数的所得波及が自国で生ずるというのである。これが次節で解明する輸出需要乗数の問題である。

Ⅳ.2　技術導入・技術進歩・前方連関効果

上述では，2国2財の生産諸条件は所与で変らないものとし，比較生産費差の存在するアウタルキー状態から，両国間で一物一価が成立するよう自由貿易を行うと，いかなる静態的貿易利益が実現できるかを分析した。今度は，既述〈ケース2〉と〈ケース3〉のように，生産の基礎条件自体が技術導入や技術進歩によって改善されるといかなる動態的変化が生ずるかを検討したい。それはそれぞれの国の比較優位を強め，貿易を拡大する基礎能力（capacity）を増幅することに基づくのである。

図5.5を見よう。扇型OTT'はA国のPPF，扇型$o't't'$はB国のPPF，両者の合計たるintegrated PPFが扇型OWWである（図5.4から移画したものである)。そこまでの解明で重要なのは，両国合計の生産量が座標oからo'へ増大したこと（両点の開きが静態的貿易利益である）である。

さて最初に〈ケース2〉を取上げよう。即ち，先導国Aからの直接投資によって後続国Bの比較優位産業Xに優れた技術が導入されたとするのである。これによって図5.5では，B国のPPFがX財生産に偏って拡大し，扇型$o''t''t''$になったとする。この新PPFをA国のPPFたる扇型OTT'に外接させながらスライドすると，両国合計の新統合PPFとして扇型OWW'が求まる。座標o'がo''に移る。両点の差がB国比較優位産業Xへの技術導入による両国合計にとっての利益である。o'とo''の差はX財もY財も生産量が増加することを表している。その点で，X財生産量のみが増加するとした前の〈ケース2〉とは異なってくる。これは〈ケース2〉ではA国の生産量は不変にとどまるとしたが，今回はA国で，TT'曲線に沿っ

て生産点が P から P' へ移り，X財が減産され，Y財が増産されるというように，より精密な分析に直したからである。

新均衡生産点 P' の近傍については拡大した別図を必要としよう（それを示していないが）。

TT' 曲線上で見て，両国 PPF が互に外接する P' 点が新均衡生産点になる。外接線が $P'C'$ 直線であり，これが新交易条件線となる。これは旧均衡生産点 P における旧交易条件線（PC 線）よりも緩傾斜になる。つまりX財の価格が相対的に低落し，Y財の価格が相対的に騰貴する。交易条件は，X財を輸出するB国にとって不利化，Y財を輸出するA国にとって有利化する。

そこでA国は，価格が相対的に騰貴するY財を増産してその輸出を増し，価格が相対的に低落するX財を減産しその輸入を増すように，生産点を P から P' へ移す。これはきわめて合理的な行動である。輸入可能財（X）をより安くより沢山入手しうることになる。A国にとっては「輸入こそゲイン」なのである。

他方，B国にとっての変化はやや複雑である。生産点は旧 $o't't'$ 上の P 点から，新 $o''t''t''$ 上の P' 点へ移るのである。垂直距離ではかられるY財の生産量は，種々のケースがありうるが，図示のように不変であったとしよう。水平距離ではかられるX財の生産量は明らかに大幅に増加する（P 点から $o't'$ 垂直線までの水平距離＜ P' 点から $o''t''$ 垂直線までの水平距離）。X財の相対価格が低落するにも拘わらず，それを増産し輸出を増すことになる。価格低落率を上回る技術導入によるX財生産費の節約があり，それだけ生産（輸出）上の有利性が増大するからである。

つまり，比較優位生産（X）に技術導入を行ってその比較優位を強めたB国は，たとえ交易条件の不利化を伴うにしても，それを上回る生産性の向上，コスト引下げが実現するため，輸出をより低廉に，より大量に行うことができる。B国にとっては「かかる輸出拡大がゲイン」となるのである。この輸出増は投資増，雇用増を誘発し，GDP の水準を高める。つまり「輸出増が経済成長のエンジン」になるのである。そう見るのが供給側重視の経済学である。GDP の成長が welfare 向上の基礎になるわけであるが，その評価は需要側重視の経済学に任せるのである。

両国間の貿易が拡大することは次のように説明できる。新消費点がどこに決まるかは正確に確定しなければならないが，かりに図5.5の C' 点であるとしよう。新貿易三角形は $P'Q'C'$ となる。B国側からみると $Q'C'$ 量のX財を輸出し，代りに $P'Q'$ 量のY財を輸入することになる。これは旧貿易三角形 PQC にくらべ，輸出量も輸入量も増大することになる。この貿易拡大につれ，welfareが向上するという貿易利益も増大するわけである。

さて次に，〈ケース2〉に続いて，或いはそれと同時に，〈ケース3〉が起こったとしよう。今度は先導国Aでその比較優位財（Y）の生産関数が技術進歩によって改善されたとするのである。後続国Bの市場開放や，B国への直接投資に伴う中間財（Y）の供給増に誘発されて，A国のY財生産をより大きな最適規模に編成替え（reform）することが契機になっている。

図5.5では，A国の扇型PPFがこれまでの OTT' からY財生産に偏って拡大する $OT''T'$（全貌が描かれていないが）に移るのである。これに〈ケース2〉によるB国の新扇型PPFたる $o''t''t''$ を外接スライドさせるのである。その結果，新々統合PPFとして $OW''W'$ が求まる。座標 o'' が o''' へ移り，それだけ両国合計のX財とY財の生産量が増加する。これがA国Y財の技術進歩の成果である。（前の〈ケース3〉とは若干異なる結果になったが，前回は相手国Bでの生産調整をゼロとみなしたからである。）

国別には，〈ケース2〉について述べたのと論理的に同じ利益が実現される。交易条件は，比較優位国Aが技術改善をするY財の価格が相対的に低落することになる。A国はY財の価格低下を上回るコスト引下げが実現できるので，より多くの利潤を得つつ，Y財をより低廉に，より大量に輸出するという「輸出のゲイン」を実現する。他方，B国はその輸入Y財を，より低廉に，より大量に入手できるという「輸入のゲイン」を獲得する。そしてwelfareの向上を実現するのである。

分析対象とする2商品（X財，Y財）がともに最終消費財であるならば，これまでの三ケースにおける貿易の拡大は，輸入品がより低廉に，より大量に入手できるという「輸入のゲイン」をもたらし，welfareの向上という尺度で評価される。これは需要拡大が生産増加を誘発する「後方連関効果 backward linkage effect」であり，「需要乗数 demand multiplier」としてformalizeできる。

しかしながら，両財の一部は中間財であって，それが貿易され，A国の輸出（Y財）はB国のX産業の中間財となり，逆にB国の輸出（X財）はA国のY産業の中間財として使用されるならば，どうなるであろうか。「投入―産出関係 input-output-relations」における「前方連関効果 forward linkage effect」という第2種連関効果が生ずる。輸入中間財が増加し，かつより低廉に入手できれば，それを使用する輸出可能財の生産が拡大し，かつより低コストになる（比較優位を強める）。そして両国はお互いにより低廉に，より大量の輸出を実現できるのである。それは「供給乗数 supply multiplier」としてformalizeできるであろう。そして，かかる相互に有利な前方（第2種）連関効果こそが，雁行型発展の地域的伝播の重要な担い手となるのである。

V　雁行型発展の国際伝播メカニズム

いよいよ雁行型発展の国際的（地域的）伝播メカニズムそのものを究明することにしたい。それは結局，市場開放（貿易自由化），技術革新・技術導入および資本蓄積を起動力とする貿易拡大から生み出される前方・後方連関（linkage）効果に依存する。このことを上述の生産可能性フロンティア（PPF）の拡大と関連づけつつ，順次解明してみたい。

V.1　資本蓄積：成長相乗効果

後続国Bが資本蓄積を進め，資本・労働賦存度を高めると，賃金を上昇させながら労働集約的X財の特化生産を拡大する。それがピークに達するとより資本集約的Y財の生産に多様化する。これが後続国の catch-up process である。赤松要博士の用語に従えば，それが「世界経済の同質化」（赤松 1965）をもたらす。

他方，先導国Aも資本蓄積の進展に応じて賃金を上昇させつつY財の特化生産を進め，そのピークに達すると，より資本・知識集約的なZ財の生産に多様化・高度化する。これが先発国のpioneer的leadershipである。赤松博士が「世界経済の高度異質化」と名づけた現象である。

こうして，後続国の追い上げと，先導国のいっそうの前進（frontier開発）の縦起的繰返しによって，両国合計（即ち世界或いは地域）として発展段階移行を達成するのである。

ここで，技術導入を挺子とする後続国の成長が速いほど，また技術革新を起動力とする先進国の成長が速いほど，両者は相互促進的に働いて，両国合計の高度成長をもたらす。循環的・累積的因果関係による好循環が実現する。そのメカニズムの一つは，2国間投入・産出関係を結ぶ相互の中間財輸出が，より低廉に，より大量に行われることにより，相互に前方連関効果が働くことに依存する。就中コスト引下げへの相乗的貢献は大きい。もう一つ，2国相互の高度成長が，最終消費財貿易のやはり相乗的拡大，その後方連関効果によって，加速されることは言うまでもない。2種の連関メカニズムが相俟って，2国の発展のスパイラル的好循環をもたらすのである。

V．2　**2種の連関効果**

Gunner Myrdal（1957, p. 17, 訳1959, p. 20）はcircular and cumulative causation（循環的・累積的因果関係）なる言葉を用いた。第1の変化が，次の第2の変化の原因になり，ついで第2の変化が第1の変化の原因となるという循環的因果関係である。そして変化は累積的に加重され加速される。下方旋回する場合が悪循環（vicious circle），上方旋回する場合が好循環（virtuous circle）である。

この循環的・累積的因果関係は先ず既述の2つの連関々係に集約できる。即ち後方連関（backward linkage）と前方連関（forward linkage）である。それらが，直接の変化以上に増幅された波及（spillover）効果を生み出すことから好循環とか悪循環が導かれるわけである。

2つの連関効果をHirschman（1958, p. 100, 邦訳1961, p. 174）は次のように定義している。即ち

(1) 投入物供給効果（input-provision），派生需要効果（derived demand）即ち（or）後方連関効果。これは，（第1次産業以外の）あらゆる経済活動が，その活動に必要な投入物を国内生産によって供給しようとする努力を誘発することである。

(2) 産出物利用（output utilization）効果，即ち（or）前方連環効果。これは（最終需要の充足だけを本来の目的とする産業以外の）あらゆる経済活動が，その産出物を何らか新しい経済活動の投入物として使用せんとする努力を誘発することである。

かかるハーシュマンの二分法はわかりにくい。けだし，(1)に言う「投入物供給」ということと，(2)に言う「新しい経済活動の投入物として使用」ということとは，同じことではないのかという疑問がもたれるからである。両者の区分基準は，連関（波及）効果を担う因子の違いにあるのではあるまいか。即ち，(1)の後方連関は需要（有効需要）の波及的変化から生ずるのに対し，(2)の前方連関は投入／産出の生産（供給）の技術的関係から生ずると思われる。そこで本章での目的に沿って，以下のように定義し直しておきたい。

V．2．1　後方連関効果

最終需要（消費・投資・輸出）が増加すると，先ずそれだけの生産が行われ有効需要（GDP）が増加するが，その一定割合（限界消費性向分）が消費され，その分だけ生産が増加される。そういう有効需要の波及的増加がもたらされる。Keynes-Harrod-Hicksの言う通常の乗数（multiplier）波及として把えられる。これを「需要乗数 demand multiplier」と呼んでおく。他方，相手国が貿易自由化によって輸入を増加すると，自国の輸出が増加し，それが基となって，GDPの波及的増加と輸入増加が生ずる。それが「輸出需要乗数」である。自国も貿易自由化すれば相手国に同様な乗数的効果が生じ，お互にGNP成長を促進しあうことになる。これが「外国反作用(foreign repercussion）を含んだ国際連関乗数（international linked multiplier)」を形成するのである。

いま輸出がΔXだけ増加すると，ΔXだけの所得ΔYが生み出される。

次には，限界消費性向を c とすると，$(1+c)\Delta X$ の所得増となり，その次は，$(1+c^2)\Delta X$ の所得増となり，これが無限に続くとすると，所得増加の総和（ΔY）は

$$\Delta Y=\frac{1}{1-c}\Delta X \tag{14}$$

となる。限界貯蓄性向を s，限界輸入性向を m であらわし，$c+s+m\equiv 1$ であるとすると，乗数 k は

$$k=\frac{1}{1-c}=\frac{1}{s+m} \tag{15}$$

となる。ここで留意すべきは，限界消費性向 c に従う消費の波及的増加，つまり $\Delta C\equiv c\cdot\Delta Y$，をもたらすということである。貯蓄増加 $\Delta S\equiv s\cdot\Delta Y$ と，輸入増加 $\Delta M\equiv m\cdot\Delta Y$ とは，国民所得増加プロセスから抜け出る漏損 leakage となる。

以上が「需要乗数」の骨子である。これを2国（下添字 A，B で示す）に拡張すると，外国反作用を含んだ国際連関（需要）乗数は次のようになる(Machlup 1943)。

$$k_A=\frac{s_B+m_B}{(s_A+m_A)(s_B+m_B)-(m_A m_B)} \tag{16}$$

$$k_B=\frac{m_A}{(s_A+m_A)(s_B+m_B)} \tag{17}$$

これは A 国側で輸出増（B 国の貿易自由化による）のごとき自発的変化が生じた場合である。この自発的変化に基づく A 国の GDP の増加が A 国の輸入増加，$m_A\Delta Y_A$，を生むが，それは B 国の輸出増加にほかならないので，この輸出増を基点として B 国側の需要乗数が働らくことになる。それが(17)式である。

いまかりに，A 国では $c_A=0.5$，$m_A=0.1$，$s_A=0.4$ であり，B 国では $c_B=0.55$，$m_B=0.25$，$s_B=0.2$ であると仮定すると，$k_A=2.25$，$k_B=0.5$ となる（小島 1981『外国貿易』，p. 88：また図による解明，p. 89)。B 国の貿易自由化により A 国の輸出拡大が実現すると，それは A 国にかなり大きな(2.25 という）需要乗数効果を生むだけでなく，相手国 B にも若干とは言え所得増加をもたらすのである。互恵的（reciprocally）に A 国も貿易自由化

し，それによりB国の輸出が拡大するならば，B国の乗数倍所得増加と，A国にとっての誘発的所得増加がもたらされる。これが有効な国際連関需要乗数効果である。

V．2．2　前方連関効果

輸入は最終製品として消費に向けられ厚生を向上させるだけではない。いくたの動態的効果をもつ。第1に，輸入が国内に需要を植えつけ普及させる。この輸入による国内需要喚起効果が赤松雁行型産業発展の起動力となった（第2章参照）。Hirschman（1958，p. 121：邦訳 p. 209）も「輸入の創造的役割」と言ってその重要性を強調している。需要が十分に大きくなるとはじめて国内生産が着手されるのである。第2に，原料，部品，生産機械設備などを一括して中間財と呼ぶならば，国内で生産できないか，或いは著しく割高につく中間財が輸入されることによって新産業が起動し拡大される。輸入中間財に次つぎに加工が加えられ付加価値が増して，最終製品に至る。つまり次つぎに前方に向けて生産を誘発するのである。前方連関効果といわれる所以である。赤松博士はこれを「輸入供給乗数」[3)]と名づけた。輸入中間財はその乗数倍の国内生産を誘発し付加価値を生むのである。

輸入供給乗数は次のように定式化される。

$$\Delta Y = \frac{1}{1-v}(v\Delta Z) \tag{18}$$

ここでZは輸入中間財である。国産中間財Kも投入される場合には，被乗数は$v(\Delta Z+\Delta K)$となる。次つぎに生産波及を誘発する加工度係数（或いは付加価値率）vが，需要乗数における限界消費性向cと同じように，コンスタントな値をとるとよいのであるが，そうみなしえない点に問題が残る。

3）赤松輸入供給乗数論のオリジナルは，赤松要「貿易乗数論と供給乗数論」一橋論叢 1948. 12：Akamatsu Kaname, "The Theory of 'Supply-Multiplier' in Reference to the Post-war Economic Situation in Japan." *The Annals of the Hitotsubashi Academy*. No.1, October 1950, pp.3-14. である。小島清による次の2論文でエラボレートされた。小島清「需要乗数と供給乗数」同著『開放経済体系』文眞堂，1996，第4章。Kojima Kiyoshi（1998), "'Demand Multiplier', versus 'Supply Multiplier' in an Open Economy," *The Journal of Social Science*（I.C.U.), 39, pp.1-12.

それだけではない。輸入中間財は国産よりも著しく低廉に入手でき，それを投入する製品のコストを低める。また輸入中間財に体化された優れた技術が国内生産に伝播されることになる（直接投資受けいれの場合のように）。

そこで，A国は中間財（M_Y）をB国の比較優位産業（X）へ供給し，代りにB国は中間財（M_X）をA国の比較優位産業（Y）へ供給するならば，この中間財相互貿易を通じて，お互に，前方連関的生産誘発とそのコスト・ダウン（能率化）とを，循環的・累積的に与え合うことになる。経済発展の2国間（地域的）好循環が創造されるのである。

V.3　順貿易志向的（PROT）経済発展

もう一つ第3の連関効果がある。「国民経済全体の産出量（つまりGDP）の成長が速いほど，総合（overall）生産性の向上が高い」（その逆ではない）と言うことが発見された。これをKaldor（1966）が「Verdoornの法則」[4]と名づけた。これは，「市場が大きくなるほど，生産工程の分業が深められ，規模の経済性の利益が得られて，生産性が高まる」というAdam Smith（1776）の命題と軌を一にする。ここに総合生産性というのは，さいきんの用語の「total factor productivity：全要素生産性」に相当するもので，労働・資本という生産要素投入の直接的貢献を超える諸要素の総合的貢献から生み出される収穫逓増効果である（次を参照：小島，1988. 9，1999. 3）。総合生産性向上の主な原因は，経済全体の分業の深化・拡大に伴う社会的規模の経済性という技術進歩要因に基づく。その中で，成長率の高い産業を拡大し，成長率が低い産業を縮小するという産業構造の順転換（高度化）が大きく貢献するのである。

4） Verdoorn, P. J. (1949), "Fattori che Regolano lo Sviluppo della Productuita del Lavoto," *L Industria*. A. P. Thirlwallによる英訳 "Appendix: Factors that Determine the Growth of Labour Productivity," in D. Ironmonger, G. Perkins and T. Hoa (eds.), *National Income and Economic Progress: Essays in Honour of Colin Clark*, Macmillan, London, 1988, pp.199-207.

井上義朗（1999），『エヴォルーショナリー・エコノミクス：批評的序説』有斐閣，第Ⅵ章（p.119以下）が，カルドアがフエアドーンの動態効果論を高く評価し活用していることを，見事に解明している。(Nicholas Kaldor, 1978, *Furher Essays of Applied Economics*. 笹原昭五・高木邦彦・松本浩志・薄井正彦訳『貨幣・経済発展そして国際問題』日本経済評論社，2000。

前の〈モデル4と5〉で明らかにしたように，一国の資本・労働賦存度に最も近い投入要素集約度の産業ほど，産出高が最も多く，比較優位をもつ。そういう産業ほど，資本蓄積の進展につれ，成長が速く，技術進歩（技術導入を含む）も多く，総合生産性も高まる。したがって，かかる有望成長産業(それは需要の伸びる所得弾力性の大きい財の生産でもなければならないが)をリーディング・セクターに据え，速い成長をはかるならば，そのセクターは生産性を高め比較優位を強め，輸出を拡大することになる。輸出拡大がより大きな規模経済を実現させ，いっそう生産と輸出の増大を加速する。こうして経済全体の成長と輸出拡大との相乗的（reinforcing）発展の好循環が生ずる。これが export-led growth であり，その実態は「pro-trade oriented development：順貿易志向的経済発展」に他ならない。

先導国Aと後続国Bとの間に，資本・労働賦存度或いは賃金率（一人当り所得水準）において発展段階的格差が存在すると，A国は資本集約財Yに，B国は労働集約財Xに，それぞれ比較優位を見出し，補完的な貿易が開始される。A国の成長が速いほど，B国の高成長が誘発され，逆にB国の高成長が，A国の速い成長をいっそう加速するという2国間の好循環が生ずる。それは貿易の前方連関と後方連関という相促的連関効果に基づく。そのプロセスが pro-trade oriented FDI によって促進されるのである。

国内的には成長率の高い産業“所得弾力性が大きく，技術進歩の速い産業”（篠原 1987，p. 185 参照）を選んでリーディング・セクターにすべきである―絶対的成長率原理。他方対外的には比較優位産業を選ばねばならない―比較優位原理[5)]。両原理から見て矛盾なく，A国のY産業が有望リーディング・セクターであると選びうるならば，pro-trade oriented development がもたらされる。後続国Bとの間に発展段階差が存在する限り，A国もB国もともに pro-trade oriented development をお互に加速しあいながら実現することができるのである。

しかし，発展段階差が存在しなくなるならば，両国とも同じ産業を有望セクターとして選びたくなる。両国の産業構造は同質化し，競合的・相剋的に

5）　私の「比較成長率原理」を想起されたい。小島清『外国貿易・新版』春秋社，1957，p. 208。

なる。すべての産業でなくてもいくつかの産業はそうなる。この矛盾を解決するには産業内分業，或いは合意的分業の考察に進まねばならない。これが雁行形態論の第3局面での問題であり，第2巻の中心課題となる。

V．4　逆貿易志向的FDI

これまで述べて来た2国間（地域的）経済発展の好順環が，順貿易志向的海外直接投資（PROT-FDI）によって担われていることに再度注意を喚起しておきたい。それは，投資国が比較優位を弱めつつある生産活動（A国のX財生産）から直接投資進出を行い，ホスト国Bの対象産業（X）を立ちあげ，生産性を改善し（技術導入により），その比較優位を強化し，両国間の補完的貿易を拡大するというものである。

それとは逆の，「逆貿易志向的海外直接投資：ANT-FDI」であると，2国発展の好循環は起りえないことをここで理解されたい。前の図5．1のような状況において，今度は，A国が圧倒的比較優位をもつY産業（例えば自動車アセンブリー）が，B国にとっては比較劣位にあるY財生産に直接投資を行うとしよう。Y財はA国が圧倒的比較優位をもつ商品であるから，本来，A国からの輸出を続けそれを拡大することがお互いに有利である。B国にとっても低廉な輸入の方が望ましいはずである。しかしB国で高関税と数量制限という貿易障害が設けられている。そこでB国の輸入障壁を乗り越え，その背後で直接投資生産をA国(イ)企業は開始する。つまり貿易障害に誘発されたFDIである。このA国(イ)企業は，他の企業（A国以外の企業も含め）に先駆けて進出し，B国市場をできれば独占（ないし寡占）しようとする。その際，B国の関税その他の貿易障害は，A国(イ)企業をも保護することになる。それ故，自由貿易化は遅らされることになる。

とまれこの種の貿易障害克服型FDIは，A国からの輸出に代替するだけであって，それだけ貿易を縮小する方向に働く。A国の輸出が減る分だけ，A国の輸入も減らされることになる。A国Y財の生産が減るから，その中間財輸入も縮小することになる。

それ故この種A国のANT-FDIが，そのA国産業の「空洞化」をもたらし易いことは明らかである。

ANT-FDIは，貿易に代って，その企業の市場拡大を志向するものである。ホスト国の現地生産の能率化を志向するPROT-FDIとは大きく異なる。前者は，ホスト国BがY財生産に適する発展段階にいまだ達していない未成熟な状態（資本蓄積度，人的資本，関連産業などの不足している状態）において，早まった直接投資進出をすることになる。このためA国(イ)企業の現地生産は，その輸出価格よりも高いコストにつき，B国での保護なくしては収益を上げえないであろう。これではホスト国にとって，コスト＝価格を引下げる有利な効果はもたらされないのである。

Ⅵ　結論：東アジアの雁行型経済発展

雁行型経済発展の国際的伝播は具体的には日本→NIEs→ASEAN→中国といった順序で東アジア地域において成功裏に実現した。それは「直接投資前線の拡延」と要約できる。

図5.6を見よう。この図は2つの仮定に基づいて描かれている。

(a)　一国の産業構造はX→Y→Zといった産業に，順次多様化し能率化されるという雁行型発展をとげる。（各産業は輸入→生産→輸出という発展を経過する。）ここでX産業は繊維その他の労働集約財，Y産業は鉄鋼，化学といった資本集約財，Z産業は機械その他資本・知識集約財である。いずれも大きな範疇の産業（いわば発展段階別産業）であって，一つ一つの範疇の中には，多数の業種・品種への多様化・能率化が含まれている。このキイ産業のシフトは，図5.6の時間Ⅰ→Ⅱ→Ⅲ→Ⅳ…の経過につれて，水平に進展していく。

(b)　先導国A（日本）の雁行型発展は，順貿易志向的（PROT）海外直接投資を媒体として，順次，後続雁B（NIEs），C（ASEAN 4），そしてD（中国）へと，それらの発展段階差ないし一人当り所得水準の差に照応して，タイム・ラグをおいて，図では垂直的に，伝播（transmit）される。

さて，第Ⅰ期では，日本はX産業における欧米への追い上げプロセスを卒業するが，直接投資にはいまだ進出していない。第Ⅱ期に入ると，日本は

Y財生産の比較優位を獲得し，B国X産業へ直接投資進出する（PROT-FDI）。第Ⅲ期に進むと，日本は比較優位をZ財生産に高度化移行し，B国Y生産とC国X生産に直接投資進出する。第Ⅳ期（2000年現在とせよ）では，日本の拡大キイ産業（Z′）が何であるかいまだ不明である（それがIT革命であるかどうかは第7章で論ずる）が，直接投資は，B国Z生産，C国Y生産，そしてD国X生産へと，広範に拡大したのである。これは，あたかも天気図における温暖前線と同じ様に，産業別には左から右へ水平的に，地域的（相手国別）には下から上へ垂直的に，日本の雁行型産業発展が，東アジア地域に，over-timeに伝播・拡延していったことを示しているのである。[6]

図5.6　直接投資前線の拡延

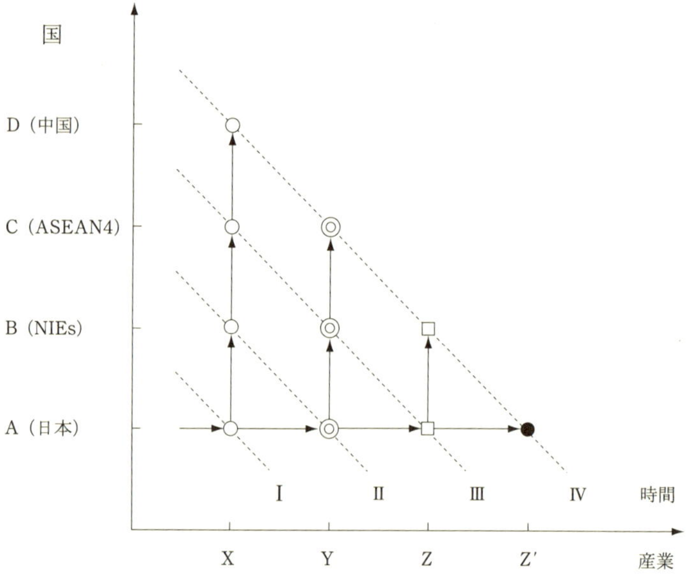

6）実は「輸出前線の拡延」という概念図を古く（小島1959，第14図）に発表している。その延長が「直接投資前線の拡延」であり，小島（1996第7章），Kojima（1995.12）で展開した。これに近い概念図を，青木健・馬田啓一（1997，p.35［菅原］），大野健一・桜井宏二郎（1997，p.19），C. H. Kwan（2001），*Yen Bloc: Toward Economic Integration in Asia,* Brookings Institution, Washington D. C., p.17，などがサジェストしてくれている。

第6章
わが国海外直接投資の動態

I 課　　題

順貿易志向的海外直接投資（PROT-FDI）という小島理論[1]は，static（静態的）であるとか，1970年前後の一時期にのみ妥てはまる特殊理論であるとか，いろいろな批判の前に立たされてきた。にもかかわらず，漸くFDIの長期的観察が可能になった今日から振りかえって見ると，日本の東アジア諸国向けFDIについては，小島命題が十分に妥当することがわかった。のみならず，韓国，台湾といった後続のキャッチ・アプ国が，小島命題に沿って対外直接投資を近年推進していることもわかった。本章のねらいは，このような小島命題の妥当性を，1990年代央の時点に立って再確認してみることである。そしてPROT-FDIのダイナミック・モデルを再構築することである。

第II節では，日本の東アジア9ヵ国向け投資の趨勢を，いくつかの産業大分類によって吟味する。香港，シンガポールといった極小規模経済と，インドネシア，フィリピン，中国といった資源豊富国と，さらに韓国，台湾，タ

1）本章は駿河台経済論集4の1（1994.9）に「わが国海外直接投資の動態」として発表し，『開放経済体系』（文眞堂，1996）の第7章に収録したものである。

私の「マクロ直接投資論」には次のものがあるが，第2巻第3章に再要約されるであろう。

小島清『海外直接投資のマクロ分析』文眞堂，1989。

日本の海外直接投資に関する私の実証分析としては次のものを挙げておきたい。

小島清「海外直接投資のマクロ理論・上，下」経済詳論　1973年4月～5月号。

同『日本の海外直接投資——経済学的接近——』文眞堂，1985。

同 “Japanese and American Investment in Asia: A Comparative Analysis,” *Hitotsubashi Journal of Economics,* Vol.26 No.1, June 1985。

イ，マレーシアといった労働活用型の国とには，経済発展と日本のFDI進出のパターンにおいて若干の相違が発生する。にもかかわらず，日本の製造業投資は，*L*（労働集約財），*I*（中間財），*K*（機械類）の順序で各相手国に進出している。これを日本投資の国別高度化という。それは小島命題が妥当していることを意味する。しかも興味あることに，*L*，*I*，*K* 投資の1位と3位との開きは初期にくらべ収斂していることが見出される。

第Ⅲ節では，*L*，*I*，*K* という産業毎に，東アジア9ヵ国へ日本のFDIがいかに拡延していったかを見る。直接投資前線の拡延と名づける。ここでも収斂傾向が見出される。*L* 産業を見ると，日本投資の最大の国と最小の国の間のひらきが，初期にくらべ狭くなり一定値に収斂している。*I* 産業，*K* 産業についても，さらに各相手国への投資総額についても同様な傾向が見出される。

こうして，前章に「結論」としてかかげた，図5.4の「直接投資前線の拡延」に到達するのである。

Ⅱ　対北米・対全アジアの比較

Ⅱ.1　わが国海外直接投資の長期的動向

ベンチマーク年度として，1972，1982，1986，1989，1992の5ヵ年を採り，大蔵省『財政金融統計月報』から，各年度末の累計対外直接投資額をピックアップする。つまり対外直接投資（以下FDIと略す）のストック額である。フロー額は累計額の各年間差額として求められることは言うまでもない[2)]。このようにベンチマーク年度を選んだのは，一つは統一的統計の入手便宜によるが，次のような考慮に基づく。

1951年からFDI統計が存在するが，1972年が第Ⅰ期ブームの頂上である。この第Ⅰ上昇期については別に詳しく検討した[3)]。

1972〜82年は第Ⅱ上昇期である。1982年が適当であるかどうかはなお吟味を要するが，10年間であるということと，統計入手の便宜さから，それを選んだ。

1982 年から第Ⅲ上昇期が始まり，86 年までやや緩慢な上昇の後，1986～89 年の間に内外のバブルと対応して急激な上昇があった。そしてバブル崩壊につれ 90，91，92 年とスローグロースに転じた。そこで本章では，1982～89 年を第Ⅲ上昇期とし，その分析に重点をおくことにしたい。

1972 年の第Ⅰ期末と，1972～82 年の第Ⅱ上昇期との間に，さらに後者と 1982～89 年の第Ⅲ上昇期の間に，日本 FDI の構造変動があったはずである。それを検出したいのである。

図 6.1 は，日本の対世界直接投資総額を示したもので，W_f は年フロー額であり，W_s はストックつまり累計額である。W_s カーブはベンチマーク各年度末の累計対外直接投資額を結んだものである。図 6.1 の縦軸は対数目盛であるので，両曲線の傾斜の大小は成長率の大小を示す。

第Ⅰ期　直接投資統計は，1951 年から始まるが，1972 年が第Ⅰ期ブームの頂上である。発展の初期であるから成長率は高く，W_s で見て，1969～72 年の複利成長率は 36.2%に達した。但し 72 年の水準（ストック）は低く僅かに 67 億 7,000 万ドルであった。これが 1989 年の 2,539 億ドルまで実に 37.5 倍に急成長した（W_f に見られるような年フローの若干の増減を含みながら）。

2）　各ベンチマーク年度の対外直接投資のフロー額をかかげその変化を検討するという方法もある。このフロー法によると次の欠陥が生ずる。つまり特定年度に巨額のプロジェクトがあると，その年の FDI 額は著しく大きくなり，次の年には著減するということになる。ベンチマーク年がこのどちらの年であるかによって違った結果が得られ，時系列変化を不規則なものにする。この不規則はアグリゲートされた額についてはまだ少ないが，本章のように国別，セクター別に細分した場合には，大きくあらわれる。

本章のように例えば 1972 年度と 1982 年度の累計額をとると，この 10 年間に生じた不規則な変化はならされてしまう。両年度間の累計額（ストック）の差額がフロー額であるから，それは趨勢的成長率を示すことになる。

また 1989～92 年のように，各年の投資額（フロー）が絶対的に減ると，フロー法ではマイナスの成長率となる。しかし累計額（ストック）は依然増加するわけである。ストックの成長率がスローダウン（減速）するというふうにあらわれるわけである。

このストック法によっても大蔵省届出統計がもっている欠陥は修正されえない。届出でたが実行されなかった分とか撤退した分とかが依然としてストック額の中に含まれている。したがってストック法の方が FDI のより大きな過大推計に陥っていることになろう。他方，現地利益の再投資分とか現地や第 3 国で資金を調達した分が計上されていないことも言うまでもない。

3）　次を参照されたい。小島清『日本の海外直接投資』文眞堂，1985。同「海外直接投資のマクロ理論　上，下」経済評論，1973 年 4 月～ 5 月号。

図6.1　日本の対外直接投資総額

W_f: 年フロー　　W_s: ストック（累計額）

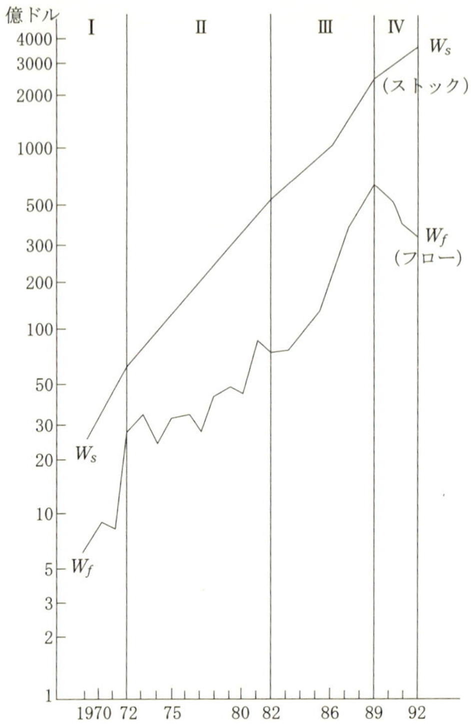

第II期　1972～82年。この10年間の成長率は22.7%で，第I期よりはスローダウンした。

第III期　1982～89年。1982年から第III上昇期が始まり，86年までやや緩慢な上昇の後，1986～89年の間に内外のバブルと対応して急激な上昇（33.9%の成長率）があった。1982～89年の全期間の成長率は25.1%であった。

第IV期　1990年以降。バブル崩壊後，1990，91，92年とフロー額は急減した。これから将来どうなるかが問題である。わが国海外直接投資（FDI）の一つの転換期に1990年から入ったことは間違いない。

ここで，W_f（フロー）曲線に見られるように，1986～89年の大幅増と89～92年の急減とが問題である。これをアブノーマルなコブと呼ぼう。このコブはわが国 FDI の対先進国化に基づくものであり，かつその中身はサービス（就中金融・保険と不動産）投資ブームとその崩壊であったことに注目しなければならない。対北米と対東アジアの比較で言えば，対北米のシェアは 1982 年の 28.7%から 89 年の 42.9%に急増したのに，対東アジアのシェアは 27.0%から 15.7%へ減少した。しかも対北米投資に占めるサービス投資の比重は 66%（1989 年）にも達した（対東アジアでは 48.6%）。この中にはかなり多くの財テク目的或いは投機的投資が含まれていたであろう。

一つの課題が浮かび上がる。これまで，海外直接投資とは国際的生産の問題であるとして，その理論が組み立てられてきた。だがサービス投資が 2/3 以上にも達した以上，それを解明するには，国際的生産の理論とは違う，別の海外直接投資理論が必要とされるのではあるまいか。

もう一つの問題がある。北米プラス欧州という対先進国製造業投資は，VER（輸出自主規制）など貿易障害を契機に，それを乗り越えるためになされたものが多い。ANT-FDI（逆貿易志向的海外直接投資）の性格が強いのである。だがこの問題は本章では取上げない。次節以下のように，対東アジア投資は私の言う PROT-FDI の性格で貫かれていることを明らかにしたい。それが本章の中心課題である。

表 6.1　日本の対外直接投資（各年度末累計額）

(i)　対世界

	1972	1982	1986	1989	1992
R：資源開発	2,454 (36.2)	11,908 (22.4)	14,760 (13.9)	19,183 (7.6)	24,838 (6.5)
S：サービス	2,567 (37.9)	24,271 (45.7)	63,004 (59.5)	168,587 (66.4)	257,711 (66.6)
M：製造業	1,752 (25.9)	16,952 (31.9)	28,206 (26.6)	66,127 (26.0)	103,981 (26.9)
L：労働集約的軽工業	632 (9.4)	3,859 (7.2)	5,640 (5.3)	15,399 (6.0)	24,814 (6.4)
I：中間財	678 (10.0)	7,684 (14.5)	11,033 (10.4)	20,565 (8.1)	30,309 (7.9)
K：機械類	442 (6.5)	5,409 (10.2)	11,533 (10.9)	30,163 (11.9)	48,858 (12.6)
T：投資総額	6,773	53,131	105,970	253,897	386,530

(ii)　対北米

	1972	1982	1986	1989	1992
R：資源開発	218 (14.1)	1,260 (8.3)	2,107 (5.6)	3,492 (3.2)	4,739 (2.8)
S：サービス	1,027 (66.3)	9,714 (63.8)	25,394 (67.9)	71,971 (66.0)	114,474 (67.5)
M：製造業	303 (19.6)	4,251 (27.9)	9,905 (26.5)	33,530 (30.8)	50,367 (29.7)
L：労働集約的軽工業	30 (1.9)	834 (5.4)	1,557 (4.2)	8,031 (7.4)	13,169 (7.8)
I：中間財	224 (14.5)	1,245 (8.2)	2,875 (7.7)	9,084 (8.3)	13,458 (7.9)
K：機械類	49 (3.2)	2,172 (14.3)	5,473 (14.6)	16,415 (15.1)	23,742 (14.0)
T：投資総額	1,548	15,225	37,406	108,993	169,580

(iii)　全アジア

	1972	1982	1986	1989	1992
R：資源開発	453.7 (32.6)	5,829 (40.1)	7,031 (32.3)	8,239 (20.4)	9,638 (16.1)
S：サービス	213.6 (15.4)	2,923 (20.0)	6,438 (29.5)	16,635 (41.1)	25,551 (42.7)
M：製造業	722.4 (52.0)	5,800 (39.9)	8,321 (38.2)	15,591 (38.5)	24,691 (41.2)
L：労働集約的軽工業	414.7 (31.0)	1,804 (12.4)	2,430 (11.2)	4,428 (10.9)	6,724 (11.2)
I：中間財	144.5 (9.3)	2,639 (18.1)	3,295 (15.1)	5,098 (12.6)	8,203 (13.7)
K：機械類	163.2 (11.7)	1,357 (9.4)	2,596 (11.9)	6,065 (15.0)	9,765 (16.3)
T：投資総額	1,389.7	14,552	21,790	40,465	56,880

注：各年度末直接投資額（単位百万ドル）。
　　カッコ内は総額＝100とした時の細分類項目の割合（%）
　L：労働集約的軽工業：食料，繊維，その他
　I：中間財：木材・パルプ，化学，鉄・非鉄
　K：機械類：一般機械，電機，輸送機
　R：資源開発投資：農林業，漁・水産業，鉱業，建設業
　S：サービス：商業，金融保険，サービス業，運輸業，不動産業，支店，その他
資料：大蔵省，財政金融統計月報，1973.9，1983.12，1987.12，1991.12，1993.12より算出。

Ⅱ．2　分析の方法

構造変動を検出するために，投資総額（T）を，R＝資源開発投資，S＝サービス活動投資，M＝製造業投資に 3 分類し，M をさらに L＝労働集約的軽工業，I＝中間財，K＝機械類に細分した（それらの中身については前頁表 6.1 の注を見られたい）。

構造変動は日本 FDI の受け入れ相手国（地域）によっても違った様相を呈する。そこで本節では対北米と対全アジアを対照させて分析する。次節では東アジア 9 ヵ国を国別に分析する。

そうすることによって，日本 FDI の構造変動に一定の型があるのではないかが追究される。それが小島の「順貿易志向的（PROT）FDI」法則に従って発現する「FDI 前線の拡延」（天気図の温暖前線のように）という現象である。これがうまく検出できれば，本章の目的の大半は達せられたことになる。

図 6.2　日本の対外直接投資（各年度末累計額）

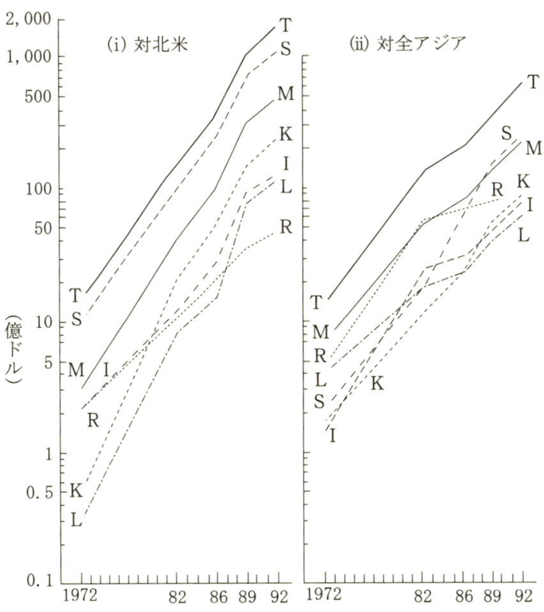

表6.1の実数（各年度末累計額）が基本表である。そこには各項目の各年度のシェア（例えば（R/T）×100）がカッコ内に算出されている。実数を，タテ軸を対数目盛りにして描いたのが図6.2である。各線のスロープが成長率を示す（急な傾斜である程成長率が高い）ので便利である。各線の1972年の水準（高さ）とスロープの緩急の差とから，各項目のシェアの変化（またシェアの順位）が変わってくる。これが構造変動を見出す重要な手がかりになるのである。

Ⅱ.3　サービス（S）投資

⑴ 表6.1と図6.2を眺めて，対北米投資と対アジア投資の最大の相違が，前者ではS（サービス）投資が圧倒的に大きいシエアをもつことである。その対北米でのシエアは，ごく僅かな変動があるものの66%つまり2/3を占める。このことは対欧FDIでも妥当する。「高いサービス活動投資シエア」ということが対先進国型FDIの特色と言えるかもしれない。だがS投資の解明には，生産活動投資を中心に展開してきたこれまでの海外直接投資論或いは多国籍企業（MNC）論とは違った独自の理論が必要となってくる。

これに対し対アジアFDIでは，S投資は低い水準（1972年のシエア15.4%）からスタートしたが，最も高い成長率で一直線に増加し，1989年（シエア41.1%）には製造業（M）投資を上回るに至った。S投資のシエア上昇ということが，FDIパターンの先進国化という構造変動の一つであろう。だがそれは対アジアでは，対北米にくらべ，2期（1972〜82〜89年）も遅れて進行し，かつ到達したシエアの水準もはるかに低いのである。

なお，次節で行う東アジアの国別分析において，対北米型に近い，Sのシエアの高い国（代表は香港）が見出されるので，その際，再び問題とされるであろう。

Ⅱ.4　資源開発（R）投資

⑵ 対北米FDIでは，R，S，L，I，Kという5分類の中で，R（資源開発投資）は1972年では第3位（シエア14.1%）でかなり重要であった。しかしその後の成長率は他の項目より低く，1989年には，シエア2.8%で，最下

位のランキングに後退した。ということは，第Ⅱ期（1972～82年）と第Ⅲ期（1982～89年）を通じて，製造業（M）投資の重要性が増し，そちらへシフトしたということである。かかるRからMへのFDIの重点シフトということが，第2の構造変動である。

これに対し対アジアFDIでは，Rは1972年にはL，K，Iを上回って第1位（シエア32.6%）にあり，最も重要な投資対象であった。しかも1972～82年の第Ⅱ期では成長率がL，K，Iの合計たるMよりも速く，1982年（シエア40.1%）にはM投資を上回るに至った。この第Ⅱ期のリーディング投資の一つは，資源開発（R）であったのである。ここに対アジア（より一般的に，対開発途上国）FDIの特色の一つが見出せる。

だが1982～89年の第Ⅲ期に入ると，対アジアR投資は成長率が最も低く停滞し，1989年（シエア20.4%）にはMをはるかに下回るに至った。つまりアジア全体で見ると，資源開発（R）から製造業（M）への投資のシフトという構造変動は，第Ⅲ期に入って漸く進展したことになる。

次節の国別分析によると，資源豊富国と労働豊富国とでは日本FDIのパターンと構造変動が異なるという問題が見出される。その意味で，上述のS要因とならんで，このR要因も無視できない考慮事項である。

Ⅱ．5　製造業（M）投資の構造変動

(3)小計としての製造業（M）投資額は，1972年では，対北米は3.03億ドルなのに対アジアは7.22億ドルで，後者の方が上回っていた。（$M+R$を生産活動投資とすると，対北米は5.21億ドル，対アジアは11.76億ドルであって，両者のギャップはいっそう大きい）。それが1986年になると，対北米99.0億ドル，対アジア83.2億ドルとなり，逆転している。さらに1986～89年のバブル期では，対北米の製造業（M）投資が急拡大し，1989年には累計335.3億ドルに達し，対アジアのそれ（155.9億ドル）の2倍以上になった。

つまり1980年代において，製造業投資においても対先進国化が進んだ。Ⅱ．3項では対先進国シフトは主にサービス（S）活動特に金融的投資において生じたとしたのであるが，それと並んで製造業投資においても対先進国

シフトが大幅に進展したのである。

日本の製造業（M）FDIは，資源開発（R）がそうであったように，日本の産業構造と補完性の強い近隣のアジア諸国から始まった。そのことが，1972年ではM投資額は対アジアの方が対北米を上回ったことに示されている。その後の対アジアM投資は，次項で明らかにするように，順貿易志向的（PROT）に漸次高度化されてきた。これはアジア諸国の経済発展を順を追ってステディに促進する望ましいタイプのFDIであった。

これに対し対北米（対先進国）M投資は，小島理論から言うと逆貿易志向的（ANT-）FDIであって，次つぎにひき起こされた日米貿易摩擦，対日輸入障害を契機にして，それを克服して日本企業のマーケットシエアを拡大するため，いわばやむを得ず行われたものが多い。私論から見ると望ましくないFDIであった（これら理論モデルについては前章において詳論した）。

⑷製造業（M）投資の中の構造変動，つまりL，I，Kのオーバータイムの変化を検討してみよう。

先ず対北米M投資の内部構成変化を見よう。1972年のシエアの順位は，中間財（I）=14.5%，機械類（K）=3.2%，軽工業（L）=1.9%であった。3部門とも高い成長率を保ったが，その中でもK部門が最も速く成長し，1989年でのシエアは，K=14.2%，I=8.9%，L=7.4%となった。

これに対し対アジアM投資では，1972年ではL=31.0%でトップであり，K=11.7%，I=9.3%であった。成長率はKが最も高く，1989年のシエアは，K=13.8%，I=11.1%，L=9.7%の順となった。

そこで対北米と対アジアを比較してみると次のような相違点と共通点が発見される。

⒜対全アジアでは，1972年において3製造業部門のうちLのシエアが最高（31.0%）であった。それは1982年には12.4%に低下し，3部門中第2位に下がった。そして1989年にはさらに11.2%にまで低下し，第3位の最低ランクになった。つまり，軽工業（L）投資は1972年以前の第I期において成長の主導力となった（Rとならんで)。そして1972年以降はその主導力の地位を他の部門に譲ったことになる。もちろん全アジアの中でも国ごとに違いがある。それを次節で検討したい。

PROT–FDIの理論から見て，低賃金の近隣アジア諸国へ先ず労働集約的軽工業（*L*）FDIが先行したのは当然である。これに対し日本より高賃金であった北米（主に米国）へ日本の*L*投資が進出するいわれはない。けだし*L*財においては日本が対米比較優位をもち，対米輸出を増すことが，日米双方にとって利益であったはずであるからである。

事実，日本の対北米投資における*L*のシエアは，1972年で1.9%ときわめて小さく，3部門中最低である。最低地位であることは1982年（*L*のシエア5.4%）でも1989年（同7.4%）でも変わりがない。だがその成長率は図6.1に見るごとくきわめて速く，シエアを高めている。

ここで日米摩擦が最初に起こったのは繊維製品であることが想起される。それは1962年1月のSTA（短期繊維協定）から始まり，米国の輸入数量規制が漸次強められていった。そして1974年10月からMFA（多繊維協定）に移り，対日規制はきわめてきびしいものになった[4)]。

かかる米国の輸入規制の故に，日本企業はその障壁の背後に直接投資進出するよりしようがなかった。これは逆貿易志向的（ANT–）FDIである。他の*K*と*I*についても，対米FDIは同種の動機によるものが多い（順次触れるように）のである。

(b) 機械類（*K*）の対北米投資を見ると，1972年のシエアは3.2%と低く第2位（3部門中）にあった。成長率は最も高く，1982年には第1位になり（シエア14.3%），1989年でもそうあり続けている（シエア15.1%）。

その主導力は，1972～82年の第Ⅱ期では電気機器であった。米国のテレビに対するアンチ・ダンピング（AD）提訴は1968年3月から始まった。そして77年7月からVER（日本の輸出自主規制）に移っている。

1982～89年の第Ⅲ期における主導力は，一つは自動車である。そのVERは1981年5月に始まっている。他はVTR（ビデオ・テープ・レコーダー）や半導体（I・C）といったハイテク製品である（VTRへの米国の輸入規制は1982年10月に，半導体へのAD（Anti–Dumping）提訴は1985年6月に，それぞれ始まっている）。

4） 次を見るのが便利である。小島清『海外直接投資のマクロ分析』文眞堂，1989年，pp. 174–5の図8.1。

ここでも米国の課した輸入障害が，日本の対米 K 投資急増の主因であること，またそれは ANT 型 FDI であることは，あきらかである。

この他に機械類（K）を構成するもう1つの項目たる工作機械についても，日米摩擦が表面化し，1978年3月から最低価格規制が実施され，87年1月から日本の VER が行われることになった。その結果，日本の対米工作機械直接投資が増えることになったことは，電気機器や自動車についてと全く同じである。

対アジア K 投資はどうであろうか。1972年では11.7%のシエアで，L（シエア31.0%）よりもはるかに低い第2位に位置していた。それが，1972～82年の第Ⅱ期では，K の成長率は他の I 投資よりもおそかったため，1972年では第3位（シエア9.4%）に転落した。だが第Ⅲ期には K 投資の成長率が加速し（それでも対北米よりおそい），1989年には第1位（シエア15.0%）におどり出た。こういう経過をたどっている。

日本の対アジア K 投資の大部分は電気機器関連であり（自動車産業の本格的進出は1990年代に入ってからである），その各種部品とか組立てとか，近隣アジア諸国の低賃金を活用するタイプのものが大部分である。それは依然として順貿易志向的（PROT-）FDI である。（対米のように ANT 型ではない）。日本と相手アジア各国との間の比較優位パターンの動態的（over-time）変化に対応して，L 投資から K 投資への高度化が生じたのである。しかもその本格的シフトは，L 投資が1982年で第3位へ転落したように，第Ⅱ期（1972～82年）ではなく，1982年以降の第Ⅲ期に生じたと見てよいであろう。ここでも，後述のように，東アジアの各国別にはシフト（つまり構造変動）の遅速の差が見出される。

(c) 中間財（I）投資の動向は複雑である。この中分類には，(イ) 木材・パルプ，(ロ) 化学，(ハ) 鉄・非鉄なる3小項目が含まれている。さらに(ロ) 化学には石油製品，基礎化学品のほか医薬品も含まれる。また(ハ)「鉄・非鉄」の主体は鉄鋼であるが，その他に銅，アルミニウム，錫といった非鉄金属，ならびに金属プレス，サッシュなど金属製品も含まれているのである。

中間財直接投資の立地は，資源存在地に依存することが多い。したがって資源開発（R）と密接に関連していよう。例えばボーキサイトの開発は R であるが，それをアルミナさらにアルミニュームに加工するのは中間財（I）投資となる。したがって R 投資の相対的減少と I 投資の相対的増加は大いに関連がある。

もう1つ，資源加工は，鉄鋼ミル，アルミ精練，パルプ工場のように一つのプロジェクトが巨額を要する。このため年度投資額は大幅に変動する。累計額（ストック）のオーバータイム変化で見なければいけないのは，特にこの I 項目である。またこれら大プロジェクトは ODA（政府開発援助）によって，或いはそれと民間直接投資が一体となって行われることが多い。したがって ODA を無視することが許されない。さらに，production sharing（生産分与方式）のごとき無出資の形態で行われることも多い。そのため直接投資としては計上されない場合もあるわけである。

対アジア I 投資を先に見てみよう。1972年では，9.3%のシエアで製造業3部門中の最低の順位であった。1972〜82年の第Ⅱ期では，R 投資と平行して急成長し，1982年には，18.1%のシエアで，3部門中トップになった。つまりアジア諸国の中で資源豊富国は，この第Ⅱ期では資源開発（R）とその加工（上述のほか合板，セメント生産なども勃興した）が主導力であった国がいくつかあったわけである。

1982〜89年の第Ⅲ期では，R 投資は停滞し，代わりに I 投資は増加を続け，1989年には，12.6%のシエアで，K 投資に次いで第2位にランクすることになった。1992年でもこの順位は変わりない。

これにくらべ対北米 I 投資は，1972年のシエアは14.5%で製造業3部門中トップの地位にあった。戦後初期（1950年代）にアラスカパルプへの巨大投資があったことが，累計統計であるので，このような結果をもたらした。1972〜82年の第Ⅱ期では，R と平行して，他の製造業部門よりは遅い成長をとげた。1982年のシエアは7.7%に低下し，K 投資にトップの座をうばわれた。だが1982〜89年の第Ⅲ期では，I 投資は成長率を加速している。1989年のシエアは8.3%になり，K に次ぐ第2位の地位を保っている（1992年でも）。

かかる対北米 I 投資の動向は，日米鉄鋼摩擦と大いに関連している。鉄鋼の対米 VER（輸出自主規制）は，繊維に次いで早く1966年9月に導入され，トリガー価格制（1978年2月）とか特殊鋼輸入制限（1983年7月）とか，次つぎに米国の輸入規制が強化されてきた。このため米国鉄鋼業の再生を援助するという意味もあって，ことに1980年代に入って，日本の対米直接投資がかなり増加されたのである。止むを得ざる逆貿易志向的（ANT）直接投資であることは言うまでもない。

(5) 上述のように，製造業（*M*）投資は，対北米は大部分貿易摩擦を乗り越えるための逆貿易志向的（ANT）なものであるのに，対アジアは相手諸国の経済発展段階に応じて，順次的になされた順貿易志向的（PROT-）FDIであるという違いがある。また同じく機械類（*K*）投資であるといっても，完成品生産のためか（対北米）それとも部品など労働集約的工程のためか（対アジア）といった中身の違いがある。こういった中身の違いまで明らかにするにはもっと細かい商品分類に降ろして，めんどうな検討をしなければならない。或いは後に若干触れるように，繊維，電気機器，自動車など産業別さらに企業別に，いかに投資前線が拡延したかを見る方がよいであろう。

このような相違があるにもかかわらず，対北米と対アジアとの製造業（*M*）投資について一つの共通点が見出される。

それは図6.2で直観的に感ずることであるが，*M*を構成する3部門の重要性は，初期の1972年には大きなひらきがあった（また3部門の地位についても対北米と対アジアでは違っていた）のが，日本のFDIの進出につれ，1989年には対北米も対アジアも，*K*，*I*，*L*の順位になり，かつ1位と3位のひらきが小さくなっている。つまり3部門が収斂（converge）している[5]。

対北米では，1972年では（1位）I＝2.24億ドル，（3位）L＝0.3億ドルで，7.5：1のひらきがあった。1989年では，（1位）K＝164.15億ドル，（3位）L＝80.31億ドルで，2.0：1に収斂している。

同様に対アジアでは，1972年では（1位）L＝7.224億ドル，（3位）I＝1.445億ドルで5.0：1のひらきがあった。それが1989年では，（1位）K＝60.65億ドル，（3位）L＝44.28億ドルで，1.4：1に収斂しているのであ

5）　1位と3位の値のひらきをもって収斂度とするのでなく，例えば標準偏差を用いた方がよいかもしれない。ここでは簡便なため前者を用いることにする。

る。

かかる製造業（M）の中の3部門（K，I，L）投資の収斂化傾向が1つの発展プロセスの法則であるかどうかはいっそう検討の余地があろう。またその理論づけも必要とされる。すぐ後で検討するように，アジア諸国の国別分析でもこの収斂化傾向，またその遅速の差が見出される。そこで3部門の1位と3位のひらきが小さくなることを，日本の製造業投資の成熟度（maturity）の尺度（指標）として採用することにしたい。

Ⅲ　東アジア投資の国別分析

Ⅲ．1　総観

日本の対東アジア直接投資の国別分析に移ろう。その基礎データは表6．2の⑴から⑽に示されている。国別投資総額（T）を描いたものが図6．3である。

⑴ 先ず，東アジア9ヵ国合計の総額は1989年で399.3億ドルであり，既掲表6．1⒤のアジアのそれ404.6億ドルと大差がなく，後者の98.7％をカバーしていることになる。即ち東アジア9ヵ国以外の，例えばインドとかスリランカとかへの投資はごく限られたものであり，それら地域にまで日本の直接投資はまだ十分に拡延していないことを物語っている。

⑵ 初期1972年で見ると，トップのIn＝インドネシア（4.73億ドル）から，韓国，タイ，台湾，香港，SP＝シンガポール，比＝フィリピン，Ma＝マレーシア（0.76億ドル）となり，中国への投資は漸く1982年（0.7億ドル）から始まっている。

投資額の大小だけでは，どれが日本投資の先発（後発）対象国であるかは判断できない。けだし国の大きさ（人口，一人当り所得，GNPなど）も違うし，その他以下に順次述べるような要因を考慮に入れねばならないからである。

だが一つ注目すべきことがある。上述の1972年での1位（In）と8位（Ma）とへの投資総額のひらきは6.22：1であった。フィリピン（比）は

1989年までの間に経済成長が他の諸国にくらべ不成功であり，日本のFDIの増え方もいちばん遅い。他方対中国投資はおくれて1982年から始まったが急激に増加している。そこで1989年の投資総額は，依然トップのIn（104.3億ドル）と8位の台湾（22.9億ドル）であるが（フィリピンを例外として除いてみると）そのひらきは4.55：1に狭まっている。つまり国別投資額の収斂傾向が存在するのであるまいか，もしそうなら何故であろうか，という問題意識を感得する——これについては後に再論する。

(3) 種々の基準から，東アジア9ヵ国を次の3グループに分類することにした。各グループの中で先発と後発といった相違が見出される。

Aグループ＝資源開発（*R*）投資主導型。これにインドネシア，フィリピン，中国が属する。それらが資源豊富国であることは言うまでもない。

Bグループ＝製造業（*M*）投資主導型。労働豊富（資源稀少）国では工業化によって経済発展を遂げねばならない。それを支援し促進する日本のFDI

図6.3　T：対東アジア投資総額（累計）

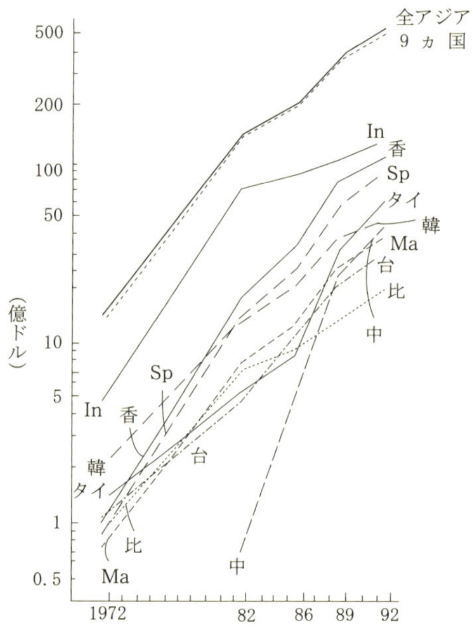

が必要不可欠である。韓国，台湾，タイ，マレーシアをこのグループに入れることができよう。

表6.2　日本の対東アジア直接投資（累計：単位百万ドル）

(1)　東アジア9ヵ国（合計）

	1972	1982	1986	1989	1992
R：資源開発	362.1 (28.5)	5,712 (39.8)	6,909 (32.2)	8,115.7 (13.2)	9,480.6 (16.1)
S：サービス	206.1 (16.3)	2,905 (20.3)	6,355 (29.7)	19,393.2 (48.6)	25,387.5 (43.1)
M：製造業	701.2 (55.2)	5,726 (39.9)	8,175 (38.1)	15,270.0 (38.2)	24,054.5 (40.8)
L：労働集約的軽工業	406.8 (32.0)	1,772 (12.4)	2,376 (11.1)	4,261.4 (10.6)	6,506.6 (11.0)
I：中間財	137.6 (10.8)	2,608 (18.2)	3,262 (15.2)	5,058.4 (12.7)	8,002.1 (13.6)
K：機械類	156.8 (12.4)	1,346 (9.3)	2,537 (11.8)	5,950.2 (14.9)	9,545.9 (16.2)
T：投資総額	1,269.4	14,343	21,439	39,925.0	58,922.7
A：日本のODA	924.8	7,237.5	12,064.5	19,914.8	30,043.5

(2)　インドネシア

	1972	1982	1986	1989	1992
R：資源開発	260.3 (55.1)	5,042 (69.4)	6,002 (69.2)	6,659.1 (63.8)	7,384.4 (51.3)
S：サービス	80.8 (17.0)	225 (3.1)	309 (3.6)	654.8 (6.3)	1,848.2 (12.8)
M：製造業	131.7 (27.9)	2,001 (27.5)	2,362 (27.2)	3,121.0 (29.9)	5,176.6 (35.9)
L：労働集約的軽工業	101.9 (21.6)	554 (7.6)	711 (8.2)	895.7 (8.6)	1,116.6 (8.1)
I：中間財	24.7 (5.2)	1,313 (18.1)	1,436 (16.6)	1,913.2 (18.3)	3,330.3 (23.1)
K：機械類	5.1 (1.1)	134 (1.8)	215 (2.9)	312.1 (3.0)	679.7 (4.7)
T：投資総額	472.8	7,268	8,673	10,434.9	14,409.2
A：日本のODA	340.9	2,651	3,376	6,213.4	9,569.1

(3)　フィリピン

	1972	1982	1986	1989	1992
R：資源開発	68.8 (78.2)	357 (49.5)	446 (48.9)	478 (36.2)	532.6 (27.4)
S：サービス	4.9 (5.5)	74 (10.3)	98 (10.7)	206 (15.6)	314.6 (16.2)
M：製造業	14.3 (16.3)	290 (40.2)	369 (40.4)	637 (48.2)	1,095.6 (56.4)
L：労働集約的軽工業	5.6 (6.4)	57 (7.9)	71 (7.8)	163 (12.4)	204.6 (10.6)
I：中間財	6.5 (7.4)	148 (20.5)	162 (17.7)	203 (15.3)	334.9 (17.2)
K：機械類	2.2 (2.5)	85 (11.8)	136 (14.9)	271 (20.5)	556.1 (28.6)
T：投資総額	88.0	721	913	1,322	1,942.8
A：日本のODA	152.3	1,140	2,125	3,443.2	5,629.3

(4)　中国

	1972	1982	1986	1989	1992
R：資源開発	—	5 (7.1)	15 (2.9)	65.6 (2.6)	131.3 (2.9)
S：サービス	—	55 (78.6)	421 (82.1)	1,852.9 (74.9)	2,665.4 (59.6)
M：製造業	—	10 (14.3)	77 (15.0)	555.7 (22.5)	1,675.2 (37.5)
L：労働集約的軽工業	—	2 (2.9)	32 (6.2)	170.6 (6.9)	681.3 (15.2)
I：中間財	—	7 (10.0)	28 (5.5)	81.7 (3.3)	153.4 (4.2)
K：機械類	—	1 (1.4)	17 (3.3)	303.4 (12.3)	810.5 (18.1)
T：投資総額	—	70	513	2,474.1	4,471.9
A：日本のODA	—	403.4	2,027.9	4,086.9	6,445.6

(5) 韓国

	1972	1982	1986	1989	1992
R : 資 源 開 発	1.7 (0.1)	52 (4.0)	89 (4.2)	91.6 (2.4)	93.9 (2.1)
S : サ ー ビ ス	12.5 (6.0)	421 (32.1)	941 (44.4)	1,922.4 (49.9)	2,294.7 (49.6)
M : 製　造　業	192.5 (93.1)	839 (63.9)	1,088 (51.4)	1,839.7 (47.7)	2,234.5 (48.3)
L : 労働集約的軽工業	118.6 (57.4)	248 (18.9)	306 (14.5)	454.4 (11.7)	532.8 (11.5)
I : 中　間　財	32.9 (15.9)	353 (26.9)	377 (17.8)	511.4 (13.3)	643.6 (13.9)
K : 機　械　類	41.0 (19.8)	238 (18.1)	405 (19.1)	873.9 (22.7)	1,058.1 (22.9)
T : 投 資 総 額	206.7	1,312	2,118	3,853.7	4,623.1
A : 日本の ODA	323.7	1,340	1,267	1,327.4	1,539.1

(6) 台湾

	1972	1982	1986	1989	1992
R : 資 源 開 発	2.1 (2.0)	8 (1.7)	13 (1.2)	21 (0.9)	39.1 (1.1)
S : サ ー ビ ス	5.4 (5.0)	32 (6.7)	83 (7.9)	489 (21.4)	1,026.6 (30.0)
M : 製　造　業	100.3 (93.0)	439 (91.6)	955 (90.9)	1,775 (77.7)	2,361.2 (68.9)
L : 労働集約的軽工業	43.5 (40.4)	110 (23.0)	231 (22.0)	448 (20.9)	588.9 (17.2)
I : 中　間　財	13.7 (12.6)	95 (19.7)	168 (16.0)	384 (15.5)	585.4 (17.1)
K : 機　械　類	43.1 (40.0)	234 (48.9)	556 (52.9)	943 (41.3)	1,187.0 (34.6)
T : 投 資 総 額	107.8	479	1,051	2,285	3,426.9
A : 日本の ODA	13.2	4.7	4.7	4.7	4.7

(7)　タイ

	1972	1982	1986	1989	1992
R：資源開発	6.5 (5.1)	33 (6.3)	60 (6.8)	161.8 (4.2)	317.9 (5.4)
S：サービス	22.0 (17.0)	98 (18.8)	204 (23.1)	861.2 (26.4)	1,717.2 (29.2)
M：製造業	100.6 (77.9)	390 (74.9)	620 (70.1)	2,245.0 (69.4)	3,851.4 (65.4)
L：労働集約的軽工業	74.4 (57.6)	262 (50.3)	335 (37.9)	646.6 (19.8)	1,137.5 (19.3)
I：中間財	17.9 (13.9)	65 (12.4)	102 (11.5)	489.4 (15.7)	805.6 (13.7)
K：機械類	8.3 (6.4)	63 (12.2)	183 (20.7)	1,109.0 (33.9)	1,908.3 (32.4)
T：投資総額	129.1	521	884	3,268.0	5,886.5
A：日本のODA	47.9	1,077	2,082	3,233.9	4,487.0

(8)　マレーシア

	1972	1982	1986	1989	1992
R：資源開発	20.7 (27.4)	152 (19.9)	203 (15.8)	308.6 (12.3)	461.2 (9.6)
S：サービス	4.0 (5.3)	79 (10.3)	224 (17.5)	377.4 (15.1)	872.5 (18.1)
M：製造業	50.8 (67.3)	533 (69.8)	856 (66.7)	1,820.6 (72.6)	3,481.0 (72.3)
L：労働集約的軽工業	13.0 (17.2)	166 (21.7)	225 (17.5)	336.8 (13.4)	723.3 (15.0)
I：中間財	26.3 (34.8)	282 (36.9)	395 (30.8)	564.4 (22.5)	985.0 (20.5)
K：機械類	11.5 (15.3)	85 (11.2)	236 (18.4)	919.4 (36.7)	1,772.7 (36.8)
T：投資総額	75.5	764	1,283	2,506.6	4,814.7
A：日本のODA	27.5	534.3	1,035.1	1,415.9	2,157.8

(9)　シンガポール

	1972	1982	1986	1989	1992
R：資源開発	0.5 (0.6)	20 (1.4)	35 (1.4)	175.0 (3.0)	266.7 (3.4)
S：サービス	14.4 (16.0)	354 (25.6)	987 (38.4)	2,872.1 (50.3)	4,319.6 (55.1)
M：製造業	75.0 (83.4)	1,009 (73.0)	1,549 (60.2)	2,667.6 (46.7)	3,251.1 (41.5)
L：労働集約的軽工業	18.1 (20.1)	211 (15.3)	263 (10.2)	819.0 (14.3)	1,013.1 (12.9)
I：中間財	13.3 (14.8)	329 (23.8)	569 (22.1)	845.6 (14.8)	1,041.5 (13.3)
K：機械類	43.6 (48.5)	469 (33.9)	717 (27.9)	1,003.0 (17.6)	1,196.5 (15.3)
T：投資総額	89.9	1,383	2,571	5,714.7	7,837.4
A：日本のODA	18.9	84.5	140.0	173.1	194.6

(10)　香港

	1972	1982	1986	1989	1992
R：資源開発	1.5 (1.6)	43 (2.3)	46 (1.3)	155.1 (1.9)	253.5 (2.2)
S：サービス	62.1 (62.3)	1,567 (85.9)	3.088 (90.0)	7,302.0 (90.5)	10,328.7 (89.7)
M：製造業	36.0 (36.1)	215 (11.8)	299 (8.7)	608.4 (7.6)	927.9 (8.1)
L：労働集約的軽工業	31.7 (31.8)	162 (8.9)	202 (5.9)	327.3 (4.1)	458.5 (4.0)
I：中間財	2.3 (2.3)	16 (0.9)	25 (0.7)	65.7 (0.8)	92.4 (0.8)
K：機械類	2.0 (2.0)	37 (2.0)	72 (2.1)	215.4 (2.7)	377.0 (3.3)
T：投資総額	99.6	1,825	3,433	8,065.5	11,510.1
A：日本のODA	0.4	2.6	6.8	16.3	16.3

注）表6.1に同じ

Cグループ＝サービス（S）投資主導型。シンガポールと香港は，小人口（2.8と5.8百万人）の都市経済であり，金融，貿易，運輸（海，空），情報，観光などサービスのセンターである。したがって総投資に占めるサービス活動（S）投資の割合が著しく高い（そういう意味では対先進国型である）。Bグループの延長線上にあるとも見られるが，それと一応区別して，Cグループとしたい。

以下，これら3グループ別に，それらへの日本のFDIの特色と進展（構造変動）とを比較検討して行きたい。これら諸国への日本のFDIが順貿易志向的（PROT）に推進されてきたことを追跡してみたいのである。

Ⅲ．2　資源開発（*R*）投資主導型

この型の代表であり，日本の最大（東アジアの中で）の投資相手国たるインドネシア（In）をとりあげよう。図6.4に示されている。他のグループ

図6.4　インドネシア

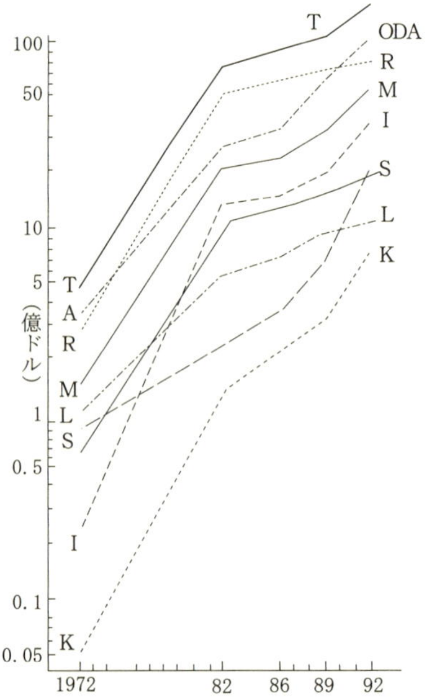

および北米とくらべてのことであるが，いくつかの特色が見出される。

⑴ R（資源開発）投資のシエアが最も高い。1972年で55.1%であったものが，1982年には69.4%に増加し，1989年でも63.8%の重要性を維持している。

⑵ 逆に S（サービス）投資のシエアは著しく低い。1989年で6.3%にとどまっている（1992年には12.8%へ急増したが）。

⑶ 既に指摘したことだが，資源豊富国では製造業（M）投資の中で，I（中間財）投資が多い。資源ベースの加工中間財が先ず振興されたからである。インドネシアでは，I のシエアは，1972年の5.2%から，82年に18.1%に大幅に高まり，その水準が89年（18.3%）でも維持されている。これは1980年代前半に，アサハン・アルミ・プロジェクトへの大規模投資が行われたことが主因になっている。

⑷ 初期（1972年）では，L（労働集約的軽工業）投資が製造業3部門の中では最高で21.6%を占めていた。それが1982年には7.6%に低下し，1989年に8.6%へと回復している。L 投資はむしろ1972年以前の第Ⅰ期において重要性をもった。

K（機械類）投資はきわめて少ない。シエアは1972年に1.1%であったものが，82年に1.8%，89年に3.0%（92年に4.7%）へと若干高まっている。

⑸ 要するに，工業化推進投資という点では，I 投資が圧倒的に多い（資源豊富国の特色）。それを別扱いにすると，インドネシアは1972年以前からの全期間を通じ，軽工業（L）投資主導であった。機械類（K）への高度化はむしろ1990年代からであると言える。

したがって日本の対インドネシア製造業投資は遅れており，後発であり，未成熟である。製造業3部門の収斂度は，1972年に $L=1.019$ 億ドル対 $K=0.051$ 億ドル，つまり20：1であったものが，1989年には $I=19.132$ 億ドル対 $K=3.121$ 億ドルへ，6.1：1に狭まったものの，なおそのひらきは大きく，収斂度は低い。

⑹ 資源開発と加工が主導力で工業化の遅れている国ほど，そのためと，社会的インフラ建設のため，日本（および他の先進国）からのODA（政府開発援助）が多い。そういう特色がある。インドネシアに対しては，1972

年にはODAは3.409億ドルで投資総額T（4.728億ドル）の72%に達していた。1989年でもこの比率は60%に及んでいる。

次にフィリピン（比）への日本のFDIは，対インドネシアにくらべると規模は8分の1（1989年）と小さいが，その進出パターンは類似しており，資源開発（R）投資主導型の特色を示している。ただインドネシアとくらべると次のニュアンスがある。

(1) インドネシアと同様に（$R+I$）投資主導型であるが，そのウエイトはやや低い。（$R+I$）のシエアは，1989年で，インドネシアでは82.0%であるのに，フィリピンでは51.5%にとどまっている。

(2) 逆に言えば，フィリピンの方がインドネシアよりも工業化が少し先に進んでおり，（$L+K$）投資のシエアが高まっている。それは，1989年で，フィリピンでは32.9%で，インドネシアの11.6%より高くなっている。

このことは製造業3部門の収斂度にも反映されている。インドネシアでは，1989年で，$I-L-K$の順位であり，$I:K=6.1:1$のひらきがあった。フィリピンでは$K-I-L$の順位になった。この順位の違いも両国の資源の重要性の差と，工業化の遅速の差とを反映しているかもしれない。そして$K:L=1.7:1$にまで収斂しているのである。

(3) フィリピンでは，1989年の日本のODA供与累計額は34.4億ドルに達し，投資総額（T）=13.2億ドルをはるかに上回っている（2.6倍）。

中国の市場経済化，開放化は漸く1979年頃から始まったばかりであり，そこへの日本の直接投資の動向とか将来を論ずることは時機尚早である。ここでは資源開発（R）投資主導型の一つに分類したが，それには問題があろう。むしろ次の労働豊富国型に属させた方がよいかもしれない。しかし，現状（1989年当時）では，日本の対中国FDIはR投資主導型であると私が敢えて分類した理由は次のとおりである。

(1) インドネシアやフィリピンと違って，日本の対中国FDIではS（サービス）投資のシエアが著しく高い。1982年78.6%，86年82.1%，89年74.9%に達する。これは対北米（先進国）型ないし後に検討する対香港型に近い。なぜであろうか。中国では現在，銀行，商社，運輸，通信などインフラ整備がいちばん必要とされている。それを援助・促進するための日本のS

投資が最も大きくなり[6)]，この期間（1982〜89 年）に急成長したのである。

⑵ 日本の対中国 ODA 累計額は，1982 年に 4.03 億ドルで投資総額 0.7 億ドルの実に 5.8 倍に達している。1989 年でも，40.9 億ドル対 24.7 億ドルで，1.7 倍である。この ODA は中国の豊富な資源の開発と社会的インフラ整備のために向けられている。また ODA 供与を巨額に，直接投資に先行して行っている点は他の諸国（米国など先進国だけでなく，韓国，台湾，香港など NIEs も含め）には見られない，日本の対中アプローチの特色である。

⑶ R 投資と I 投資とが平行して増加していることは，インドネシアやフィリピンと類似する。それらは対中国投資ではまだ低い水準にあるが，ODA による資源開発加工分を加算して考えると，$(R+I)$ 投資主導型と言えるのではあるまいか。またそうすることによって，日本の投資と ODA は，米国など先進国の投資と，また NIEs からの投資とも，投資の補完的棲み分けができる。それが中国の経済発展にいちばん役に立つということになるのではあるまいか。

⑷ 製造業 3 部門の投資はいまだ低い水準にあり，成熟していない。1989 年の順位は $K-L-I$ であり，$K=3.034$ 億ドルと $I=0.817$ 億ドルであり，$K:I=3.7:1$ と開きは依然として大きい。

日本がもっと直接投資進出をしてくれることを中国は強く要望している。1990年代に入って，投資ラッシュが起こっている。だが機械類（K）とか軽工業（L）といった部門は，日本ではなく，NIEs に任せた方がよいという部分がかなりあるのではあるまいか。そういう対中投資諸国の間で暗黙の協調があって然るべきである。

Ⅲ. 3　労働活用 $(L+K)$ 投資主導型

天然資源が不足であるため，人的資源（human resources）つまり労働力を活用する経済発展を戦後早くから目ざした東アジア諸国がある。そこへ

6）1987 年度に石油開発への融資的 10 億ドルを供与している（その年度の日本の対中投資総額は 12 億 2,600 万ドル）。これが「非製造業」部門の「その他」に計上されているのでないかと思う。1991 年 3 月末累計の「その他」は 10 億 1,540 万ドルに達している（非製造業計の 20 億 4,050 万ドル中の 50%に当たる）。陳建安「日本企業の対中国直接投資の現状と現地経営の問題点」さくら総研，RIM，No. 22（1993　Vol. 3）。

の日本からの直接投資はL（労働集約的軽工業）とK（機械類）に順を追って向けられた。その中でも韓（韓国），台（台湾）という先発組と，タイ，Ma（マレーシア）といった後発組がある。先発組の代表として韓国を図6.5に，後発組の代表としてタイを図6.6に描いておいた。なおSP（シンガポール）と香（香港）もこの型の延長とも言えるが，サービス（S）投資主導型として第3グループに分類した。つまり韓，台，SP，香のいわゆるNIEs（新興工業化経済）を1グループとして取り扱うのでなく，2つに分けたのである。

⑴資源不足の反映であるが，R（資源開発）投資のシエアは著しく低い。1972年と1989年をあげるならば，韓では0.1%と2.4%，台では2.0%と0.9%，タイでは5.1%と4.2%，Maではやや高く27.4%と12.3%である。したがってMaは先の資源開発（R）投資主導型に近い性格をいくらか持つことになる。

⑵サービス（S）投資のシエアは低い水準から始まって急速に高まっている。やはり1972年と1989年をあげるならば，韓では6.0%→49.9%，台では5.0%→21.4%，タイでは17.0%→26.4%，Maでは5.3%→15.1%である。したがって経済発展が進展するにつれ，第3のサービス（S）投資主導型に近づく傾向が見出されるわけであるが，SP（16.0%→50.3%），香（62.3%→90.5%）とは一線を画しているものと見たい。

⑶工業化の中で，中間財（I）投資は，資源賦存に，したがってR投資に影響される部分が多いので，傾向が明確でないと指摘してきた。Iのシエアを3時点についてあげると表Aのとおりである。

第3グループに属する経済であるが，香港へのI投資はネグリンブルである。小規模経済においては大規模装置，大量生産を特色とする中間財生産は引き合わないからである。同じ条件にあるSPへのI投資シエアがかなり多いのは，石油精製基地であるためである。

韓国はかなり大きい規模の経済であるので，初期の軽工業化に続いて，1972〜82年の期間に重化学工業を振興し，鉄鋼，基礎化学品（主に石油精製）などの中間財生産を持つようになった。ただしそれらは輸出向け（それも若干あるが）というよりは国内消費用である。台湾も同様である。ただし

図6.5　韓国

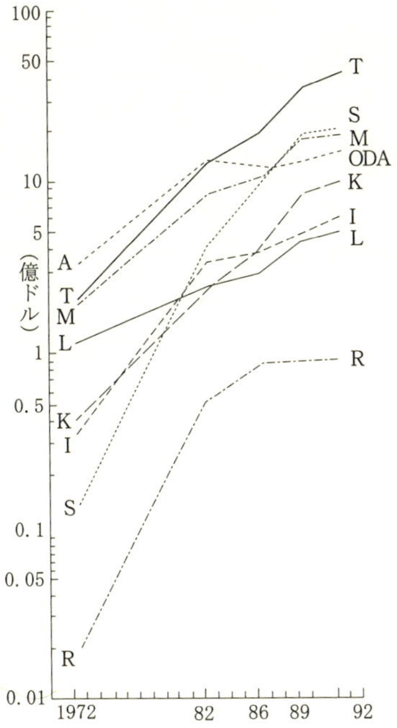

図6.6　タイ

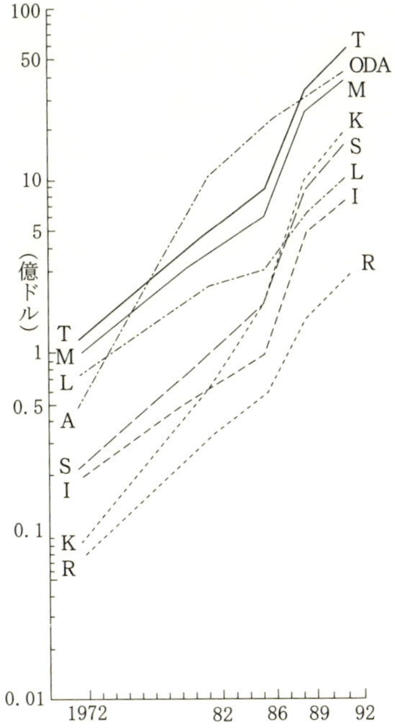

表A　*I* 投資のシェア（%）

	1972	1982	1989
韓　国	15.9	26.9	13.3
台　湾	12.6	19.7	15.5
タ　イ	13.9	12.4	15.7
Ma	34.8	36.9	22.5
SP	14.8	23.8	14.8
香　港	2.3	0.9	0.8

表B　*L* 投資のシェア（%）

	1972	1982	1989
韓　国	57.4	18.9	11.7
台　湾	40.4	23.0	20.9
タ　イ	57.6	50.3	19.8
Ma	17.2	21.7	13.4
SP	20.1	15.3	14.3
香　港	31.8	8.9	4.1

表C　*K* 投資のシェア（%）

	1972	1982	1989
韓　国	19.8	18.1	22.7
台　湾	40.0	48.9	41.3
タ　イ	6.4	12.2	33.9
Ma	15.3	11.2	36.7
SP	48.5	33.9	17.6
香　港	2.0	2.0	2.7

重化学工業の規模は韓国より小さい。

マレーシア（Ma）は国産資源をベースにして中間財を，主に輸出向けに生産している。そのための日本からの*I* 投資がかなり多い。この点でMa は第1グループ（資源豊富型）に近い特色をもっている。石油，錫など地下資源と，ゴム，パームオイルなど農産加工品とがあげられる。タイへの*I* 投資のシエアは，他の諸国とくらべ1期おくれ，1972～89年の第Ⅲ期に上昇し，15.7%に達している。錫，石灰といった地下資源と，ゴム，木材などの加工品が主である。

このように中間財（*I*）投資の原因は国によって異なる。1972年以前の軽工業（*L*）投資主導期に続いて，1972～82年の第Ⅱ期に*I* 投資が急増した。ただしタイは1期遅れた。これは日本のFDIの順を追った高度化の一面である。そして，国産資源ベースのMa において，1989年のシエアが22.5%と高いのを例外として，他の諸国は15%前後に収斂していることも注目される。

⑷このグループの工業化の中心は，労働集約的軽工業（*L*）と機械類（*K*）とである。そして先発組と後発組との差が明瞭にあらわれている。

表Bによると，韓，台，香，SPという工業化先発組（つまりNIEs）において，1972年の*L* 投資のシエアが高い。これは1972年以前の第Ⅰ期における主導投資が労働集約的軽工業（*L*）であったことの反映である。それが1972～82～89年の第Ⅱ期と第Ⅲ期を通じて*L* のシエアを急減させた。例えば代表たる韓国でみれば，1972年の57.4%から89年の11.7%へ著減している。

これにくらべ，これら先発組は1972～82年の第Ⅱ期において既に機械類（*K*）投資主導に前進しており，その傾向が1972～89年の第Ⅲ期にも継続されている。表Cによると，*K* 投資のシエアは，韓国では，1972年の19.8%から1989年には22.7%へ上昇している。つまり，この第Ⅱ，第Ⅲ期（1972～89年）において，先発組は既に早く機械産業に高度化した。その中核は電気機器の部品や組立てという労働集約的工程であった。繊維産業よりは技術の高い，より手のこんだ（sophisticated）生産であり，より熟練度の高い労働とより多い資本設備を要するものであるが，依然として労働集約的生産であることに変わりはない。

先発組の中で例外をなすのが香港である。そこでの K 投資のシエアは2%台と極めて低い。これは香港が一貫して繊維衣服産業に中心をおき，その中での高度化をはかるという政策をとっているからであろう。

他方，後発組を見ると，タイでは，L 投資のシエアは1972年57.6%，1982年50.3%と第Ⅱ期では高い（表B）。そして第Ⅲ期に入りK投資のシエアが，1982年の12.2%から89年の33.9%へ急増している（表C）。またマレーシアでは，L 投資のシエアが，1972年の17.2%から82年の21.7%へ高まり，K 投資のシエアが1982年の11.2%から89年の36.7%へ急増している。

つまり後発組では，第Ⅰ期とならんで第Ⅱ期でも L 投資主導であり，K 投資主導へは，先発組より1期遅れて漸く第Ⅲ期において移ったと言えるのである。工業化の地域的スプレッド（そして直接投資前線の拡延）はこのような順序を経たのである。

(5) 日本の製造業（M）投資は成熟するにつれ，各ホスト国において，L，I，K 3部門のひらきが縮小し比例性をもつように収斂していく傾向があると指摘してきた。表Dがこれを物語っている。グループBとCの6ヵ国の中で香港だけが，小規模経済でありかつ L（繊維衣服）生産を中心としていることから，収斂値が4.95と例外的に大きい。それを除くと，SP＝1.22，韓国＝1.93，タイ＝2.27，台湾＝2.46，Ma＝2.73の順になるが，いずれも収斂値は小さい。この順位が工業化促進投資の先発・後発のちがい，或いはその成熟度の相違をあらわしているとは必ずしも断言できないが検討に値する問題である。さらに香港を除く5ヵ国への K 投資の額が，最高のタイ＝11.09億ドルから最低の韓＝8.74億ドルと，狭い格差に収斂している（両者のひらきは1.27：1）ことも注目されねばならない。これが次節の産業別投資拡延の問題である。

(6) ホスト国の工業化が成熟し，経済発展が進むほど A（日本のODA供与額）が少なくなっている。いわゆる開発途上国ステイタスからの「卒業」である。韓国への A は1982年以降増えないのみかかえって減っている（減少分は過去のODAの返済である)。同様に，台湾，SP，香港の先発組は

表D　製造業3部門の収斂値（1989）

		第1位	（単位100万ドル）	第3位		収斂値 第1位／第3位
グループB	韓国	K	874	L	454	1.93：1
	台湾	K	943	I	384	2.46：1
	タイ	K	1,109	I	489	2.27：1
	Ma	K	919	L	337	2.73：1
グループC	SP	K	1,003	L	819	1.22：1
	香港	L	327	I	66	4.95：1
参考 グループA	In	I	1,913	K	312	6.13：1
	比	K	271	L	163	1.66：1
	中国	K	303	I	82	3.70：1

ODAから卒業していると見てよい。それだけインフラ整備が進んだのである。これに対し後発組のタイとMaには1980年代に日本のODAが急増している。また資源開発（R）投資主導型のインドネシア，フィリピン，中国ではまだODAの重要性が大きいのである。

Ⅲ.4　サービス（S）投資主導型

香港とSP（シンガポール）をサービス（S）投資主導型と分類し，他と区別したい。それは，S投資のシエアが，1989年において，香港では実に90.5%，SPでも50.3%に達しているからである。だがSのシエアは対韓国でも49.9%に達した。対北米では66.0%であった。したがって香港はこの型の典型であるが，SPは労働活用（$L+K$）投資主導型に組み入れてもよい。ただ香港とSPがともに小人口の都市経済であり，金融，貿易，運輸，情報，観光などのサービス・センターであることは間違いないので，この第3の分類を維持しておくことにする。また小規模経済であるので，鉄鋼や自動車のごとき大量生産は引き合わず，ためにより規模の大きい労働豊富国とは違った工業化を果たさざるをえない。このことは香港に典型的にあらわれており，そこでは製造業（M）投資の53.8%までが，1989年でも，繊維衣服のL投資である（したがって製造業3部門の収斂度が低い）という例外的特色を示している。その他の点については既に触れたので繰り返さないでおく。

Ⅲ. 5　要約

東アジア 9 ヵ国への日本の FDI の拡延プロセスにおいて，(A) インドネシア，フィリピン，中国のように資源開発（*R*）主導型であるか，それとも (B) 韓国，台湾，タイ，マレーシア，およびシンガポールのように労働活用（*L*+*K*）投資主導型であるかが，大きな違いをもたらす。(C) サービス（*S*）投資は近年どの国でも比重を増しているが，その影響はサービス・センターたる香港に最も顕著に，ついで SP にあらわれている。中間財（*I*）投資は *R* 投資と平行する傾向があるが，現地経済の規模に左右されるところも多く，一定の傾向を見出しにくい。

A グループの方が工業化が遅れている。そこでは ODA をも活用してインフラを整備することが急務である。

B グループは，さらに工業化の先発組と後発組とに分けられる。製造業（*M*）投資を 3 部門（*L*，*I*，*K*）に細分し，その第 1 位と第 3 位とのひらき（収斂度）を，各国への日本の工業化促進投資の先発・後発の，したがってまたその成熟度の指標としてよい。そこで表 D によると，東アジア 9 ヵ国の成熟度のランキングは，1989 年で見て，SP（1.22），比（1.66），韓（1.93），タイ（2.27），台（2.46），Ma（2.73），中（3.70），香（4.95），In（6.13）となる。

比が第 2 位であるといった予想外の結果も含まれている。これは，絶対額で見られるように，日本の対比投資が停滞してきた結果である。これも検討に値する命題である。つまり工業化促進投資が成熟するとそれは相対的に停滞してくる。したがってそこから他の第 3 国へ投資先を移すことになるのではあるまいか。

香港が例外的であることは既に触れた。インドネシア（In）と中国という資源豊富国への工業化投資が遅れており未成熟であることは，明らかである。

残りの 5 ヵ国（SP，韓，タイ，台，Ma）について見ると，若干の差はあるにしても，指数がすべて 3 以下におさまっている。初期の 1972 年にくらべると各国とも著しい収斂である。

そこで次の疑問が生じる。第 1 に，このような各国に対する日本の工業化促進投資の収斂化したがって成熟化ということは，一般的傾向とみてよいのであろうか。もしそうならばその理由はいかなるものであろうか。第2に，ここまで工業化促進投資が成熟すると，その次のステップ，つまりこれからどうなるかということである。高い成熟度に達した相手国にはこれ以上日本の投資が余り増加しなくなるのではないか。サービス（*S*）投資を増すという道があろう。或いは先進国（北米と欧州）へシフトするのか。しかし対先進国工業投資も高い成熟度に達している（対北米工業投資の収斂度は *K*（164.15億ドル）：*L*（80.31億ドル）＝2.04：1）。まだ工業投資成熟度の低いインドネシアとか中国向けを増すことは当然考えられる。さらにベトナム，ミヤンマー，インド，スリランカ，パキスタン，さらに中近東といった新地域にシフトさせていくのであろうか。興味ある問題である。

Ⅳ　産業別工業投資前線の拡延

前節では，日本のFDIの構成が各相手国（被投資国）の一つ一つにおいていかに高度化してきたか，つまり投資前線の相手国別高度化を検討してきた。だが各産業（商品）ごとに，日本の東アジア9ヵ国へのFDIがいかに拡延してきたかを検出することもできる。これが投資前線の産業別拡延である。資源開発（*R*）投資やサービス（*S*）投資についても検出することができるが，われわれの主要関心事は製造業（*M*）投資についてこの投資前線の拡延を見出すことにある。

そこで *M* 全体についてと，*L*（労働集約的軽工業），*I*（中間財），および *K*（機械類）の3部門について作図したが，代表として *K* についての図6.7を掲げておく。その結果は，既に検討した *T*（投資総額）についての図6.3とよく似たものになる。また問題発見の分析方法も類似したものになる。ここで問題というのは，一つは，産業毎に，どの国への投資から始まり，どの国へ移っていったか（拡延していったか）ということである。そこに先発組と後発組といった違いが見出される。またそれは対象産業によって差が生ずる。

図 6.7　*K*：機械類

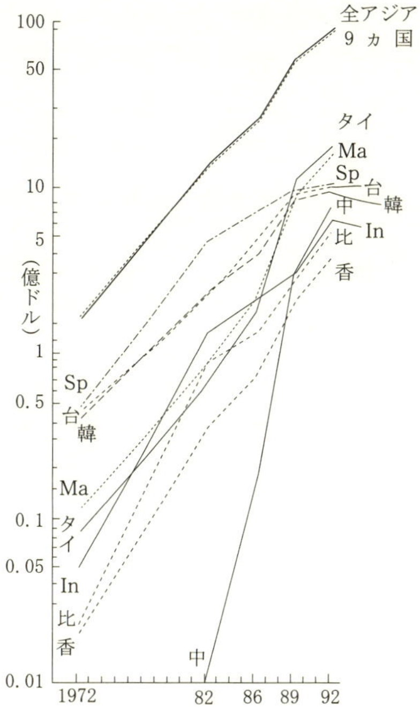

もう一つは，産業毎に東アジア 9 ヵ国への投資額が狭いひらきの中に収斂する傾向が見出される。産業毎の直接投資の成熟ということである。第 1 の産業で成熟すると，第 2 の産業へ重心を移すということになり，それが前節の各国での投資前線の高度化を生むことになるのである。

これらのことを要約するために次の 3 表を作成してみた。それは，1972，1982，1989 の各年における日本の東アジア 9 ヵ国への投資累計額を大きいものから順にならべたものである。1972 年に高いランクにある国は，それ以前の第 I 期に日本の各産業別投資前線が拡延した先発組である。第 II 期（1972〜82 年），第 III 期（1982〜89 年）と進むにつれすべての国への投資額は増えている。だが増加率に差があり，先発組はランクを下げる。代わりに急速な進出があったホスト国のランクは上がる。これが後発組である。そしてトップとボトムとの投資額のひらきは縮小していく。この収斂度を 1 位／

8位の倍率で示すことにした（ボトムの第9位にくる一国は除くことにした。中国は1982年から日本の投資が始まったばかりであり，1972年には8ヵ国の数値しか得られないからである）。

Ⅳ．1　*L* 投資

先ず表Eによって日本の*L*（労働集約的軽工業）投資の前線移行を見て

表E　投資前線*L*（労働集約財）
（累計額：単位百万ドル）

順位	1972		1982		1989	
1	韓	119	In	554	In	896
2	In	102	タイ	262	SP	819
3	タイ	74	韓	248	タイ	647
4	台	44	SP	211	韓	454
5	香	32	Ma	166	台	448
6	SP	18	香	162	Ma	337
7	Ma	13	台	110	香	327
8	比	6	比	57	中	171
9	中	－	中	2	比	163
1位/8位		19.83倍		9.72倍		5.24倍
9ヵ国計		407		1,772		4,261
年複利成長率			15.8%		13.3%	

表F　投資前線*K*（機械類）
（累計額：単位百万ドル）

順位	1972		1982		1989	
1	SP	44	SP	469	タイ	1,109
2	台	43	韓	238	SP	1,003
3	韓	41	台	234	台	943
4	Ma	12	In	134	Ma	919
5	タイ	8	Ma	85	韓	874
6	In	5	比	85	In	312
7	比	2	タイ	63	中	303
8	香	2	香	37	比	271
9	中	－	中	1	香	215
1位/8位		22.00倍		12.68倍		4.09倍
9ヵ国計		157		1,346		5,950
年複利成長率			23.9%		23.6%	

表G　投資前線*I*（中間財）
（累計額：単位百万ドル）

順位	1972		1982		1989	
1	韓	33	In	1,313	In	1,913
2	Ma	26	韓	353	SP	846
3	In	25	SP	329	Ma	564
4	タイ	18	Ma	282	韓	511
5	台	14	比	148	タイ	489
6	SP	13	台	95	台	384
7	比	7	タイ	65	比	203
8	香	2	香	16	中	82
9	中	－	中	7	香	66
1位/8位		16.50倍		82.06倍		23.33倍
9ヵ国計		138		2,608		5,058
年複利成長率			34.2%		9.9%	

みよう。第Ⅱ期（1972～82 年）において，一方，先発組の韓国，台湾，香港のランクが下降し，後発組の In，タイ，SP，Ma のそれが上昇している。比のランク第 8 位は不変である。先発組はこの期に既に次の *K* 投資に重心を移した。後発組がこの期に軽工業化を推進したことになる。

第Ⅲ期（1982～89 年）では，後発組たる SP と中国の上昇，先発組たる台湾の再浮上が認められるが，変化は第Ⅱ期ほど顕著でなく，むしろ第Ⅱ期の継続とみた方がよいであろう（台湾の再浮上は例外であるが）。

1 位対 8 位の収斂度は 1972 年の 19.8 から，1982 年の 9.7，1989 年の 5.2 に狭まっている。

また 9 ヵ国合計の年複利成長率は，第Ⅱ期 15.8%，第Ⅲ期 13.3%へと逓減している。つまり日本の対東アジア *L* 投資はすでにかなり成熟しきった段階に達したことを反映している。そこで今後どうするかという問題にぶつかっているわけである。

Ⅳ. 2　*K* 投資

次に表 F によって，*K*（機械類）投資の前線拡延を見ると，こうである。上位 3 ヵ国（SP，台，韓）が *K* 投資の先発組であったことは明瞭で，1972 年でも 1982 年でも投資絶対額が残りの 6 ヵ国より圧倒的に多い。残りの後発組の中，In と比がランクを高めているが，極小額（1972 年）からの上昇にすぎない。

第Ⅲ期（1982～89 年）において，後発組の機械工業化が進展した。タイ，Ma，中国への日本の *K* 投資の躍進がみられる。逆に先発組の韓国と，後発組のうち In，比，香港のランク低下が認められる。

1 位対 8 位の収斂度は，1972 年の 22.0（この値は *L* の場合よりも大きい）から始まって，1982 年に 12.7 に，さらに 1989 年に 4.1（それは *L* の場合よりも小さい）に，急速に狭まった。

9 ヵ国合計の年複利成長率は，第Ⅱ期 23.9%，第Ⅲ期 23.6%であって，殆ど不変であり，ともに *L* の場合よりも高い。つまり *K* 投資も成熟しつつあるが，*L* 投資にくらべるとなお成長を続けうる勢をみせている。

なお図 6 . 7 を見直してみると，1989 年において，タイ，SP，台，Ma，韓という労働活用（$L+K$）投資グループ5ヵ国への K 投資額がきわめて相互に接近していることがわかる。最高（タイ）1,109百万ドルと最低（韓）874百万ドルとの間におさまっている。その収斂度は1.27ときわめて小さい。これに対し資源開発（$R+I$）投資グループのIn，中，比とサービス（S）投資型である香港の4ヵ国がかたまっており，先の5国とは格段と低い K 投資水準（312〜215百万ドルで，その収斂度は1.45）にとどまっている。

Ⅳ．3　I 投資

I（中間財）投資は，既述のように，投資前線拡延の規則性が乏しい。表Gのように，1972〜82年の間に，In向けが巨大な増加を見せた。これはアサハン・アルミ・プロジェクトのせいである。このため1位対8位の収斂度は1972年の16.5から，1982年の82.1へかえって広まった。それが1989年には23.3へ縮小したのであるが，この収斂値は他の L や K にくらべ著しく大きい。また9ヵ国合計の年複利成長率は第Ⅱ期では34.2%と異常に高く，第Ⅲ期では9.9%と激減している。しかも後者は L や K の成長率よりも低いのである。

Ⅳ．4　K/L 比率の収斂

そこで不規則な I 投資を除いて，L 投資と K 投資の比率（収斂度）を算

表H　K/L 投資の収斂度

	1972		1982		1989		収斂度（K/L）		
	L	K	L	K	L	K	1972	1982	1989
In	102	5	554	134	896	312	0.05	0.24	0.35
比	6	2	57	85	163	271	0.33	1.49	1.66
中	―	―	2	1	171	303	―	0.50	1.77
韓	119	41	248	238	454	874	0.34	0.96	1.93
台	44	43	110	234	448	943	0.98	2.13	2.10
タイ	74	8	262	63	647	1,109	0.11	0.24	1.71
Ma	13	12	166	85	337	919	0.92	0.51	2.73
SP	18	44	211	469	819	1,003	2.44	2.22	1.22
香	32	2	162	37	327	215	0.06	0.23	0.66
東アジア9ヵ国	407	157	1,772	1,346	4,261	5,950	0.39	0.76	1.40
北米	30	49	834	2,172	8,031	16,415	1.63	2.60	2.04

出してみた。表Hがこれである。K/L 比率であるから，その値が1より小なる場合は，軽工業（L）投資の方が多いこと，逆に1以上になると機械類（K）投資が L 投資を上回ったことを示すわけである。

先ず例外であるが，その一つは In であって，資源開発（R）と中間財（I）投資の多いこの国では，K/L 比率は1972年で僅かに0.05と低く，1989年でも0.35にとどまっている。In は全期間を通じいまだ軽工業化の段階にある。もう一つはサービス・センターたる香港で，そこでの工業化は依然として繊維・衣服工業であるため，K/L 比率は0.06〜0.66と1以下にとどまっている。

他の7ヵ国（および東アジア9ヵ国合計でも）では K 投資の相対的成長率が（L 投資より）速く，1989年にはすべて K/L 比率が1を上回るに至っている。その中で，1982年では1を下回った機械工業化後発国――中，タイ，Ma の3国――（韓の0.96は1とみなしたい）と，1982年で1を上回った先発組――比，韓，台，SP の4国――との相違が見出される。また東アジア9ヵ国合計と対北米とをくらべると，前者は後発組，後者は先発組という関係になる。

興味あることに，1989年の K/L 比率は最大でも Ma の2.73であり狭い開きに収斂していることである。中には1982年よりも89年の方が K/L 比率が小さくなっている国さえ見出される――台，SP，北米――。これらでは，K 投資自体も成熟点に到達しつつあることを意味しよう。こうして1位/8位の収斂度でみて，東アジア全体として，1989年に，L 投資は5.24（表E）に，K 投資は4.09（表F）にそれぞれ収斂しているのである。

Ⅳ. 5　投資パターンの収斂：要約

いくつかの面で日本直接投資パターンの収斂傾向が見られることを指摘してきた。それを一度整理しておくのが良いであろう。ただし R（資源開発）投資と S（サービス）投資については別扱いが必要であろうから，ここでは触れないことにする。

(1) 資源豊富国に対しては1960年代に資源開発（R）投資に注力し，1970年代に入って資源加工の中間財（I）投資に重点をおいた。他方，資源不足で工業化志向の強い国々に対しては，最初に労働集約的軽工業（L）投資から始め次第に機械類（K）投資にシフトした。そこに先発組と後発組とが生じたが，産業（或いは商品）毎に東アジア9ヵ国へ順次それぞれ投資前線が拡延した。そして1989年にはトップ1位とボトム8位（1972年では対中国投資は始まっていなかったので，8位までをとった）との投資額のひらき（収斂度と言う）は小さい値に収斂してきた。

L 投資では，1972年の19.8から82年の9.7に，そして89年にはさらに5.2にまで収斂した（表E）。

K 投資では（表F），22.0→13.5→4.1と収斂した。

I 投資では（表G）巨大プロジェクトがあると不規則な変動をもたらしがちである。収斂値は16.5→82.1→23.3と1982年にかえってひらきが大きくなった。

$I+L+K=M$（製造業）投資をみると，1989年の収斂値は5.1となった。また投資総額（T）のそれは4.6となった。

以上の傾向を「産業別投資前線の拡延」と呼ぶことにしたい。ホスト経済の大小とか発展段階の違いがあるにもかかわらず，工業化促進投資額さらに総投資額が割合に狭い格差に収斂していく傾向があることは，なぜそうなるのかを検討するに値する問題であることを物語っている。

⑵ 工業化の先発組と後発組の違いはあるが，上のように産業別投資前線が拡延していくと，各国別に見ると日本の投資が I または L から K へと重心をシフトさせることになる。これを「各国別投資前線の高度化」と言う。そうすると I，L，K 投資の1位と3位のひらきが時間とともに収斂していくことになる。

1989年での収斂値（表D）は，SP＝1.22，比＝1.66，韓＝1.93，タイ＝2.27，台＝2.46，Ma＝2.73の順に狭いひらきになっている。例外的な3国がある。資源国のIn＝6.13，軽工業中心の香港＝4.95，最後発国の中国＝3.70となお大きいひらきを示している。

東アジア合計では，K＝5,950百万ドル，L＝4,261百万ドルであって，1.40という値に収斂している。（なお対北米では，K＝16,415百万ドル，L＝8,031百万ドルであって，収斂値は2.04である。）

I 投資は不規則性をもつのでそれを除き，*K* 投資/*L* 投資の比率を算出してみた（表H)。これがもう一つの収斂度指標である。1989年で *K* 投資が1位，*L* 投資が3位になった国では上の1位/3位収斂度と同じになる。SP，比，韓，Maの4国がそうである。*I* 投資が1位か3位かであった国で，*K*/*L* 比率は1位/3位比率と違ってくる。こういう国の *K*/*L* 比率（1989年）は，In＝0.35，香＝0.66，タイ＝1.71，中＝1.77，台＝2.10となる。Inと香港という例外的2ヵ国だけが軽工業（*L*）投資が主で機械類（*K*）投資が下回っている。

要するに，先発国と後発国の相違はあるにしろ，*L* 投資から *K* 投資への重心シフトが生じ，*K*/*L* 比率が高まっている。しかしそれは最高でも2.72(Ma）であり，案外狭い格差に収斂しつつある。つまり各相手国で日本の工業化促進投資が高度化するのであるが，それは *L*，*I*，*K*（或いは *L* と *K*）投資の比率が狭い幅の中に収斂するという傾向が見出される。それは日本のFDIが各相手国において次第に成熟したことの反映であると見てよい。

一定の成熟度に達すると，次のステップとしてどうするかという問題に直面する。ここで対象とされた *L*，*I*，*K* という従来の産業とは違うさらに高度の工業にいっそう高度化するか，それとも東アジア9ヵ国以外の第3地域に投資前線をさらに拡延するか，といった選択にせまられることになるのである。

V　結語：直接投資前線の収斂

雁行形態的経済発展（flying-geese pattern of development）なる述語が広く用いられるようになった。これはわが恩師赤松要博士が1936年の古きに着想された，後続国（catching-up economy）の産業・経済発展に関する法則である。それには次の三側面がある。

(1)　産業発展の基本型。後続国の一つの産業の発展は，輸入から始まり，国内生産が起こされ，やがて輸出にまで発展する。そういう3つのカーヴ(つまり雁行）を描く。これは，私の解釈では，この経済の資本蓄積が進み，その産業が能率化されることに基づく（たとえばわれわれのモデルにおける第2国のX産業のように）。したがって雁行形態の第1命題はわれわれの能率化コースと言ってよい。

⑵　産業発展の変型。資本蓄積の進展につれ，一国経済は，X産業からY産業，さらにZ産業へと，順次より資本集約的な，より高度な産業へ，多様化することができる。X，Y，Z…財という生産（或いは輸出）のカーヴ（もう一つの雁行）が描き出される。したがって雁行形態の第2命題は，われわれの多様化コースなのである。

⑶　雁行の国際的伝播。後続の（東アジア）諸国が先導国にならってそれぞれ資本蓄積を進めると，X産業が先ず後続国Aで起こり，次いでB，C…国に波及していく。Y，Z…産業についても同じことが起こる。そうするとX財の輸出（生産でもよいが）のカーヴが，A，B，C…国というように世界市場に登場してくる（Y，Z…財についても同様）。これが第3種の雁行である。

後続諸国の順次的産業振興は，先進国からのPROT-FDIによって有効に促進される。したがって雁行形態の第3命題は，われわれの直接投資前線拡延の問題にほかならないのである。

広く宣伝されている雁行形態論は，以上のいくつかの雁行（カーヴ）のいずれを指すのか明らかでない。漠然と経済発展の波（例えばGNPの成長率の波）が，日本を先導国とし，NIEsに，ついでASEAN諸国に，次つぎに伝播し，東アジアが全体として速い成長をとげつつあることを漠然と指している場合も見られる。そういうキーワード的用い方も止むをえない。だが一体，東アジア諸国が次つぎに雁行形態的発展を遂げるとした場合，その行きつく先はどうなるのであろうか。東アジア地域の域内・外の国際分業システムはどうなるのか。それが究明されていない。日本の直接投資の「収斂化」の発見が，何らかの示唆を与ええないであろうか。

さてこれまでの実証分析によって，前章末に到達した「海外直接投資前線の拡延」なる図5.4（p.214）が描けることは，今や明白になったであろう。

一国産業の継起的多様化（雁行形態の変型）には自然の順序（natural order）があるようである。生産側では，資本蓄積の進行につれ，X，Y，

Z…と順次より資本集約的な産業に多様化していく。農業，軽工業，重化学工業，ハイテク産業などといった順序である。他方各産業の能率化が行われ，賃金率つまり生活水準が高まっていく。これに伴い需要は食，住，衣さらにレジャーといった順序，或いは粗なる必需品から高級贅沢品へと，多様化かつ高度化していくのである。需要側変化とマッチした産業構造のこのような変化の全体を，経済発展の自然法則（natural order）と総称してよい。

東アジアの各国はすべてこの自然法則に従って経済発展をとげるとしよう。ということは，(a) 各国とも X，Y，Z…といった諸産業の或るバランスのとれた産業構造をもつこと，(b) ほぼ同一の高い所得水準に達すること，この二つを究極の目標とすることになる。

もちろんわれわれが分類したように，極小規模経済の香港，シンガポール，資源豊富なインドネシア，フィリピン，中国，そして労働活用型の他の東アジア諸国とでは，究極の産業構造も若干異なってくるであろう。

究極の産業構造が各国でほぼ同じになるとすると，構造変動を補完し促進するためになされる日本からの直接投資は，(a) 各相手国別の産業別構成においても，(b) 産業毎の相手国構成においても，一定の収斂値に達することになるわけである。これが日本の直接投資前線の東アジアでの成熟ということである。それは頭打ちということでもある。頭打ちは，各進出工場には一定の MOS（最小最適規模）が要ることと，一方で米国などの先進国，他方で追付き発展の先発組（NIEs）からの直接投資とによって，早められることになる。また受入れ国からみても，直接投資依存からの卒業ということは，早晩考えられなければならない問題[7]である。とまれ東アジア地域向け

7）1973 年頃を転期にして，東アジア諸国の日本の貿易・投資プレゼンスに対する態度は大きく変わった。かれらは open economy 政策に転じ，投資受入れ規制を緩和した。なぜこのような転向が生じたのかは検討に値する問題である。

それ以後の東アジアの経済発展方式は，中国沿海特別区を含め，大なり小なり輸出加工区（export processing zone, EPZ）方式であったと言える。東アジア諸国すべてが類似の製品を加工輸出するというのでは遠からず行きづまってしまう。これが一つの問題である。第 2 に，輸出加工区で得た諸利益を国内経済全体の発展にいかにサイフォンするかが次の課題である。そして第 3 に，外国直接投資受入れから卒業して，自力による新製品の開発といったことが，特に先導国への追いつきを完了した段階において，必要不可欠になってくるであろう。

投資前線の収斂・頭打ちということが一つの重大な問題である。

もう1つの問題が残る。日本と東アジア諸国が同一の所得水準に達し（それが理想である），類似の産業構造をもつようになった時，貿易はどうなるか。日本と米国或いはEU（欧州連合）の間で既に直面している問題である。私はここで，同一産業内での品種別分業つまり棲み分け分業（私の言う合意的国際分業）を勧めたい。そういう分業によって，お互いに規模経済の利益が獲得できるようにすることがねらいである。

このような問題を含め，日本の対東アジア直接投資のもつ貿易効果，GNP引上げ効果，さらには為替レート変動のインパクト，日本経済の空洞化懸念といった諸問題を検討するのが，次の課題として残される。そしてさらに同質化してきた地域経済の最活性化方策が究明されねばならない。これらが『雁行型経済発展論　第2巻』の主要課題となるのである。

第 7 章
東アジア経済の雁行型発展

I 課題：直接投資主導型経済成長

いわゆる東アジア経済（韓国，台湾，香港，シンガポールのアジア NIEs 4ヵ国・地域，フィリピン，インドネシア，マレーシア，タイの ASEAN 4 国，ならびに中国を主たる対象とする）の 1980 年頃からの経済成長はまことに順調かつ急速であり，奇跡（ミラクル）と言われた。この奇跡的急成長は，日米など先進国からだけでなく東アジアの開発途上国どうしの間で導入した外国直接投資の貢献に負うところ多大である。直接投資主導型経済成長（Foreign Direct Investment-led Growth）と称するにふさわしい[1)]。

外国直接投資（FDI）というのは，進出企業（多国籍企業）が，資本だけでなく生産技術，経営ノウハウ，経営者，技術者を含む一切の経営資源，および必要な機械設備・原材料などすべての中間財を，一括してホスト国へ移転してくれる。ホスト国は生産に直接従事する労働力，工場の敷地を供給すればよい。そのうえ完成した製品の販売も進出企業がめんどうを見てくれる。したがって外国直接投資は，遅れた開発途上諸国が，新しい工業を設立し，工業化をスタートさせるのに最も都合がよく，成功し易い有効な方策だ

1） 篠原三代平教授が「直接投資主導型成長」なる新語を用い始めた。篠原三代平・西ヶ谷ともみ「東アジアにおける『直接投資主導型成長』と貿易構造の変貌」統計研究会 Occasional Papers, No.25, 1996.10.

中條誠一教授も，「円相場，経常収支と連動強く」（日本経済新聞，1996. 12. 10，経済教室）において「直接投資主導型」と言っているが，これは投資国日本が対外直接投資主導型によって経営のグローバル化をはかるという意味である。したがってわれわれが投資受入国について直接投資主導型成長というのとちょうど裏はらの関係になるわけである。

といえる。(ホテル，銀行，スーパーマーケットなどサービス産業についてもあてはまる)。

ここに次つぎに流入する直接投資のガイド，貢献を始動力としてホスト国の工業化の方向と順序がきまり，産業構造の変動が生起することになる。流入外国直接投資の投資国別，産業別の変化が先ず統計的にとらえられねばならない。ホスト国自身の国内投資とくらべた重要性も問われねばならない。次いでホスト国の産業構造の高度化が明らかにされねばならないが，それを抜かすとしても，輸入構造が中間財の増加を中心に，大いに変化することが明らかになる。次いで進出企業の活動が軌道に乗ると，輸出構造が品目別に，相手国別に，変化していくことになる。こうして東アジア地域全体の貿易構造も大きく変革して行く。だがその将来はどうなるのかという問題に直面する。

最近，東アジア経済と直接投資をめぐって優れた調査がいくつか発表された。私自身の1994年実証研究は前の第6章に展開したとおりである。本章は，他の方々の優れた調査の成果を利用させてもらって，直接投資主導型経済成長が東アジアでどのように進展しつつあるかを，できるだけ統計数字によってフォローしてみたいという一つのサーヴェイである。数人の成果を利用するので一貫性を欠く場合もあるが，許されたい。

II　高いGDP成長率

一人当りGDPつまり所得水準の成長率は，経済発展の目標であるとともに，その努力の集約的成果を示す重要な指標である。表7.1を見よう。NIEsが一人当り所得でみて既に1996年で1万ドル以上になり，まさに先進国の水準に卒業したことは明らかである。ASEAN 4は平均で1,523ドルの中所得国水準であり，最後発の中国は大人口の故に一人当り所得は571ドルときわめて低い。経済成長の初期の段階にある国ほど成長率が高い（例えば中国の10.2%のように)。だが10%前後といった高成長率は，10年間ぐらいは続くが，もっと永く続くわけではなくやがて構造変動に直面する。東アジア経済諸国は，中国を含め，そのような踊り場に到達しつつあるのであるまいか。その構造変動を抜け切ると次のより高く広い発展のホライゾンに前進できることになろう。渡辺利夫教授[2)]は，東アジアは「自己循環メカニズム」を備えつけたから，将来の成長は保証されていると見る。そうであればよいのだが。

表7.1からくみとれるもう一つの論点は「中国脅威論」である。アジアNIEs合計の名目GNPは日本の約5分の1，ASEAN 4のそれは日本の約10分の1である。これに対し中国の名目GNPはASEAN 4より大きく，アジアNIEsよりは小さい。しかしこれは時価為替レートで換算したものにすぎない。そうではなくして購買力平価ではかると，2002年には中華経済地域（中国，香港，台湾を含む）の市場規模は9兆8,000億ドルになって，米国の9兆7,000億ドルと肩を並べ，日本の4兆9,000億ドルの2倍になる。ここに「中国脅威論」が生み出された。

これに対し渡辺教授はこういう。「(中国は）多分に自給的な無数の小規模市場が広大な国土に分散的に存在しているというのが現実なのである。この

表7.1　東アジア経済の成長率（1996年）

	人口（百万人）	一人当りGDP（ドル）	各国GDP（億ドル）	成長率（前年比%）
韓国	45	10,073	4,555	9.0
台湾	21	12,244	2,608	6.1
香港	6	23,207	1,436	4.6
シンガポール	3	25,280	726	8.8
アジアNIEs合計	76	12,344	9,325	
タイ	60	2,786	1,666	8.6
マレーシア	20	4,264	857	9.5
インドネシア	194	1,023	1,982	8.1
フィリピン	70	1,056	741	4.8
ASEAN4合計	344	1,523	5,243	
中国	1,211	571	6,914	10.2
（日本）	125	40,845	5兆1,139	2.3
（米国）	263	27,540	7兆2,458	3.5

出所：さくら総合研究所「アジア・太平洋ニュースレポート付録」No.70, 1996.8.12。

2）　渡辺利夫「虚妄の中国経済大国論」中央公論，1996.11。

表7.2　APECにおける

支払国＼受取国	NAFTA	米国	カナダ	メキシコ	日本	アジア NIEs	韓国	香港*
NAFTA	14,178	4,680	5,330	4,168	1,915	718	311	109
米　国	9,335	／	5,330	4,005	1,596	713	311	108
カナダ	3,804	3,640	／	164	319	6	—	1
メキシコ	1,040	1,040	—	／	—	—	—	—
日本	2,979	2,044	235	700	／	927	428	107
アジア NIEs	665	665	—	—	226	534	128	4
韓　国	—	0	—	—	66	5	／	—
香　港	295	295	—	—	77	267	43	／
台　湾	68	68	—	—	25	64	65	−1
シンガポール	302	302	—	—	58	198	20	5
ASEAN	188	188	—	—	1	37	6	27
マレーシア	188	188	—	—	0	35	5	27
タ　イ	0	0	—	—	0	2	1	0
フィリピン	0	0	—	—	1	0	0	—
インドネシア	—	—	—	—	0	0	—	0
中　国	42	42	—	—	7	51	6	45
東アジア	895	895	—	—	235	622	140	76
オーストラリア	1,308	1,308	—	—	30	22	—	3
APEC	19,360	6,927	5,565	4,868	2,179	2,289	879	289
世　界	81,303	47,244	6,033	8,026	4,155	3,220	1,317	379

注：各国・地域の受け入れ統計から作成
　　東アジアはアジア NIEs 4ヵ国，
　　ASEAN 4ヵ国，中国の計9ヵ国
　　香港の＊は93年の数値を使用
　　米国は新規設立および新規買収ベース
　　カナダは国際収支ベース
出所：ジェトロセンサー，1995. 11。

メキシコは認証ベース，速報値
日本は届出ベース，年度（4〜3月）ベース
韓国は認可ベース
香港は対製造業（アンケートベース），新規固定資産額のみ
台湾は認可ベース

直接投資マトリクス（1994年）

台湾	ASEAN	マレーシア	タイ	フィリピン	インドネシア	中国	東アジア	オーストラリア	APEC
299	3,490	481	1,309	673	1,027	2,707	6,915	1,061	24,069
294	3,437	478	1,309	673	977	2,491	6,640	1,009	18,580
5	42	3	—	—	39	316	264	52	4,438
—	11	—	—	—	11	—	11	—	1,051
391	4,984	873	2,556	103	1,653	2,075	7,986	634	11,600
402	15,944	12,989	1,282	631	12,043	24,959	41,437	−64	42,265
5	2,049	156	29	15	1,849	723	2,777	—	2,844
224	6,874	333	211	268	6,042	19,685	26,806	−64	27,114
／	4,325	1,095	475	268	2,488	3,391	7,780	—	7,873
174	2,698	405	567	60	1,664	1,180	4,074	—	4,434
4	765	5	75	216	469	692	1,495	—	1,684
3	650	／	68	160	422	201	886	—	1,074
1	72	4	／	56	12	235	309	—	309
—	43	0	6	／	36	140	183	—	184
0	0	—	—	0	／	116	116	—	116
—	114	7	89	17	—	／	164	—	213
407	16,824	2,002	1,446	864	12,512	25,651	43,097	−64	44,162
25	67	67	—	—	—	188	277	／	1,615
1,121	25,364	25,364	5,310	1,641	15,192	30,621	58,275	1,632	81,446
1,524	36,264	36,264	5,881	2,338	23,724	33,767	73,251	7,010	145,718

マレーシアは認可ベース，払い込み予定資本金＋ローン

タイはBOI認可ベース，複数国による投資は重複計上

フィリピンはBOI認可ベース

インドネシアは認可ベース

中国は実業ベース

オーストラリアは94年度残高より93年度残高を引いて産出，年度（7～6月）ベース，ネットベース

表7.3　前表・直接投資マトリクスの要約（1994年）

（単位：百万ドル）

支払国＼受取国	アジアNIES	ASEAN	中　国	東アジア
米　国	713	3,437	2,491	6,640
日　本	927	4,984	2,075	7,986
（米国＋日本）	1,640 (1.6%)	8,421 (19.5%)	4,566 (10.6%)	14,626 (33.9%)
アジアNIEs	534 (1.2%)	15,944 (37.0%)	24,959 (57.9%)	41,437 (96.1%)
ASEAN	37	765	692	1,495
中　国	51	114	—	164
東アジア	622 (1.4%)	18,824 (39.0%)	25,651 (69.5%)	43,097 (100.0%)

注：カッコ内は東アジア投資額43,097百万ドルに対する各項目のシェア。

表7.4　アジア太平洋諸国・国グループの相手先別貿易額（1994年）

（単位：100万ドル）

輸出国＼輸入先	日　本	NIEs	ASEAN	中　国	アメリカ	ANZ	合　計
日　本	／	93,499	40,631	18,687	118,693	10,259	281,769
NIEs	39,444	59,646	48,815	72,054	101,767	8,697	330,423
ASEAN	28,265	35,708	7,312	4,456	33,714	2,888	112,343
中　国	21,490	41,546	3,805	／	21,421	1,676	89,988
アメリカ	53,481	59,573	18,526	9,287	／	11,289	152,155
ANZ	13,486	11,289	4,982	2,386	4,632	5,678	42,453
合　計	156,166 (15.5%)	301,261 (30.0%)	124,070 (12.3%)	106,870 (10.4%)	280,227 (27.8%)	40,487 (4.0%)	1,009,081 (100.0%)

出所：渡辺利夫「虚妄の中国経済大国論」中央公論　1996. 11, p.47。

中国が統一的な国民経済となるのにはまだかなりの時間を要しよう[3)]。」だから中国の巨大化をそんなに心配する必要はないとしている。貿易理論から言えば，隣国が富めば富むほど，自国への需要が増加し，お互に大きな貿易利益が享受できるようになるから，歓迎すべきことである。

私はかつてAPEC大阪会議（1995）を成功させるためにこう提案した。

3）　渡辺利夫，同上，p. 49。

「自由化問題は後回しにし，東アジア経済の長期展望に焦点をしぼるのが良い。例えば後発諸国の所得水準（一人当り GDP）も 2020 年までに 5,000 ドル以上にする「ミニマム所得 5,000 ドルプラン」を各国が描き出す。この目標達成のための各国の段階計画が決まると，各段階での諸財・サービスの需要総額，工業化の必要規模，産業構造，貿易構造の見通しがつく。局地開発，インフラ整備，資源開発，環境問題，人的資本の拡充（教育），社会経済機構改革などの必要規模の青写真も描き出し得る[4)]。」

アジア太平洋経済協力（APEC）の新しいレジーム（体制）の成立と発展は，日米，米中，中日の三角関係が真に協調的に保たれることにかかっている。中国も 5,000 ドルの一人当り所得水準に達した暁に対等な立場において話し合い，安定的関係に入りうるのではあるまいか。

Ⅲ　東アジア経済の自己循環メカニズム

渡辺利夫教授は，東アジア 9 経済が，その経済発展のための直接投資資金の調達においても，また貿易においても，域内の比重を高め，域内だけでもやがて自己循環ができるメカニズムを 1990 年代に入って備えつつある。言いかえれば，かつて圧倒的影響力をもった米国や日本という域外国に余り頼らなくても済む状況に移りつつあると言う。これは興味ある視点である。

先ず表 7.2 が私の知る限り最も信頼のおける，東アジアをまん中に据えた直接投資のマトリクス（1994 年について）である。それを要約した表 7.3 によると，対 ASEAN 投資ではアジア NIEs からのが米＋日からの投資の 2 倍に達している。対中国では 5.5 倍に及んでいる。

渡辺教授は次のように強調する。「1990 年以来，ASEAN 諸国に対する最大の投資者は，これも日米ではなく，NIEs となった。1990 年から 1995 年までの投資総額でみると，その額は NIEs 377 億ドル，日本 251 億ドル，米国 146 億ドルである。……現在の ASEAN 諸国に対する卓越した投資者が

4）　小島清「APEC 大阪会議の成功に向けて」世界経済評論，1995 年 2 月号，巻頭言。

NIEsであることは疑いない。中国に対する最大の投資者が香港を中心としたNIEsであることはすでに指摘した[5]。」

投資の流れにほぼ対応して貿易の流れが，東アジア諸国間のシェアが高まるように変化しつつある。この地域の成長を需要面から支える強力な「アブソーバー」は米国と日本であった。だが今は違ってきた。表7.4の貿易マトリクス（1994年）に示すように，「ASEAN諸国のアジア太平洋地域への総輸出は1,123億ドルであったが，うち対NIEs輸出は357億ドル，31.8%と最大であり，対日輸出283億ドル，25.2%を凌駕した。中国の最大の輸出相手先もNIEsである。同年の中国のアジア太平洋地域への総輸出額899億ドルのうち，対NIEs輸出額は415億ドル，46.2%であり，対日輸出をほぼ倍する規模であった[6]。」

東アジア経済の「閉じた自己循環メカニズム」を敢えて構想する必要はあるまい。直接投資の流れと貿易の流れの対応関係を指摘した点において渡辺論文は大きな意味がある。この対応関係をもっと深く究明する必要がある[7]。直接投資だけが要因ではなくいくたの諸力の合成なのだが，直接投資が果たした経済成長への貢献はきわめて大きいのである[8]。

5）　前掲渡辺利夫論文，p.48。

6）　同，pp.47-48。

7）　後に次の論文に依拠して再論したい。竹内文英「東アジア各国における資本財・中間財の外部依存について」JCER *Discussion Papers*, No.41 1995.12, p.12の表3。

8）　東アジア経済に自己循環メカニズムが始動し出したとの渡辺説に対してはいくつかの批判が出されている。先ず木下俊彦氏は次の点を指摘する。すなわち香港，シンガポールは貿易と投資の巨大な中継地になっているが，その輸出と投資の中には先進諸国（日本，アメリカ，EUなど）からのものもかなり入っている。香港，シンガポール経由をすべて域内取引としているが，それを厳密に計算すると，域内依存度の高まりつまり自己循環化は，渡辺教授の言う程高まってはいないと。

木下俊彦「渡辺利夫氏の東アジア域内の自己循環メカニズム始動説への反論」ミメオ，1996.9.1。Toshihiko Kinoshita, “Hardly ‘Autonomous Cycles,’” *Look Japon*, March 1997, pp.14-15.

もう一つ中川信義教授は，アジア太平洋トライアングル貿易（1970-80年代）からイントラ・アジア貿易への転換，それはイントラ・アジア直接投資の増加に基づくものであることを指摘する。これは渡辺説と同じポイントを別の表現に直しているわけである。「日米に取って代るのではなく，日米と並んで韓国や台湾の対外直接投資が加わりアジア経済発展の構造が重層的になっているに過ぎないのである。」（中川　1997, p.19）。この渡辺説批判は妥当なもののように思われる。

Ⅳ　直接投資と貿易拡大のリンケージ

APEC のエコノミック・コミッティー（Economic Committee—実体は Industry Canada, *Foreign Direct Investment and APEC Economic Integration,* APEC Secretariat, Singapore, June 1995）がすばらしい貢献を果たしている。なるべく統一的な海外直接投資（FDI）の統計を編集することが最大の仕事である。各国の FDI の定義，算定方法などまちまちであるので，厳密な国際比較は困難なことを承知の上，最大限の努力を払っている。1980，1990，および 1992 年につき，対内，対外 FDI・ストック（累積額）を，次の APEC15 ヵ国につき算定し，そのマトリックスを作成している。対象国は２分すると，アジア APEC—日本，中国，（NIEs）韓国，香港，台湾，シンガポール，（ASEAN）インドネシア，マレーシア，タイ，フィリピン，以上 10 ヵ国。他は非アジア APEC——カナダ，米国，メキシコ，オーストラリア，ニュージーランドの５ヵ国から成る。この他に APEC 外として EU，ROW（その他世界）および世界合計が算定されている。

渡辺教授の「東アジア経済の自己循環メカニズム」が，上のアジア APEC から日本を除いたものを東アジア経済としているのに対し，日本を加えたアジア APEC の統合の深化を検証することになり，興味ある結果が実証されている。

第１に，APEC15 国経済は高い成長を達成したのであるが，それは各国が開放政策をとり直接投資と貿易とを拡大したことに基づく。このことは次のクロス・カントリー回帰式によってたしかめられうる[9)]。

$$
\begin{aligned}
(YGDPG) = {} & \underset{(2.528)}{2.8009} + \underset{(1.8601)}{0.0039}\,(PCFDI/GDP) \\
& + \underset{(1.9230)}{0.0157}\,(X+M/GDP)
\end{aligned}
$$

9）APEC Economic Committee（1995），pp.35-36.

$R^2 = 0.330$（$D.W.(1) = 1.860$　$D.W.(2) = 1.261$　$F2,12 = 2.954$）

ここで

(a)　$YGDPG$＝APEC15国の各国ごとの1980〜1992年間のGDPの年平均成長率。

(b)　$PCFDI/GDP$＝FDIストック（対内・対外合計）対GDP比率の1980年と1992年間の変化パーセント

(c)　$X+M/GDP$＝1992年のAPEC15国の各国ごとの貿易（輸出＋輸入)／GDP。

つまり，(a)のGDP成長率は，(b)のFDIの増加が大きい程，また(c)の貿易依存度が高い程，大きくなるという関係を示す。結果は(b)も(c)も正で，5％水準で統計的に有意である。直接投資と貿易という2変数によって，(a)のAPEC地域の成長率の変化の約33%が説明できる。

第2に，貿易の域内統合が深化した。輸出依存度はAPEC 15国全体では13.1%（1992年）で，EUの21.6%よりは低い。しかしNIEsでは55%，ASEANでは35%，中国では19.9%に達し，これらアジアAPEC諸国にとって貿易はきわめて重要である。

世界商品貿易（輸出＋輸入）に占めるAPECのシェアは1980年の32%から1992年の41%に高まった。その増加の80%までがアジアAPEC（特にNIEsと中国）の貿易の急増に基づく。

APEC15の域内貿易比率（域内貿易／総貿易）は，1980年の58%から1992年の70%強にまで高まった。アジアAPEC 10の全APEC貿易に占めるシェアは27%から38%へ増加した。アジアAPEC相互間の貿易比率（つまりアジアAPEC域内貿易比率）はアジアAPEC貿易の35%から46%へ増加した。増加したとは言え50%以下であるから，アジアAPECにとって，米国やEUとの貿易が依然として無視しえない重要性をもっていることを意味する（渡辺教授と違い，日本がアジアAPECの中に入っていても，こうなのである)。事実，アジアAPECの全北米貿易に占めるシェアは1980年の20%から1992年の27%へ高まっているのである。米国は依然として東アジア製品の重要な販売先（アブソーバー）である。

とまれAPEC15ヵ国の相互貿易は1980年代に急増し，相互の貿易リンケージは著しく深化した。就中アジア APEC（日本を含む）の貿易統合は非常に高まったのである。

第3に，APEC 域内の FDI（海外直接投資）も急増し，リンケージ（相互連環）の程度を高めている。APEC 15 の対内 FDI ストックは 1980 年から 92 年の間に 5 倍化し，92 年には 9,080 億ドルに達した。他の APEC 国を供給源とする域内投資率は 1980 年の 50%から 92 年の 52%に高まった。NIEs からアジア APEC への投資シェアが 16.3%から 23.2%へ増加したことが注目される。投資流入についてアジア APEC 内リンケージが特に強められたのである。日本と次いで NIEs が重要な投資国に育ったことが，アジア APEC 内の投資連環の緊密化に貢献したわけである。

第4に，APEC 内，特にアジア APEC 内の投資連環が高まったことが，域内の貿易連環を強めたと言える。投資と貿易とが補完的に働いた。関税その他の輸入障壁があるから，障壁の背後に直接投資するという「投資と貿易の代替説」（ANT-FDI 論）があるが，APEC ではそうでなかった。NIEs の対外投資は，日本などから進出した直接投資で学んだことから可能になった。また投資で改善された貿易関係はさらに一層の投資を呼ぶという良循環を創り出す[10]。

直接投資と貿易は補完的であって，代替的ではないということは，次の相関係数が正でかつ有意であることによって実証的に支持される。

$$(X+M/GDP) = \underset{(0.353)}{-5.7317} + \underset{(11.036)}{3.0202}\,(DINV/GDP) - \underset{(3.217)}{4.4678}\,(TREND) + \underset{(4.174)}{59.6061}\,(DUM)$$

$$R^2 = 0.772\ (D.W.(1) = 1.883\quad D.W.(2) = 2.388\quad F3{,}41 = 46.377)$$

ここで

(a)　$X+M/GDP$ =1980，1990，1992 年の APEC15 ヵ国の貿易（輸出+輸入）／GDP

(b)　$DINV/GDP$ =FDI ストック（対内・対外合計）の対 GDP 比率。

10）　同上，pp.29-30.

1980，1990，1992 の APEC15 ヵ国について。

(c)　$TREND$ ＝1980 は 1，1990 は 10，1992 は 12 とおいたタイム・トレンド

(d)　DUM ＝ダミー変数。アジア APEC 国を 1，非アジア APEC 国を 0 とおく。

これは 15 の APEC 国の 1980，1990，1992 にわたるプールされた回帰分析である。

つまり (a) の貿易の相手国別パターンの変化が，(b) の投資の相手国別パターンの変化と正の関係（補完的）にあるか，負の関係（代替的）であるかを検出するのである。それは 3.0 と正の値になった。しかもそれは統計的に有意である。式の推計値は (a) の 77％を説明できる。ダミー係数も正で有意であるが，これはアジア APEC が平均で非アジア APEC よりも高い貿易依存度であることをあらわしている。

貿易パターンと投資パターンの相関係数は各国，各年別々に求まる。表 7.5 がそれである。1992 年について言うと，0.768 から 0.995 にわたるが，APEC15 ヵ国のうち 11 国では相関係数は 0.9 以上と非常に高い。そのうえ，1980 年から 92 年の間に殆どの国で相関係数は高まっている。APEC 全体，また対 EU でも，投資と貿易の緊密な関係（リンケージ）が強まっている。

もう一つ，貿易の投資弾力性（貿易の変化率／FDI ストックの変化率）が計算されている（表 7.6）。APEC 全体では 0.6 である。つまり FDI ストックが年 10％増加すると貿易の流れが 6％も増加するという関係にある。この弾力性は概してアジア APEC の小規模な国において小さいが，それは海外直接投資に進出した経験期間がいまだ短かいからであろう。詳細に検討すると種々興味ある傾向が発見できるかもしれない。そういう貴重なデータである。

さて以上のように，APEC 地域特にアジア APEC グループにおいて，FDI（海外直接投資）の増加が貿易の拡大を生み出し，その両者の貢献によって急速な経済成長が実現された。これは直接投資主義（FDI-led）かつ輸出主導（Export-led）の経済発展である。それが急速な良循環の成長を可能にした。投資と貿易の地域全体にわたる連環効果の産物である。かかる

「投資・貿易拡大の地域連環効果」がこの報告書によって見事に実証されたわけである。だがその効果を支えるメカニズムとか理論はどんなものであろうか。究明しなければならない残された問題である。

この APEC 経済委員会の報告の中には，次のように投資・貿易のリンケージの拡大の利益を抽象的に叙述している。すなわち，APEC 諸国間の，また域外国との投資・貿易リンケージの拡大は，新製品，新生産プロセス技術のよりすばやい採用と普及，競争とダイナミズムの増加，そしてアジア APEC 諸国の近い将来における生産性と実質所得の向上をもたらす。これら諸国経済，特に中国と ASEAN 諸国の，他の APEC 経済との統合が促進され，特化と，規模（scale）経済や範囲（scope）経済の十全な利益を，お互に獲得できるようになる[11)]。

これは直接投資に期待される一般的利益を指摘したにすぎない。特に直接投資が貿易つまり市場を拡大し，それに応じてより大規模な生産，より能率的な技術による特化を可能にすることを期待している。

だが別の箇所では，日本と NIEs の投資増加が，アジア APEC の投資・貿易リンケージの深化をもたらしたことを指摘した上，日本の FDI の性格に触れている[12)]。つまり日本の投資は比較優位を弱めた労働集約財から進出した。円高化につれ比較優位を失った生産を，低賃金の国に立地するようグローバライゼイション戦略をとった。海外での生産物の一部を日本へ輸入する域外調達をも含んでいる。これが東アジアの地域統合を促進することになったと言うのである。

NIEs の直接投資も日本と同じやり方である。労働コストが高まり，通貨増価があり，NIEs の労働集約財生産の比較優位は弱まった。そこでより低い賃金の近隣諸国へ，労働集約財やエネルギー集約財の立地を移していったのである。

比較劣位化生産から海外へ直接投資進出すべしというのが，小島の「順貿易志向型 FDI」である。それであって始めて直接投資進出と比較優位に

11）　APEC Economic Committee（1995），p.1.

12）　同上，pp.28-29.

沿った貿易拡大という補完的リンケージが成立する。そこで以下では日本の直接投資の拡延と小島命題に中心をおいて，再検討することにしたい。

表7.5　GDP 比貿易（輸出＋輸入）相手国パターンと GDP 比直接投資ストック（対内＋対外）の相手国別パターンの相関係数

	1980	1990	1922
カナダ	0.9948	0.9903	0.9905
アメリカ	0.8355	0.7503	0.7681
メキシコ	0.9998	0.9886	0.9947
北　米	0.9126	0.8430	0.8475
日　本	0.9658	0.9430	0.9186
中　国	0.9013	0.9844	0.9900
韓　国	0.9349	0.9874	0.9811
香　港	0.9797	0.9850	0.9885
台　湾	0.9627	0.9885	0.9804
シンガポール	0.8873	0.9668	0.9622
NIEs	0.9605	0.9925	0.9928
インドネシア	0.9025	0.9380	0.8705
マレーシア	0.9492	0.9580	0.9767
タイ	0.8801	0.9771	0.9743
フィリピン	0.9056	0.9452	0.9722
ASEAN	0.9742	0.9728	0.9496
アジア APEC	0.9850	0.9593	0.9553
オーストラリア	0.7324	0.7978	0.8056
ニュージーランド	0.6897	0.8434	0.7832
ANZ	0.7591	0.8179	0.8126
非アジア APEC	0.9067	0.8532	0.8604
APEC	0.9037	0.9138	0.9266
EU	0.6307	0.7650	0.8316
全世界	0.7974	0.9393	0.9435

出所：APEC Economic Commitee, *Foreign Direct Investment and APEC Economic Integration,* June 1995, Table 30.

表7.6　貿易（輸出＋輸入）の変化率÷FDI ストック（対内＋対外）の変化率という貿易の投資弾力性

	北米	日本	NIEs	ASEAN	アジア APEC	ANZ	非アジア APEC	APEC	EU	全世界
カナダ	1.19	0.32	0.32	2.04	0.43	0.17	1.15	1.07	0.39	0.82
アメリカ	1.38	0.37	0.76	0.81	0.49	0.66	1.22	0.81	0.57	0.65
メキシコ	0.67	0.61			0.79	2.54	0.67	0.68	0.35	0.59
北　米	1.21	0.37	0.70	0.87	0.49	0.59	1.14	0.87	0.55	0.68
日　本	0.32	0.00	0.61	0.40	0.53	0.28	0.32	0.37	0.40	0.29
中　国	0.49	0.31	0.74	0.30	0.54	0.21	0.45	0.52	0.48	0.49
韓　国	0.50	0.72	0.80	0.45	0.77	0.37	0.50	0.65	0.49	0.59
香　港	0.86	0.60	1.05	0.81	0.83	1.51	0.87	0.84	0.99	0.82
台　湾	0.67	0.59	1.35	0.45	0.81	0.29	0.67	0.74	0.74	0.63
シンガポール	0.71	0.41	1.00	0.76	0.64	0.30	0.60	0.63	0.76	0.54
NIEs	0.71	0.55	1.11	0.74	0.74	0.49	0.68	0.72	0.87	0.66
インドネシア	0.09	0.01	0.48	0.35	0.24	0.54	0.16	0.22	0.52	0.26
マレーシア	0.74	0.64	1.00	0.41	0.81	0.47	0.70	0.80	1.11	0.83
タイ	1.04	0.65	0.53	0.56	0.56	0.56	1.01	0.66	0.79	0.58
フィリピン	0.61	0.20	0.73	0.84	0.41	0.61	0.60	0.50	0.48	0.45
ASEAN	0.59	0.39	0.68	0.38	0.52	0.57	0.58	0.53	0.72	0.51
アジア APEC	0.42	0.51	0.76	0.56	0.65	0.38	0.42	0.54	0.54	0.46
オーストラリア	0.45	0.23	0.51	1.00	0.37	0.35	0.43	0.44	0.33	0.35
ニュージーランド	0.36					0.34	0.33	0.33	0.18	0.30
ANZ	0.43	0.22	0.55	0.88	0.36	0.35	0.41	0.42	0.30	0.34
非アジア APEC	1.10	0.35	0.69	0.87	0.47	0.51	1.01	0.81	0.53	0.64
APEC	0.77	0.40	0.73	0.62	0.57	0.48	0.73	0.70	0.66	0.63
EC	0.55	0.56	1.51	0.95	0.80	0.41	0.54	0.71	0.43	0.45
全世界	0.68	0.29	0.66	0.51	0.46	0.34	0.64	0.63	0.45	0.43

出所：APEC Economic Commitee, *Foreign Direct Investment and APEC Economic Integration,* June 1995, Table 31.

V　導入直接投資による加工貿易

V．1　加工貿易方式

東アジア経済の奇跡的急成長は，製造工業へ外国直接投資を導入し，高雄から始まった「輸出加工区 Export Processing Zone」と同じ方式によって，工業品輸出を牽引力として経済成長をとげたことにある。それは日本の「加工貿易方式」でもある。このことは図7．1に示すように，東アジア諸国の工業化率（GDPに占める製造業のシェア）が，工業化の先発組と後発組とで多少の差があるとは言え，韓国・タイ・マレーシアなど，1975年頃から急速に高まり，1990年代には先進国と比肩できる30%台にせまっていることで分かる。かつての一次産品依存の経済発展ではなく，製造工業の輸出志向的発展を中軸に据えたところに，今回の特色がある。対外経済を開放（自由化）し，工業化を多国籍企業の直接投資によって始発させ，ガイドさせていったことが成功の要因になったのである。このことは図7．2の「輸出の工業化率」が1980年以降急上昇し，一次産品輸出国であったASEAN諸国は，今や輸出の3分の2以上（または半分以上）が工業品になったのである。

V．2　FDIの重要性

導入外国直接投資（FDI）のホスト国経済発展への貢献度ないしは重要性はどんなものであろうか。ラムステッター氏[13)]の算出した指標が表7．7に示されている。FDIの対GDP比を見ると，成熟した日本，韓国，台湾および停滞気味であったフィリピンでは1%以下と低いが，他の東アジア経済では最高のシンガポール（13.9%）からマレーシア（7.7%），中国（2.5%），香港（2.0%），タイ（1.9%），インドネシア（1.4%）の順にいずれもかなり

---

13)　Eric D. Ramstetter, "Trends in Production in Foreign Multinational Firms in Asian Economies; A Note on an Economic Myth Related to Poor Measurement." Kansai University, *Review of Economics and Business.* Vol.24, Nos.1-2, March 1996.

高い。このFDIの重要性は対設備投資比で見るといっそう印象的であり，シンガポールの35.5%からインドネシアとタイの4.8%にわたる。FDIが経済発展にかなり大きな貢献を果たしていることがわかる。

他方，直接投資の出し手の日本にとってのFDIの重要性はどれ位であろうか。製造業の海外生産比率は，1985年3.0%，90年6.4%，95年8.9%と近年急増している。またFDIの対設備投資比は1996年で30.2%に達しているようである。

V．3　篠原・西ヶ谷分析

導入FDIによる加工貿易方式を推進したのであるから，既述のように輸出の大部分が製造工業品になったばかりでなく，相手諸国との製造品水平貿易が進展していくことになる。この点を詳しく統計的に検出しているのが，篠原論文[14)]の貢献である。

篠原教授は西ヶ谷女史の助力を得て，2国間商品別産業内（水平）貿易の進展を検出している。代表的なグルーベル＝ロイド（G・L）指数[15)]はめんどうである（私も同感）とし，いちばん簡単な，自国の商品別「輸入／輸出比率」を指数として採用する。

表7.8のように，日本の対韓国，機械類輸出額（1995年，191億ドル）に対し，日本は韓国から61億ドルの輸入をしている。これが対韓国，1995年の輸入／輸出比率31.9%と示されているものである。つまり，31.9%の水平貿易（輸入）をしていることになる。同様に1995年について見ると，対台湾＝32.5%，対シンガポール＝27.1%，対タイ23.7%，対マレーシア＝28.9%，対フィリピン＝25.1%といずれも1990年代に入って急上昇している。これはそれら相手国の「導入直接投資主導型成長」が成功し，この程度に高い水平貿易を日本との間に持てるようになったことをあらわしている。

ASEAN 4とアジアNIEsのアメリカ市場への機械類浸透は対日本より早期にかつ顕著に行われた。表7.9に示すように1980年で既にアメリカの輸

---

14)　篠原三代平・西ヶ谷ともみ（1996. 10），「東アジアにおける直接投資主導型成長と貿易構造の変貌」統計研究会 *Occasional Paper*, No.25.

15)　Grubel, Herbert and P. J. Llyd, *Intra-Industry Trade,* London, Macmillan 1975.

入／輸出比率は100%以上に達し，ASEANやNIEs側の出超になっている。米国の方が日本よりも水平貿易をより深く進めているわけである。

日本や米国といった投資国への製品のホスト国からの逆輸入は，篠原教授の用語ではブーメラン現象（効果）であり，小島の用語では域外調達（off-shore (or out) sourcing）である。いずれも，雁行形態の国際的伝播が順調に行われそれが完結するための重要なプロセスである。

V．4　中間財貿易

メーノン[16)]が，グルーベル＝ロイド指数から産業内貿易の成長を分離する新方法を用いて，ASEAN域内の貿易の増加は，非常に多くの部分が産業内貿易であった（ことに1986～91年の期間）ことを算定している。残念ながら長い説明を要するので割愛する。

海外直接投資の実施に伴って第1に派生する効果は，投資国（例えば日本）からホスト国（例えばタイ）に対する輸出誘発効果である。これは，現地に工場を建設するに必要な資本財や，実際の生産活動において投入される中間財[17)]である。第2は現地で生産される製品が投資国日本に逆輸入される効果である。だがこの逆輸入される製品も，部品やコンポーネントといった中間財や資本財であって，完成消費財であることは対開発途上国の場合にはきわめて限られる。そういう中間財・資本財を直接投資を通じて，特に円高の時に安く域外調達することが，企業の競争力を増強するために不可欠になってきた。したがって先に明らかになった日本や米国と，東アジア諸国との水平双方貿易の中身は，異なった中間財・資本財の相互交換が大部分であると思われる。逆に言えば完成製造消費財の貿易は僅小であったわけである。このことを竹内文英氏[18)]は立証しようとしている。

---

16) Jayant Menon, *Intra-Industry Trade and the ASEAN Free Trade Area,* Australia-Japan Research Center, *Pacific Economic Papers,* No.251, January 1996.

17) HS (Harmonized Commodity Description and Coding System) 統一システム商品分類による資本財の範囲は広い。乗用車・家電機器などを耐久消費財とするが，それを除くすべての機械類が資本財とみなされる。中間財には粗原料，燃料のほか鉄鋼その他加工原材料も含まれる。

18) 竹内文英「東アジア各国における資本財・中間財の外部依存について」JCER *Discussion Paper,* No.41, 1995. 12.

先ず，図 7 . 3 の東アジア諸国の直接投資受入累積額と，図 7 . 4 の東アジア諸国の資本財輸入額との密接な対応関係は，第 1 の投資国での資本財輸出誘発効果を反映している。日本の開発途上国（26ヵ国）向け輸出総額に占める資本財のシェアは，1985 年＝72%，1990 年＝74%，1994 年＝78%となっている。

図 7 .1　アジア太平洋諸国の工業化率（GDP に対する製造業の割合）

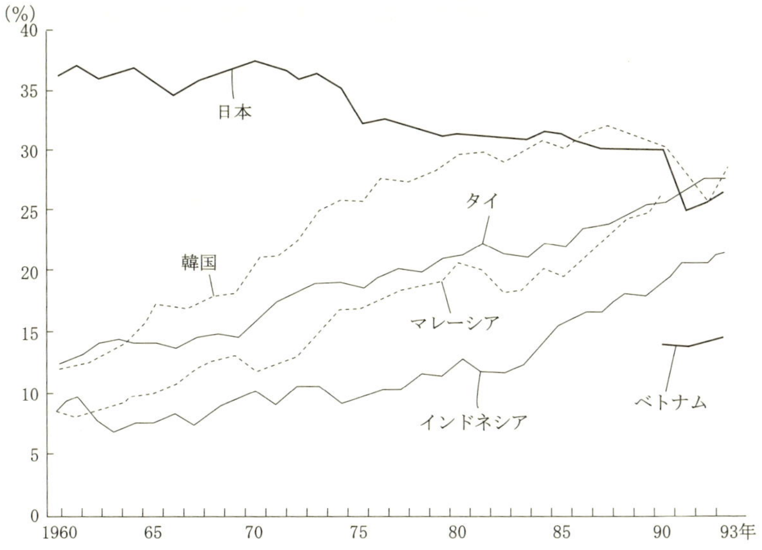

注：1984〜90 年のマレーシアのデータは不変価格，その他は当年価格。

資料：1　日本：経済企画庁編「国民経済計算報告―昭和 60 年基準―（昭和 30 年〜平成元年)」(1991）と，同「国民経済計算年報 平成 5 年度版」(1993)，同「国民経済計算年報 平成 7 年度版」(1995)。

2　ベトナム：Vu Quang Viet（1994）より作成。

3　その他の国（1960〜69 年）: Asian Development Bank, *Key Indicators of Developing Countries of ADB,* 1971.

4　その他の国（1971〜90）: World Bank, *World Tables,* 1993（1984〜90 年のマレーシアのデータは，*Key Indicators of Developing Member Countries of ADB,* 1991).

5　ベトナム以外の国（1991〜92 年）: World Bank, *World Development Report* 1992, 1994, 1996（ただし，マレーシアの 1993 年は上記の *Key Indicators of Developing Member Countries of ADB* の 1995 年版より作成)。

出所：トラン・ヴァン・トウ『ベトナム経済の新展開』日本経済新聞社，1996，p.222。

次にグラビティ・モデルに準拠した回帰分析によると，日本の直接投資が輸出を誘発する弾力性は，1985年の0.26から，1990年の0.48，さらに1994年の0.65へと際立って上昇している。これに対し，海外調達輸入の弾力性はそれぞれ0.25，0.31，0.29といまだ低い値である。この海外調達輸入は円高化を契機にごく最近始まったばかりである。1995年4月以来，円安への反転もありいまだその値は不安定である。

図7.2　アジア太平洋諸国の輸出の工業化率（輸出に対する製造業の割合）%

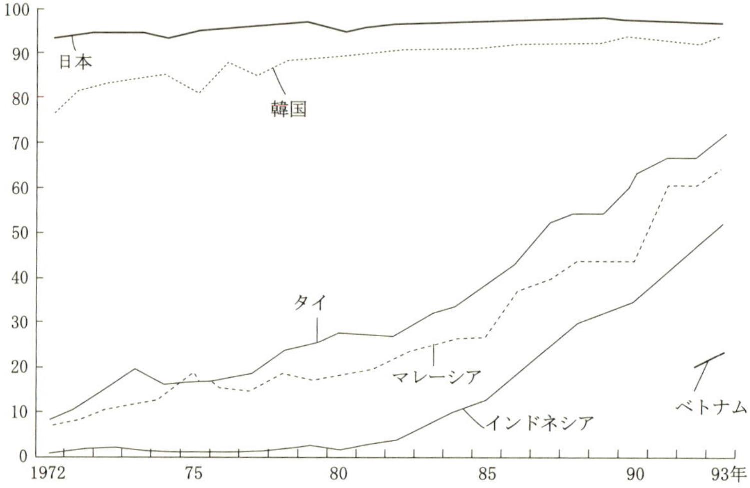

資料：1．(1970～90年)：World Bank, *World Tables*, 1993.
　　　2．(1991～93年)：World Bank, *World Development Report* 1992, 1994, 1995.
　　　3．ベトナムは筆者（トラン）推計。
出所：トラン・ヴァン・トウ『ベトナム経済の新展開』日本経済新聞社，1996，p.223。

図7.3　東アジア諸国の直接投資受入累積額（1970年以降の累積）

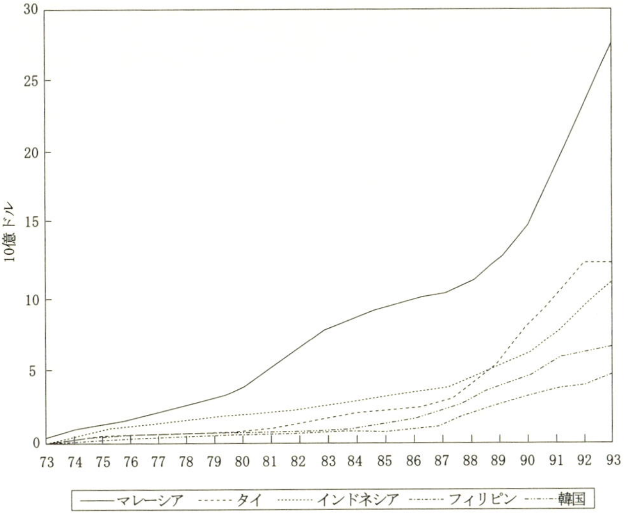

出所：竹内文英「東アジア各国における資本財・中間財の外部依存について」JCER, *Discussion Paper*, No.41, 1995. 12, p.10.

図7.4　東アジア諸国の資本財輸入額

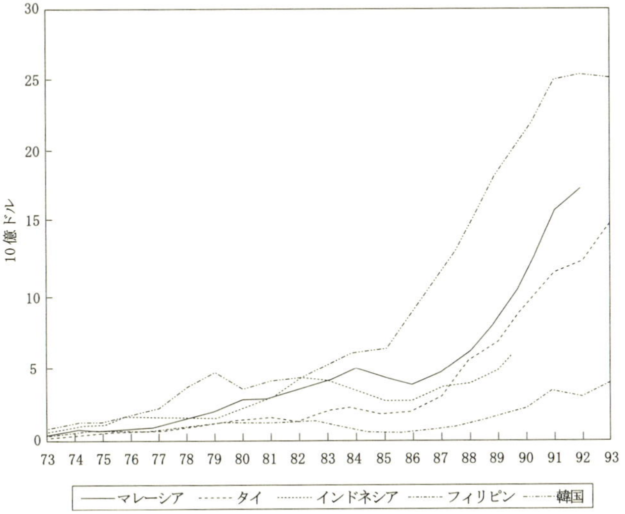

出所：図7－3に同じ。

表7.7　導入外国直接投資（FDI）の重要性（1992年）

（単位：%）

	(1) $\frac{\text{FDI}}{\text{GDP}}$	(2) $\frac{\text{FDI}}{\text{設備投資}}$
日　本	0.07	0.24
香　港	1.99	7.22
韓　国	0.18	0.49
シンガポール	13.86	35.49
台　湾	0.41	1.83
インドネシア	1.38	4.86
マレーシア	7.70	22.46
フィリピン	0.43	1.98
タ　イ	1.90	4.83
中　国	2.53	10.86

出所：Eric D. Ramstetter, "Trends in Production in Foreign Multinational Firms in Asian Economies: A Note on an Economic Myth Related to Poor Meaurement," *Kansal University Review of Economics and Business,* Vol.24 Nos.1-2. March 1996, p.53 and p.55.

表 7.8　機械製品貿易：日本の対アジア輸入／輸出比率

（単位：%）

年次	対，韓国			対，台湾		
	輸出 (A) (100万 US $)	輸入 (B) (100万 US $)	輸入／輸出 比率 B／A (%)	輸出 (A) (100万 US $)	輸入 (B) (100万 US $)	輸入／輸出 比率 B／A (%)
1975	896.9	168.7	18.8	717.0	89.3	13.8
1985	3,721.0	498.8	13.4	2,716.4	468.7	17.3
1995	19,063.0	6,074.6	31.9	17,593.5	5,720.0	32.5
年次	対，シンガポール			対，タイ		
	輸出 (A) (100万 US $)	輸入 (B) (100万 US $)	輸入／輸出 比率 B／A (%)	輸出 (A) (100万 US $)	輸入 (B) (100万 US $)	輸入／輸出 比率 B／A (%)
1975	797.1	35.6	4.5	491.5	2.1	0.4
1985	2,448.0	193.2	7.9	1,102.2	60.9	5.5
1995	17,223.3	4,671.5	27.1	13,610.0	3,231.8	23.7
年次	対，マレーシア			対，フィリピン		
	輸出 (A) (100万 US $)	輸入 (B) (100万 US $)	輸入／輸出 比率 B／A (%)	輸出 (A) (100万 US $)	輸入 (B) (100万 US $)	輸入／輸出 比率 B／A (%)
1975	294.9	25.3	8.6	630.8	3.2	0.6
1985	1,444.4	66.6	4.8	467.3	21.2	4.5
1995	12,780.5	3,697.5	28.9	6,614.4	1,409.7	25.1

注：機械製品には輸送用設備を含む。

資料：日本関税協会「外国貿易概況 12 月号」より計算。

出所：篠原・西ヶ谷論文，p.13。

表 7.9　アメリカの対東アジアにおける機械輸入／輸出比率

年次	対，ASEAN 4			対，アジア NIEs		
	機械輸出 (A) (100万 US $)	機械輸入 (B) (100万 US $)	B／A (%)	機械輸出 (A) (100万 US $)	機械輸入 (B) (100万 US $)	B／A (%)
1975	944	242	25.6	1,474	1,343	91.1
1980	1,317	1,527	115.9	3,479	5,065	145.6
1985	1,057	2,369	224.1	4,033	12,324	305.6
1990	4,729	6,210	131.3	13,099	25,284	193.0
1991	5,209	7,509	144.2	14,006	25,649	183.1
1992	5,738	10,619	185.1	15,039	29,057	193.2

注：ここではシンガポールはアジア NIEs に含めている。

資料：アジア経済研究所『アジア太平洋地域貿易マトリクス』1995年より計算。

出所：篠原・西ヶ谷論文，p.24。

VI　東アジア経済の在り方

1997年7月初め，タイのバーツ切り下げに端を発した通貨暴落は，フィリピン，マレーシア，インドネシアに波及し，さらには韓国，香港，シンガポールにまで影響を及ぼし「アジア通貨危機」を引き起こした。そしてニューヨーク，東京，ロンドンなどで世界的株価大波乱を誘発させた。

これを契機に，それまでミラクル的発展と賞揚されていた東アジア経済が，その奇跡は終わったとまで，欧米マスコミによって貶されるように一転したことは，甚だ心外である。東アジア経済はより高い水準を求めて再出発する踊り場で一息ついているにすぎない。10%に近い高成長を10年，15年も続ければ必ずや構造的矛盾に直面し，一服せざるをえない。より高い次の目標に向って経済体質の改善をはからねばならない。インフラの整備，人的資源（教育）の充実，法律・制度の近代化など発展の基礎条件の構造的高度化が不可欠である。

(1)　東アジア経済の外資導入を起動力とする1997年までの経済発展は成功であったと評価したい。GNPの高い成長を達成したことが何よりの証拠である。1970年代初期に日本の「オーバー・プレゼンス」「ドミネィション」とあんなに非難した封鎖主義から東アジア諸国は一転して開放主義，市場経済化に移り外資歓迎によってミラクル的成長を遂げたのである。その基調となった「順貿易志向的FDI」（Pro-Trade Oriented FDI）という発展戦略は正しかったと評価せざるをえないのである。

(2)　しかし日本の東アジア9経済への直接投資はこれまでにかなり十分に行われ，成熟し停滞化してきた気配がある。インドネシア，中国のごとき，まだ成熟化までに余地のある大きな経済に先ず進出を増すべきである。それは順貿易志向的直接投資方式（それは正しいのであるから）に従って一歩一歩推進すべきである。と同時に東アジア9ヵ国を越えて，ベトナム，インド，ミャンマー，スリランカ，パキスタンなどへ，直接投資前線をいっそう拡延すべきである。ラ米諸国も視野の中に入る。

⑶　1990年代に入って，NIEs諸国（それに1，2のASEAN諸国）が東アジア域内への直接投資を開始した。これは東アジア経済への投資を米日中心から重層化するもので，大いに歓迎すべき傾向である。渡辺利夫教授は東アジア経済が「自己循環メカニズム」を備えるに至ったと強調される。貿易・投資の域内相互依存度が高まることをもって，「自己循環メカニズム」というのは理論的説明不足である。日米を除外した東アジア諸国だけで小さく固まろうというわけではあるまい。日・米・さらにEUとの関係をオープンに保った上で，東アジア域内諸国の発展が他よりも急速なので，域内依存度が高まると言うのならば，歓迎すべきことである。

⑷　東アジア諸国が，日本産業の発展パターンを雁行的に追跡し追いつくと，全体としてよく似た産業構造，輸出構造に陥らざるをえない。お互に競合し敵対的にならざるをえない。このことが大いに心配される。米国は巨大な輸入者（アブソーバー）であり続けてほしいし，日本がより大きな輸入吸収国にならねばならない。

これまでは経済発展格差が存在し，先発国（リーダー）と後発国（ファロワー）という連環が相互補完的な貿易の拡大を生み出していた。この関係はまだ相当期間（今後20年位か）続くであろう。それが究極においてどのような域内の分業構造（産業内水平分業を含め）を生み出すか予見できないが，自由な市場の諸力によって調和ある拡大再生産パターンが形成されていくものと期待したい。

⑸　日本が東アジア経済の先頭を飛ぶ雁行であり続けるためには，新しい巨大なハイテク産業が日本で創造されねばならない。それは情報通信産業とか航空機産業であろうか。そういう新基軸産業の出現を待望したい。

⑹　外国直接投資の導入は，あくまで一国経済発展のワキ役であるべきである。主役は自らの貯蓄による資本形成である。従来もそうであった。APEC経済委員会によると[19)]，流入外国資本が国内資本形成に占めるシェアは，かなり高くなった1986〜91年においても，中国で2.3%，NIEsで6.2%，ASEANで5.2%といったマージナルな役割である。にもかかわらずこ

19)　APEC Economic Committee (1995), Table 8.

れまでは，外資が大いに歓迎され，種々の優遇策が講ぜられた。そしてあたかも導入外資がその国の経済発展のすべてを支配するかの如く高く評価された。外資が経済発展の主役だとみなされた。そういう考え方が「直接投資主導型成長論」の中に組みこまれている。

だが今や中国でも，深圳はじめ沿海部での直接投資主導の経済発展はかなり進展した。そして内陸部の開発が急がれる段階に達した。「条件の整った地域（沿海部）を先に発展させ，後発地域（内陸部）を導き，最終的に共通の豊かさを確保する」という「先富論」は正しい。

これからの内陸部開発については，外資に頼るのでなく，自力主導でやるべきであり，その能力が備わってきた。沿海部の外資依存の発展で所得水準が高まり貯蓄＝資本形成力も十分になった。13億人の巨大な需要も高まった。中国自身の企業，或いは財閥の経営能力も高まった。内陸部の開発は中国企業の手で十分やっていける段階に達したのである。これまでのあたかも外国直接投資一辺倒と見える考え方から，外国直接投資はワキ役として使う「自力主導型発展」への発展戦略の修正を求めたい。事実中国ではその方向への政策転換が進められている。

直接投資主導型成長は輸出志向的であり，外貨不足を回避しうるところにメリットがあった。このメリットが生かせる分野については直接投資をこれからも活用すべきである。しかし内陸部開発は内需志向であって，中国企業自身による自力開発にいっそう適する分野である。ダム，発電所，道路，鉄道，通信網などの巨額を要するリスキイなインフラ整備については，従来もそうであったが，政府開発援助（ODA）或いはそれを民間投資と組合わせたものによって日本は支援するのが本筋であろう。

要するに，イージーな外資導入経済発展に過大に依存するのは慎んだ方がよい。今や自己蓄積資本，自国経営者による自力主導開発に重点を移して行くべきである。もちろん開放市場経済であり，その点でかつての閉鎖的自力更生とは異なる。これまででも生産的な外資流入は過大であったとは言えない。タイなどの通貨危機に見られるように，ホットマネーの過大な流入があり，攪乱作用をもった。これをどう克服するかは本章とは別の重大問題である。健全な外資は新産業の始動・発展のサポーター役にとどめ，中核は自力主導で推進するよう重点を移すべきである[20]。

Ⅶ　雁行型経済発展論の拡充

雁行型経済発展の東アジア諸国への国際的伝播に関する実証分析が，私の1996年調査（本書第6章）の他に，数多く発表されてきた。その重要なもの[21]をいくつか紹介しておきたい。

Ⅶ. 1　渡辺利夫教授グループ

膨大な実証研究（2000）が公刊された。“1970年以降の東アジアでは，NIEsが日本を「追跡」し，そのNIEsをASEAN諸国が追跡するという

20)　次を見よ。松石達彦（2002. 12）「東アジアの工業化と雁行形態論」一橋論叢128の6。

21)　なかんづく，United Nations Conference on Trade and Development (1995). *World Investment Report* ならびに浦田秀次郎（2001）が積極的な支持を与えている。前者のChapter V「アジア経済の連環的再編成」は，私の畏友，コロラド州立大学の小澤輝智教授のadviseによるもので，雁行形態論を高く評価している。同教授は（小島モデルよりも詳しい）4段階に分けた「産業構造高度化とその海外伝播」なるモデルを提示している。

Terutomo Ozawa, “Foregin Direct Investment and Structural Transfromation: Japan as a Recycler of Market and Industry,” *Business and the Contemporary World*, Vol V, No.2 (Spring 1993). この論文によって小澤輝智教授は，雁行形態的発展論の線に沿って，日本を先導国として経済発展が連鎖的に東アジア諸国に波及していったメカニズムを見事にモデル化している。ただ次のように4段階に時期区分して，やや複雑にしすぎている。

Phase 1: The elementary stage of offshore pruduction――1950年代～1960年代前半。

Phase 2: The “Ricardo-Hicksian Trap” stage of transnationalism――1960年代初期～1970年代初期。

Phase 3: The “assembly-transplanting-cum-surplus-recycling” stage of multinationalism――1960年代後期～1980年代後期。

Phase 4: The “strategically networking (alliance seeking)” stage of investment――1980年代初期から今後。

各フェースごとに説明原理を異にするといった複雑化は避けた方がよいのではないかというのが私のコメントである。私は，投資国，受資国双方の資本蓄積の進展によって雁行形態的発展波及が起こったと，単純化しているのである。

小澤教授はさらにまた，雁行型経済発展の金融的側面を究明しようとしている（Terutomo Ozawa (2001), “The hidden side of the flying-geese catch-up model: Japan's *dirigiste* institutional setup and a deepening financial morass,” *Journal of Asian Economics*, Vol.12.）

「重層的追跡過程」がみられる”（p. 5）とし，それを数種の優れた実証を通じて明らかにしている。この「重層的追跡過程」[22]はわれわれの「雁行型産業発展の国際（地域）的伝播」そのものであり，dynamic development process の考察としては軌を一にするものであると私は了解している。

実証分析の第1は，工業化率（実質製造業生産／実質国内総生産），総輸出に占める工業製品輸出シェア，総輸出に占める機械製品輸出シェアの1950～1996年にわたる日本と東アジア8ヵ国（中国を除く）（ならびに米国）についての変化を描き出している。それらが日本，NIEs，ASEAN 4の順序で，タイム・ラグを置きながら，産業構造そして輸出構造を多様化し高度化してきたことをきれいに示している。小島の直接投資前線の拡延（本書 p.214 の図 5 . 6 ）に対応する産業別雁行型と輸出前線の拡延を明示している。（ただし3者の関連づけが欲しいのであるが，それは計量分析されていない。）これが渡辺グループの言う「重層的追跡過程」の実証である。

詳細な，きれいな，多数の図が描き出されているのであるが，せっかく算出された数値が示されていないので，ここに要約して再現するわけにいかないのが残念である。資料的価値の大きいこの拓殖大学アジア情報センター編の『東アジア長期経済統計』においては，図だけではなく，算出された数値をすべてかかげてほしかった。

以上のシェア分析は分かり易い。またそれがすべてであると言ってもよい。シェア分析に続いてより手の込んだ（sophisticated）加工指数を用いたいくつかの分析が行われるのであるが，結局は同じ結論を，いくつか別の切り口によって繰返し導き出しているにすぎないように見うけられる。

すなわち第2に，バラッサの顕示比較優位 RCA（revealed comparative advantage）すなわち $\dfrac{E_h^i}{E_h}=\dfrac{W^i}{W}$ （ただし $E_h^i=h$ 国の i 商品の輸出額，$E_h=h$ 国の工業製品の輸出総額，$W^i=$ 世界全体の i 商品の輸出額，$W=$ 世界全体の工業製品の輸出額）を各国の1950年から1995年にわたる5年毎

22)　末廣昭教授（2000）は，「キャッチアップ型工業化論」の構築を目ざすとし，その先行研究の一つとして「雁行形態論」を取入れている（p.42ff）。特に，「テクノジャンプ」と称される，従来の成長プロセスを辿らない中抜きの産業構造の高度化（中国での）を指摘している。

に，相当多数（３桁の 150 以上）の品目 i について算出している。実はこの実数をこそ先ず掲載してほしかった。それを各品目の輸出シェアで加重合計して，一つの RCA 平準化指数に直して，図示している。各国の工業化が進み，輸出構造が多様化し，RCA 指数は次第に平準化（0 に近づく）することを描き出している。

製品別（化学製品，原料別，機械製品，雑製品の４分類）比較優位の国別比較。用途別（非耐久消費財，労働集約的中間財，耐久消費財，資本集約的中間財，資本財の５分類），要素集約度別（資源集約型産業，労働集約型産業，規模集約型産業，差別財産業，化学技術型産業の５分類）の比較優位指数も算出し国際比較できるように図示している。興味ある分析であるが，外部者は原数値なしでは活用のしようがない。

第３に，国際競争力指数 $= \dfrac{E_i - M_i}{E_i + M_i}$（ただし $E_i = i$ 商品の輸出額：$M_i = i$ 商品の輸入額）を産出し Vernon の Product Cycle 論やわれわれの雁行型産業発展の基本型・副次型との関連で，商品群別の「国際競争力の国際的追跡」図を描き出している。この指数は「貿易特化係数」とも呼ばれる。Grubel＝Lloyd の産業内貿易指数でもある。さらに指数がマイナスの入超状態から，0 で輸出入均衡，プラスになって出超に転ずる「純輸出入比率指数」でもある。この図が商品別の「重層的追跡過程」をきれいに示している。また「産業内（水平）分業」の進展という視点からも分析している。

第４に，産業連関表から算出されたスカイライン・マップを作成している。これは各産業需要額の GDP に占めるシェアを横軸にはかるとともに，垂直の棒グラフによって，国内需要，国内生産，輸出，輸入を同時に示す興味あるマップである。各国のマップが time lag を伴うものの年とともに，産業構造・貿易構造が多様化し平準化し，類似の形態に収斂してくることを描き出している。興味あるユニークな実証分析である。せっかく算出された数値であるからそれを載せてほしい。また図の横軸に産業項目が記されていないのは残念である。

とまれいくつかの詳細な手のこんだ実証分析は貴重である。だがそれによってどれだけ新しい発見があったのかは，ことに部外者にとっては，さだかでない。案外分かり易いシェア分析の結論の域を出ることができないかもしれないのである。一貫する理論モデルの構築が不可欠であろう。

Ⅶ．2　浦田秀次郎教授（2001）

これは東アジア経済成長への直接投資と貿易の相互関連を通じた形での貢献を計量的に明らかにしようとしている。先ず東アジア（日本を含む9ヵ国）の貿易（輸出＋輸入）は急拡大し，その世界貿易に占めるシェアは4.9%（1980年）→8.2%（1990年）→12.1%（1997年）と高まった。域内貿易比率は34.4%→42.9%→50.4%と上昇し，域内相互依存が深まった。これは直接投資（対外＋対内）の世界シェアが3.5%（1980年）→8.4%（1994年）と急拡大し，対内直接投資（つまり各国へのinflow）の域内比率が42.0%→54.0%に高まったことに支えられている（浦田論文の表3.1）。gravity modelで計測すると，東アジア9ヵ国相互の域内貿易と域内直接投資の相関係数は0.40（1980年）と0.14（1994年）で，ともに1%水準で統計的に有意である（同表 3.2）。

次に国際産業連関表を用いて中間財と最終需要に分けて見ると，いずれにおいても東アジア諸国の域内からの調達比率が，ことに中間財において，高まっている（同表3.3）。この結果，特定国において最終需要が1単位増加することによって誘発される東アジア全体の生産量を算出しうる（同表3.4）。この生産誘発効果は「供給乗数」であって，地域内各国間の連環効果に基づく好循環的地域発展の成果であると言えよう。カッコ外に1985年，カッコ内に1990年の生産誘発係数を示すと次のようになる。インドネシア1.648（1.689），マレーシア1.714（1.823），フィリピン1.671（1.707），シンガポール1.774（1.726），タイ1.763（1.729），中国1.940（2.246），台湾1.904（1.905），韓国1.851（1.860），日本2.009（1.947）。日本やシンガポールなど先発工業化国で係数が若干低下しているが，他の国々では大体上昇しており，ことに中国（後発国）での上昇は著しい。

さて各国の生産誘発係数を合計すると，16.275（16.632）となる。これは東アジア9ヵ国がすべてそれぞれ最終需要を1単位だけ同時に増加したならば生ずる東アジア地域全体の好循環的生産増加をあらわす。それが16ポイント強と大きく，かつ増加していることが重要である。

最後に，在アジア日系企業がアジアからの調達比率を50.9%（1986年）から54.7%（1995年）へ引上げたこと，その販売比率も28.6%から32.2%へ引上げたことも報じている（同表3.5）。日系進出企業が小島の言う「順貿易志向的（PROT-）FDI」を実行したかどうかを検出できるような実証分析を果したいものである。

Ⅶ.3　通商白書（2001）

これが雁行形態論をサポートする分析を果たすとともに一つのコメントを与えてくれている。

いま，内需＝生産＋輸入－輸出とすると［(生産／内需)－1］×100なる指数を算出できる。この指数が0の時は完全自給の状態であり，プラスならば輸出／内需比率，マイナス（図では▲印）ならば輸入／内需比率が示される。「生産／内需」指数と呼んでおこう。図7.5は，日本の3産業について，この「生産／内需」指数を，1965～1998年の長期にわたって描き出している。これは正にわれわれの「雁行型産業発展」をきれいに明示している。繊維産業の輸出が先ず伸長したが1986年頃輸入化に転じた。次いで重化学工業の輸出伸長の波がおこったが，1975年頃そのピークに達し，以降漸減している。続いて機械産業の輸出が1975～85年に急成長したが以後漸落に転じた。本書第5章の図5.6（p.214）が想定している雁行型産業発展（日本側）のきれいな反映に他ならない。

繊維産業については図7.6が，機械産業については図7.8が，雁行型産業発展が日本→NIEs→ASEAN 4→中国の順に，しかも両産業の間でtime lagをおいて，国際的伝播をとげたことを見事に描き出している。まさにわれわれの図5.6の想定したものなのである。

ここで通商白書は図7.6，図7.7について次の点に注目する。後発開放経済化・大工業化国である中国では，「繊維産業が1980年代後半から国際競争力（つまり輸出・内需比率）を高めるとともに，機械産業も1990年代半ばより急速に国際競争力を高めている。」つまり「中国が生産面および輸出

図7.5　日本産業構造の推移

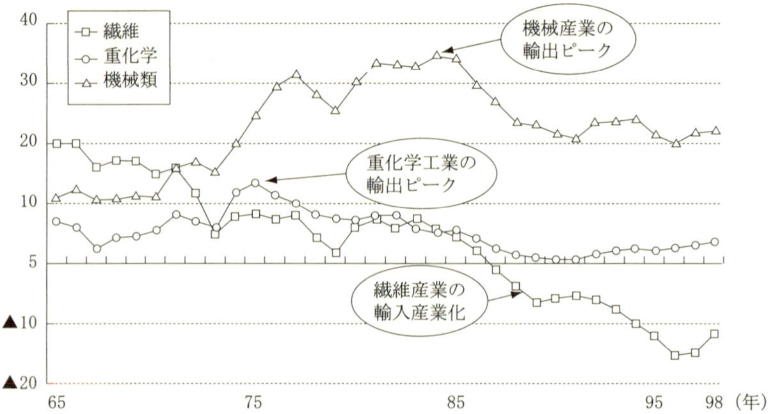

注：データは生産／内需（生産＋輸入－輸出）の比率をとって，（生産／内需－1）×100に置き直したもの。
　この比率は，内需に対しての生産の超過（不足）比率を表しており，産業の国際競争力を示している。
資料：UNIDO「ISD」，大蔵省「貿易統計」より作成。
出所：『通商白書2001』，p.15。

面での量の拡大に加えて，比較的労働集約的な繊維産業から，比較的技術集約的な機械産業に至るまで（殆ど同時に一挙に）国際競争力を向上させている」「これは，東アジアの発展形態が従来の雁行形態的発展から，新しい発展形態に変化していることを示している。」（通商白書　2001，p.17）。またp.4の「要旨」においてはこう言う。「比較的労働集約的な繊維産業に加えて比較的技術集約的な情報機器関連産業まで幅広い分野において急速に生産能力を拡大させた中国の発展によって，東アジアの発展形態は今まで見られた雁行形態的発展から，必ずしも国の発展段階による棲み分けが行われない，新しい発展形態に変化していることを示している。」

「従来の雁行形態的発展」とは何を意味するのか明瞭でないが，われわれの図5.6（p. 214）が想定するような，産業・輸出構造の，一定のtime lagをおいた順次的多様化・高度化を指すのであるとすれば，中国のような大きな経済が，外国直接投資の支援をえて急速な工業化をするときには，多数の産業が一挙に，総花的に勃興し，輸出化することは決して不思議ではない。

図 7.6　東アジアにおける繊維産業の国際競争力の推移

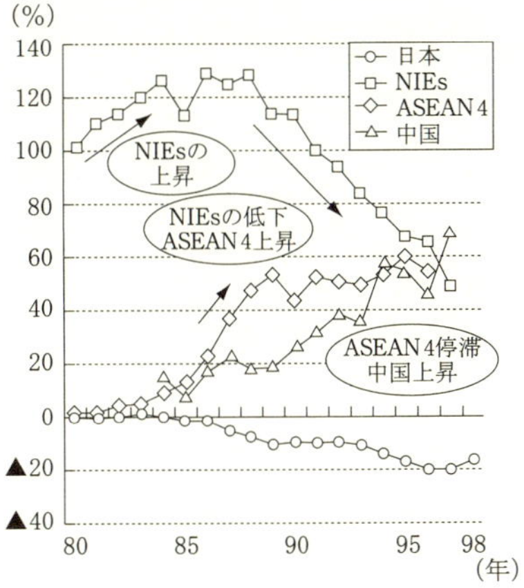

注：比率は図 7．5 に同じ。
資料：アジア経済研究所「AIDXT」，UNIDO「ISD」より作成。
出所：『通商白書 2001』p.16。

図 7.7　東アジアにおける機械産業の国際競争力の推移

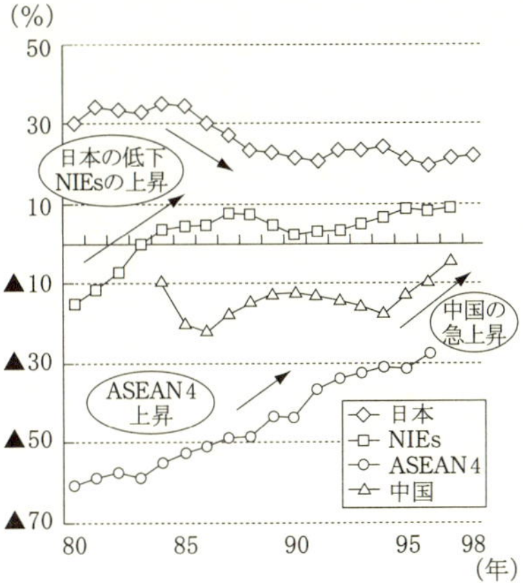

注：比率は図 7．5 に同じ。
資料：アジア経済研究所「AIDXT」，UNIDO「ISD」より作成。
出所：『通商白書 2001』p.16。

大国であるから既に工業化が相当に進んだ沿海部と，これから農業の改革，繊維工業のたち上げを始めねばならない奥地とが併存している。日本でも 1960〜1974 年にはそうであった。したがってわれわれの「雁行形態的発展」と矛盾するものではなく[23)]，その分析の枠内にあると言えよう。

他方，通商白書の言う「新しい発展形態」が何であるかを知りたい。「要旨」の引用から察すると，それは「産業内水平分業（貿易）」促進の必要性ということではあるまいか。図 7.6 や図 7.7 に見られるように，東アジア（日本を含む）各国の産業・貿易構造は次第に同質化し，巨大な中国経済の参入もあって，競争が激化し，摩擦が増えてくる。それを回避し，相互貿易

23)　(1) 一つの国民経済における雁行型産業発展（生産の多様化と能率化），(2) 雁行型産業発展の国際的伝播，および (3) 同質化産業の水平分業拡大，なる 3 局面から成る雁行形態論の全体系は，第 2 局面が行きづまったからといって，「その有効性を失う」（例えば小林英夫 2001, pp.170-71 を見よ）わけではない。むしろ第 2 局面の国際伝播が成功して諸経済が同質化した場合の困難を克服する手段を第 3 局面において準備している。そこに雁行形態論全体系の優れた点が見出される。

を再拡大する方策が産業内水平分業（小島の言う合意的国際分業）なのである。またそれを促進し，連関効果を深め，地域全体の好循環発展を誘導するのが中間財貿易の促進である。この中間財貿易の分析を前進させているのが，『通商白書 2001』（pp.7-8）のもう一つの重要な貢献である。われわれも「雁行型経済発展論」の第3部として，こうした「同質化経済間の貿易・投資拡大」の問題に取組まねばならないのである（それが第2巻の中心課題である）。

Ⅶ. 4　雁行型発展の地域的伝播論の拡充

1997年7月にタイから始まった危機は，明かに短期資本の過剰流入とその急激な引揚げ（投機による攪乱が大きい）という金融通貨恐慌であった。高度成長を成功させてきた東アジア経済の実体，それを支えてきた雁行型経済発展論が誤りであったわけでは決してない。だが金融通貨恐慌を契機にまき起ったコメントを念頭において「直接投資前線の拡延」（図5.6　p.214）という私の概念図について，2，3の拡充を補足しておきたい。

(1)　一国産業の継起的（seguential）発展

これには自然の順序（natural order）があり，それに従った方が，順調にしてより速い成長が達成できるとわれわれは期待している[24]。所得水準が高まるにつれ，食，住，衣さらにレジャーといった順序，或いは粗なる必需品から高級贅沢品へと，需要は多様化かつ高度化していく。需要側変化とマッチして産業構造を高度化していくべきである。資本蓄積が進むのに応じて，X→Y→Z……とより資本・知識集約的産業へ一歩一歩前進すべきである。必要な人的資本やインフラも長期間をかけてはじめて蓄積・整備されるのである。

香港（人口450万）とかシンガポール（300万人）という極小規模の中継都市経済において，農業はきわめて少なく（土地の制約から），大規模生産を要する鉄鋼業や自動車アセンブリーが引合わないのは当然である。そういう2地域の例外はあるが，他の東アジア諸国では図5.6に則してFDI-led

24）　1950〜60年代に，重工業化を優先させ軽工業を軽視したインド，或いは戦後長く軍需生産を優先し消費財工業を軽視したロシア（ソ連）などの，経済発展に失敗した例が，想起される。

かつExport-ledの発展が成功したと言ってよいのである。また或る産業が，赤松雁行形態論の言のように，輸入からスタートするのでなく，輸入することなしに，多国籍企業による技術導入を梃子にして直ちに生産と輸出を始めるようになった，とのコメントも出されている（松石2002・2参照)。加工貿易立国がねらいであるなら，これも当然の結果である。

(2)　雁行型伝播の重層化

東アジア地域諸経済と貿易・直接投資を拡大したいと強い関心を懐いて来た先導雁は，日本だけでなく米国やEU（欧州連合）という強大な競争国もある。これら先進国に加うるに，1980年代からNIEs（韓国，台湾，香港，シンガポール）が，次いで1，2のASEAN諸国（マレーシア，タイ）が，さらに中国も，投資国の地位に加わり（サブ・リーダー雁となり)，日・米を上回る程の近隣経済への投資急拡大を果たしている。東アジアへの直接投資構造はこの意味でも重層化してきたのである。

こうなると，先進国相互間，先進国とサブリーダーとの間，およびサブ・リーダー相互間で，海外直接投資が可能になった類似産業（大範疇）について，直接投資とその製品の輸出について激しい競争がまき起る。お互に，最小最適規模生産が達成できるように，いくらか違った差別化（differentiated）商品或いは得意（niche）商品の生産に，お互に合意的分業を進め，産業内（intra-industry）貿易を拡大することが勧められる（小島1970a，Kojima 1970b; Petri 1988)。

エドワード・チエン（1996）はこう言う。今やX→Y→Zといった順序正しい雁行型産業移植ではなくなった。多国籍企業は，その生産と販売のネットワーク作りのため，最適の立地に飛び地（enclave）的拠点つまり輸出プラットフォームを曲芸飛行の編隊（acrobatic pattern）のように形成する。雁行型ではなくアクロバット型という眞意はよく分らないが（阿部1999を見よ)，類似商品生産についての水平分業にあてはまる。大範疇産業の長期的高度化については，各国の発展段階差に従って，順序ある雁行型産業移植が行われ，垂直的国際分業と貿易が拡大すると期待される。

もう一つ，後続雁の方がこれまでの先導雁より品目によっては先行するようになって来た（pioneerの逆転）と指摘される。IT（情報技術）の普及においてシンガポールが日本を上回ったこと，中国が日本を上回るかもしれないことがこの例として挙げられる。たしかにそういう逆転は，細い商品分類においては起りうることだし，むしろ奨励される。だが雁行型発展論そのものの妥当性を崩壊させるわけではない。

IT 革命について私のコメントを追加しておこう。IT（情報技術）は一つの「知識（knowledge）体系」であって，われわれの図 5.6 における大範疇産業の一つではない。コンピューター，半導体などの IT のハードウェアは Z 産業として同図に組み入れられている。しかし IT 自体は，情報の空間的伝達を迅速化しグローバルに広げ，経済取引（transaction）―特に金融，流通，直接投資など―のコストを引下げる「取引媒介手段」である。その役割は，輸送費の節約や，関税その他の国境での貿易障害の軽減，撤廃と同じ性格の貢献を果たす。それらによって，市場を拡大し，取引コストを軽減し，取引量を増大させる。もう一つ IT は，生産方法，経営方式の合理化，能率化に役立つ「技術革新」でもある。このように，IT はむしろ技術革新の役割の問題であり，図 5.6 の継起的産業高度化の問題ではないと解釈しておきたい。それ故「IT 革命」の効果は他の取引コスト節約の問題とならんで，「内部化（internalization）の理論」によって分析するのが，最も有効であろう（次を見よ，Kojima 1992；小島 1996　第 8 章）。

Ⅶ．5　日本の責任

1997 年 7 月にタイから始まった東アジアの通貨・金融危機（ほぼ 2 ヵ年で克服された）を契機に，雁行型経済発展の地域的伝播は行きづまったと言うように，一転した低評価もあらわれた。日本経済のバブルが 1990 年代初期にはじけ，長期不況に陥ったことが，この伝播の最大のつまづきとなった。日本は新産業・新生産方法を創造し東アジア経済全体のフロンティア拡大に成功していない。それは先の IT 関連産業であろうか。それとも中小型の航空機生産であろうか。それともバイオ関係，或いは医薬品であろうか。いずれにしても先導国日本が新革新産業を生み出し，地域全体の累積的発展のフロンティアを拡大しなければならない。これは急務である。リーダー雁がしっかりしなければならないのだ。

そのうえ，日本の貿易・投資の自由化は十分に行われていないことが問題である。国民経済の開放度（opennes）の一指標として，輸出入合計額のGDP 比率をとると，米国は 1913 年 11.2%，1973 年 10.5%であったものが，1995 年には 19.0%に高まり，米国経済のグローバル化進展を反映している。これに対し日本ではそれぞれ 31.4%，18.3%，14.1%と逆に貿易依存度を低めている。しかも日本は巨額の出超傾向に陥っている。東アジア経済を牽引していくため，また米国との貿易摩擦を少なくするためには，日本は輸入市場を大幅に開放・拡大する必要がある。他方，日本の対外直接投資は巨大なものになったが，対内投資の受入れはいまだ著しく低い水準にとどまっている。数字の上だけでなく，その根底にあるわれわれの経済ナショナリズム，或いはグローバル観といったものが根本的に問い直されねばならない時代に来ている。optimum openness といったテーマが究明されねばならない。

雁行型経済発展は，図 5 . 6 に従って，既に韓国，台湾，香港，シンガポール，マレーシア，タイにはかなり広範に伝播し，それらの所得水準を準先進国並みに高めた。インドネシア，フィリピン，そして中国への伝播が遅れている。それを越えて ASEAN の新メンバー（ベトナム，カンボジア，ラオス，ミャンマー），さらにインド，パキスタン，スリランカなどへ雁行型経済発展を波及させる必要は大きい。

だが，外国資本・外国技術依存の輸出主導成長方式をどこまで続けうるかとの反省が東アジア諸国で生まれている。そういう「見せかけの発展」でなくして，自らの貯蓄に基づく投資，自力による技術革新，自国企業による「自力経済発展」に転じなければならない。中国の内陸開発などについてはことさらそうである。ここにも，雁行型発展の国際伝播方式の限界が見出される。だがもともと，外国直接投資受けいれは，後続国経済発展の起動力にすぎず，総投資のごく一部にすぎない。それが行き過ぎにならないように注意せねばならないが，optimum openness を考慮に入れつつ，外資を有効に活用することは依然として必要不可欠である。

Ⅷ　地域統合の役割

雁行型発展の国際的伝播を積極的に成功させるためには，近隣諸国グループから成る地域統合（regional integration）を基盤とするのがよい。それはEU（欧州連合）やNAFTA（北米自由貿易協定）のごとき制度的（institutional）に確立されたものもあるが，東アジアにおける事実上の機能的（functional）統合もある。ここでは「日中韓＋ASEAN」という「アジア経済圏：Asian Economic Community」を対象におくことにする（小島清2001，第4章：2002. 1参照）。

雁行型発展の伝播が始発するためには，参加諸国の門戸が開放され，貿易が自由化され，相互に輸入市場を与え合わねばならない。それによる域内貿易の拡大が，地域的発展伝播の第一歩となる。自由貿易協定（FTA）の締結による（それが制度的地域統合）域内関税の全廃が望ましいが，そうでなくても，各国経済発展段階に応じた自由化が，機能的統合でも順次推進される。それが地域統合の第1の役割である。

地域統合は，国境における関税その他の貿易障害の撤廃という浅い（shallow）統合から，より深い（deeper）統合へ進む。貿易拡大の基盤たる各国生産諸条件を改善・再編成するのである（capacity building）。それが特に順貿易志向的直接投資の拡延によって果たされるのである。経済統合は，資本移動の自由化，収益の本国送金の保証，外国企業の内国民待遇，工業所有権の保証などの外国直接投資関連のルールを制定し遵守しなければならない。

外国直接投資の導入はホスト国に広範なスピルオーバー効果を及ぼす。進出企業は，その優れた生産技術や経営方式をホスト国の同種企業に普及させその能率を改善する。必要な関連産業，据野産業を誘発する。金融，運輸，通信，流通などのビジネス・インフラ，ならびに道路，港湾，空港，都市などの社会的インフラの整備をもたらす。さらには生産をとりまく労使関係，教育向上，法律や議会制度の民主化・近代化をひきおこす。要するに経済全体の改革（reform）をもたらす。地域統合の成果は，参加諸国がどこまで深く reform を敢行するかにかかっている（Ethier 1998）。この点において，IT（情報技術）革命がどれ程大きな reform を成功させるかが注目される。

多国籍企業（MNC）は，海外直接投資によってホスト国で比較優位生産を創出できるという利点を活用して，統合地域の最適地に最適規模の拠点を立地するという「国際生産の統合（integration）」を推進することになった。異なった部品や niche（得意）商品を一つ一つ異なる最適地で，しかし最適規模で，分散して生産させ，それら諸活動（販売も含む）を一つの企業の中にとりこむことにより，つまり内部化（internalization）により，企業全体として規模の経済（economies of scale）—或いはさらに economies of scope or network—を実現するのである。内部化という動きと同時に，研究開発，調達，生産，販売，財務などの全活動にわたって，多国籍企業間の各種の協調・提携（alliance）が推し進められている。

このように統合を深化させるためには，何らかの共同体意識（community solidarity）をもった近隣諸国が地域統合を形成するのがよい。WTO（世界貿易機関）のごとき global（世界大）の膨大な仕組みでは，せいぜい貿易自由化といった shallow integration は推進できようが，貿易拡大基盤の reform まで進める deeper integration を敢行するには，地域統合の方がはるかに有効なのである。

第1に，「日中韓＋ASEAN」のごとき近隣諸国グループであると，お互に近距離の隣国同志であるので運輸・通信の取引コストが低い（IT 革命がさらにコスト・ダウンを導く）。ヒト，モノ，カネの交流が容易で相互依存が高まる。お互の政治・経済問題を熟知しあえる。共同体（community）意識が醸成される。隣人同志であるから仲が悪いという面もある（兄弟関係のように）が，隣人の成功に刺激されて自らも奮起するというプライドと競争・協調の精神が強く働く。

アジア人（非西欧人）として，歴史，文明，価値観の大枠の共通性をもっている。この東アジア地域の集団的安全保障について共同の利害関心をいだく。敗戦から復興した日本，戦災から立直った東アジア諸国，植民地から独立した国々など，極貧の経済から，工業化によって欧米先進国に catch-up しようとした。「経済発展志向共同体（community）」という共通の solidarity 意識が自ら誕生し成熟してきたわけである。

第2に，「経済発展志向共同体」として成果をあげることが東アジア・グループの最優先の課題である。米国や WTO の要請する貿易自由化はその一手段にすぎない。貿易拡大の基盤を再構築する，より深い（deeper）地域統合が必要不可欠である。それを敢行するに当って直面する困難は，東アジア・グループの多様性である。国（人口と面積）のサイズ，経済発展段階，一人当り所得水準，GDP 総額，企業と国民経済の組織・運営といった面で諸国間に巨大な格差があり，多様性に富んでいる。ここで，そのような発展段階差を認めた上で，地域的発展の好循環をもたらしうるとする原理が「雁行型発展の地域的伝播」の理論（第5章）に他ならないことを想起されたい。このモデルに従って東アジア経済の発展を推進してほしいものである。

付言するならば，欧州の地域統合は，就中最初の6ヵ国による EEC（欧州経済共同体）に見られるように，類似発展段階の等所得水準国間の域内貿易自由化による，一物一価の絶対的競争の世界の実現を目ざしていた。参加国間の発展段階差とか所得水準差を考慮する比較生産費的発想は含まれていない。単一市場の形成，共通通貨ユーロの成立などのその後の統合の深化においても同様である。各国生産基盤のリフォームの理論を欠いている。むしろ絶対的競争の結果，立地条件の有利な地点への産業集積（agglomeration），他の地点の空洞化，そして所得格差の拡大が生じている（次を参照：藤田ほか 2000，Walz 1999）。欧州型の地域統合形態やその理論を，異発展段階国間の東アジア統合に安易に適用することが許されない所以である。

なお GATT／WTO も，発展段階のほぼ等しい先進国経済を対象とし，絶対的競争原理による貿易交渉の手続を設定していると言える。従って南北問題は十分に考慮されていないのである（Staiger 2000 を見よ）。

第3に，後続国がキャッチアプに成功するにつれやがて東アジア地域の諸経済は等発展段階に達する。それは望ましいことである。すべての業種でなくキャッチアプした産業について統合が生じ，産業内分業（ないし合意的地域内分業）が有効になる（Harrod 1962, p.16 ; Myrdal 1956, p.259, 261を見よ）。そういう意思決定は経済発展志向の共同意識をもつ地域統合においてはじめて実施できる。A国とB国がそれぞれ違った品種の生産に特化し，2国合計の需要をみたすように，最適生産規模を大きくすれば，コスト＝価格を大幅に引下げえて，域外からの競争を容易に排除しうる。1965年に成立した米加自動車協定はその成功例であり，それが1988年に調印された米加自由貿易協定の動因となった。

ASEANでは，AICO（ASEAN industrial cooperation scheme : アセアン産業協力スキーム）が1996年11月から発動され，自動車部品など中間財は，ゼロないし低い特恵関税で域内で調達するなどの促進措置が講ぜられつつある。さらに1998年には，ASEAN域内分業の促進を協議するASEAN経済産業協力委員会（AMEICC）が活動を開始した。

すべては，企業の採算に合うプロジェクトによって実現されていくのであるが，東アジア全体の地域内分業をいかに形成し，そのフロンティアをいかに拡延しかつ深化していくかが，これからのアジア経済圏の課題である。

第4に，自由な貿易は，統合地域内に限らず，できるだけ広く，世界大（global）に拡延した方がその利益は大きい。域内では入手できないもの，割高なものもある。NAFTA（北米自由貿易協定）特に米国や，EU（欧州連合）も，アジア経済圏製品の市場として，また資本と技術の提供者として，必要不可欠である。したがってアジア経済圏が「open regionalism : 開かれた地域主義」を採り，域外非加盟国をMFN（最恵国）無差別待遇するのは正しい。NAFTAやEUが，GATT 24条を盾に，域外国を差別待遇し，fortress（要塞）を造ることこそ正しくないのである。開かれた地域主義を原則とするとは言え，アジア経済圏はその運営において，域内貿易の拡大と域内経済開発を優先する方策を先ずもって推進することは言うまでもない。と同時に対域外関係はその補完として重視していかねばならないのである。

最後に，三極世界（Triad）経済秩序の問題が残る。共通通貨ユーロを使うEU（欧州連合）が巨大な地域統合ブロックとして深化と拡大を続けている。それを上回ろうとして米国はNAFTAを拡大してFTAA（全米自由貿易圏）を結成しようとしている（2005年目標）。これらと対等な世界三極構造の一極となるべく「アセアン＋日中韓」が経済発展志向共同体としての「アジア経済圏：Asian Economic Community：AEC」を形成すべきことは，われわれ東アジア・グループの重大共通関心事である。われわれは，中南米と同様に，米国勢力圏に飲み込まれるわけにはいかない。独自の一極たりうるはずである。それには上述のごとく経済発展志向に専念すべきである。またアジア通貨機構のごとき通貨・金融問題からの接近も急がれねばならない。

米州，欧州，それにアジアという三極を総括するglobalな通商秩序，またユーロ，ドル，アジア通貨がどのような形に展開していくかはもう一つの重大関心事である。ここでも同質化世界経済の下での国際協調の秩序が樹立されねばならないのである。これらも企画している第2巻の主要課題の一つである。

Summary

第 8 章

The "flying geese" model of Asian economic development : origin, theoretical extensions, and regional policy implications

Abstract

This chapter presents a comprehensive review of the "flying geese" (FG) model, which recently has become well known as a way of explaining rapid economic growth in East Asia. Kaname Akamatsu's 1930s work introduced the concept. Through statistical analysis of industrial development in pre-war Japan, this author followed Akamatsu in developing a theoretical model called Kojima Model I. Subsequent works produced Kojima Models II and III.

The regional transmission of FG industrialization has been noted as an engine of Asian economic growth, due in part to Saburo Okita's forceful presentation of the theme of the FG model in a 1985 lecture. It is hoped that this chapter will help to advance a better understanding of the FG model, its historical origin, its theoretical extensions, and its relevancy, as well as its incompleteness as a model of economic development.

Ⅰ. Introduction

The "flying geese" (FG) pattern of economic development has recently become quite well known throughout the world as a way of describing rapid economic growth in East Asia. Such a description is widely used, as if it is a self-explanatory phenomenon; however, the exact meaning of the term is not specified, and its origin not clearly understood. The purpose of this paper is to clarify the relatively unknown and often neglected background of the FG model.

The phrase "flying geese pattern of development" was coined

originally by Kaname Akamatsu in the 1930s (Akamatsu, 1935; Akamatsu, 1937) articles, both in Japanese, and presented to world academia after the war in 1961 and 1962 articles in English. (These Akamatsu originals are reviewed in Section 2.)

The FG model intends to explain the catching-up process of industrialization in latecomer economies, which consists of: (i) a basic pattern, i.e., a single industry grows tracing out the three successive curves of import, production, and export; and (ii) a variant pattern in which industries are diversified and upgraded from consumer goods to capital goods and/or from simple to more sophisticated products. Akamatsu discovered these two patterns, which looked like a flying geese formation, through statistical analysis of industrial development in the prewar Japanese economy. Kojima introduced a theoretical model in which the accumulation of physical and human capitals causes the economy to diversify first to more capital-intensive key industries and then to rationalize them so as to adopt more efficient production methods. Such diversification/rationalization paths are repeated in moving the economy towards the higher stages of production and export. This is Kojima Model I, which is one of the theoretical pillars for the FG paradigm.

The FG pattern of industrial development is transmitted from a lead goose (Japan) to follower geese (Newly Industrializing Economies (NIEs), ASEAN 4, China, etc.). This regional spread of the FG development is discussed in Section 3.

The development of the Akamatsu original was stimulated by the appearance of Vernon's "Product Cycle" theory (Vernon, 1966). Furthermore, Okita's address (Okita, 1985) made the FG model very popular, but it created such a misunderstanding that the model came to be applied to regional transmission itself while forgetting the importance of the catching-up process.

The regional transmission of FG industrialization has been facilitated by the "pro-trade-oriented FDI" mechanism, through which an investing country's comparatively disadvantageous production is transplanted onto a host country in such a way as to strengthen the latter's comparative advantage. This type of comparative advantage augmentation via FDI brings about an expansion of production and trade and results in "FDI-led growth" in the regional economies involved.

Such pro-trade-oriented FDI constitutes a second theoretical pillar for the FG model. FDI is upgraded along the ladder of industry and extended to many developing economies, and such FDI spread is stylized as an "investment frontier" map.

The theory of "agreed specialization" (a third theoretical pillar for the FG model) is presented as an effective measure to increase intra-industry trade in an integrated region.

In Section 4, a number of important comments on the regional transmission of FG industrialization are discussed. Most of them support our proposition but some are critical from the viewpoint of dependency theory and in the wake of the 1997 to 1998 Asian financial crisis. By reviewing these comments, we broaden the issues that the FG model has to investigate.

Section V shows the fact that building the Asia Pacific Economic Community (APEC) has been based upon the FG pattern of development since Kojima is its founding father. The East Asian group that consists of ASEAN plus 3 (Japan, China, and Korea) should foster regional development *á la* the FG model by keeping an open regionalism, which will not set up an institutional integration but will remain consistent with a multilateral, nondiscriminative, free-trade regime of the General Agreement on Tariffs and Trade (GATT)/World Trade Organization.

Ⅱ. Akamatsu's original FG model

The late Akamatsu Kaname (1896～1974), professor emeritus of Hitotsubashi University, coined the phrase "Ganko-Keitai" in his 1935 and 1937 articles (see References). It was later translated as "flying geese pattern" in his 1961 and 1962 papers.[1] It is a theory to explain

1) Akamatsu prepared his 1962 article to demonstrate mainly the FG pattern of industrial development and, later in his 1961 paper, he applied it to the wider theme of change, "heterogeneity" vs. "homogenization" in the world production/trade structure, a distinction which was later modified as "differentiation" vs. "uniformity."

a sequential development of manufacturing industries in developing economies. The essence of the FG model may be summarized by directly citing key observations from Akamatsu's English articles, as follows:

"The wild-geese-flying pattern of industrial development denotes the development after the less-advanced country's economy enters into an international economic relationship with the advanced countries" (Akamatsu, 1962, p.11).

This means that the FG model aims at addressing the catching-up process of industrialization in developing open economies.

II. 1. Basic pattern of development of industry

"Wild geese fly in orderly ranks forming an inverse V, just as airplanes fly in formation. This flying pattern of wild geese in metaphorically applied to the below-figured three time-series curves each denoting import, domestic production, and export of the manufactured goods in less advanced countries" (Akamatsu, 1962, p.11).

This is the *basic* (or fundamental) pattern which is the sequence of import (*M*), domestic production (*P*), export (*E*) occurred in a certain industry. From empirical studies (see also Akamatsu, 1950, 1965), Akamatsu drew the basic sequential curves for a consumer good, X (say, cotton textile) in Meiji Japan as shown is Fig. 8.1a, and for a capital good, Y (say, textile machinery) in Fig. 8.1b.

Stage I. "When an underdeveloped nation first enters the international economy, the primary products, which are her specialties, are exported and industrial products for consumption are imported from advanced nations. [Because the latter's more advanced factory products are superior in quality and cheaper in price.] (Akamatsu, 1961, p.206.)

Stage II. "At the second stage of the growth of an underdeveloped nation, domestic production of imported goods is initiated, with the domestic market as an outlet. This is due to the fact that concentration of purchasing power on such articles makes their domestic production profitable, and domestic capital is drawn to this activity. The development of consumption by imports is nothing

Fig. 8.1. Flying geese pattern of industrial development

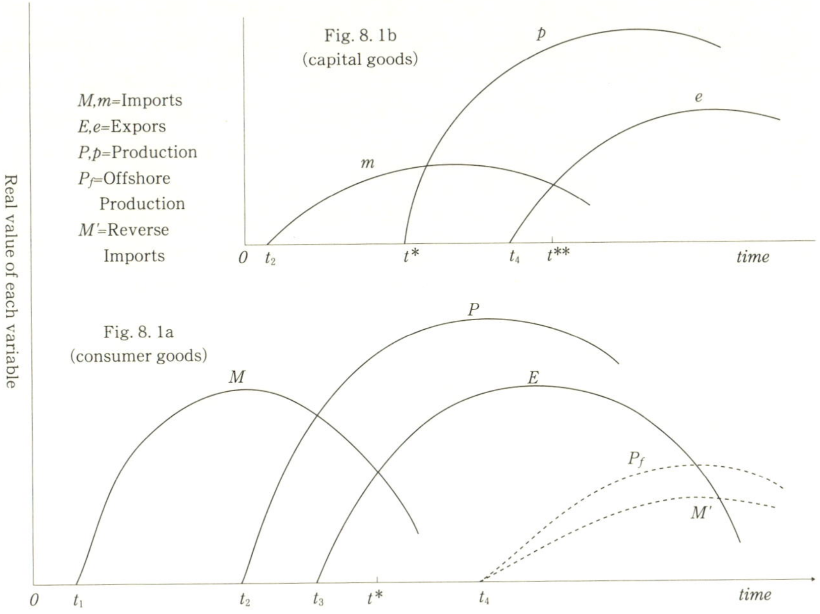

less than an establishment of the foundation for self-production. Further, national economic policy stimulates this trend toward domestic production when it appears.

The import of manufactured consumer goods from advanced nations stagnates and then decreases. On the other hand, however, machinery must be imported, from advanced nations because of the sudden rise of consumer goods industries" (Akamatsu, 1961, p.206–207).

In Fig. 8.1a, the import of consumer good (X) increases from t_1 to t_2. At t_2, domestic demand becomes large to be enough to set up optimal scale plants, making it possible for profitable domestic production to begin. Thus, at t_2, the P-curve starts to increase in Fig. 8.1a, and the imports (m) of capital goods (Y) also rise as shown in Fig. 8.1b.

Stage III. "This is the stage when the domestic consumer goods industry develops into the export industry. By this time most of the domestic markets have turned into markets for domestic industrial goods. As production is put on a larger scale for mass production, the products are exported in increasing numbers to overseas markets. Simultaneously, the domestic production of hitherto imported machinery comes to the fore, while the import of capital goods, which are substitutes for domestic machinery, begins to decline in turn" (Akamatsu, 1962, p.14).

In Fig. 8. 1a, around t^*, as far as consumer goods are concerned, E increases, whereas import (M) declines, making trade in balance. At the same time, P becomes equal to domestic demand (D), since $D=P-E+M$. This situation reflects a successful implementation (or graduation) of the catching-up process of the industry concerned along the sequential path of $M-P-E$, which is the *basic* pattern of the FG model. Now the industry is able to turn from import substitution (Stage II) toward export-led growth.

II. 2. Variant pattern of diversification of industries

Besides the basic pattern above identified, the FG model allows a *variant* (or subsidiary) pattern:

"Although reference is made here simply to consumer goods and capital goods, there are many kinds and qualities of consumer goods and capital goods. Accordingly, the sequential phenomenon of $M-P-E$ occurs not only in connection with capital goods following consumer goods, but also in the progression from crude and simple goods to complex and refined goods" (Akamatsu, 1961, p.208).

The diversification (or pluralization) of products (or industries) is thus classifiable into two patterns. One is an intra-industry cycle created by the emergence of new products within an existing industry, e.g., from cotton to woolen to synthetic textiles, or from crude and simple goods to complex and refined goods. The other is an inter-industry cycle exhibiting the development of a new industry, e.g., from textiles to steel to shipbuilding to autos to computers, or from consumer goods to capital goods.

Each cycle, either intra- or inter-industry, repeats the basic FG pattern enhancing efficiency and competitiveness of an industry, which may be called a *rationalization of production.* The intra-industry cycle also raises value-added and brings about growth of an industry. On the other hand, a *diversification of production* through inter-industry cycles upgrades the structure of industries and exports. Thus, interactions between, and parallel progress in, the rationalization and diversification of production (i.e., the basic and variant FG patterns occurring at the same time) stimulate national development.

II. 3. Empirical studies

By 1975, only 1 year after Akamatsu's death, many empirical studies had been published by Akamatsu (posthumously) and his pupils. All verified the existence of the basic FG pattern in the development of various products and intra-industry, along with the inter-industry cycles for a number of industries in the Japanese economy, both prewar and postwar, as well as in some foreign countries (e.g., Korea and Thailand). But these studies written in English were limited to Shinohara (1961), Rapp (1967), and Yamazawa (1972, 1975, 1990). During the war, Akamatsu's 1935 and 1937 originals were unknown abroad, but after his postwar English papers were published in 1961 and 1962, a number of favorable evaluations on the Akamatsu FG model began to appear in foreign literature, e.g., Zimmerman (1965), Higgins (1969), Sautter (1973), and Rapp (1967, 1975).

II. 4. Kojima Model I: diversification and rationalization of industries

A theoretical model building of FG development with respect to the basic and variant patterns of FG development was started by Akamatsu's principal pupil, first in Japanese (Kojima, 1958) and later in English (Kojima, 1960).

A two-factors and two-goods case is illustrated in Fig. 8. 2 *á la* factor proportions (or Heckscher-Ohlin) theorem. The production functions of the two goods are represented by single isoquant, X and Y, showing the combinations of labor and capital required to produce a unit of output. The factor intensity, shown by the slope of a product expansion path, say, Oa_1 and Ob_1 is assumed that X-industry is relatively more labor intensive, whereas Y-industry is more capital intensive for any factor price ratio. If the factor price ratio, w =wage/rental, is represented by the slope of the common tangent MN to the isoquant X and Y, both goods are produced at the optimal factor combination a_1 and b_1, and their costs (=prices) are the same or 1 : 1 (OM measured in terms of labor, ON measured in terms of capital). If the factor price ratio represented by the slope of $M'N'$ and $M''N''$, both being parallel to each other, or in other words, if wage becomes relatively dearer, the optimal factor combination will be a_2 and b_2, meaning a more labor saving/capital using method of production, the cost (=price) of Y-goods (i.e., more capital intensive products) will be cheaper than X-goods (i.e., more labor-intensive products).

The factor endowment ratio, i.e., total capital (K)/total labor (L) of the economy is represented by the slope of a λ line. The closer is the λ line to one of the optimal factor combinations, say a_1, the larger is the factor allocation and consequently the output share for that industry, and vice versa.[2] When, as shown in Fig. 8.2, the λ line goes through a_1, the economy will completely specialize in the production of X-goods, which achieves comparative advantage because its relative cost is lower than in the other case with dearer wage.

Now the economy specializes in the production of X-goods, which is a labor-intensive industry relative to Y-goods and, accordingly, as the economy grows the demand for labor input will increase and relative wage will rise. Then it becomes more rational for the economy to increase its factor allocation to Y-production, the more labor-saving industry, by moving the optimal factor combinations from a_1 to a_2 in X-industry and from b_1 to b_2 in Y-industry. This is a structural change of industries towards upgrading diversification

2) Factor allocation is determined in such a way that drawing parallel vectors Oa_1 and Ob_1 from factor endowment point, λ, and find their crossing points. Then the length of Oa_1 (or Ob_1) to its respective crossing point shows factor inputs for X-goods (or Y-goods).

Fig. 8.2

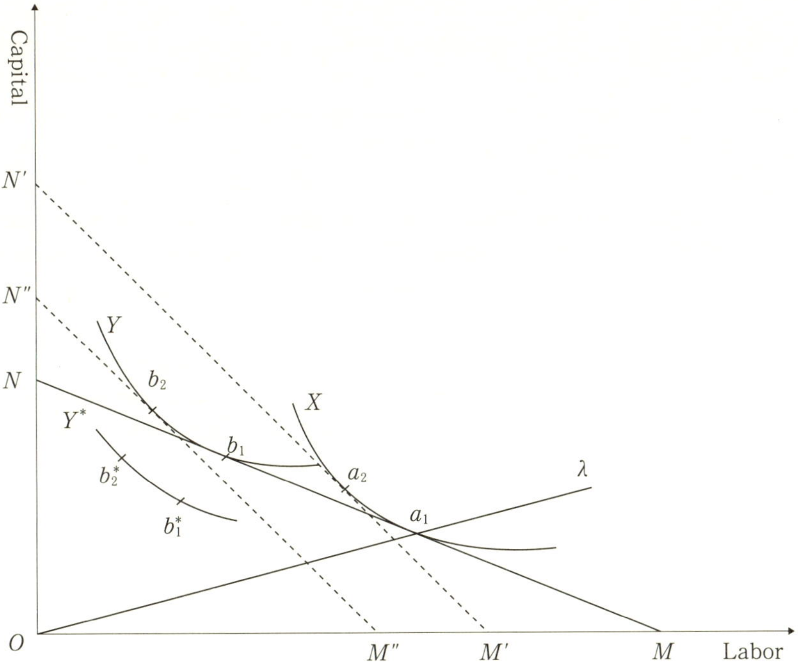

and is made possible due to the progress of capital accumulation with which the λ line becomes steeper, approaching closer to b_2.

There is another possible path for economic growth, i.e., through a rationalization of industries. This path is illustrated by using the same Fig. 8.2. Let us suppose the Y-isoquant shows a unit cost to produce Y-goods by using an inferior α -mode of production, whereas the Y^* -isoquant represents a superior β -mode. This is a Hicks-neutral technological progress. To compare optimal production point b_1^* with b_1, the new superior mode results in a reduction of unit cost under the same factor price ratio and factor intensity.

The rationalization of industry is made possible by technological progress, economies of scale, "learning-by-doing," and accelerated intra-industry product cycle. Instead of the movement along an isoquant, the rationalization of an industry brings about the shift of isoquant from the inferior α production mode to the superior β one.

Both the diversification move towards a more capital-intensive industry and the rationalization move towards a superior mode of production enhance the efficiency of the economy as a whole and raise its wage rate or per capita income level, which is after all the essence of economic development. But because both paths require the accumulation of capital, physical as well as human, it is necessary to undertake them alternately. In Japan, the structural change of creating new key industries was undertaken first, and then a steady rationalization of that industry followed. These two processes comprise one development stage, taking 20 to 25 years. The alternate promotion of diversification and rationalization led to a reinforcing effect in rapid production growth and trade expansion.[3)]

The sequencing of development stages occurred naturally as it was guided by the growth of demand, in both home and foreign markets, supported by the rapid accumulation of capital due to a high saving ratio, and stimulated by effective technological progress. Presently, the inflow of foreign capital facilitates this catch-up process in developing economies.

Ⅲ. Regional transmission of FG development

Ⅲ. 1. Third pattern of FG development

In his postwar articles, Akamatsu added a third pattern of intercountry alignment in order to explain the international (or regional) transmission of FG development from a lead goose to follower geese.

Stage IV. "In the third stage the consumer goods industry was already homogenized (or uniform) with that of the advanced coun-

3) Two goods and two modes of production actually involve four commodities that exceed the number of factors of production, i.e., labor and capital. Consequently, the optimal allocation of factors and outputs is indeterminate with different outcomes. Kojima (1960) illustrates by numerical examples the diversification-cum-rationalization course of Japan's economic development in the prewar years.

tries, attaining the same standard as that of the advanced countries; therefore, those counties are no longer less-advanced countries as far as this industry is concerned but have joined the ranks of advanced countries as an exporter of these goods. In the fourth stage this advanced status is further elevated. A characteristic phenomenon of this stage is that the export of consumer goods begins to decline. This is attributable to the fact that consumer goods are put into production in other less advanced countries and development in a wild-geese-flying pattern is under way. Another feature is that in this stage, capital goods domestically produced in the third stage begin to be exported. In other words, in place of the decreasing export of consumer goods, capital goods are exported and reach the stage of high-degree heterogeneity (or differentiation) in regard to other less advanced countries.

Furthermore, with regard to this sequence, that is, a wild-geese-flying pattern sequence, the underdeveloped nations are aligned successively behind the advanced industrial nations in the order of their different stages of growth in a wild-geese-flying pattern" (Akamatsu, 1961, p.208).

"The less-advanced 'wild geese' are chasing those ahead of them, some gradually and others rapidly, following the course of industrial development in a wild-geese-flying pattern.

The advanced "wild geese," which are in the lead flying onward, incessantly achieving technological innovations and trying to maintain a certain distance of heterogeneous (or dissimilar) difference from the less-advanced 'wild geese'" (Akamatsu, 1962, p.17–18).

Ⅲ. 2. Kojima Model II: pro-trade-oriented (PROT) foreign direct investment (FDI)

For a lead goose country (say, A), the phase of post-catch-up situation (t^*) in Fig. 8. 1 prevails. Exports of consumer goods, *E*-curve, continue to rise up to a peak at t_4 and then decline because such labor-intensive consumer goods (say, textiles) are losing comparative advantage due to a rapid rise in wages, which, however, is a benefit of economic growth. A follower goose, say country B, whose wage level is much lower, now begins to produce textiles. This production is facilitated if lead goose A's firms make FDI by transferring capital, superior technology, and managerial skills as a package to the follower goose B. This enhances the productivity of A's foreign production, P_f in Fig. 8.1a, which represents a comparative advantageous industry in country B. Its products are sold in both local and foreign markets, and some portion is imported back to country A, i.e., reverse imports, M', curve. Meanwhile, country A's exports of capital goods (e-curve, to country B in Fig. 8.1b) increase with an enlarged scale of production and reduced costs. This is what Kojima called "Pro-trade oriented FDI."[4] This constitutes the second theoretical pillar for the FG model.

The most important characteristic of PROT-FDI is that a FDI is undertaken from an investing country's comparatively disadvantaged industry (i.e., country A's X-industry), making its foreign production in country B to achieve a stronger comparative advantage through providing appropriate capital goods and technology (i.e., a borrowed technology from the viewpoint of host country). In lead country A itself, output and export of capital goods, Y, is expanded, enhancing comparative advantage, as the resources released from X are reallocated to Y.

FDI thus augments comparative advantages in both counties, resulting in an expanded basis for trade and a reinforced productivity growth.[5] As long as this type of FDI is promoted, an FG stimulus of industrialization is transmitted sequentially from a lead goose to follower geese, bringing about enlarged trade and co-prosperous economic growth. This is nothing else but the "FDI-led growth" of regional economies, which is a prime motive for building regional integration.[6] Moreover, FDI creates substantial spillover effects.

4) The model of PROT FDI was presented by Kojima (1973, 1978) and expounded by Kojima & Ozawa (1984) and Kojima (1992). Such Japanese-type FDI (I often used this nomenclature) are supported by many researches: Pyun (1985), Lee (1990), Lii(1994), Braga & Bannister (1994), Zhang (1995), and Adams & Shachmurove (1997).

5) Ozawa (1996) presents an excellent model for the trade-augmenting type of FDI by treating it as an international transfer of knowledge, that is, a public good.

6) Such regional development is the same as what Myrdal (1957) called as a "virtuous circle" due to "the principle of circular and cumulative causation."

Foreign affiliates generate, through backward and forward linkages, supporting industries and employment. They contribute to developing local entrepreneurship and managerial and technical skills. They improve the quality and morale of labor through training and education. Ultimately, FDI induces "reforms" in production methods, employment systems, business management, and even laws and political organizations. Such reforms are most needed to climb up the ladder of development stages.

Ⅲ. 3. Vernon's "Product Cycle" theory

The posthumously published essay by Akamatsu (1975), which had been written a few days before his death on December 20, 1974, addresses P_f- and M'-curves shown in Fig. 8. 1a. This essay was influenced by Vernon's "Product Cycle" theory and Kojima's PROT-FDI mentioned in the above.

The basic pattern of FG growth of a single industry, that is the sequential $M-P-E$ curve, may be properly called a "catching-up product cycle" in a developing economy which, depending upon borrowed technology and capital, increases economies of scale through "learning-by-doing," and thus international competitiveness, and enables catching-up with the advanced world. Once domestic production is rationalized, firms are confronted with a task to extend PROT-FDI abroad and/or to diversify their production structure, at home.

In contrast, Vernon is concerned with a "genuine product cycle" of a new product that is innovated in the most advanced country, the US, although the process of innovation itself is left unexplained. Along the growth of the new product, firms undertake FDI in their efforts to enter the import-restricting countries. Once they succeed in jumping tariffs and other trade barriers, they monopolize (or oligopolize) local markets by preventing other multinationals' entries. This is what I call an "antitrade oriented (or, in brief, ANT-) FDI". Because the FDI of this type is undertaken against the pattern of comparative advantages, the original exports, as well as the domestic output, of the new product will decrease, and a "hollowing out" of the home industry may occur. Besides, the benefits for the host country are dubious. It may be better for the host country to liberalize trade than to allow an oligopolistic intrusion of multinationals.

Vernon's model actually suggests another type of FDI. When a new product reaches its mature stage, it becomes standardized with technologically stable production. Instead of the decisive role played by research and development activities or managerial skills, as at the earlier stage, unskilled and semiskilled labor becomes important, especially in the mature stage production characterized by high labor intensity. Accordingly, the production location move through FDI to low-wage developing countries, which now have a comparative advantage in such a matured product. This is Kojima's PROT-FDI.

III. 4. Bruce Cumings' comment

Interestingly, Cumings (1984), perhaps a dependency theorist, refers to the Akamatsu FG model after reading *Japan and a New World Economic Order* by Kojima (1977):

"For Japan the product cycle has not been mere theory; it has melded with conscious practice to make Japan the preeminent example of upward mobility in the world system through successive waves of industrial competition. In the 1930s, Kaname Akamatsu elaborated his famous FG model of industrial development in follower countries, predating Vernon's work by several decades. Time-series curves for imports, import-substitution for the domestic market, and subsequent exports of given products tend to form a pattern like wild geese flying in ranks. The cycle in given industries—textiles, steel, automobiles, light electronics——of origin, rise, apogee, and decline has not simply been marked, but often mastered, in Japan; in each industrial life cycle there is also an appropriate jumping off place, that is, a point at which it pays to let others make the product or at least provide the labor. Taiwan and Korea have historically been receptacles for declining Japanese industries" (Cumings, 1984, p.150-151).

He continues to observe:

"The product cycle is a middle-range explanation for the waxing and waning of industrial sectors, and that it is imbedded in some larger structure——an international division of labor or a world economy" (Cumings, 1984, p.153.).

However, the product cycle Cumings describes here is not really Vernon's but his own interpretation.

Other dependency theorists, Bernard & Ravenhill (1995) use "Flying Geese" and Vernon's "Product Cycle" theories interchangeably. It is right to do so as long as FDI is PROT, but wrong if it is antitrade oriented.

Originally, the FG pattern of development applied solely to the catching-up phase of industrialization in latecomers, but we would also like to include the post-catch-up phase as well. Multinationals now play a very important role in regional integration.

Ⅲ. 5. Okita's address in 1985

The late Okita Saburo (1914–1993), a famous Japanese economist and a foreign minister in 1980, introduced the FG pattern of development to the wider audiences from Asia, USA, Canada, Australia, New Zealand, and Latin America, when he presented a speech at the fourth Pacific Economic Cooperation Council conference held in Seoul in 1985:

"The division of labor in the Pacific region has aptly been called the FG pattern of development... Traditionally, there have been two patterns or types of international division of labor: the vertical division of labor such as prevailed in the 19th century to define relations between the industrialized country and the resource-supplying country or between the suzerain and the colony; and the horizontal division of labor typified by the EEC with its trade in manufactures among industrialized countries, often among countries at the same stage of development and sharing a common culture. By contrast with both of these types, the FG pattern represents a special kind of dynamism. In the Pacific region, for example the United States developed first as the lead country. Beginning in the late 19th century,

Japan began to play catch-up development in the nondurable consumer goods, durable consumer goods, and capital goods sectors in that order. Now the Asian NICs and the ASEAN countries are following in Japan's footsteps...

Because there is such great variety in the Asian nations' stages of development, natural resource endowments, and cultural, religious, and historical heritages, economic integration on the EEC model is clearly out of the question. Yet it is precisely this diversity that works to facilitate the FG pattern of shared development as each is able to take advantage of its distinctiveness to develop with a supportive division of labor" (Okita, 1985, p.21).

This is nothing but the third pattern of FG development. Due to Okita's status, the FG pattern has become very famous and popular not merely in the academic circle, but also in the political, business, and even journalistic world. The pattern was thought to symbolize the Asian way of development that was creating the "miracle of East Asia."

III. 6. Investment frontier

Through intensive statistical works Kojima (1995) found that Japan's FDI has been of the PROT type, which exhibits a pattern of an "investment frontier" akin to a warm front in a weather map.

Fig. 5. 6 (p.214) is drawn with two assumptions. (a) An economy's industrial strucuture is diversified and upgraded in a sequence from X (textiles and other labor-intensive goods) to Y (steel, chemicals, and other capital-intensive goods), and further to Z (machinery and other capital/knowledge-intensive goods). This industrial shift occurs *horizontally* over time. (b) The FG pattern of industrialization is transmitted through PROT-FDI from economy A, the lead goose or Japan, to follower geese B (or, NIEs), C (or, ASEAN 4), and D (or, China) according to the order of industrialization stage or per capita income level. This geographical spread takes place *vertically* over time. The passage of time is indicated by dotted lines I, II, III, and so forth.

At period I, Japan graduates from the catching-up process in X-industry, and there is no outward FDI yet. At period II, Japan now achieves a comparative advantage in Y-industry and invests in country B's X-industry (i.e., PROT-FDI). By period III, Japan upgrades its comparative advantage to Z-industry, and invests in country B's Y-industry and country C's X-industry. At period IV (say, the year 2000), the future progress of Japan's industrialization is yet unclear, but her investment has spread widely toward country B's Z-industry, country C's Y-industry, and country D's X-industry.

Ⅳ. **Publicity of the FG pattern of Asian economic development**

Thanks to Okita's influential speech, the FG pattern has been widely accepted, even in official reports, and highly evaluated as “an engine of development in the East Asian flock of economies.” Unfortunately, Okita emphasized only the regional transmission pattern of FG development (i.e., the third pattern). Consequently, the FG model came to be identified only with this pattern to the neglect of the other patterns (i.e., the first and second ones). As a result, a number of critical comments appear. Moreover, due to the 1997 to 1998 Asian financial crisis, the Asian miracle theme was seriously discredited. Some of important discussions are briefly reviewed in the following.

Ⅳ. 1. World Investment Report (1995) and other official views

Terutomo Ozawa of Colorado State University is one of the closest collaborators of Kojima's studies, as best seen in a coauthored paper (Kojuma & Ozawa, 1984) and (Ozawa, 1996). In his several papers (e.g., 1991, 1992, 1993, 1996), Ozawa summarizes the Akamatsu original neatly in terms of the “natural-order-of-development-sequencing” proposition. Then, he draws a diagram depicting the three-stage transmission process of Japanese (lead goose) FG pattern of industrial development to Asian developing economies (follower geese), a diagram akin to Fig. 5. 6. He also has recently begun to construct a financial-side model of FG development (Ozawa, 1999).

Following Ozawa's advice, the *World Investment Report* (an annual report prepared by United Nations Conference on Trade and Development, 1995, Division on Transnational Corporations and Investment) devoted Chapter V to examine the "interactive restructuring (of Asian economies) assisted by transnational corporations." The Report discusses extensively the FG paradigm (in Box 5.4, pp.258–260) consisting of Akamatsu's basic pattern and Kojima's theory of PROT FDI.

The Report presents an elaborated statistical table (p.242) on postwar structural changes in the Japanese economy and its outward FDI. The relations between structural changes and FDI outflows can be elaborated as shown in Fig. 8.3, involving the sequence of production (P), exports (E), and FDI (F) in three categories of manufacturing, X (labor intensive light industries), Y (heavy and chemical industries) and Z (machinery).[7)]

In Fig. 8.3a, P_X, the share of X-goods in total manufacturing production and E_X, its share in total manufacturing export, run downward in parallel fashion from the peak in 1955. At the same time, P_Y and E_Y for Y-goods increased, also in parallel fashion, slightly to their peak in 1970, 15 years later than in X-goods, and then began to decline toward 1990. In contrast, P_Z and E_Z for Z-goods rose rapidly from 1970 all the way to 1990. In other words, the parallel growth of both production and export indicates the FG pattern in the sequence of X- to Y- to Z-goods with a certain time lag of 15 and 20 years, respectively. In Fig. 8.3b, a similar FG pattern of growth for FDI outflows appeared in F_X first and F_Y, followed, 15 years later than their production/export growth. This time lag reflects the fact that FDI was undertaken from a comparative advantage-loosing industry *á la* the PROT type. But F_Z increased rapidly, almost parallel to P_Z znd E_Z (in Fig. 8.3a). This means that FDI in Z-industry was undertaken mainly to enhance intra-industry specialization.

Returning to the *World Investment Report* (1995), it concludes:

"According to this paradigm, a group of economies advances to-

7) The FG model also is frequently referred to in the UN *World Investment Report* (1997).

Fig. 8.3a
Industry-wise share of Production, P_i, and Export, E_i

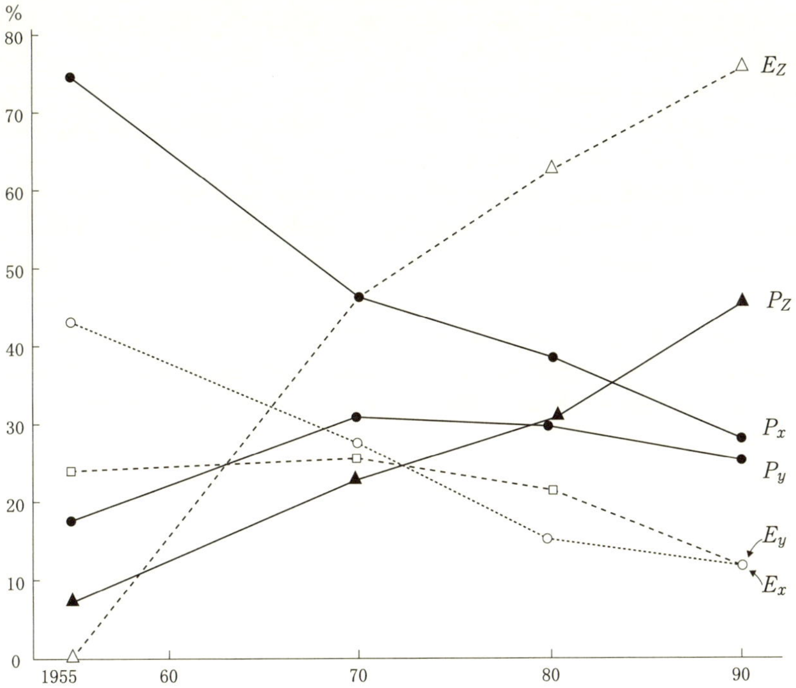

Fig. 8.3b
Industry-wise share of FDI outflow, F_i

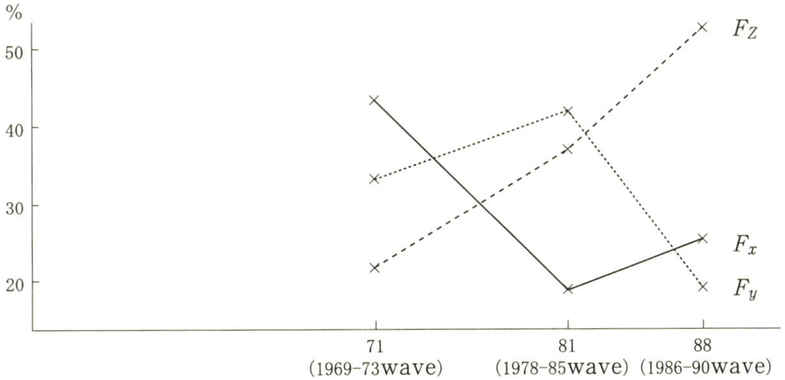

gether because of mutual interactions between countries through demonstration effects, learning and emulation, with the transmission mechanism being flows of people, trade in goods and services, flows of FDI, technology and other TNC-related assets. A characteristic feature of the 'flying-geese' pattern in Asia has been the increasing role of TNCs. Initially through nonequity arrangements and joint ventures and, more recently, though FDI.

The relative importance of the various factors that made the 'Asian miracle' possible are debatable (World Bank, 1993). There is no doubt, however, that, apart from government and local private business, TNCs have been a factor among the forces that spurred restructuring and economic development" (UNCTAD, 1995, p.258).

The rapid *sequential* growth of East Asian economies is stressed in both the report of the World Bank (1993) and of the Asian Development Bank (1997), even though they do not explicitly refer to the FG pattern.

On the other hand, in Japan, *Tsushou Hakusho* by the Ministry of International Trade and Industry (1992; p.138) and *Sekai-keizai Hakusho* by the Economic Planning Agency (1994: p.120) mention specifically and officially the "FG pattern" in order to explain the sequential catching-up process in Asian economies.

Recently, a study group headed by Ito Takatoshi at the Economic Research Institute of Japan's Economic Planning Agency (2000), emphasized the importance of upgrading of industrial structures in Asian developing economies *á la* FG model, rather than the GDP analysis along the lines of classical, neo-classical, or endogenous growth theory, which are used by both the World Bank and the ADB reports.

IV. 2. Supporting researches to FG regional growth

A large number of researches has come to, besides the official views mentioned above, support the FG pattern of regional spread of industrial development.[8] Here, several significant studies are

8) Fan (1992), Chen (1990), Chew (1990), Ding (1990), Fong (1990), Chen & Drysdale (1995), Ariff (1991), Garnaut (1996), and Boltho (1996).

briefly reviewed:

(1) Tran (1992) analyses the transmission of Japan's synthetic fiber industry sequentially to NIEs, ASEAN 4, China, and Vietnam, beginning from downstream to upper stream products. Recently, Kosai & Tran (1994) make it clear that industrialization as measured in terms of both a manufacturing/GDP ratio and a manufacturing share in total exports has spread through FDI in the sequence of Korea—Thailand—Malaysia—Indonesia during the 1960 to 1990 period (i.e., geographical extension of a FG pattern), while production has upgraded in the order of textiles-synthetic fibers—steel—office equipment in each country (i.e., industry structural upgrading of a FG pattern). These findings are supportive of Kojima's "Investment Frontier" map in Fig. 5.6 (p. 214) in chap. 5.

(2) APEC Economic Committee (1995) did an intensive statistical study on correlations between the trade and investment patterns of individual APEC member economies in 1980, 1990, and 1992, and found that direct investment and trade are complements, not substitutes, meaning that FDI in this region is PROT, not antitrade oriented. The correlation between trade and FDI shares of all APEC member countries for 1992 is found to be positive, large, and significant. The total elasticities of changes in trade flows to changes in the total direct investment (inward and outward FDI) stock average about 0.6 for the APEC region as a whole.

These are significant findings that support the FG pattern of FDI-led growth. Similar research is done by Urata (1996).

(3) Shinohara Miyohei, Professor Emeritus of Hitotsubashi University, presented for the first time Akamatsu's original FG pattern to Western academia (Shinohara, 1961). He also added another phase, called the "boomerang effect," which shows a reverse flow of imports from the newly industrializing countries to the advanced capital-exporting countries (Shinohara, 1976, 1982). The boomerang effect also explains Japan's declining share in US export markets in the wake of rising exports of Asian countries. It thus manifests itself as an industrial hollowing (*sangyo-kudoka*) phenomenon in advanced countries. Shinohara concluded that "the boomerang effect seems to be empirically an effective and empirically logical

explanation of the rise and fall of economic powers" (Shinohara, 1996, p.418).

In his 1996 paper, Shinohara investigates the rapid increases in machinery trade (i.e., intra-industry horizontal trade) during the 1975 to 1992 period between (i) Japan and Asian countries (NIEs, ASEAN 4, and China), (ii) the USA and Asian countries, and (iii) NIEs and ASEAN 4. These increases reflect both the expansion of intra-industry trade and the interaction of mutual industrial development in the Asia Pacific region.

(4) Watanabe (1997, p.3) pointed out that mutual FDI, mainly from NIEs to ASEAN and China, rose more than FDI inflows from Japan, USA, and EU within the East Asian group (NIEs + ASEAN4 + China) during the first half of 1990s. This new structure of FDI flows enhances intragroup (intra-Asian) financing. It was also accompanied with a big expansion of intragroup trade from US$32.7 billion in 1980 to US$136.6 billion in 1990 (i.e., 4.2 times growth), and further to US$336.1 billion in 1995 (i.e., 2.5 times growth). Thus, the East Asian group is creating what Watanabe calls a "self-propelling virtuous circle growth" both in capital acquisition and product marketing.

Watanabe's studies addressed several issues such as:

i) How can we promote the investment-cum-trade virtuous circle growth within developing countries? Here, the "agreed specialization" principle—the last stage of FG development—is crucial.

ii) Is there any optimal degree of openness (or globalization) for each economy and for the region as a whole? For East Asia, the roles of Japan, the USA, and the EU are important and cannot be neglected as the providers of markets, capital, and technology.

iii) What kind of relationship may be established between East Asia and advanced countries in the Pacific as well as in Europe?

These issues are closely related to some critical comments on the FG model and its form of regional integration to be discussed in the next section.

IV. 3. *Comments on the FG model*

A number of criticisms have been raised about the FG model. Some are political and ideological in nature; they come from dependency theorists in political science. Some others are more constructive, suggesting modifications of the model to reflect the changing global environment.

(1) A first critical comment suggests that Japan's investment cum trade expansion might be a revised version of imperialism or a Greater Asian Coprosperity Sphere (see Cumings, 1984, Ihaza, 1999) under which Japan intends to establish a hegemonic, hierarchical network of overseas production throughout East Asia.[9] Bernard & Ravenhill (1995, p.172) admit that those fears are exaggerated. Kojima's PROT FDI demonstrates mutual gains from an enlargement of production and trade, which results in a virtuous circle of regional growth.

Interestingly, Korhonen (1998) observes that:

"Akamatsu's theory is a general theory of development, which describes how an undeveloped country can rapidly become a developed country" (p.23). "Japan would not try to be a policeman, but rather an economic peacemaker" (p.43). "Economism extols the virtues of concentrating on economic activity, development of industries, and trade" (p.196). (Japan maximized savings by minimizing military expenditure.) "By the early 1990s the flying geese theory had become a fairly standard term for referring to the East Asian model of development... The *dependencia theory* had become an anachronism, and confrontational rhetoric had been replaced by economic development rhetoric, spiced by references to the Pacific age (p.144)."

(2) Bernard & Ravenhill (1995) criticize the FDI-led growth strategy in the following way: Such strategy creates dependence on bor-

---

9) Ihaza (1999) interprets that Akamatsu's original FG model was meant to serve as a theoretical justification for the Greater East Asian Coprosperity Sphere. This interpretation is completely wrong, because the post-catch-up development process was discussed not in his 1935/1937 originals, but in his 1961 and posthumous 1975 articles.

rowed technology, capital, management, and marketing and does not encourage any indigenous innovation. Foreign affiliates import capital goods and intermediate inputs from home, spreading little linkage effect to the host economy and leaving only small value-added by cheap local labor. Therefore, it is not a real indigenous development but merely a "disguised" one (Ihaza, 1999, p.14). Periphery economies are exploited by the center. Moreover, such export-led growth is vulnerable against changes in global economic and political circumstances, because the location and variety of production are controlled by the hierarchical network of foreign multinational corporations.

This type of condemnations used to be typical of the dependency theory that prevailed before the oil crisis in October 1973. But these seemingly "adverse" conditions often prove to be the advantages of latecomer economies *á la* Gerschenkron (1962). They can be made useful to hasten catching-up industrialization.

Since the mid-1970s, some developing countries particularly in East Asia, including China, turned to an open economy policy, partially liberalizing imports and welcoming foreign investment. The more open an economy, the faster its growth.

Excessive dependence on foreign capital and enterprise is dangerous and should be refrained. But indigenous development may be promoted by capturing the spillovers of FDI, particularly when FDI is PROT.

(3) The FDI-led growth of Asian geese, which the Japanese economy led, resulted in "triangle trade" in which capital goods, components, and other inputs are purchased from Japan (and increasingly from Taiwan and Korea), processed in the NIEs but now to an increasing extent in ASEAN and China, and exported to third country markets, mainly the US rather than Japan (Bernard & Ravenhill, 1995, p.200). This triangle trade caused a large trade deficit for Asian countries vis-à-vis Japan, on the one hand, and a growing deficit to the US vis-à-vis the Asian group and Japan. This development necessarily creates trade conflicts with the US.

Bernard & Ravenhill argue that these trade imbalances are caused by the failure of reverse imports in the FG product cycle (see Fig.

8.1). This is not a correct interpretation. Japan's reverse imports have been increasing, while its general imports did not expand as much. The real cause of Japan's huge export surplus represents a macroeconomic imbalance that needs to be adjusted through macroeconomic measures. Intra-Asian integration will lead to an openness in Asia towards the US and EU, which are the important providers of markets, investment, and technology.

(4) I would like to reply to the comments of Sugawara (1997) on Kojima's "investment frontier," which is earlier illustrated in Fig. 5.6 (p. 214):

i) The structure of industry and its change over time vary with the category of products. Singapore and Hong Kong, the small-city economies, e.g., are not suited to establish steel plant or automobile assembly in which only a large-scale production is profitable. They step up from X-industry, skipping Y, to Z-industry. Each Asian country specializes in differentiated or niche products within an industry of a broad category. Although there appear varieties of products of smaller category, almost all countries promote upgrading industry of broad category sequentially from labor-intensive to more capital—or knowledge—intensive goods, along with accumulation of capital and technological knowledge stocks.

ii) Some economies may grow faster and others slower and, thus, the ranking of advanced stages may change over time. Moreover, some follower geese may become sub-leaders when they graduate from the catch-up process and start to undertake FDI, particularly in specialized niche products. In general, in East Asian region, the country order depends on historical timing of opening economy in respective country.

iii) In East Asia, Japan is not the sole lead goose, but the US and EU also play the leader's role. They have to cooperate closely in order to foster the economic development of the region as a whole, particularly in making their FDI complementary to each other.

iv) The world economy as a whole has been growing along the line of FG transmission of industrialization. Here the lead goose changed in terms of roughly 50 years, for example, from Pax Britannica to Pax Americana. What will be the 21st century global system? This kind of long-term change in the world economic structure was what Akamatsu tried to explain by his dialectics in the sequence of heterogeneity (or differentiation) by an industrial revolution—homogenization (or uniformity) by followers' catch-up—higher-degree heterogeneity by a new leader's innovation. Accordingly, the lead goose in the East Asian flock may also change over a long-term period.

(5) The diversification of products within an industry and the intra-industry division of labor via trade have become important issues. Petri (1988) presents a "theory of following" (a transmission of industrialization), which is seen from a follower goose's point of view.

"By following, we mean conscious acts by agents to replicate the behavior of other *model* agents. ("Consciousness" is necessary to exclude behavior that might be similar to another agent's due to nothing more than common stimuli.) As any economic activity, following is presumably costly, and has to be justified against opportunity cost" (Petri, 1988, p.54).

He surveys in detail that Korea followed, imitated and replicated the Japanese FG pattern of industrial development very closely with some 15 to 25 years time lag. As a result, "Korean export structure mirrors Japanese patterns more than might be explained by factor endowments alone" (p.50). "Not surprisingly, the growing industrial similarities between Korea and Japan are becoming an important source of economic friction" in their bilateral trade and in their trade with the rest of the world, particularly the US (p.59).

The most promising approach to trade peace is through intra-industry trade, i.e., a tight network of interrelations between Korean and foreign firms (p.61). This is nothing less than Kojima's agreed specialization.

In accordance to the progress of FG pattern industrialization, the structure of industries and exports becomes more or less similar between the lead goose and the follower geese and among the follower geese themselves. This creates many problems such as overproduction, fierce competition, dumping, and protectionism in the importing countries.

The most promising approach to mitigate these problems, as Petri suggests, is to promote "agreed specialization" so that each economy specializes in different niche products and exchange them at reduced costs.

IV. 4. The 1997 to 1998 financial crises

The contagious financial crises in East Asia originating from Thailand in July 1997 have raised serious questions about the sustainability of the FG pattern of development and the desirability of "Asian values." After all, the Asian geese were no longer flying but lying sick on the ground. Yet, practically to the big surprise of pundits, those crisis-stricken countries have quickly regained strength and are back on fast track to economic growth.

In this respect, Radelet & Sachs (1997) were quite foresighted in expecting the recent economic rebound in East Asia and advocating a quick return to its FDI-led growth formula as a way of moving forward.

"The Southeast Asian currency crises of 1997 are not a sign of the end of Asian growth but rather recurring—if difficult to predict—pattern of financial instability that often accompanies rapid economic growth" (Radelet & Sachs, 1997, p.45).

The financial instability was caused mainly by the huge speculative movement of hot money.

"Just as Indonesia, Malaysia, and Korea rapidly recovered from financial crises in the 1970s and 1980s, so the Asian economies are likely to resume rapid growth within two to three years. In the long term, growth will continue because most of Asia has adopted capitalism as the organizing basis of economic life and become deeply integrated into the global economy.

The third doctrine, which best exemplifies the Asian paradigm, was aptly named by the Japanese economist Kaname Akamatsu in the 1930s: the 'flying geese' model, according to which countries gradually move up in technological development by following in the pattern of countries just ahead of them in the development process...

The trick is to bring multinational production enterprises and their technologies into the poorer economies to link them to the engines of growth of the advanced economies" (Radelet & Sachs, 1997, p.54).

Indeed, "the trick" is now working. East Asia has overcome the crisis and is resuming the FG pattern of regional development. I believe that it still retains unlimited possibility for the future.

i . The East Asian economies, including Japan, have to equip strong and efficient financial systems which have been neglected because of latecomers. At the same time, East Asia as a whole has to establish a regional buffer institution, like an Asian Monetary Fund, to prevent any huge speculative attacks on the stock and currency markets.

ii. The development of Indonesia and China, e.g., lags behind other East Asian economies perhaps due to their large size and only recent entry into the capitalist world. Further FDI-led growth and its spillover into indigenous development should be promoted. Deeper reform is required not only in the production system but also in the social, political and legal regime.

iii. The FG development will spread farther to North Korea, the new ASEAN members (Vietnam, Cambodia, Laos, and Myanmar), India, Pakistan, and so forth. At the same time, there is a lot of potential for service sector FDI, particularly, in finance and information technology.

iv. As a lead goose in East Asia, Japan has to innovate new products and technology so as to enlarge the scope of the regional division of labor. Japan also has to increase imports from other Asian countries faster than exports. Because Japan is merely one of the leaders, she should cooperate closely with other leaders, namely the US and EU.

v . What kind of division of labor in the entire East Asian region will be formed and expanded in the future, say by 2020? The prediction[10] is not easy, because the regional division of labor

---

10) An excellent outlook is presented in Japan Center for Economic Research (1999) along the line of the FG model.

is determined primarily by market forces. But the regional integration movements influence and facilitate Asian growth. This is the topic that will be discussed in the following section.

V. APEC

Building an APEC has experienced a long history since Kojima's original proposal for the community was introduced in 1965. Interests have risen in three stages (see Kojima, 1994). First, with the aim of implementing the Kojima proposal, the Pacific Trade and Development Conference (PAFTAD) was created in 1968. Second, the Canberra Seminar for the Pacific Community, led by Sir John Crawford of Australia and Dr. Saburo Okita of Japna, was convened in September 1980, resulting in the establishment of the Pacific Economic Cooperation Council. Third, the APEC ministerial conference was started in November 1989, again in Canberra, just before the collapse of the Berlin Wall.

Kojima's original proposal (Kojima, 1966) envisioned that, if five advanced nations (AD group) in the Pacific rim—Japan, the United States, Canada, Australia and New Zealand—established a Pacific Free Trade Area (PAFTA), a large gain would be obtainable from trade expansion and dynamic economic growth in the wake of trade liberalization. Then, the AD group, using the gains as a fund, would be able to assist and promote the economic advance of the developing countries (DC group) in the region, which were expected to become associated members of PAFTA. In other words, the Kojima proposal for PAFTA primarily aimed at facilitating economic development in the Asian DC group, whereas PAFTA of the AD group merely provides a means to help that object. And what Kojima had in mind was that the Asian development would be promoted through the FG model.

A series (27 times by 2001) of PAFTAD conference have been prepared by its international steering committee (chaired by Kojima, Okita, and now Hugh Patrick) (Patrick, 1996), which served as its brain trust, greatly influencing the visions of Pacific Economic Co-operation Council and APEC.

The present APEC has three distinctive characteristics. First, this regional integration primarily aims at building an economic development oriented community; and, therefore, regional liberalization of trade (and investment) should be pursued, if gradually, so as to facilitate economic development by taking into consideration each country's different circumstances. This is pursuant to Kojima's original proposal.

Second, as the ASEAN group strongly insists, each member country promotes a "concerted unilateral MFN (most favored nation) liberalization of trade" (Drysdale & Vines, 1998, p.6) rather than harried negotiations based on the reciprocity principle that has been pursued by the US and GATT. Because of this Asian way of liberalization, APEC is unable to meet GATT Article 24 and, thus, it will not be recognized as an institutional (formal) integration, like EU and NAFTA; but it remains as a functional (informal) integration. The concerted unilateral liberalization is needed because APEC consists of divergent economies.

Third, APEC adopts the principle of open regionalism. This means that individual APEC members can unilaterally extend APEC liberalization to nonmembers on an unconditional MFN basis. Such open regionalism makes APEC consistent with the multilateral, nondiscriminative freer trade system of GATT/World Trade Organization. Here again, the US insists to keep a conditional basis (i.e., APEC extends the benefits of its regional liberalization to nonmembers that are willing to accept a similar obligation toward the APEC members) in order to avoid the "free ride" of, e.g., the EU.

Up to the present, there appears a serious cleavage of views between ASEAN, which aims primarily at economic development, and the US, which forces fast liberalization of trade and investment in Asia, mainly for the benefit of the US. While GATT/World Trade Organization endeavors to promote global liberalization of trade, regionalism should build and enlarge the regional production bases first through deeper integration.

I would like to recommend the following.[11) ASEAN(10)+3

(Japan, China, and Korea) should be a core group, called an "Asian Economic Community" (AEC) and take more positive initiatives for promoting regional economic development *á la* the FG model, which has been explored above. So far, the American initiatives have tended to be too "strong" and often too "one-sided," demanding fast liberalization, to be realistically suitable for Asian development. The initiatives now must be launched by the AEC group of countries themselves. The Pacific AC group has to come up with concrete measures of assistance to facilitate the economic development of AEC. Japan is inside the AEC as a representative of the AC group and plays an important role of bridging the two groups. EU also can help the AEC through the Asia-Europe Meetings process (Dutta, 1999, 2000).

By propelling regional economic development, the AEC economies should be able to raise their per capita incomes closer to the advanced economies' level with more equal income levels among themselves, say within 20 or 30 years. Then, a new horizon for further integration and development will be open.

VI. Conclusions

This paper introduced first Akamatsu's original presentation of the FG pattern of development. Then his thoughts have been expanded, mainly by Kojima, into three models: the catching-up process through diversification/rationalization of industries; the PROT-FDI; and agreed specialization. Much refinement and formalization of these models remain unfinished.

The regional transmission of FG industrialization has become famous as an engine of Asian economic growth, due in part to Okita's speech. A number of comment, some of which are supportive and others are critical, are reviewed and discussed in order to broaden the range of issues that the FG model should explore. Asian devel-

11) We must remember a proposal for an "East Asian Economic Caucus" by the Malaysian Prime Minister, Mahathir Mohamad, in 1991 (see Korhonen 1994, p.180).

oping countries within APEC should concentrate to propel regional economic development along the lines of the FG model.

It is hoped that this article is helpful to better understand the historical origin of the FG model, its theoretical extensions, its relevancy, as well as its incompleteness as a model of economic development.

参照文献

阿部清司（1999），「東アジアの六つの構造問題と成長ポテンシャル」国際経済第50号。
Adams, F. Gerard and Yahanan Shachmurove (1997), "Trade and Development Patterns in the East Asian Economies," *Asian Economic Journal,* Vol. 11 No. 4 (December).
赤松　要（1935. 7），「吾国羊毛工業品の貿易趨勢」名古屋高商・商業経済論叢，第13巻上冊。
赤松　要（1937. 7），「吾国経済発展の綜合弁証法」名古屋高商・商業経済論叢，第15巻上冊。
赤松　要（1945），『経済新秩序の形成原理』理想社。
赤松　要（1948. 12）「貿易乗数と供給乗数」一橋論叢，20巻5・6号。
Akamatsu Kaname (Oct. 1950), "The Theory of Supply-Multiplier in Reference to the Postwar Economic Situation in Japan," *The Annals of the Hitotsubashi Academy,* No. 1.
赤松　要（1950），『経済政策』青林書院。
赤松　要（1954），『経済政策概論』青林書院。
赤松　要（1956. 11），「わが国産業発展の雁行形態—機械器具工業について—」一橋論叢，36巻5号。
Akamatsu Kaname (1961), "A Theory of Unbalanced Growth in the World Economy," *Weltwirtschaftliches Archiv,* 86, 196-215.
Akamatsu Kaname (1962), "A Historical Pattern of Economic Growth in Developing Countries," *The Developing Economies,* Preliminary Issue No. 1 (March-August), 1-23.
赤松　要（1965），『世界経済論』国元書房。
赤松　要（1974），『金廃貨と国際経済』東洋経済新報社。
赤松　要（1975. 2），「海外投資の雁行形態論」世界経済評論・巻頭言。
青木　健（1983），『戦後世界貿易の発展と構造変化』谷沢書房。
青木　健（1994），『アジア太平洋経済圏の生成』中央経済社。
青木　健（2000），『アジア経済：持続的成長の途』日本評論社，190-91.
青木　健・馬田啓一編著（1997），『日本企業と直接投資』勁草書房。
青木　健・馬田啓一編著（1998），『WTOとアジアの経済発展』東洋経済新報社。
青木　健・馬田啓一編著（2001），『経済検証／グローバリゼーション』文眞堂。
青木　健・馬田啓一編著（2002），『日本の通商政策入門』東洋経済新報社。
青山秀夫編（1957），『日本経済と景気変動』創文社。
APEC Economic Committee (1995), *Foreign Direct Investment and APEC Economic Integration,* APEC Secretariat, Singapore, June.
Ariff, Mohamed (1991), "Introduction," Ariff, Mohamed (ed.), *The Pacific Economy: Growth and External Stability,* Allen and Unwin with PAFTAD.
Asian Development Bank (1997), *Emerging Asia: Changes and Challenges.*
アジア開発銀行著，吉田恒昭監訳（1998），『アジア：変革への挑戦』東洋経済新報社。
Bagwell, Kyle and Robert W. Staiger (1999), "An Economic Theory of GATT," *American*

Economic Review, Vol. 89 No. 1 (March).

Baltho, Andrea (1996), "Was Japanese Growth Export-Led?" *Oxford Economic Papers* 48.

Barro, Robert J. and Xavier Sala-i-Martin (1995), *Economic Growth,* McGraw Hill, New York.

Bergsten, C. Fred and William R. Cline, *The United States—Japan Problem,* I. I. E., Washington, D. C., 1985, 1987.

Bernard, Mitchell and Ravenhill, John (1995), "Beyond Product Cycles and Flying Geese: Regionalization, Hierarchy, and the Industrialization of East Asia," *World Politics,* Vol. 47, No. 2 (January).

バーナード＝ラヴエンヒル（1999），「雁行とプロダクト・サイクルの神話—リージョナリズム，階層化，工業化—」進藤榮一編『アジア経済危機を読み解く—雁は飛んでいるか—』日本経済評論社，第 2 章。

Borensztein, E., J. De Gregorio and J-W. Lee (1998), "How does foreign direct investment affect economic growth," *Journal of International Economics* 45.

Braga, Carlos A. Primo and Geoffrey Bannister (1994), "East Asian Investment and Trade: Prospects for Growing Regionalization in the 1990s," UN *Transnational Corporations,* Vol. 3 No. 1 (February).

Chen, Edward K. Y. (1990), "The Electronics Industry" in Hadi Soesastro and Mari Pangestu (eds.), *Technological Challenge in the Asia-Pacific Economy,* Sydney: Allen and Unwin, in association with the PECC Secretariat and The Australian National University.

Chen, Edward K. Y. (1993), "Economic Restructuring and Industrial Development in the Asia-Pacific: Competition or Complementarity?" *Business and the Contemporary World* (Spring).

Chen, Edward K. Y. and Peter Drysdale (eds.) (1995), *Corporate Links and Foreign Direct Investment in Asia and the Pacific,* Pymble with PAFTAD.

チエン，エドワード・K・Y（1996），「東アジアにおける対外直接投資と技術移転」小宮隆太郎・山田豊編『東アジアの経済発展』東洋経済新報社，第 5 章。

Chew Soon Beng (1990), "Singapore: The Information Technology Sector," Soesastro and Pangestu (eds.), *Technological Challenge in the Asia Pacific Economy,* Allen and Unwin with PAFTAD.

Cumings, Bruce (1984), "The Origins and Development of the Northeast Asian Political Economy: Industrial Sectors, Product Cycles, and Political Consequences," *International Organization* 38. 1 (Winter).

Denison, E. F. (1974), *Accounting For United States Economic Growth* 1929–1969. Washington, DC: The Brookings Institution.

Ding, Jing Ping (1990), "China: Policies for Technology Import," Soesastro and Pangestu (eds.), *Technological Challenge in the Asia Pacific Economy,* Allen and Unwin with PAFTAD.

Dobson, Wendy and Chia Siow Yue, eds. (1997), *Multinationals and East Asian Integration,* International Development Research Centre, Ottawa and Institute of South-east Asian Studies, Singapore.

Dornbush, R. W. "The Case for Bilateralism," in Dominick Salvatore (ed.), *Protectionism and World Welfare,* Cambridge University Press, 1993, p.196.

Drysdale, P. & Vines, D. (eds.) (1998). *Europe, East Asia and APEC: a shared global agenda.* Cambridge, MA: Cambrige University Press.

Dutta, M. (1999). *Economic regionalization in the Asia-Pacific: challenges to economic cooperaion.* Cheltenham, UK: Edward Elger.

Dutta, M. (2000) "The Euro revolution and the European Union: monetary and economic cooperation in the Asia-Pacific region." *Journal of Asian Economics,* 11. 65-88.

Ethier, Wilfred J. (1998), "Regionalism in A Multilateral World," *Journal of Political Economy,* Vol. 106 No. 6 (December).

Fallows, James, (1989), "Containing Japan," *Atlantic Monthly,* May.

樊　勇明 (Fan Yong Ming) (1992),『中国の工業化と外国資本—経済開放の現状と展望—』文眞堂。

Findlay, Ronald (1995), *Factor Proportions, Trade and Growth,* the MIT Press, Cambridge, MA.

Fong Chan Onn (1990), "Malaysia: The Technological Factor," Soesastro and Pangestu (eds.), *Technological Challlenge in the Asia Pacific Economy,* Allen and Unwin with PAFTAD.

藤田昌久／ポール・クルーグマン／アンソニー・J・ベナブルス著　小出博之訳 (2000),『空間経済学：都市・地域・国際貿易の新しい分析』東洋経済新報社。

藤田夏樹『日本の産業調整』(1995), 小浜裕久・柳原　透編著『東アジアの構造調整』JETRO.

Garnaut, Ross (1996), *Open Regionalism and Trade Liberalization,* The Institute of Southeast Asian Studies (ISEAS), Singapore.

Garnaut, Ross (1999), "APEC Ideas and Reality: History and Prospects," Paper to the 25th Pacific Trade and Development Conference, Osaka, July 16-18, 1999.

Gerschenkron, A. (1962), *Economic Backwardness in Historical Perspective,* Harvard University Press, Cambridge.

Gilpin, Robert (2001), *Global Political Economy: Understanding the International Economic Order,* Princeton University Press.

Graham, Edward M. (1996), *Global Corporaions and National Governments,* Institute for International Economics, Washington, DC.

Grubel, Herbert and P. J. Lloyd, *Intra-Industry Trade,* London, Macmillan 1975.

Harrod, Roy (1962), "Economic Development and Asian Regional Co-operation," *The Pakistan Development Review,* Vol. 2 No. 1 (Spring).

Higgins, Benjamin (1969), *Economic Development, Problems, Principles, and Policies,* rev. ed., Norton, New York.

Hirschman, A.O. (1958). *The Strategy of Economic Development,* Yale Univ. Press：小島清監修・麻田四郎訳 (1961),『ハーシュマン・経済発展の戦略』厳松堂。

法専充男「低水準の産業内貿易・製品輸入：市場閉鎖性の根拠にならず」日本経済新聞, 1990. 10. 18 の経済教室。

イーザー, ユスロン (1999),「雁行モデルの終焉—批判的考察—」進藤栄一編『アジア経済危機を讀み解く—雁は飛んでいるか—』日本経済評論社, 第 1 章。

市川　周 (1996),『外される日本—アジア経済の構想—』NHK ブックス。

市川　周 (1997),『中国に勝つ—日本よ「アジアの家長」たれ—』PHP 研究所。

池本　清（1975. 11），「海外直接投資理論の考察—比較利潤率理論の検討によせて—」世界経済評論。

池本　清（1980. 3），「国際経済発展理論の形成に向けて——小島清教授の国際貿易投資新論の検討——」世界経済評論。

池間　誠・大山道広編著（2002），『国際日本経済論—依存自立をめざして—』文眞堂。

板垣與一（1963）『新版　政治経済学の方法』勁草書房。

井上義朗（1999），『エヴォルーショナリー・エコノミクス：批評的序説』有斐閣，第Ⅳ章。

伊藤隆敏ほか（2000. 1），『構造変化を伴う東アジアの成長—新古典派成長論 vs 雁行形態論—』経済企画庁経済研究所編『経済分析』第 160 号。

伊藤隆敏（2001. 9），「アジアにおける開かれた地域主義」東アジアへの視点。

岩戸謙介（1998. 9），「合意的国際分業論の研究」明治大学経済学研究論集第 9 号。

稲葉和夫（1999），『海外直接投資の経済学』創文社。

Jinjun Xue (1995. 12), "The Export-Led Growth Model and its Application in China," *Hitotsubashi Journal of Economics,* Vol. 36 No. 2.

Jones, Charles I. (1998), *Introduction to Economic Growth,* W. W. North & Co.

チャールズ I. ジョーンズ著　香西　泰監訳（1999），『経済成長理論入門——新古典学派から内生的成長理論へ——』日本経済新聞社。

Jones, Ronald W. (1979), *Internotional Trade: Essay in Theory,* North Holland, Chap. 2.

Jones, Ronald W. (2000), *Globalization and The Theory of Input Trade,* The MIT Press, Cambridge, MA.

梶原弘和（1999），『アジア発展の構図』東洋経済新報社。

上久保敏（1997. 10），「赤松要の綜合弁証法—哲学的研究と実証研究の両立—」経済セミナー。

Kaldor, N. (1966), *Causes of Slow Rate of Economic Growth of the United Kingdom; An Inaugural Lecture,* Cambridge University Press.

金　泳鎬（1988），『東アジア工業化と世界資本主義—第 4 世代工業化論—』東洋経済新報社。

キンドルバーガー，C. P. 著，中島健二訳（2002）『経済大国興亡史 1500－1990』上，下，岩波書店。(Charles, P. Kindleberger (1996), *World Economic Primacy: 1500 to 1990*, Oxford University Press.)

木村福成・小浜裕久（1995），『実証国際経済学入門』日本評論社。

経済企画庁編（1994），『世界経済白書』平成 6 年版。

経済企画庁調整局編（1998. 1），『アジア欧州経済展望—ASEM 経済相乗効果報告—』。

経済企画庁調査局編（2000），『アジア経済 2000』—「崩れる雁行形態的序列」

経済産業省（2001）『通商白書 2001—21 世紀における対外経済政策の挑戦—』総論，ぎょうせい。

毛馬内勇士（1971. 1），「工業化と雁行形態論」拓殖大学海外事情研究所・海外事情。

毛馬内勇士（1972），「雁行形態の国際比較—韓国工業の雁行形態的発展—」世界経済研究協会編『日本貿易の構造と発展』至誠堂。

毛馬内勇士（1998. 1），「経済政策の基本的問題と赤松経済政策論」明治大学，経済論叢第 66 巻第 3 号。

小林英夫（1999），丸山惠也・佐藤譽・小林英夫編著『アジア経済圏と国際分業の進展』ミネルヴァ書房。

小林英夫（2001），『戦後アジアと日本企業』岩波新書。

興銀調査（1969），「アメリカ紙・パルプ資本の海外進出と西ヨーロッパ紙・パルプ企業の対応」No. 154。

小島　清（1952),『国際経済理論の研究』東洋経済新報社，第 8 章。

小島　清（1956),『交易条件』勁草書房。

小島　清（1958a),『日本貿易と経済発展』国元書房。

小島　清（1958b),「資本蓄積と国際分業—赤松博士「産業発展の雁行形態」の一展開—」赤松要博士還暦記念論集『経済政策と国際貿易』春秋社。

小島　清（1959),「日本輸出市場の構造—輸出結合度による分析—」一橋大学経済学研究 3。

Kojima, Kiyoshi（1960), "Capital Accumulation and the Course of Industrialisation, with Special Reference to Japan," *The Economic Journal,* Vol. LXX, No. 280（Dec.), 757-68.

小島　清（1963),「日本鉄鋼業の発展形態」酒井正三郎博士還暦記念論文集『経済構造と経済政策』東洋経済新報社。世界経済研究協会編『日本貿易の構造と発展』(1972）に収録。

小島　清（1967),「関税同盟と合意的国際分業」名和統一教授還暦記念論文集『現代世界経済と国際経済理論』。

小島　清（1970a),「合意的国際分業原理・再考」一橋大学経済学研究 14。

Kojima, Kiyoshi（1970b), "Towards a Theory of Agreed Specialization: The Economics of Integration," in W. A. Eltis, M. FG. Scott and J. N. Wolfe（eds.), *Induction, Growth and Trade, Essays in Honour of Sir Roy Harrod,* Clarendon Press, Oxford.

小島　清（1971),「海外直接投資の理論—アメリカ型と日本型—」一橋論叢（6 月)。

小島　清（1972),「雁行形態論とプロダクト・サイクル論—輸入代替・輸出化成功の条件—」世界経済研究協会編『日本貿易の構造と発展』至誠堂。

Kojima, Kiyoshi（1973), "A Macroeconomic Approach to Foreign Direct Investment," *Hitotsubashi Journal of Economics* Vol. 14, No. 1（June).

小島　清（1975),「雁行形態論とプロダクトサイクル論—赤松経済学の一展開—」門下生編『学問遍路—赤松要先生追悼論集—』世界経済研究協会。

小島　清（1977),『海外直接投資論』ダイヤモンド社。

小島　清（1981),『多国籍企業の直接投資』ダイヤモンド社。

小島　清（1977. 8),「国連での多国籍企業行動規範作り」世界経済評論。

Kojima, Kiyoshi（1978), *Direct Foreign Inverstment: A Japanese Model of Multinational Business Operations,* Croom Helm, London and Tuttle, Tokyo.

小島　清（1981),『外国貿易〈五訂〉』春秋社。

Kojima, K. and Ozawa, T.（1984), "Micro-and Macro-economic Models of Direct Foreign Investment: Toward a Synthesis," *Hitotsubashi Journal of Economics,* Vol. 25 No. 1（June).

小島　清（1989),『海外直接投資のマクロ分析』文眞堂。

小島　清（1990),「多国籍企業の内部化理論」池間誠・池本清編『国際貿易・生産論の新展開』文眞堂，第 12 章。

小島　清（1991. 10),「開放経済発展戦略」世界経済評論。

Kojima, Kiyoshi（1992. 6), "Internalization vs. Cooperation of MNC's Business," *Hitotsubashi Journal of Economics,* Vol. 33 No. 1.

小島　清（1994),『応用国際経済学』第 2 版，文眞堂。

小島　清（1994. 9)「わが国海外直接投資の動態」駿河台経済論集，第 4 巻第 1 号。

Kojima, Kiyoshi（1995. 12), "Dynamics of Japanese Investment in East Asia," *Hitotsubashi Journal of Economics,* Vol. 36 No. 2.

小島　清（1996),『開放経済体系』文眞堂。

小島　清（1998. 9），「供給説経済成長論—新古典派の開放経済体系—」駿河台経済論集，第8巻第1号。

Kojima, Kiyoshi (June. 1997), "A Conundrum of Decreased Import Dependence in Japan," *Hitotsubashi Journal of Economics,* Vol. 38 No. 1.

Kojima, Kiyoshi (Oct. 1998), "Demand Multiplier versus Supply Multiplier in an Open Economy," *Social Science Journal* (ICU), No. 39, 1-12.

小島　清（1998. 11），「東アジアの雁行型経済発展」世界経済評論。

小島　清（1999. 3），「需要説経済成長論—国際収支の壁—」駿河台経済論集，第8巻第2号。

小島　清（2000. 3），「雁行型経済発展論・再検討」駿河台経済論集，第9巻第2号。

Kojima, Kiyosyi (2000), "The 'Flying Geese' Model of Asian Economic Development: Origin, Theoretical Extensions, and Regional Policy Implications," *Journal of Asian Economics,* No. 11.

小島　清（2001. 3），「雁行型産業発展：小島モデル」駿河台経済論集，第10巻第2号。

小島　清（2001），「アジア太平洋地域経済圏の生成」本山美彦編『グローバリズムの衝撃』東洋経済新報社。

小島　清編著（2001），『太平洋経済圏の生成・第3集』文眞堂。

小島　清（2002. 1），「三極世界構造とアジア」世界経済評論（巻頭言）。

近藤健彦・中島精也・林康史編著（1998），『アジア通貨危機の経済学』東洋経済新報社。

Korhonen, Pekka (1994a), *Japan and the Pacific Free Trade Area,* Routledge, London and New York.

Korhonen, Pekka (1994b), "The Theory of the Flying Geese Pattren of Development and Its Interpretations," *Journal of Peace Research,* Vol. 31 No. 1.

Korhonen, Pekka (1998), *Japan and Asia Pacific Integration,* Sheffield Centre for Japanese Studies/ Routledge Series, Routledge, London and New York.

金森久雄「日本経済と輸入依存度」（経企庁内部資料として1957年10月に起草）『日本経済の50年・金森久雄集』NTT出版，1994。

小浜裕久・柳原　透編著『東アジアの構造調整』JETRO, 1995。

Kosai, Y. and Tran V. T. (1994), "Japan and industrialization in Asia: an essay in memory of Dr. Saburo Okita." *Journal of Asian Economics,* 5. 155-176.

Krugman Paul (1991), "Increasing Returns and Economic Geography," *Journal of Political Economy,* Vol. 99 No. 31.

Krugman, Paul (1994), "The Myth of Asia's Miracle," *Foreign Affairs* (Nov./ Dec.).

クルーグマン・ポール（1995. 1），「まぼろしのアジア経済」中央公論。

ポール・クルーグマン著・三上義一訳（1999），『世界大不況への警告』早川書房，第2章「アジアの奇跡の正体をさぐる」。

Kumar, Nagesh (1996), "Multinational Enterprises, New Technologies and Export-Oriented Industrialisation in Developing Countries: Trends and Prospects," The United Nations University, Institute for New Technologies, *Discussion Papers,* No. 9602.

関　志雄（1999. 2 . 15），「明暗を分ける資本移動規制」日本経済研究センター会報。

Kwan, C. H. (2001), *Yen Bloc: Toward Economic Integration in Asia,* Brookings Institution Press, Washington, D. C.

Lawrence, Robert Z. (1987, 2), "Imports in Japan: Closed Markets of Minds?" *Brookings*

Papers on Economic Activity.

Lee, Cheng H. (1980. 2), "United States and Japanese Investment in Korea: A Comparative Study," *Hitotsubashi Journal of Economics.*

Lee, Cheng H. (1987), "Is There Anything Uniqne About Japanese Direct Foreign Investment?" Seiji Naya, Vinyu Vichit-Vadakan, and Udom Kerdpibule (eds.), *Direct Foreign Investment and Export Promotion: Policies and Experience in Asia,* SEACEN and East-West Resource Systems Institute, Honolulu, Hawaii.

Lee, Cheng H. (1990), "Direct Foreign Investment, Structual Adjustment, and International Division of Labor: A Dynamic Macroeconomic Theory of Direct Foreign Investment," *Hitotsubashi Journal of Economics* 31.

Lii, Sheng-Yann (1994), "Japanese Direct Foreign Investment and Trade Flows in the Asia-Pacific Region," *mimeo,* Economic Research Center, Nagoya University, *International Economic Conflict Discussion Paper,* No. 72.

Lucas, Robert (1988), "On the Mechanisms of Economic Development," *Journal of Monetory Economies.* Vol. 22.

松本邦愛（1997. 3），「開発経済学における外部性の再考」ソシオサイエンス，Vol. 3。

松浦茂治（1975），『日本繊維産業の発展分析と展望―雁行形態論的分析―』至誠堂。

松浦茂治（1983），『日本鉄鋼・電算機産業の発展分析と展望』出光書店。

松浦茂治（1994），『増補改訂・日本自動車産業の発展分析と展望―雁行形態論的分析―』出光書店。

Meade, J. E. (1955), *Trade and Welfare,* Oxford University Press.

Menon, Jayant (1996), *Intra-Industry Trade and the ASEAN Free Trade Area,* Australia-Japan Research Center, *Pacific Economic Papers,* No. 251. (January).

南　亮進（1992），『日本の経済発展』第 2 版，東洋経済新報社。

森口親司（1988），『日本経済論』創文社。

本岡昭良（1998），『多国籍企業形態論の研究―海外直接投資の「先導型」と「追跡型」の学説的展開を中心にして―』法政出版。

本岡昭良（1999. 8）「日本における電卓産業の構造転換と電卓生産の雁行形態的国際伝播」龍谷大学経営学論集，第 39 巻第 2 号。

武者隆司（1997. 11），「幻だった雁行形態型アジア発展」論争東洋経済。

Machlup, Fritz (1943), *International Trade and the National Income Multiplier,* Philadelphia.

Myrdal, Gunner (1956), *An International Economy: Problems and Prospects,* Harper and Brothers, New York.

Myrdal, Gunnar (1957), *Economic Theory and Under-developed Regions,* Duckworth, London.

G. ミュルダール著・小原敬士訳（1959），『経済理論と低開発地域』東洋経済新報社。

中川信義編（1997），『イントラ・アジア貿易と新工業化』東京大学出版会。

野口悠紀雄（1995），『1940 年体制―さらば戦時経済―』東洋経済新報社。

中兼和津次（1999），『中国経済発展論』有斐閣。

中島　潤（2000），『日系多国籍企業―ミレーニアムへの軌跡―』中央経済社。

日本経済研究センター（1999），『2020 年アジアの産業競争力』アジア研究中間報告書。

日本開発銀行　調査（1999 Aug.）No. 259，『わが国半導体産業における企業戦略―アジア諸国の動向からの考察―』。

日本経済新聞社説（1998. 1 . 18),「IMF融資を構造改革のきっかけに」。

Noland, Marcus (1992), "Public Policy, Private Preferences and Japanese Trade Patterns," I. I. E., Washington, D. C.

OECD (1998), *Open Markets Matter: The Benefits of Trade and Investment Liberalisation,* Paris.

大畑弥七・横山将義編（1998),『経済のグローバル化と日本経済』早稲田大学出版部。

Okita, Saburo (1985), "Special Presentation: Prospect of the Pacific Economies." Korea Development Institute, *Pacific Economic Cooperation: Issues and Opportunities,* Report of the Fourth Pacific Economic Cooperation Conference. Seoul. April 29—May 1, 1985.

Okita, Saburo (1986), "Pacific Development and Its Implication for the World Economy," James W. Moley (ed.), *The Pacific Basin: New Challenges for the United States,* The Academy of Political Science. N. Y.

Okita, Saburo (1989), *Japan in the World Economy of 1980s,* Univensity of Tokyo Press.

Oman, Charles P. and Ganeshan Wignaraja (1991), *The Postwar Evolution of Development Thinking,* OECD Development Centre.

Ottaviano, Gianmarco I. P. and Diego Puga (1998), "Agglomeration in the Global Economy: A Survey of the 'New Economic Geography,'" *The World Economy,* Vol. 21 No. 6 (August).

Ozawa Terutomo (1993), "Foreign Direct Investment and Structural Transformation. Japan as a Recycler of Market and Industry," *Business and the Contemporary World.* Vol. V No. 2, Spring.

Ozawa Terutomo (1996), "Professor Kojima's Trade Augmentation Principle and Flying-Geese Paradigm of Tandem Growth," 駿河台経済論集 第5巻第2号（3月)。

Ozawa Terutomo (1997), "MNCs and the Flying Geese Paradigm of Tandem Growth in the Asia-Pacific," Noritake Kobayashi (ed.), *Management: A Global Perspective,* The Japan Times, Tokyo.

Ozawa Terutomo (2001), "The hidden side of the flying-geese catch-up model: Japan's *dirigiste* institutional setup and a deepening financial morass," *Journal of Asian Economies,* 12.

Ozawa T. (1999), "Bank loan capitalism and financial crises: Japanese and Korean experiences," in A. Rugman & G. Boyd (eds.), *Deepening integration in the Pacific economies: corporate alliances, contestable markets and free trade,* Cheltenham, UK: Edward Elgar.

Ozawa Terutomo (2001), "The Internet Revolution, Networking, and the "Flying-Geese" Paradigm of structuring Upgrading," *Global Economic Quarterly,* Vol. 11.

大川一司・小浜裕久（1993),『経済発展論—日本の経験と発展途上国—』東洋経済新報社。

大野健一・桜井宏二郎（1997),『東アジアの開発経済学』有斐閣。

大内秀明（1998),『東アジア地域統合と日本経済』日本経済新聞社。

朴聖相（Park, Sung Sangl)（1991),『開発経済学のフロンティア：後進国経済開発のための供給経済論』有斐閣。

Patrick, H. (1996), "From PAFTAD to APEC: homage to Professor Kiyoshi Kojima," *Surugadai Economic Studies,* 5, 239-268.

Petri, Peter A. (1988), "Korea's Export Niche: Origins and Prospects," *World Development,* Vol. 16 No. 1.

Petri, Peter (1991), "Market Structure, Comparative Advantage, and Japanese Trade under the Strong Yen," In Krugman, Paul (ed.), *Trade With Japan,* University of Chicago Press.

Pyun, Chong Soo (1985), "Japanese Direct Foreign Investment in Developing Countries: An Analysis and Extension of the Kojima Hypothesis," *The Korean Economic Review* Vol. 1 (New Series) (December).

Prebisch, R. (1959), "Commercial Policy in the Underdeveloped Countries," *American Economic Review,* Papers and Proceedings (May).

Ranis, Gustav (1957), "Factor Proportions in Japanese Economic Revelopment," *American Economic Review* (September).

Radelet and Jeffrey Sachs (1997), "Asia's Reemergence," *Foreign Affairs,* Vol. 76 No. 6 (November/December).

ステーブン・ラデレット／ジェフリー・サックス（1998. 2），「それでもアジア経済は甦る」中央公論。

Ramstetter, Eric D, "Trends in Production in Foreign Multinational Firms in Asian Economies; A Note on an Economic Myth Related to Poor Measurement," Kansai University, *Review of Economics and Business,* Vol. 24, Nos. 1-2. March 1996.

Rapp, William V. (1967), "A Theory of Changing Trade Patterns Under Economic Growth: Tested for Japan," *Yale Economic Essays* (Fall).

Rapp, William V. (1975), "The Many Passible Extensions of Product Cycle Analysis," *Hitotsubashi Journal of Economics,* Vol. 16 No. 1 (June).

国本和孝訳（1975），「雁行携態分析の拡張」『赤松要先生追悼論集・学問遍路』世界経済研究協会。

Reubens, Edwin P. (1955), "Foreign Capiral and Domestic Development in Japan," S. Kuznets, W. E. Moore, and J. J. Spengler (eds.), *Economic Growth: Brazil India, Japan,* Duke Univ. Press.

Ricardo, David (1915), *Principles of Political Economy and Taxation,* ed. by E. C. K. Gonner, London.

Rodriguez-Clare, Andrés (1996), "The division of labor and economic development," *Journal of Development Economies,* Vol. 49.

Rivera, Temario (1999. 9), "World Systems and Dependency Theory: Perspective from Asia," ICU *The Journal of Social Science,* No. 42.

Romer, Paul (1986), "Increasing Returns and Long-run Growth," *Journal of Political Economy,* Vol. 94.

Sautter, Christian (1973), *Japan, Le Prix de la Puissance,* Édition du Seuil.

クリスチャン・ソテー著　小金芳弘訳（1974），『ジャポン—その経済力は本物か』産業能率大学出版部，第 9 章。

Sazanami, Yoko (1982), "Possibilities of Expanding Intra-Industry Trade in Japan," *Keio Economic Studie,* Vol. 18, No. 2.

佐々波楊子（1980），『国際分業と日本経済』東洋経済新報社。

佐々波楊子・浦田秀次郎（1990），『サービス貿易』東洋経済新報社。

Sazanami Yoko, Shujiro Urata, and Hiroki Kawai (1995), *Measuring the Costs of Protection in Japan,* Institute for International Economics, Washington, D. C.

Saxonhouse, Gary R. (September 1986), "Japan's Intractable Trade Surpluses," *World Economy.*

Saxonhouse, Gary R., "What Does Japanese Trade Structure Tell Us About Japanese Trade Policy?" (Summer 1993) *Journal of Economic Perspectives,* Vol. 7, No. 3.

徐　正解（Seo Joung-hae）(1995),『企業戦略と産業発展―韓国半導体産業のキャッチアップ・プロセス―』白桃書房。

Smith, Adam (1776), *Inquiry into the Nature and Causes of the Wealth of Nations,* Strahan & Caddell, London.

Staiger, Robert W. (2000), "The Economics of GATT: Making Economic Sense out of a Mercantilist Institution," Paper presented at the Japan Society of International Economics Symposium on Globalization and the National Economy, October 20. 2000.

Solow, Robert M. (1956), "A Contribution to the Theory of Economic Growth," *Quarterly Journal of Economics* 70 (February).

ソロー，ロバート M. 著　福岡正夫訳（2000),『成長理論　第2版』岩波書店。

下条英男（1975. 11)「故赤松要先生の綜合弁証法と雁行形態発展論について」城西大学開学十周年記念論文集。

下条英男（1978, 1979, 1980)「蚕糸業の国際的雁行形態発展論」(Ⅰ)(Ⅱ)(Ⅲ) 城西大学経済経営紀要，第1巻第1号，第2巻第1号，第3巻第1号。

シュレスタ（Shrestha）M. L. (1996),『企業の多国籍化と技術移転―ポスト雁行形態の経営戦略―』千倉書房。

清水隆雄（1999. 1),「海外直接投資と東アジア発展途上国の経済成長」日本大学短期大学部『研究年報』第11集。

周　牧之（1997),『メカトロニクス革命と新国際分業―現代世界経済におけるアジア工業化―』ミネルヴァ書房。

末廣　昭（2000),『キャッチアップ型工業化論――アジア経済の軌跡と展望――』名古屋大学出版会。

菅原秀幸（1997),「アジアの経済成長と日本の直接投資」，青木健・馬田啓一編著『日本企業と直接投資』勁草書房。

吹田尚一（1973. 10),「産業機械工業の成長過程―雁行形態的発展の検証―」三菱経済研究所・日本機械工業連合会共編『日本産業機械工業の成長と構造』。

Sun, Haishun (1998), "Macroeconomic Impact of Direct Foreign Investment in China: 1979-96," *The World Economy* (July).

篠原三代平（1953)『工業生産の成長率』東洋経済新報社。

Shinohara, Miyohei (1962), *Growth and Cycles in the Japanese Economic Development,* Tokyo.

篠原三代平（1976),『産業構造論』第2版，筑摩書房。

篠原三代平（1982a),『経済大国の興隆と衰退』東洋経済新報社。

Shinohara, Miyohei (1982b), *Industrial Growth, Trade, and Dynamic Patterns in the Japanese Economy,* University of Tokyo Press.

篠原三代平（1987),『日本経済の構造と政策』筑摩書房。

篠原三代平・西ヶ谷ともみ（1996),「東アジアにおける『直接投資主導型成長』と貿易構造の変貌」統計研究会 *Occasional Papers,* No. 25（10月）。

Shinohara, Miyohei (1996), "The Flying Geese Model Revisited: Foreign Direct Investment, Trade in Machinery and Boomerang Effect," *Journal of the Asia Pacific Economy,* Vol. 1 No. 3.
篠原三代平 (1982),『経済大国の盛衰』東洋経済新報社。
篠原三代平 (1994),「経済成長論争・在庫論争の問題点」(最初『理論経済学』1959 に執筆)『日本経済の 50 年・篠原三代平集』NTT 出版。
高中公男 (2001),『海外直接投資論』勁草書房。
高橋琢磨・関志雄・佐野鉄司 (1998),『アジア金融危機』東洋経済新報社。
高山晟 (1985),「開発経済学の現状」, 安場保吉・江崎光男編『経済発展論』創文社。
Tanaka, Kisuke (1969), "The Dependence on Imports of The Manufacturing in Japan," *The Waseda Business and Economic Studies,* No. 5.
田中喜助 (1976. 9),『日本の国際収支』早稲田商学, 第 259 号。
田中　高 (1997),『日本紡績業の中米進出』古今書院。
田中武憲 (1998. 2),「発展途上国地域経済統合と合意的国際分業」同志社大学社会科学第 60 号。
田中武憲 (1998. 12),「発展途上国工業化における雁行形態―雁行形態離脱説と韓国半導体産業における NIES 化の特質―」同志社『経済学論叢』第 50 巻第 3 号。
田中武憲 (2001),「東アジアの貿易・投資と日本企業の競争戦略」, 平勝広編著『グローバル市場経済化の諸相』ミネルヴァ書房。
谷口重吉 (1969. 6),「貿易サイクルの理論」世界経済評論。
玉置正美 (1971),「日本機械工業発達史ノート」機械振興協会経済研究所・機械経済研究　No. 5。
都留重人 (1953. 7),「日本貿易政策の主要問題点」経済研究。
都留重人・大川一司編 (1953),『日本経済の分析』東洋経済新報社。
Terada, Takashi (1999, June), *The Japanese Origins of PAFTAD: The Beginning of an Asian Pacific Economic Community,* Australia-Japan Research Centre, *Pacific Economic Papers,* No. 292.
Toh Mun Heng and Linda Low (1993), "Is the ASEAN Free Trade Area A Second Best Option?" *Asian Economic Journal,* Vol. Ⅶ No. 3.
トラン・ヴァン・トウ (1992),『産業発展と多国籍企業:アジア太平洋ダイナミズムの実証研究』東洋経済新報社。
トラン・ヴァン・トウ (1996),『ベトナム経済の新展開:工業化時代の始動』日本経済新聞社。
トラン・ヴァン・トウ (1999 年 3／4 月)「アジアの産業発展と多国籍企業」日本輸出入銀行　海外投資研究所報, 25 の 2。
トラン・ヴァン・トウ／原田泰／関志雄 (2001),『最新・アジア経済と日本:新世紀の協力ビジョン』日本評論社。
United Nations Conference on Trade and Development (1995), *World Investment Report 1995,* UN, New York and Geneva.
Urata, Shujiro (1996), "Regionalization and the Formation of Regional Institutions in East Asia," Japan Center for Economic Research *Discussion Paper* No. 44.
浦田秀次郎・入山章栄 (1997)「中国への直接投資と技術移転」日本経済研究センター*Discussion Paper* No. 49 (9 月)。
浦田秀次郎・木下俊彦編著 (1999),『21 世紀のアジア経済―危機から復活へ―』東洋経済新報社。
浦田秀次郎 (2001a),「東アジアにおける貿易・直接投資の拡延」小島清編著『太平洋経済圏の生成・第 3 集』文眞堂, 第 3 章。

浦田秀次郎（2001b），「貿易・直接投資依存型成長のメカニズム」，渡辺利夫編『アジアの経済的達成』東洋経済新報社。

Venables, Anthony J. (1999), "Fragmentation and Multinational Production," *European Economic Review* 43.

Vernon, Raymond (1966), "International Investment and International Trade in the Product Cycle," *Quarterly Journal of Economics* (May).

Vernon, Raymond (1971), *Sovereignty at Bay: The Multinational Spread of U.S.Enterprises,* Basic Books.

Vernon, Raymond (1974), "The Location of Economic Activity," in John H. Dunning (ed.), *Economic Analysis and the Multinational Enterprise,* George Allen & Unwin, London.

Walz, Uwe (1999), *Dynamics of Regional Integration,* Physica-Verlag, Heidelberg.

渡辺利夫・金昌男（1996），『韓国経済発展論』勁草書房。

渡辺利夫編著（1997），「東アジア国際分業の再編成」国際東アジア研究センター『東アジアへの視点』。

渡辺利夫監修・拓殖大学アジア情報センター編（2000），高中公男著『外国貿易と経済発展』勁草書房。

渡辺太郎（1979. 8），「小島教授の国際貿易投資新論提唱に寄せて――その批判的検討――」世界経済評論。

A World Bank Policy Research Report (1993), *The East Asian Miracle, Eonomic Growth and Public Policy,* Oxford University Press.

世界銀行著，白鳥正喜監訳（1994），『東アジアの奇跡・経済成長と政府の役割』東洋経済新報社。

Xue Jinjun (1995), "The Export-led Growth Model and its Application in China," *Hitotsubashi Journal of Economics* 36.

山澤逸平（1972），「産業発展と外国貿易」世界経済研究協会編『日本貿易の構造と発展』第 3 章。

山澤逸平（1984），『日本の経済発展と国際分業』東洋経済新報社。

山澤逸平（1988），『貿易政策と産業調整』環太平洋協力日本委員会編『21 世紀の太平洋協力』時事通信社。

Yamazawa, Ippei (1990), *Economic Development and International Trade: The Japanese Model,* East-West Center, Hawaii.

山澤逸平（2001）『アジア太平洋経済入門』東洋経済新報社。

安場保吉（2002）『東南アジアの経済発展―経済学者の証言―』ミネルヴァ書房。

Zhaoyong Zhang (1995), "International Trade and Foreign Direct Investment: Further Evidence from China," *Asian Economic Journal,* Vol. 9 No. 2.

Zimmerman, Louis Jacques (1965), *Poor Lands, Rich Lands: The Widening Gap,* Random House, New York.

事項索引

英文

ア行

カ行

サ行

タ行

ナ行

ハ行

マ行

ヤ行

ラ行

ワ行

人名索引

英文

ア行

カ行

サ行

タ行

ナ行

ハ行

マ行

ヤ行

ラ行

ワ行

初出一覧

第 1 章　「雁行型経済発展論・再検討」駿河台経済論集，第 9 巻第 2 号（2000. 3)。

第 2 章　「雁行型産業発展：小島モデル」駿河台経済論集，第 10 巻第 2 号（2001. 3)。

第 3 章　「日本経済の雁行形態的発展と貿易の役割」一橋論叢，第 40 巻第 5 号（1958. 11)。

第 4 章　「日本経済の輸入行動―低い輸入依存度の謎―」駿河台経済論集，第 5 巻第 1 号（1995. 9)。

第 5 章　「雁行型経済発展の国際的伝播」（上)（下）駿河台経済論集，第 11 巻第 1 号（2001. 9 ）第 11 巻第 2 号（2002. 3)。

第 6 章　「わが国海外直接投資の動態」駿河台経済論集，第 4 巻第 1 号（1994. 9)。

第 7 章　「東アジア経済の再出発―直接投資主導型発展戦略の評価―」世界経済評論，1998. 1。

「雁行型経済発展の国際的伝播」（下)，駿河台経済論集，第 11 巻第 2 号（2002. 3 ）の一部。

第 8 章　"The 'Flying Geese' Model of Asian Economic Development. Origin, Theoretical Extensions, and Regional Policy Implications," *Journal of Asian Economics*, No.11 2000, pp.375-401.

本書への転載を快諾された，一橋論叢編集委員会，駿河台経済論集編集委員会，世界経済評論（世界経済研究協会)，および *Journal of Asian Economics*（Elsevier Science Inc.）に感謝する。